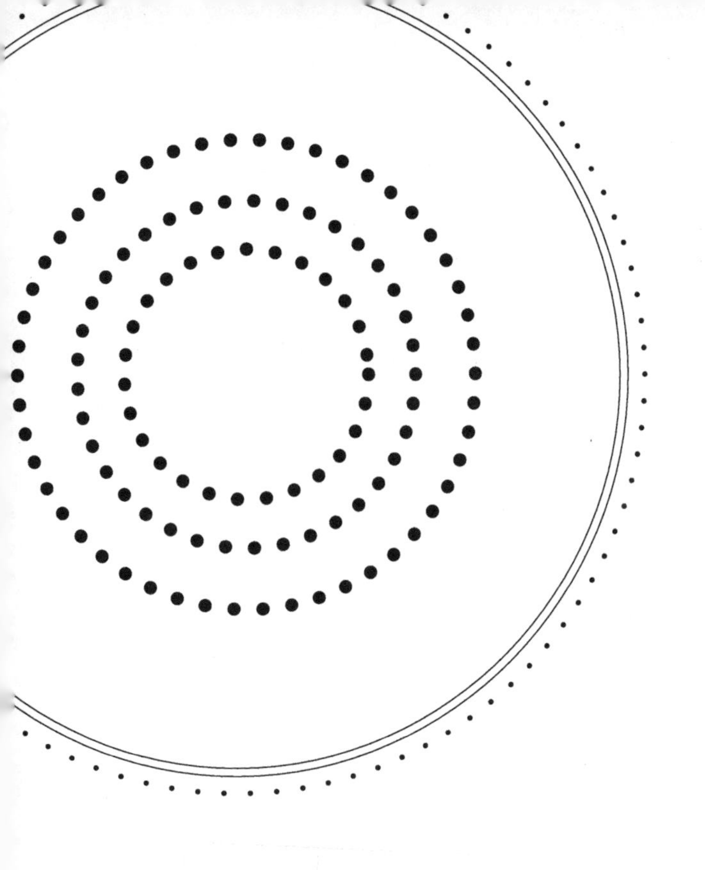

人民幣國際化

離岸市場及其影響

張禮卿　尹力博　著

開明書店

前　言

2009年7月，中國人民銀行等有關部委決定實施跨境貿易人民幣結算試點，這標誌着人民幣國際化進程的正式啟動。回顧這十年，人民幣國際化既經歷了早期的快速成長，也經歷了近年來的相對平穩發展，總體上已經成為我國經濟對外開放的一個重要組成部分。

儘管尚處於初級階段，但人民幣國際化的各種經濟影響也已逐漸顯露。人民幣國際化對國內企業和金融機構降低匯率風險、降低境外融資成本，以及一些國內銀行推進國際化經營戰略等均產生了重要的促進作用。從長遠看，人民幣國際化對提升我國宏觀經濟政策的靈活性、改變不合理的國際貨幣體系，提升人民幣在全球金融體系中的作用和地位等，都會產生非常重要的影響。人民幣國際化也意味着中國在全球貨幣、金融和經濟事務中將承擔更多的國際責任，在開放國內市場、促進全球金融穩定等方面提供更多的公共產品。

在諸多相關研究中，人民幣國際化對國內貨幣政策的影響一直受到學術界和政策制定部門的關注。2015年9月，中央財經大學國際金融研究中心接受中國金融期貨交易所的委託，成立了「人民幣離岸市場對境內貨幣政策的影響研究」課題組。在隨後近一年的時間裏，針對人民幣離岸市場的發展歷程和現狀、歐美等國家離岸市場發展及其對境內貨幣政策的影響、人民幣在岸市場與離岸市場的互動關係，以及人民幣國際化對國內貨幣政策實施帶來的影響等，課題組進行了大量的理論、實證和政策分析，並多次召開專題研討會聽取有關專家的意見。委託方對課題組的最終研究成果表示高度認可和滿意，並將主要成果呈送中國人民銀行等決策機構參閱。

一個偶然的機會使本課題的研究成果進入了出版程序。2018 年春節前，時任國家發展改革委對外經濟研究所所長的張燕生研究員找到筆者，希望將本課題成果納入其主編的系列叢書《國際視野下的中國對外開放》，並以此紀念中國改革開放 40 週年。考慮到與題目匹配，而且成果也接近出版要求，遂欣然應允。

為了反映最新的實踐發展和研究動態，在將本研究成果提交出版社之前，我們進行了較大篇幅的修改、補充和完善。目前，呈現在讀者面前的本書，除了前言之外，還包括八章內容：《第一章　人民幣國際化的進程、決定與政策選擇》《第二章　離岸人民幣市場的發展歷程和特點》《第三章　人民幣離岸市場與在岸市場的聯動》《第四章　離岸人民幣市場的國際影響》《第五章　離岸人民幣市場對境內貨幣政策的影響：理論分析》《第六章　離岸人民幣市場對境內貨幣政策的影響：現實分析》《第七章　國際經驗比較》《第八章　結論及政策建議》。

本課題的研究和最終成書出版，得益於諸多方面的支持、鼓勵和幫助。在課題的開題報告、中期彙報和結項評審會上，中央財經領導小組辦公室的張曉樸副局長、中國人民銀行的孫國峰司長和周誠君副局長、國家外匯管理局國際收支司原司長管濤和處長賈寧、中國社會科學院的高海紅研究員、北京師範大學的賀力平教授、中國人民大學的趙錫軍教授、北京航空航天大學的韓立岩教授、中國銀行的宗良研究員、法國巴黎銀行的首席經濟學家陳興動先生、鴻儒金融教育基金會原理事長許均華先生等提出了寶貴的意見和建議。作為委託方的領導，中國金融期貨交易所領導張慎峰董事長、魯東升副總經理、汪明文總監等對本課題高度重視，不僅親自參與了本課題的立項、中期檢查和結項驗收工作，並且提供了很多有價值的建設性意見。國際金融研究中心的同事譚小芬教授、黃志剛教授、苟琴副教授、陶坤玉助理教授等參與了部分內部討論會。本校的博士研究生鍾茜、吳桐，以及北京航天航空大學的博士研究生吳優承擔了文獻資料的收集和部分計量研究工作。出版社的領導和編輯們為本書的印製出版，提供了非常專業和出色的編輯、校對服務。

對於上述各種支持和幫助（包括尚未提及的），我們在此一併致謝。當然，對於書中存在的不足乃至錯誤，我們將承擔相應的責任。同時，也歡迎同行專家批評指正。

張禮卿　尹力博

目　錄

第四章 離岸人民幣市場的國際影響

第五章 離岸人民幣市場對境內貨幣政策的影響：理論分析

第一章

人民幣國際化的進程、決定與政策選擇

2009 年 4 月 8 日，國務院常務會議做出決定，在上海和廣州、深圳、珠海、東莞等城市開展跨境貿易人民幣結算試點，這標誌着人民幣國際化進程的開始。在過去近十年的時間裏，人民幣國際化快速發展，並在全球範圍內引起了廣泛關注。人民幣在國際範圍內充當交易媒介、計量單位和價值貯藏的情況已在不同程度上出現，並成為我國對外金融開放和國際金融地位逐步提升的重要標誌之一。

值得注意的是，自 2015 年以來，人民幣國際化面臨的挑戰逐漸增多，在一定程度上出現了放緩甚至徘徊的現象。2018 年 8 月，在「中國金融四十人論壇」伊春會議上，中國人民銀行前行長周小川先生在主旨演講中指出，「人民幣國際化有所波動並不奇怪。就像體育比賽，結果不一定永遠一致，各球隊有時輸球有時贏球。人民幣國際化並不是直線前進，而是有時候走得快一點，有時候走得慢一點」[1]。周行長的這一判斷是敏銳和正確的。基於當前的情形，從科學研究的角度，對近十年人民幣國際化的演進及其特點進行全面回顧和總結，對其形成原因做出深入分析，不乏理論和現實意義。如何從理論上認清人民幣國際化的客觀規律，特別是這一進程的決定性因素？如何進一步認識人民幣國際化的利益、成本和風險？當前，國內外經濟形勢錯綜複雜，機遇和挑戰並存，如何認識人民幣國際化在近期和中長期的發展趨勢？如何通過恰當的政策性安排，努力實現這一進程的持續穩步發展？回答好這些問題，對於當下的政策實踐具有重要的指導意義。

1 微信公眾訂閱號「中國金融四十人論壇」，2018 年 8 月 11 日。

一、人民幣國際化的進程

(一) 貨幣國際化的含義和度量

所謂貨幣國際化，是指一種貨幣成為國際貨幣，即在發行國境外流通並相應發揮各種貨幣職能的過程。典型的國際貨幣具有計量單位、交易媒介和價值貯藏等貨幣基本職能。當然，與僅在一國境內流通的貨幣相比，國際貨幣的這些職能有着特定的表現形式。根據美國著名國際經濟學家 Peter B.Kenen (1983) 的概括，國際貨幣的上述三項基本職能在民間和官方這兩個領域還有不同的表現 (見表 1－1)。具體講，作為計量單位，國際貨幣可在民間領域被私人機構用作貿易報價和金融交易的計價工具，或者在官方領域被其他國家當作「錨」貨幣或基準貨幣 (即用於表示官方匯率平價或當作「被盯住貨幣」)；作為交易媒介，國際貨幣可在民間領域被用作貿易和金融交易活動的支付工具，或者在官方領域被貨幣當局用於對外匯市場進行干預；作為價值貯藏手段，國際貨幣可以充當民間私人機構的金融資產 (如銀行存款和各種證券資產)，或者充當官方 (貨幣當局) 的國際儲備資產。

表 1－1　國際貨幣的職能及其具體表現

貨幣職能	官方	民間
計量單位	「錨」貨幣或基準貨幣	貿易和金融交易計值
交易媒介	干預貨幣	貿易和金融交易支付
價值貯藏	國際儲備	貨幣替代 (非官方美元化)

資料來源：Peter B.Kenen (1983)。

經驗顯示，任何一種民族貨幣在「脱去民族制服」而成為國際貨幣時，都會經歷一個比較長的歷史過程。在這個過程中，國際貨幣的各種職能伴隨着相關制約條件的改變而逐步形成和發展，且在時間上可能有一定的先後順序。大致來説，國際貨幣所具有的計量單位和交易媒介職能，最初出現一般以國際貿易活動為前提，伴隨着金融活動的發展而不斷深化和擴展。在時間上，這兩種職能幾乎是同時出現的，但事實上計量單位職能卻是交易媒介職能的前提，因為待交換的商品只有先進行計價才可能進行進一步交易。相比而言，國際貨幣的價值貯藏職能一般出現得相對晚一些，而金融活動的縱深發展是這項職能充分發揮作用的關鍵。

在貨幣的國際化過程中，其作為國際貨幣的各種基本職能是否全部存在，以及是否能夠充分發揮作用，決定了它的國際化程度。一般來說，一種貨幣的國際化程度可以通過以下指標加以衡量：①在全球國際貿易支付貨幣中的比重；②在全球跨境投資和借貸交易貨幣中的比重；③在全球外匯交易貨幣中的比重；④在全球國際儲備貨幣中的比重；⑤被作為「錨」貨幣或基準貨幣的頻率。值得指出的是，儘管計量單位和交易媒介職能的深度和廣度是衡量一種貨幣國際化程度的重要標誌，但一種貨幣最終能否真正成為具有影響力的主要國際貨幣，在很大程度上取決於這種貨幣的國際貯藏功能（特別是成為別國貨幣當局的國際儲備資產）是否能夠得到充分的發揮。

在歷史上，葡萄牙、西班牙、荷蘭、法國和英國的貨幣都曾是主要的國際貨幣。自20世紀40年代以後，美元成為主要的國際貨幣。目前，比較重要的國際貨幣還包括歐元、英鎊和日元等，但美元在其中佔據着絕對的優勢地位（見表1－2）。

表1－2　1973年以來部分年份有關各國貨幣在全球外匯儲備貨幣中的比重

（單位：%）

	1973	1980	1985	1990	1995	2000	2010Q4	2015Q4	2018Q4
美元	84.6	66.8	55.3	49.4	58.96	68.2	62.24	65.74	61.69
英鎊	7.0	3.0	2.7	2.8	2.11	4	4.06	4.72	4.43
日元	—	4.4	7.3	7.9	6.77	5.3	3.66	3.75	5.20
歐元	—	—	—	—	—	12.7	25.76	19.15	20.69
德國馬克	5.8	15.0	13.9	17.0	15.75	—	—	—	—
法國法郎	1.0	1.7	0.8	2.3	2.35	—	—	—	—

資料來源：國際貨幣基金組織（IMF）。

（二）人民幣國際化的進程：簡要回顧

人民幣在國際上的使用最早可以追溯到 2000 年前後。當時，在與越南、老撾、緬甸、俄羅斯、蒙古等國的邊境貿易中，出現了零星的人民幣（現鈔）支付。2007 年，中國國家開發銀行在香港發售 50 億元人民幣債券，開創了內地金融機構赴港發售人民幣計值債券的先例。2009 年 7 月 1 日，中國人民銀行、財政部、商務部、海關總署、國家稅務總局和中國銀行業監督管理委員會聯合發佈了《跨境貿易人民幣結算試點管理辦法》，正式啟動了跨境貿易中的人民幣結算試點。經過一年多時間，人民幣結算試點從最初的沿海五個城市逐步擴大到全國所有地區。從這個時期開始，人民幣國際化的進程正式啟動。

1. 總體趨勢

從各種指標所顯示的趨勢來看，在過去十年，人民幣國際化大致經歷了快速發展期和平穩詢整期兩個階段。

（1）快速發展期（2009 年 7 月至 2015 年上半年）

2009 年 7 月至 2015 年上半年，人民幣國際化取得了長足的進展。其主要表現集中在以下幾個方面：

第一，跨境貿易和直接投資的人民幣結算額持續擴大。據中國人民銀行發佈的《人民幣國際化報告》（中國人民銀行貨幣政策二司，2015），2014 年，人民幣跨境貿易結算額達到 6.55 萬億元，相當於中國經常項目交易額的 25%。同期，中國對外直接投資（ODI）的人民幣結算額為 1866 億元，外商對華直接投資（FDI）的人民幣結算額高達 8620 億元，與上一年相比，均呈現較大幅度的增長。

第二，人民幣計值的國際金融資產快速增加。2014 年底，非居民在境內銀行持有的人民幣存款餘額達到 2.28 萬億元；外國中央銀行和其他機構投資者在銀行間債券市場上持有的人民幣計值債券為 6346 億元；截至 2015 年 4 月底，通過合格的境外機構投資者（QFII）、人民幣合格境外投資者（RQFII）

和「滬港通」計劃，外國機構投資者共計持有 1.38 萬億元人民幣金融資產（包括股票和債券）。與此同時，在離岸市場，人民幣銀行存款超過 2 萬億元（其中近一半在香港）。人民幣計值債券的發行增長也很快（尤其是 2014 年以前），截至 2014 年底，在離岸市場上發行的人民幣計值債券發行額累計達到 5305 億元。

第三，人民幣已經開始作為一些國家的官方儲備資產，其中包括白俄羅斯、柬埔寨、馬來西亞、尼日利亞、菲律賓、韓國、俄羅斯等國，儘管一般情況下僅佔這些國家外匯儲備總資產的 5% 左右。截至 2015 年 4 月底，人民幣作為外國官方儲備資產的規模達到 6667 億元。與此同時，作為全球金融安全網的一個組成部分，中國還與 32 個國家簽署了 3.2 萬億元的雙邊貨幣互換協議。

第四，人民幣離岸中心迅速發展。在資本賬戶尚未全面開放的環境下，作為人民幣國際化的重要平台，近年來人民幣離岸金融市場發展迅速。除香港外，台北、倫敦、法蘭克福、巴黎、盧森堡、多倫多、迪拜、悉尼等多個城市已經或正在成為人民幣離岸金融中心。中國主要的國有商業銀行均已相繼取得各離岸中心的清算行地位。

第五，中國國際支付系統（China International Payment System，簡稱 CIPS）成功建成。該系統也稱人民幣跨境支付系統，於 2015 年 10 月 8 日在上海成功上線運行。其建成並順利運行是人民幣國際化的里程碑事件，標誌着人民幣國際化的基礎設施建設取得重要進展，將大大提升人民幣跨境結算的效率和交易安全性。

第六，人民幣成為特別提款權（SDR）籃子貨幣。經過有關各方的反覆磋商，2015 年 11 月 30 日國際貨幣基金組織（IMF）正式宣佈，人民幣將於 2016 年 10 月 1 日加入 SDR，成為其貨幣籃子的一個組成部分，佔比達到 10.92%，位居美元和歐元之後。IMF 總裁拉加德在宣佈這一消息的新聞發佈會上表示：「人民幣進入 SDR 將是中國經濟融入全球金融體系的重要里程碑，也是對中國政府過去幾年在貨幣和金融體系改革方面所取得的進步的認可。」

應該説，成為 SDR 籃子貨幣，對於人民幣國際化的促進意義是毋庸置疑的。一方面，它提升了人民幣的國際形象和地位，本身就是國際化的一個重要表現；另一方面，將通過推進國內金融改革和資本賬戶的漸進開放，從宏觀經濟基本面和制度層面推動人民幣的國際化進程。

毫無疑問，在這近八年的時間裏，人民幣國際化的成績是顯著的。從中國人民大學國際貨幣研究所發佈的人民幣國際化指數（見表 1 －3），可以清楚看到這一點。當然，也應該清醒地意識到，與過去相比，儘管人民幣國際化取得了空前的發展，然而與美元、歐元相比，差距還很大。

表 1 －3　人民幣國際化指數及其國際對比[1]

年份	人民幣	美元	歐元	日元
2009	0.02%	52.79%	26.92%	3.60%
2010	0.23%	53.33%	25.58%	4.34%
2011	0.45%	54.18%	24.86%	4.56%
2012	0.87%	52.34%	23.72%	4.78%
2013	1.23%	53.81%	27.44%	4.39%
2014	2.33%	54.67%	24.49%	4.18%

資料來源：《人民幣國際化報告》（2009—2015 年），中國人民大學國際貨幣研究所。

（2）平穩調整期（2015 年下半年至今）

自 2015 年下半年以來，通過相關數據可以明顯觀測到，人民幣國際化的趨勢有所減緩甚至在一定程度上發生了逆轉。如圖 1 －1 所示，反映人民幣國際化程度的相關指標均在 2015 年達到高位後逆轉下滑。雖然在這一時期，經常賬戶以及資本金融賬戶下的人民幣業務稍有回暖，但伴隨着金融開放初期

1　該指數主要基於一國貨幣作為國際支付結算貨幣、國際金融資產計值和交易貨幣、國際儲備貨幣等在全球對應總額（值）中的比重進行計算而形成。

政策效用的逐步遞減、國內經濟結構的轉型、經濟增長趨緩和國外政治經濟局勢的緊張，內外雙重壓力疊加，相較於前五年的高速發展，可以認為人民幣國際化的進程已經開始進入調整期。

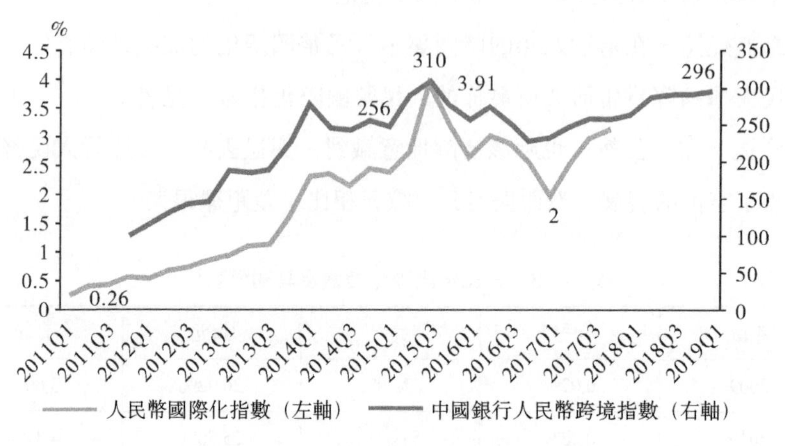

圖 1 – 1　人民幣國際化指數

資料來源：中國銀行香港分行研究部、中國人民大學國際貨幣研究所《人民幣國際化報告》。

2. 若干新近進展

2015 年以來，人民幣國際化雖然總體上出現了退潮的局面，但也呈現若干新的特點，其中一些特點對於其長遠發展有積極意義。

第一，貿易渠道作用減弱，金融渠道作用上升。

在 2014 年人民幣貿易結算額歷史性地佔到全部貿易結算額的 25%，近年來，這一比例已經顯著下降。如圖 1 – 2 所示，近四年來，在人民幣境外收付中經常賬戶項下和資本項下的人民幣收付金額走勢呈現一定的差異或背離。通過資本項下交易實現的人民幣跨境收付額出現較快增長；相反，通過經常項下交易實現的人民幣跨境收付額則增長相對緩慢。

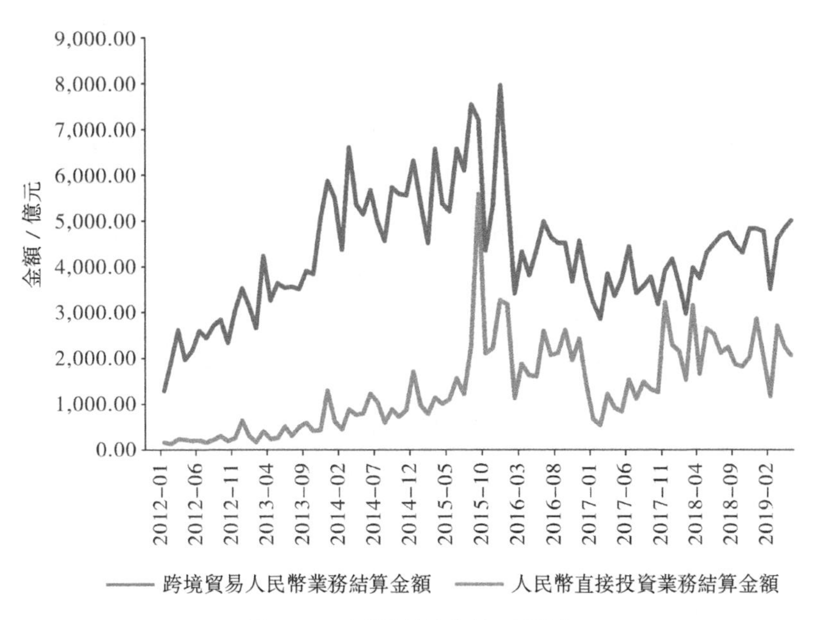

圖 1－2　人民幣跨境收付金額趨勢

資料來源：wind 數據庫。

第二，在岸市場的作用日趨重要，離岸市場的作用相對下降。

2015 年以前，由於中國資本賬戶尚未完全開放，離岸金融市場（特別是香港離岸金融市場）是境外人民幣存放和投資增值的主要場所。可以說，離岸金融市場是人民幣國際化的主要場地。不過，近幾年來，伴隨着 QFII 和 RQFII 投資額度的不斷上升，境外投資者通過購買國內股票、債券等方式持有人民幣計值有價證券的數量正逐步增加（見圖 1－3、圖 1－4）。為了進一步擴大開放，2019 年 1 月中國政府宣佈將 QFII 總額度從 1500 億美元增至 3000 億美元。另外，對於 QFII 交易限制的放寬也值得注意。2018 年 6 月，當局取消了每月匯出金額以及本金鎖定期的要求，並允許 QFII 和 RQFII 對境內投資進行套期保值操作。官方數據顯示，截至 2019 年 4 月底，獲批 QFII 的機構達到 290 家，投資額度合計 1057.96 億美元獲批 RQFII 的機構達到 214 家，投資額度達到 6706.72 億元人民幣。這表明，與過去相比，在岸市場在人民幣國際化過程中的作用正在得到不斷提升。

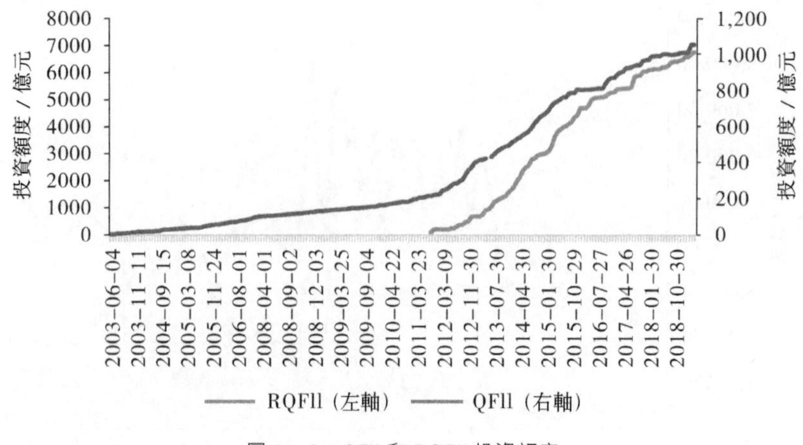

圖 1 – 3　QFII 和 RQFII 投資額度

資料來源：wind 數據庫。

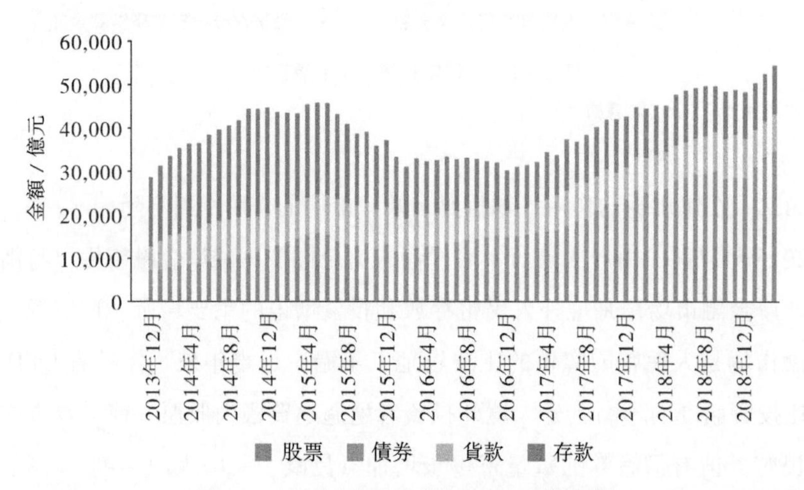

圖 1 – 4　境外投資者持有的境內人民幣資產

資料來源：wind 數據庫。

相比之下，由於人民幣貶值等，一些數據顯示，2015 年後離岸人民幣市場的規模出現了相對緊縮（見圖 1 – 5、圖 1 – 6）。

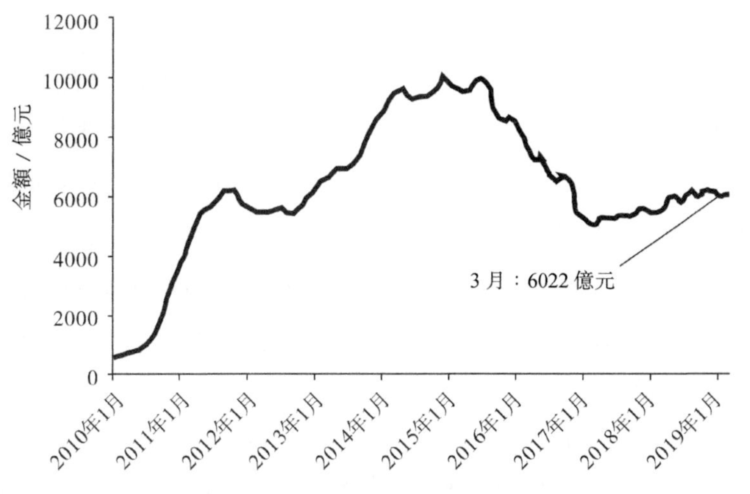

圖 1 –5　香港銀行人民幣存款額變動趨勢

資料來源：香港金融管理局。

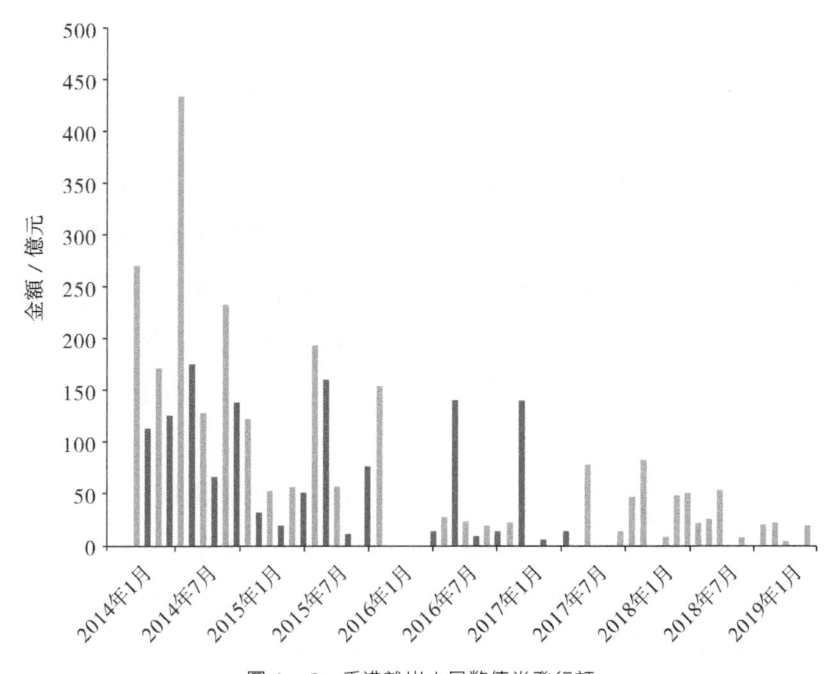

圖 1 –6　香港離岸人民幣債券發行額

資料來源：香港中銀國際研究部。

第三，金融創新助推人民幣國際化。

近年來，無論是離岸市場還是在岸市場，與人民幣國際化相關的金融創新活動不斷出現。2018 年 3 月，以人民幣計價的原油期貨首次在上海能源交易中心正式掛牌上市。自上市以後，人民幣原油期貨交易與日俱增。截至 2018 年 11 月，累計成交量已經達到 1691.45 萬手，交易額約 8.57 萬億元，僅次於 WTI 和 Brent 兩大原油期貨。人民幣原油期貨產品的推出，對於增強人民幣在國際大宗商品市場上的計價和定價功能，充分發揮其作為國際計價工具的職能，具有非常重要的意義。值得注意的是，沙特阿拉伯、委內瑞拉、俄羅斯等石油生產大國已經考慮逐步放棄使用美元，轉而將人民幣作為與中方石油貿易中的結算貨幣。這對人民幣國際化具有積極的推動作用。

2014—2017 年，作為制度性創新，監管當局先後推出了「滬港通」「深港通」和「債券通」，而連接中國內地和倫敦資本市場的「滬倫通」也在籌劃之中。這些創新安排，使更多的境外投資者有機會持有人民幣計值的金融資產，從而推進人民幣國際化。

此外，2018 年 11 月，中國人民銀行首次在香港發行 200 億元央行票據。此舉有助於在離岸市場形成人民幣基準利率，從而促進離岸人民幣市場的穩定發展。近兩年，離岸市場上的人民幣金融資產品種也有所增加，除了「點心債」「獅城債」等權益類產品，人民幣期權期貨、人民幣交易型開放式指數基金（ETF）、人民幣房地產投資信託（REIT）均有一定發展。

第四，基礎設施建設成果顯著。

2018 年 3 月，中國的跨境支付系統（CIPS）二期正式開始試運行。與大約三年前建成的一期相比，二期拓寬了參與者類型，豐富了結算模式，並且延長了服務時間，可以更好地滿足全球範圍內人民幣業務交易者的支付結算需要。截至 2018 年 6 月，CIPS 系統參與者已覆蓋全球六大洲的 87 個國家，其中「一帶一路」沿線國家 41 個，業務覆蓋全球 155 個國家和地區的 2395

家法人金融機構[1]。2018 年第三季度，CIPS 系統處理業務 38.13 萬筆，金額達 7.01 萬億元，同比分別增長 5.34% 和 75.89%[2]。CIPS 系統的完善，為境外人民幣支付結算業務搭建了一個更加便捷和安全的平台，對推動人民幣國際化具有非常重要的意義。

近幾年，海外人民幣清算銀行的數量也在不斷增加。截至 2018 年 2 月，我國已在全球範圍內設立了 24 家人民幣業務清算行（見表 1－4），大大便利了人民幣國際化業務的發展。

表 1－4　人民幣業務清算行的分佈

序號	國家和地區	時間	清算行
1	中國香港	2003 年 12 月	中國銀行（香港）有限公司
2	中國澳門	2004 年 9 月	中國銀行澳門分行
3	中國台灣	2012 年 12 月	中國銀行台北分行
4	新加坡	2013 年 2 月	中國工商銀行新加坡分行
5	英國	2014 年 6 月	中國建設銀行（倫敦）有限公司
6	德國	2014 年 6 月	中國銀行法蘭克福分行
7	韓國	2014 年 7 月	交通銀行首爾分行
8	法國	2014 年 9 月	中國銀行巴黎分行
9	盧森堡	2014 年 9 月	中國工商銀行盧森堡分行
10	卡塔爾	2014 年 11 月	中國工商銀行多哈分行
11	加拿大	2014 年 11 月	中國工商銀行（加拿大）有限公司
12	澳大利亞	2014 年 11 月	中國銀行悉尼分行
13	馬來西亞	2015 年 1 月	中國銀行（馬來西亞）有限公司

1　數據來源：CIPS 官方網站。
2　數據來源：中國人民銀行。

（續表）

序號	國家和地區	時間	清算行
14	泰國	2015 年 1 月	中國工商銀行（泰國）有限公司
15	智利	2015 年 5 月	中國建設銀行智利分行
16	匈牙利	2015 年 6 月	匈牙利中國銀行
17	南非	2015 年 7 月	中國銀行約翰內斯堡分行
18	阿根廷	2015 年 9 月	中國工商銀行（阿根廷）股份有限公司
19	贊比亞	2015 年 9 月	贊比亞中國銀行
20	瑞士	2015 年 11 月	中國建設銀行蘇黎世分行
21	美國	2016 年 9 月	中國銀行紐約分行
22	俄羅斯	2016 年 9 月	中國工商銀行（莫斯科）有限公司
23	阿聯酋	2016 年 12 月	中國農業銀行迪拜分行
24	美國	2018 年 2 月	美國摩根大通銀行

數據來源：中國人民銀行。

二、人民幣國際化的決定因素

（一）貨幣國際化的決定因素

一種主權貨幣是否能夠成為國際貨幣（特別是主要的國際貨幣），取決於一系列因素。根據 Zhang 和 Tao（2018）的研究，這些因素大致可以歸為三大類，即規模（Size）、流動性（Liquidity）和可信度（Creditability）。具體講，首先，該國經濟規模應該足夠大，包括經濟總量、對外貿易規模和金融市場規模等均處於全球前列；其次，該國的金融市場足夠成熟並且具有高度流動性，這意味着金融市場有着完備的基礎設施、豐富的金融市場工具以及基本開放的資本賬戶；最後，該國的經濟、金融和貨幣具有可信度，這意味着能夠保持良好的經濟增長趨勢、穩定的貨幣價值（尤其是對外貨幣匯率）、獨立的中央銀行體系、穩健的金融監管體系，以及良好的法制和稅收環境等。上述研究結論既出於理論和邏輯分析，同時也有大量的經驗事實作為支撐。不過，總結一些歷史經驗，可以發現，有三個問題值得進行深入探討。

第一，一國貨幣國際化地位的獲得和保持，是否有賴於上述條件的同時存在？一般而言，答案是肯定的。我們以美元和日元為例來進行簡要分析。美國經濟總量早在 1870 年就已超過英國，其對外貿易規模也在 1900 年前後超過了英國，但直到 1914 年，美元依然毫無國際地位。1914 年美聯儲宣告成立之後，伴隨着銀行承兑匯票市場的出現和迅速發展，美國的金融市場逐漸形成規模且流動性日漸提升。正是因為這一變化，在大約十年之後（即 1925 年左右），美元成功獲得了國際結算和融資貨幣的地位，成為與英鎊同樣重要的國際貨幣，紐約也相應成為重要的國際金融中心（Eichengreen, 2009）。1944 年，憑藉強大和可信的經濟、政治、科技乃至軍事力量，通過簽署布雷頓森林協議，美元才牢牢地取得了國際儲備貨幣的地位，並最終成了主導性的國際貨幣。

與美元的成功經歷不同，日元提供了一個基本失敗的案例。日元國際化大約開始於 20 世紀 80 年代初。經過將近二十年貿易立國發展戰略的實施，日本的經濟增長取得了巨大的成就，並在 20 世紀 80 年代初積累了巨額的經常項目順差。在對外金融擴張的戰略影響下，日本開始推動日元的國際化。

20 世紀 80 年代中後期，日元在全球外匯儲備中的比重一度達到 6%。然而，由於日本的金融市場長期處於相對不發達狀態，特別是流動性比較差，加上 20 世紀 90 年代長達十年之久的經濟衰退和通貨緊縮，日元逐漸「去國際化」。近年來，日元佔全球外匯儲備的比重下降到了 3%。

美元的經驗顯示，如果一個經濟體在經濟總量和對外貿易規模方面都取得了全球領先地位，但其金融市場不夠發達，那麼其貨幣的國際化仍然難以實現。事實上，美元在第二次世界大戰後能夠持續佔據主導性國際貨幣的地位，除了其綜合國力的支撐外，與美國擁有全球最發達的金融市場不無關係。而日元則以其生動的經驗顯示，如果金融市場不夠發達，那麼即使貨幣國際化的進程已經開始，也完全可能發生逆轉。

第二，貨幣可兑換性的影響。一般而言，貨幣的可兑換程度決定了貨幣的國際化程度。在其他條件不變的情況下，一種貨幣的可兑換性越高，其國際化的程度也會越高。這是因為，在嚴格的外匯管制條件下，外國居民無法隨時獲得必要的該國貨幣，也無法自由地將其持有的該國貨幣兑換為其他通貨。當然，由於貨幣國際化通常是一個由低級逐步走向高級的漫長過程，在這個過程中，貨幣的可兑換和國際化可以相伴協調發展。在貨幣國際化的初期，一國通常主要依靠貿易渠道來實現本幣的周邊使用和國際化。這時，貨幣的國際使用主要以便利周邊貿易為特徵，且規模較小，因而不需要消除所有的外匯管制措施。而當貨幣國際化走向深入和更高層次的時候，特別是需要通過金融渠道來實現的時候，全面廢除外匯管制、實現資本賬戶下的貨幣可兑換，將是必不可少的重要條件。

一個有趣的問題是，一定程度的資本管制會不會嚴重影響一國貨幣的國際化？20 世紀 50 年代至 70 年代，由於 Q 條例等美國國內金融管制的存在和「資本流動的利息平衡税」的實施，美國的跨境資本流動受到了一定程度的限制。但是，這種限制並沒有影響美元的國際化。儘管通過在岸市場實現的美元國際化進展相對緩慢，但通過離岸市場（即所謂的「歐洲美元市場」）實現的美元國際化獲得了巨大的發展。這表明，由於離岸市場的存在，如果其他條件基本具備的話，一定程度的資本管制並不會嚴重影響該國的貨幣國際化。這對當前人民幣國際化相關政策的選擇具有十分重要的啟示。

第三，政府的推動作用。從根本上講，貨幣國際化是一個自然選擇的過程，因為一國貨幣能否在境外被廣泛採納和使用是別國選擇的結果。然而，政府在這個過程中也不是完全沒有作用。事實上，政府可以通過加速或延遲各種前提條件的出現來影響這個進程。譬如，確保總體經濟的持續穩定發展，不斷提升綜合經濟實力；積極推行國內經濟改革，加快對外貿易發展，提升本國在國際貿易中的地位；採取適當的外匯管理措施，鼓勵國內的貿易企業以本幣計價支付；採取穩健的財政貨幣政策，以便保持本幣的對內和對外價值穩定；積極發展金融市場，促進金融體系的健康發展，特別是加快國內債券市場的發展；鼓勵有條件的國內銀行開展海外業務，特別是爭取在區域內其他國家建立網點，以便在條件成熟的時候開展本幣業務；逐步減少資本管制，實現資本賬戶的自由化；等等。

值得指出的是，一個具有強大國際地位的政府往往可以通過某些國際協定去影響和推動這個進程。廣泛參與全球性事務及其治理，對於擴大其與世界其他國家的經濟往來（包括加深貿易、投資和金融聯繫），從而創造更多的機會去推動本國貨幣的境外使用，具有重要意義。歷史經驗表明，多邊的國際性制度安排，如建立多邊性國際匯率協調機制，對於促進一國貨幣國際化的進程具有重要影響，因而也是政府可以積極發揮作用的地方。譬如，布雷頓森林時代的「美元匯兑本位制」，對美元國際化地位的確立，具有非常重要的意義；歐洲匯率機制的建立，對歐元的誕生以及它的國際化地位的提升，也十分重要；多年來，日本對亞洲貨幣區域合作的積極推動，與日本政府試圖藉此促進日元的國際化不無關係。

（二）影響人民幣國際化進程的主要因素

對照理論和別國經驗分析，可以發現，這十年人民幣國際化的進程同樣受到了上述各種因素的影響。不少因素在 2009 年後的「快速發展期」和「平穩調整期」發生了明顯的變化。

在「快速發展期」，人民幣國際化得益於一系列重要因素。首先，自加入世界貿易組織（WTO）以後，中國經濟保持了持續的高速增長，並且先後成為世界第二大經濟體、第一大對外貿易國和主要的外國直接投資目的地國家之一。這是人民幣國際化得以快速推進的基本經濟面因素。其次，2005—2015 年，持續的經常項目和資本與金融項目順差使得人民幣總體上處於強勁的升值態勢之中，這對人民幣國際化起到了重要的推動作用。可以認為，在短期內，人民幣的升值趨勢對這一時期人民幣國際化的快速發展產生了決定性的直接影響。再次，2009 年 7 月開始實施的跨境貿易結算改革，即允許和鼓勵跨境貿易企業使用人民幣結算，產生了巨大的政策改革效應。在此之前，如果企業在跨境貿易中使用人民幣計價結算，是無法享受出口退稅待遇的。換言之，人民幣在跨境貿易結算中遭遇了低國民待遇。這項改革措施推出後，大大激發了貿易企業使用人民幣計價結算的積極性。與此同時，「三類外資銀行」獲准進入銀行間債券市場，以及其他放鬆跨境資本流動管理的措施促進了人民幣的回流，從而也產生了類似的政策效應。最後，美國次貸危機和歐洲主權債務危機的相繼發生，導致美元和歐洲等發達國家的貨幣相對動蕩，從而使人民幣成為比較受歡迎的貨幣。

進入「平穩調整期」後，人民幣國際化的進程放慢甚至回落同樣受到了多種因素的影響。首先，自 2015 年以來，中國經濟增長持續放慢，在一定程度上導致國際投資者的預期變化，相應地對人民幣資產的偏好也呈現減弱趨勢。在 21 世紀的最初十年，受加入 WTO 等結構性改革措施的積極影響，中國經濟保持了年均 9% 以上的持續高速增長，進而使中國一躍成為世界第二大經濟體。由於對經濟前景有信心，國際投資者普遍看好在中國的投資回報，對於持有人民幣資產的偏好也比較強烈，資本淨流入不斷增加。這種樂觀情緒一直持續至 2013 年。2014 年以後，由於人口結構變化、宏觀調控力度加大，以及經濟改革進入深水區等多種因素，中國經濟增長開始持續下行。相應地，外國直接投資出現了淨流出（見圖 1 – 7）。在離岸市場上，對人民幣資產的需求也出現了停滯甚至絕對減少。

其次，中國貿易競爭優勢相對減弱，人民幣穩中趨升的勢頭基本消失。自 20 世紀 90 年代起，尤其是 2001 年加入 WTO 後，由於低廉的勞動力成本，中國的出口貿易優勢非常明顯。巨額的經常項目順差為人民幣長時間穩中趨升奠定了堅實的基礎。然而，自 2010 年以來，由於人口結構發生了顯著變化，「撫養比」不斷上升，經濟增長遭遇「劉易斯拐點」，勞動力成本優勢逐漸減弱，加上國際經濟環境總體上不斷惡化，中國的經常項目順差逐漸

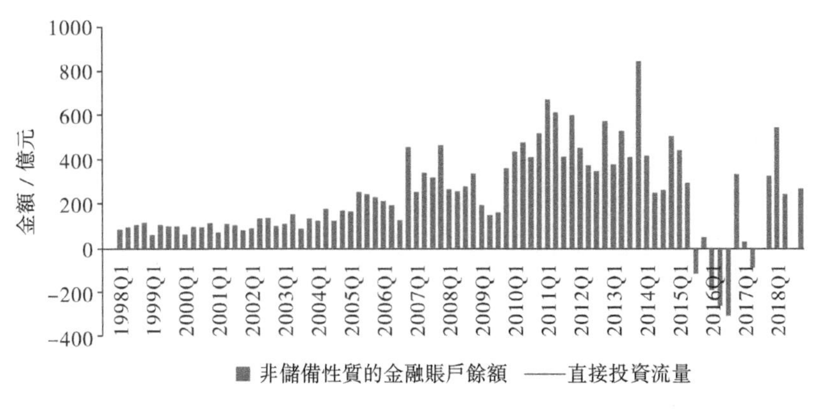

圖 1 －7　中國的外國直接投資淨流動

資料來源：國家外匯管理局。

減少。官方數據顯示，我國經常賬戶順差佔 GDP 的比重已從 2007 年的大約 11% 下降至 2019 年的不足 1%。經常項目順差積累的趨緩，與跨境資本流向的逆轉，在很大程度上造成了近年來人民幣對美元匯率的動蕩甚至貶值。

在經濟基本面較好或相對穩定的情況下，人民幣與美元的匯率走勢對人民幣國際化的影響是非常明顯的，兩者存在高度的趨勢性吻合。2010 年至 2014 年初人民幣的持續升值趨勢是此間人民幣國際化取得快速發展的重要原因之一；而 2014 年初以後人民幣國際化進程相對放緩，也與人民幣對美元匯率的走勢變得動蕩和不確定有關（見圖 1 －8）。

再次，美元進入週期性升值階段。自 1971 年布雷頓森林體系崩潰以後，美元步入了一個強弱趨勢交替呈現的週期性發展格局。大致來說，每隔 15—17 年是一個週期。從美元指數的變化趨勢可以看出，大約自 2013 年開始，美元已經進入一個新的週期性上升階段（見圖 1 －9）。2015 年 12 月 16 日，美聯儲在實行長達近十年量化寬鬆政策之後首次做出了加息的決定，將聯邦儲備基金利率上調 0.25 個百分點，並開啟了加息週期。截至 2018 年 12 月，美聯儲已經持續加息 9 次，使聯邦基金利率上升至 2.5%，並且有可能繼續上調。美元利率的逐漸上調趨勢，以及美元自身固有的週期性運行特徵，導致過去幾年美元總體上處於強勢地位。

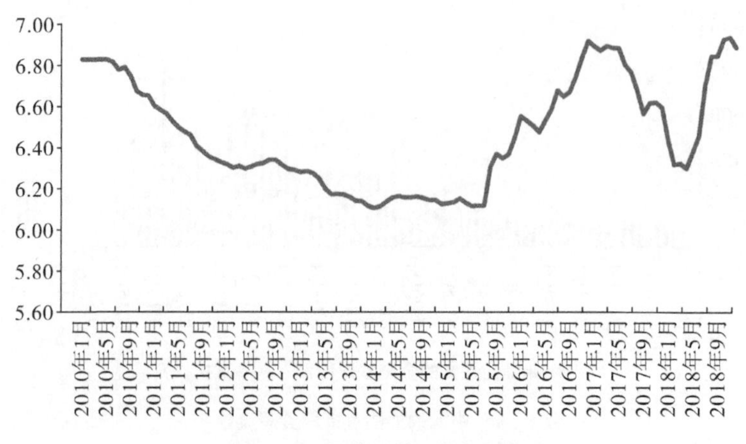

圖 1 –8 人民幣對美元匯率走勢

資料來源：中國人民銀行。

圖 1 –9　美元實際有效匯率

資料來源：美國聯邦儲備委員會。

在一定程度上，人民幣國際化是一個主權貨幣的國際競爭過程。當美國等發達國家的貨幣比較動蕩和疲軟的時候（譬如，2010—2013 年），如果人民幣幣值相對穩定甚至穩中有升，那麼其國際化是比較容易的。相反，當美元走強時，人民幣國際化就有可能受到來自美元的競爭，從而受到一定程度的制約。

最後，初期放鬆管制政策的效應遞減，新的資本管制措施削弱了國際投資者對人民幣計值金融資產的持有意願。自 2009 年 7 月以後，包括取消跨境貿易結算貨幣的限制、允許「三類外資銀行」進入境內銀行間債券市場、RQFII 的推出、深圳前海跨境人民幣貸款試點，以及上海自貿區特別賬戶和「滬港通」等金融自由化和便利化措施的實施，為人民幣國際化（包括流出渠道和回流機制的建立）的發展提供了重要的制度環境。然而，所有這些措施在推出之初效果比較明顯，但經過一段時間後其效應就趨向遞減。值得一提的是，自 2016 年以來，為了防止資本大規模外流，緩解不斷增加的人民幣貶值壓力，監管部門加強了跨境資本流出的限制，其中包括對遠期購匯徵收 20% 保證金、對超過 500 萬美元的對外投資從嚴審批等。這些措施在一定程度上削弱了國際投資者對人民幣計值金融資產的持有意願，從而抑制了人民幣的國際化。

三、實現人民幣國際化的穩步發展：政策選擇

人民幣國際化已經走過了近十年的歷程。從總體上看，這十年的發展對國內企業和金融機構降低匯率風險、降低境外融資成本，以及一些國內銀行推進國際化經營戰略等均產生了一定的促進作用。從長遠看，人民幣國際化對於提升我國宏觀經濟政策的靈活性、改變不合理的國際貨幣體系，以及提升人民幣在全球金融體系中的作用和地位等，都會產生重要的影響。當然，人民幣國際化也意味着，在未來，中國將在全球貨幣、金融和經濟事務中承擔更多的國際責任，在開放國內市場、促進全球金融穩定等方面提供更多的公共產品。而在走向更大程度的人民幣國際化的過程中，如果出現時機誤判或是政策失誤，或者國際經濟金融形勢出現對我國不利的情形，這一進程也

可能出現波折，甚至在一定程度上停滯不前。

正因如此，如何鞏固已有的成績，同時積極面對各種挑戰，對實現人民幣國際化的可持續發展至關重要。為此，我們必須最大限度地做出各種必要的政策努力。

第一，積極推進市場化的經濟改革，為經濟增長提供新動力，從而為人民幣國際化提供根本保障。由於人口結構變化，中國的勞動力供給日趨緊張，人口紅利正加速消失；與此同時，國民儲蓄水平也將隨着人口老齡化時代的到來而逐漸下降。面對勞動力和資本兩大要素的供給下降趨勢，要想確保經濟增長，只有努力提高全要素生產率，以便為經濟增長提供新的動力。為此，除了需要加快技術進步之外，還應該加快市場導向的各項經濟改革，特別是國有企業改革、財稅改革、勞動力市場改革和其他要素市場改革，更多地允許民營資本進入壟斷性行業，等等。

自 2018 年 3 月以來，美國特朗普政府不斷以國家安全為由，利用基於雙邊主義貿易法案的所謂「301 條款」調查結果，以貿易嚴重不平衡、強迫技術轉移、盜竊知識產權和過度國企補貼等為由，不但對華大搞貿易保護主義，對來自中國的進口產品加徵關稅，甚至還加大了對華為等中國高科技企業的打壓和制裁。對此，中國必須理性應對。在積極開展各種「有理、有利、有節」的反制措施的同時，應努力調整經濟發展戰略，加快推進市場化的國內經濟改革，全面擴大對外開放，努力提升經濟增長效率，最大限度地化解中美貿易衝突對經濟增長的不利影響。

第二，加快技術進步和製造業升級，構建新的貿易優勢，為人民幣長期穩定創造條件。匯率穩定對人民幣國際化具有重要意義。從理論上講，匯率在短期內取決於跨境資本流動，而在長期內則取決於一國的貿易競爭優勢。如前所述，以廉價勞動力作為貿易優勢的時代在中國已經一去不復返。為了確保人民幣匯率的長期穩定，中國必須加快構建其貿易優勢，從而為人民幣國際化的持續發展創造條件。為此，應積極利用新一代信息技術革命所帶來的重要機遇，以實施「中國製造 2025」計劃為抓手，加快人工智能、5G、

3D 打印、移動互聯網、雲計算、大數據、生物工程、新能源、新材料等領域的創新與突破，力求在最短的時間內實現我國製造業的升級。

第三，加快金融改革，建立市場化的現代金融體系。首先，人民幣國際化的持續發展，需要一個具有高度流動性、規模足夠大的國債市場支持。正如我們曾經指出的，美元之所以能夠在二戰後數十年裏一直佔據主導性國際貨幣地位，除了其政治、經濟、科技乃至軍事等綜合實力強大外，其高度發達、品種齊全、安全可靠的國債市場發揮了重要作用。而我國的國債市場儘管近年來發展比較快，目前已經成為全球第三大市場，但由於期限較長、流動性相對不足等，仍然難以滿足外國投資者（特別是外國中央銀行）擁有高流動性人民幣金融資產的需要。其次，應加快人民幣匯率制度改革，增強其彈性。從長遠看，人民幣國際化的深度發展（特別是成為主要的國際儲備貨幣）要求資本跨境流動的自由化。而為了避免「三元悖論」引起的貨幣政策獨立性下降，應該加快人民幣匯率制度的彈性化改革，使其更多地由外匯市場供求決定。2015 年 8 月 11 日，關於中間價報價機制的改革具有重要的積極意義，但由於準備不足，之後出現了反覆和波折，進一步的改革仍然非常需要。再次，穩步推進資本賬戶可兑換。這是人民幣國際化進一步發展的重要條件。在過去十多年時間裏，我國的資本管制已經顯著放鬆。在全部 40 個資本賬戶項目下的交易中，目前僅有貨幣市場工具和衍生產品等 4 個交易完全不可兑換，其餘則是完全可兑換或部分可兑換。毫無疑問，繼續擴大可兑換是基本方向，也是人民幣國際化得以繼續發展的最重要條件之一。

金融改革的推進與金融監管的加強並不矛盾，兩者相輔相成。無論是債券市場的發展、匯率制度的改革還是資本賬戶的可兑換，都必須堅持審慎原則，必須高度重視改革的時機和條件。如果為了促進人民幣國際化而不切實際地推進有關自由化改革，特別是過於急切地推進資本賬戶全面開放，那麼很可能最終導致金融動蕩甚至危機。而一旦發生危機，人民幣國際化的最基本條件—經濟穩定增長就可能受到損害，從而在根本上妨礙人民幣國際化的繼續發展。

我國現階段還不具備完全開放資本賬戶的條件（張禮卿，2015），因此，在未來一個時期，人民幣國際化可能仍將主要通過離岸金融市場來逐漸推進。只有當國內金融體制的市場化改革基本實現，人民幣匯率制度真正實現了有管理的浮動匯率安排，以及有效的金融監管體系基本建立和完善，我國的資本賬戶才能全面開放。也只有到那個時候，人民幣國際化才能主要通過在岸金融市場來實現。

第四，積極推動國際經濟和金融合作。一般來說，人民幣國際化是一個市場驅動的進程（Market-driven Process）。只要上述條件基本具備，政策選擇上不發生明顯失誤，經過若干年，人民幣國際化將水到渠成。在這個過程中，政府的作用主要是積極促成這些條件的形成。不過，從政府層面去積極推動國際經濟和金融合作，也有一定的意義。美國當年借助布雷頓森林協議，成功地確立了美元作為各國官方儲備貨幣的地位（因為只有大量持有美元，才能在必要時利用美元進行干預，從而確保本幣和美元匯率之間的穩定）。當然，由於時代和環境不同，加上中國的綜合實力也還未達到超強的地位，美元國際化的經驗不可能簡單複製。儘管如此，中國政府也可以有所作為。譬如，積極利用 G20 等國際經濟對話機制，在重大國際經濟事務中用好自己的話語權；繼續推動國際貨幣基金組織的治理改革；積極推動亞洲貨幣金融合作，包括清邁倡議多邊化和區域內各國的匯率合作；積極推動亞洲基礎設施投資銀行的建設和「一帶一路」倡議的實施；等等。

四、人民幣國際化與「一帶一路」倡議

所謂「一帶一路」倡議，是指中國政府於 2013 年提出的區域性經濟合作設想。根據這個設想，由中國發起的該區域性合作框架將貫穿亞歐非大陸，將活躍的東亞經濟圈、發達的歐洲經濟圈，以及腹地廣大並且發展潛力巨大的中亞、西亞、南亞和東南亞乃至部分非洲國家聯繫在一起，通過經濟、貿

易、金融和文化等領域的全方位合作，實現各國的共同繁榮和發展。

「一帶一路」倡議是新時期中國實施對外開放戰略的重要舉措。在促進區域內各國的經濟、貿易和金融發展的同時，也為人民幣國際化帶來了難得的機遇。同時，「一帶一路」倡議實施過程中面臨諸多風險，包括地緣政治風險、宗教民族衝突風險、法律法規風險乃至恐怖主義風險等。這些風險不僅會影響到「一帶一路」倡議的順利實施，也會影響人民幣國際化在區域內的正常發展。抓住機遇，預防和控制風險，是「一帶一路」倡議下人民幣國際化戰略必須面對的重要課題。

（一）「一帶一路」倡議的提出及其積極意義

2013 年 9 月和 10 月，中國國家主席習近平在出訪中亞和東南亞國家期間，先後提出共建「絲綢之路經濟帶」和「21 世紀海上絲綢之路」[1] 的重大倡議，得到國際社會高度關注。中國國務院總理李克強在參加 2013 年中國－東盟博覽會時強調，鋪就面向東盟的海上絲綢之路，打造帶動腹地發展的戰略支點。2015 年 3 月 28 日，經國務院授權，國家發展與改革委員會、外交部、商務部聯合發佈《推動共建絲綢之路經濟帶和 21 世紀海上絲綢之路的願景與行動》，簡稱「一帶一路」倡議。

絲綢之路經濟帶主要包括三條通道，即中國經中亞、俄羅斯至歐洲（波羅的海）；中國經中亞、西亞至波斯灣、地中海；中國至東南亞、南亞、印度洋。21 世紀海上絲綢之路主要包括兩條通道，即從中國沿海港口過南海到印

1　絲綢之路是指起始於古代中國，連接亞洲、非洲和歐洲的古代路上商業貿易路線，分為陸上絲綢之路和海上絲綢之路。陸上絲綢之路是連接中國腹地與歐洲諸地的陸上商業貿易通道，形成於公元前 2 世紀到公元 1 世紀間，直至 16 世紀仍保留使用，是一條東方與西方之間進行經濟、政治、文化交流的主要道路。海上絲綢之路是古代中國與外國交通貿易和文化交往的海上通道，該路主要以南海為中心，所以又稱「南海絲綢之路」。海上絲綢之路形成於秦漢時期，發展於三國至隋朝時期，繁榮於唐宋時期，轉變於明清時期，是已知的最為古老的海上航線。

度洋，延伸至歐洲從中國沿海港口過南海到南太平洋。

「一帶一路」倡議的具體合作框架是：①陸上依託國際大通道，以沿線中心城市為支撐，以重點經貿產業園區為合作平台，共同打造新亞歐大陸橋、中蒙俄、中國—中亞—西亞、中國—中南半島等國際經濟合作走廊；②海上以重點港口為節點，共同建設通暢、安全、高效的運輸大通道；③中巴、孟中印緬兩個經濟走廊與推進「一帶一路」倡議關聯緊密，將推動進一步的合作和發展。

「一帶一路」倡議的合作重點包括政策溝通、設施聯通、貿易暢通、資金融通、民心相通。政策溝通，是指加強政府間合作，積極構建多層次政府間宏觀政策溝通交流機制，沿線各國就經濟發展戰略和對策進行充分交流對接，共同制定推進區域合作的規劃和措施。設施聯通，是指沿線國家加強基礎設施建設規劃、技術標準體系的對接，共同推進國際重要通道建設，逐步形成連接亞洲各次區域以及亞歐非之間的基礎設施網絡。貿易暢通，是指着力實現投資貿易便利化，消除投資和貿易壁壘，積極同沿線國家和地區共同商建自由貿易區。資金融通，是指推進亞洲貨幣穩定體系、投融資體系和信用體系建設，擴大沿線國家雙邊本幣互換、結算的範圍和規模。民心相通，是指「一帶一路」倡議的社會根基，包括擴大相互間留學生規模、加強旅遊合作等多方面內容。

「一帶一路」倡議的實施將遵循五項基本原則。第一，恪守《聯合國憲章》的宗旨和原則，遵守和平共處五項原則。第二，堅持開放合作，即「一帶一路」的相關國家基於但不限於古代絲綢之路的範圍，各國和國際、地區組織均可參與。第三，堅持和諧包容，即尊重各國發展道路和模式的選擇，加強不同文明之間的對話，求同存異、兼容並蓄、和平共處、共生共榮。第四，堅持市場運作，即遵循市場規律和國際通行規則。第五，堅持互利共贏，即兼顧各方利益和關切，尋求利益契合點和合作最大公約數。

「一帶一路」倡議，涉及東北亞、東南亞、南亞、西亞、北非、獨聯體、中東歐、中亞等 60 多個國家和地區、44 億人口，經濟總量超過 20 萬億美元（表 1 – 5）。「一帶一路」倡議標誌着中國開放型經濟進入新的發展階段。

表 1－5 「一帶一路」沿線國家名單

區域	國家
東北亞 3 國	蒙古、日本、韓國
東南亞 11 國	印度尼西亞、泰國、馬來西亞、越南、新加坡、菲律賓、緬甸、柬埔寨、老撾、文萊、東帝汶
南亞 8 國	印度、巴基斯坦、孟加拉國、斯里蘭卡、阿富汗、尼泊爾、馬爾代夫、不丹
西亞、北非 16 國	沙特阿拉伯、阿聯酋、阿曼、伊朗、土耳其、以色列、埃及、科威特、伊拉克、卡塔爾、約旦、黎巴嫩、巴林、也門共和國、敍利亞、巴勒斯坦
獨聯體 7 國	俄羅斯、烏克蘭、白俄羅斯、格魯吉亞、阿塞拜疆、亞美尼亞、摩爾多瓦
中東歐 16 國	波蘭、羅馬尼亞、捷克共和國、斯洛伐克、保加利亞、匈牙利、拉脱維亞、立陶宛、斯洛文尼亞、愛沙尼亞、克羅地亞、阿爾巴尼亞、塞爾維亞、馬其頓、波黑、黑山
中亞 5 國	哈薩克斯坦、烏茲別克斯坦、土庫曼斯坦、吉爾吉斯斯坦、塔吉克斯坦

無論對世界還是中國，「一帶一路」倡議都具有重要的意義。首先，應對全球經濟增長放慢帶來的各種挑戰。當今世界正發生複雜深刻的變化，國際金融危機深層次影響繼續顯現，世界經濟緩慢復甦、發展分化，各國面臨的發展問題依然嚴峻。在這樣的背景下，「一帶一路」倡議主張區域內各國增進交流，加強合作，實現互聯互通，共同謀求發展，顯然具有重要的意義。

其次，順應全球經濟區域化、多極化發展的需要。當前國際投資貿易格局和多邊投資貿易規則醞釀深刻調整：以世界貿易組織為代表的全球經濟一體化進程遇到了很大的困難，其他各種區域化進程則在不斷湧現和發展，區域化已經在一定程度上替代了全球化。「一帶一路倡議的實施，將促進亞歐非地區的經濟合作乃至邁向一體化，因而也是順應世界經濟多極化發展的必然選擇。

再次，促進國內經濟的全方位開放。過去幾十年來，中國的對外開放基本上都是在沿海地區。而在「一帶一路」倡議的實施過程中，「東南西北中」

都將被包括進去。借助「一帶一路」倡議，東北、西北、西南、東南沿海和內陸省份正在構建各種對外開放合作平台，以便參與到這個進程中來。「一帶一路」倡議有望促使更多的省份加入到共同致富的進程中來。

最後，有助於中國經濟實現再平衡。近年來，中國經濟結構性問題非常嚴重，鋼鐵、煤炭、建材、光伏環保等部分產業生產過剩問題比較突出。通過加強和亞洲其他地區、歐洲和非洲等國家的互利合作，特別是基礎設施建設領域的合作，中國有望在一定程度上緩解當前面臨的產能過剩問題，實現經濟再平衡。

（二）「一帶一路」倡議下人民幣國際化面臨的新機遇

1. 中國與「一帶一路」沿線國家的經貿往來持續擴大

2001 年以來，中國與「一帶一路」沿線國家貿易增長迅速，尤其是 2008 年金融危機之後，中國與「一帶一路」沿線國家貿易步入快速發展時期。中國商務部公佈的數據顯示，2014—2017 年，中國與「一帶一路」沿線國家貿易額超過 4 萬億美元，年均貿易額約為 1 萬億美元。僅 2017 年，貿易額高達 7.4 萬億元人民幣（約合 1.2 萬億美元），與 2016 年相比，增長約 17.8%。同期，中國對「一帶一路」沿線國家的外國直接投資已達 600 億美元，年均增長 33%。以此同時，中國也接受了許多沿線國家在華新設立公司，2017 年共計有 3800 家公司成立，增長了 33%。另外，根據國家發展改革委發佈的報告，中國已與 88 個國家和國際組織簽署了 103 個合作文件。2017 年 5 月「一帶一路」峰會宣佈的舉措或計劃大約 90% 已經啟動。

2. 人民幣跨境貿易計價結算有望繼續擴大

由於中國與「一帶一路」沿線國家的經貿和投資合作不斷擴大，人民幣作為貿易計價貨幣在沿線國家也將獲得越來越多的認可。人民幣作為計價貨幣有利於降低「一帶一路」沿線國家和地區對華貿易成本，便利貿易結算，同時也規避了雙邊貿易使用第三方貨幣帶來的風險。特別是，有利於在大宗商品貿易領域開展人民幣計價結算。另外，中國與「一帶一路」沿線國家的跨境電商發展很快，也有利於跨境電子商務中使用人民幣支付。

3. 人民幣有可能成為最常用的基礎設施投融資貨幣之一

「一帶一路」倡議不僅能夠為中國與沿線國家商品流通與金融合作提供良好的基礎設施條件，也將為人民幣國際化創造越來越多的投融資機遇。一是海上絲綢之路沿線國家的海路貿易通道建設是海上絲綢之路建設的基礎領域，主要包括對沿路的貿易港口和交通幹線進行投資，提高港口的吞吐能力和交通幹線的物流運輸能力，這將為人民幣國際化投融資創造機遇。二是陸上絲綢之路經濟帶的交通設施和貿易通道建設以及海上絲綢之路的陸路貿易通道建設，將需要大規模的投資和人民幣投融資業務。三是沿線國家的內陸港、空港、海港城市與經濟中心城市的互聯互通將產生大規模的人民幣國際化投融資業務。四是沿線國家的交通樞紐城市、經濟中心城市與經濟腹地、欠發達地區之間的互聯互通需要大量的基礎設施投資。五是沿線國家與非沿線國家之間的互聯互通所需的基礎設施投資，也創造了人民幣國際化投融資的機會。

據亞洲開發銀行估計，2010—2020 年亞洲基礎設施投資資金需要將達到 8 萬億美元。中國擁有比較高的基礎設施建設水平和比較高的儲蓄率，有條件成為「一帶一路」基礎設施融資體系的組織者和重要的資金供應方。2015 年，中國在沿線 60 多個國家中的 49 個國家投資金額共計 150 億美元，同比增長 18%。截至 2015 年底，中國已與沿線的 60 個國家簽訂了 3987 個基礎設施共建合作協議，包括高鐵、港口、機場以及道路，涉及資金總額 926 億美元。人民幣在沿線國家基礎設施建設中參與度的不斷提高，將推動人民幣成為最常用的基礎設施投融資貨幣之一。另外，截至 2018 年 5 月，亞洲基礎設施投資銀行成員國已達 86 個，其中絕大多數國家為「一帶一路」沿線國家。「絲路基金」已為 19 個項目簽署了投資協議，投資額達 70 億美元。

4. 境內金融機構的國際化經營和人民幣業務將獲得更大的發展空間

第一，「一帶一路」沿線的俄羅斯、中亞等許多地區都是世界重要的能源輸出地。從全球石油、天然氣儲量分佈來看，「一帶一路」國家分別佔比近60% 和 80%；全球石油儲量 52% 集中在沙特阿拉伯、伊朗、伊拉克、俄羅斯、科威特 5 國，天然氣儲量 66% 集中在伊朗、俄羅斯、卡塔爾、土庫曼斯坦、沙特阿拉伯、阿聯酋 6 國。而中國是主要的能源消費市場，圍繞國際能源貿易以及油氣戰略通道的建設，為擴大人民幣的國際支付提供了廣闊的空間。第二，「一帶一路」建設為中國向外輸出優質富餘產能，實現沿線國家共同富裕提供了可能，而中國本土企業「走出去」和沿線國家企業進行對接勢必產生更多的融資需求。這些融資需求，可以通過境內金融機構向沿線國家提供人民幣貸款和投資等方式加以滿足。中國不斷發展和開放的債券和股票市場，也可以為沿線國家符合條件的企業和機構發行人民幣計值債券、進入中國籌集股權資金創造條件。第三，亞洲基礎設施投資銀行、絲路基金、中國－東盟投資合作基金、中國－東盟海上合作基金、中國－歐亞經濟合作基金、亞洲區域合作專項基金、中國－中歐基金等七大資金平台為「一帶一路」建設提供融資支持的同時，也將為人民幣的境外計價、支付和結算等提供更多和更為有效的平台。

5. 沿線國家官方外匯儲備資產中人民幣的佔比有可能逐步提高

貨幣國際化的進程分為三步，首先是成為結算貨幣，進而成為投資貨幣，最後成為儲備貨幣。當前，人民幣的儲備職能尚處於初期階段，但基於中國經濟強勁的增長勢頭和人民幣的良好聲譽，人民幣正逐漸被其他國家和地區的央行所接受，它已被視為一種事實上的儲備貨幣，並且已穩步走在成為官方儲備貨幣的路上。許多「一帶一路」沿線國家和地區已選擇將人民幣資產作為該國的儲備資產。人民幣成為儲備貨幣主要有三條途徑：一是外國央行與中國人民銀行簽訂購買人民幣金融資產的投資協議；二是外國銀行通過人民幣離岸債券市場投資人民幣資產；三是通過 QFII 渠道進行人民幣儲備投資。據不完全統計，截至 2017 年末，境外中央銀行或貨幣當局在境內外持有債券、股票和存款等人民幣資產餘額約 7724 億元（約折合 1226 億美元。

表 1-6 「一帶一路」的七大資金平台

平台	性質或宗旨
亞洲基礎設施投資銀行	由 57 個創始成員國共同成立的政府間性質的亞洲區域多邊開發機構，旨在促進亞洲區域建設互聯互通化和經濟一體化的進程，並且加強中國及其他亞洲國家和地區之間的合作
絲路基金	由中國外匯儲備、中國投資有限責任公司、中國進出口銀行、國家開發銀行共同出資成立的中長期開發投資基金，重點是在「一帶一路」發展進程中尋找投資機會並提供相應的投融資服務
中國－東盟投資合作基金	由中國進出口銀行連同國內外多家投資機構共同出資成立，主要投資於東盟地區的基礎設施、能源和自然資源等領域，促進中國和東盟十國的經貿關係和戰略合作，通過推動「商業成功和社會影響力結合」的投資項目來支持該地區的可持續發展，並承擔推動中國與新興市場開展「南南合作」和中國企業「走出去」的窗口作用，努力成為負責任、受尊敬的中國投資人
中國－東盟海上合作基金	由中國設立的開拓雙方海上務實合作的基金，旨在開拓雙方海上務實合作，積累政治互信。一是推動落實《南海各方行為宣言》（DOC）的示範基金；二是實現東亞海上互聯互通的網絡典範；三是建立區域海上安全合作機制的先行探索；四是培養地區涉海人才的重要研究平台
中國－歐亞經濟合作基金	由中國進出口銀行作為主要發起人出資設立，是「政府指導，市場化運作」的私募股權投資基金，通過股權或準股權方式，投資於上合組織成員國、觀察員國和對話夥伴國域內的基礎設施、能源資源及加工、物流、信息技術、製造業、農業等行業，深化上合組織區域內經濟合作，推動絲綢之路經濟帶建設，提升我國與歐亞區域內國家經濟合作水平
亞洲區域合作專項基金	由中國中央財政設立的專項資金，由財政部統一管理，主要用於資助我國或與亞洲區域組織共同組織的、以亞洲國家為主的區域合作機制下具有政府推動行為的多邊合作項目，以及有亞洲區域成員參與的亞洲區域合作的專題研究
中國－中歐基金	中歐雙方共同建立的共同投資基金，主要對接中國「一帶一路」合作倡議和歐洲投資計劃

資料來源：作者整理。

隨着「一帶一路」倡議的深入推進，將有更多的沿線國家和地區開始選擇人民幣資產作為本國的儲備資產。

6. 人民幣離岸市場有望獲得更大的發展

隨着中國第一大貿易國地位的確立，大量國際企業開始把人民幣納入其資金負債管理與風險管理體系。尤其在人民幣幣值長期穩定和中國經濟持續增長的預期下，離岸人民幣投融資需求迅猛增長。目前，人民幣離岸市場主要集中在中國香港、新加坡等亞洲地區，隨着「一帶一路」的推進，資本流動和金融需求必將推動歐洲、中亞、南亞、中東地區出現人民幣離岸市場，這有利於形成人民幣使用便捷的網絡效應。

7. 人民幣在全球金融安全網中的地位和作用將會得到增強

隨着與「一帶一路」沿線國家經貿往來的進一步密切，中國與沿線國家貨幣互換的需求越來越大。貨幣互換作為全球金融安全網的一個組成部分，將消除他國對人民幣貶值的擔心，提高他國對人民幣穩定的信心。通過貨幣互換協定，未來雙邊貿易就不再通過美元計價，從而免去了兑換美元的中介費用，有利於互換國雙方直接的貿易往來，有利於加強兩國貿易的發展。截至 2017 年底，中國人民銀行與 32 個國家和地區的中央銀行或貨幣當局簽署了總規模為 3.2 萬億元的貨幣互換協議，涉及「一帶一路」沿線國家和地區的有 22 個，規模達到 1.4 萬億元。

（三）「一帶一路」倡議實施過程中的風險及人民幣國際化的應對策略

1.「一帶一路」倡議實施過程中的風險

第一，沿線國家地緣政治風險問題突出。就其本質而言，地緣政治乃國家間緣於地理條件或地理因素而進行的政治互動，以及由此形成的政治關係。「一帶一路」貫穿歐亞大陸，東連亞太經濟圈，西接歐洲經濟圈，涵蓋政治、經濟、外交、安全等諸多領域，涉及亞歐非 60 多個國家。它的實施不可避免地會對地區乃至全球各國基於地理因素的政治關係產生深刻的影響，並蘊含着很多值得我們高度重視的地緣政治挑戰和風險。這裏簡要列出「一帶一路」沿線國家所存在的地緣政治衝突。一是伊朗核危機，涉及伊朗、美國、歐盟、中國和俄羅斯；二是敍利亞危機，涉及敍利亞、美國、歐盟、中國和俄羅斯；三是中國南海爭端，涉及中國、日本、菲律賓、越南和美國；四是中國台灣問題，涉及中國和美國；五是朝鮮半島安全問題，涉及朝鮮、中國、美國、日本、韓國和俄羅斯；六是印度半島安全問題，涉及印度、巴基斯坦、中國和美國；七是俄羅斯與烏克蘭、格魯吉亞矛盾，涉及俄羅斯、烏克蘭、格魯吉亞和美國；八是北約東擴與俄羅斯利益衝突，涉及北約、俄羅斯和美國。

第二，沿線國家宗教民族問題錯綜複雜。由於歷史和現實的因素，「一帶一路」國家處於東西方多個文明交匯的地區，不同宗教的矛盾與衝突，不同民族與種族的矛盾與衝突，呈現易突發、多樣性、複雜化、長期化的特點，某一特定事件的爆發可能對周邊國家乃至多個國家產生較強的國家風險外溢效應。尤其值得關注的是，中東地區民族眾多，而且是伊斯蘭教、基督教和猶太教的發祥地，錯綜複雜的民族、宗教、教派結構致使中東地區成為全球宗教民族衝突的高發地區，進一步加劇了該地區的政治風險。

第三，一些沿線國家的經濟金融風險居高不下。大多數「一帶一路」沿線國家屬新興市場和發展中國家，經濟發展水平相對較低，增長的波動性較大，金融穩定性較差。2009 年第二季度以來，以「金磚四國」為代表的新興市場內部需求受金融危機衝擊相對較小，經濟快速反彈並領先於發達經濟體實現經濟復甦，為降低全球經濟的衰退程度做出了巨大貢獻。但是，2013 年美聯儲釋放了加息信號，拉開了新興市場國家金融動蕩和經濟增速放緩的序幕。對於「一帶一路」沿線新興市場國家來説，在自身經濟脆弱性、國內政治動蕩及對美聯儲加息預期的疊加影響下，大部分國家出現了多輪資本大幅外流，經濟增長趨勢分化加劇，金融市場出現劇烈波動。經常賬戶逆差高、財政赤字大、大宗商品出口佔比高，以及國內政權不穩定的新興市場經濟體大多面臨着顯著的經濟金融風險。

第四，基礎設施投入的回報率難以保證。「一帶一路」沿線發展中國家確實存在建設基礎設施的需求，但其中不少需求屬於有建設願望、無支付能力的需求。一般而言，基礎設施建設投資規模大、回報週期長，民營企業往往缺乏投資熱情。在難以保證政策穩定性和投資者利益的高風險國家，情況更是如此。在「一帶一路」沿線許多發展中國家，基礎設施的投資資金通常來源於政府，然而，這些國家的政府卻長期處於較為嚴重的財政赤字狀態。因此，如何保證投資項目的收益是「一帶一路」基礎設施建設過程中尤為值得重視的問題。

第五，大國博弈對沿線國家和地區參與「一帶一路」的制約。「一帶一路」沿線部分國家和地區是多個雙邊合作組織的成員，這些組織由不同的大國領導。中國發起的「一帶一路」倡議會觸動已有區域組織中的大國利益，在大國的爭奪下，沿線小國參與「一帶一路」的立場存在不確定性。儘管不少國家表示願意與中國共建「一帶一路」，但這種表達能否轉化為真正的行動仍有待觀察。

2.「一帶一路」倡議下人民幣國際化的應對策略

第一，加強對「一帶一路」沿線國家和地區的國家風險研究和監測。由於「一帶一路」沿線國家和地區面臨較多的風險，包括地緣政治風險、宗教民族問題、區域經濟金融風險等，加強對這些國家的風險研究和監測，對於「一帶一路」倡議的實施，以及在沿線國家拓展人民幣國際化業務，均具有非常重要的意義。

第二，分階段在沿線國家鼓勵和發展人民幣業務。人民幣國際化是一個長期過程，需要十年甚至數十年才能取得顯著成效。因此，在「一帶一路」沿線國家開展人民幣業務時必須分階段推進。第一階段可以俄羅斯、巴基斯坦和中亞國家為主，重點關注人民幣業務在基礎設施投資領域的合作機會；第二階段可重點推進與南亞、波斯灣國家在自由貿易區和產業園區建設方面的合作，同時有序擴大人民幣業務在這些合作中的使用機會；第三階段逐步覆蓋西亞地區，向歐洲延伸，並相應擴大在這些國家和地區的人民幣使用機會。

第三，建立區域金融合作機制，加強各國之間的金融聯繫。當前「一帶一路」區域內金融合作水平低、範圍小，金融需求迫切但金融支持不足。中國應與「一帶一路」沿線國家在國家層面建立區域性金融合作框架，從而為企業和其他微觀經濟主體在這些國家開展人民幣業務創造良好的環境條件。

第四，加快金融體制改革步伐，為人民幣國際化的順利發展積極創造條件。深化國內金融體制改革，加大金融產品創新，完善人民幣匯率定價機制，穩步推進資本賬戶可兑換，加強金融基礎設施建設，包括支付結算體系、信用評級制度、金融市場監管以及高端人才培養等，為人民幣國際化在沿線國家的擴大和深化做好準備。

第五，保持人民幣匯率相對穩定。當前，國際經濟仍處於緩慢的恢復與發展階段，不少國家都採取了寬鬆的貨幣政策，主要貨幣之間的匯率變動也比較大。保持人民幣匯率的相對穩定，對於更好地實施「走出去戰略，提升和擴大人民幣在區域內的使用機會，具有重要意義。

第六，鼓勵人民幣離岸市場的發展，推動國際債券市場的開放和合作。積極鼓勵在具備條件的「一帶一路」沿線國家建立人民幣離岸市場，豐富人民幣離岸市場金融產品的種類，擴大人民幣合格境外投資者的業務範圍。繼續保持香港在亞洲地區人民幣離岸債券市場的重要地位，加強香港離岸人民幣債券市場服務對「一帶一路」沿線國家的覆蓋，同時加強香港離岸人民幣債券市場與其他人民幣債券市場的聯繫，提高市場的流動性，提升人民幣的國際吸引力。

第二章

離岸人民幣市場的發展歷程和特點

建立並發展離岸人民幣市場是推動人民幣國際化的最重要措施。通過跨境貿易、直接投資、本幣互換和個人攜帶四種跨境人民幣流動渠道，形成了境外人民幣資金池，也為離岸人民幣市場的發展奠定了基礎。因此，隨着2009年以來人民幣跨境貿易結算試點工作的逐步展開，香港、新加坡、倫敦等離岸人民幣市場快速發展，其中，香港依託獨特優勢成為目前結構最完整、產品最豐富和規模最大的離岸人民幣市場。中國近年來持續推進金融自由化進程，但由於現階段基礎較為薄弱，在推進改革的過程中還需要採取必要的政策手段來控制市場，防範風險。因而，離岸人民幣市場的發展也離不開政策手段的干預和配合。但是長遠來看，市場化的力量將在離岸人民幣市場的發展中逐漸成為主導。

一、離岸人民幣市場的建立背景

隨着中國經濟實力和人民幣地位的提高，建立和發展離岸人民幣金融市場對推進人民幣國際化和我國國內金融體制改革具有重要的里程碑意義。我國的人民幣國際化是在資本賬戶還沒有完全開放的前提下進行的，採取跨境貿易人民幣結算與離岸人民幣市場發展相結合的形式來推動的人民幣國際化。由此可見，離岸人民幣市場的發展是和我國人民幣國際化道路緊密聯繫在一起的。

一方面，經歷了2007年美國次貸危機和2010年歐債危機，全球經濟力量對比發生了深刻變化。以美國為代表的發達國家經濟發展出現低迷甚至衰退跡象，發達國家的經濟總量在全球經濟中的比重以及對全球經濟發展的影響力正在下降。而在2008年全球金融危機之後，中國成為全球最大的出口國、第二大貿易國和第二大經濟體（GDP佔全球經濟比重在15%左右，貿易份額亦達12%），同時也連續九年保持全球貨物貿易第一大出口國和第二大進口國的地位。即使2012年中國經濟受美國經濟放緩和歐債危機的雙重影響，經濟增長出現滑坡跡象，但經濟增速仍保持在較高水平。2017 年我國全年 GDP 增長 6.9%，對外貿易增長 14.2%，明顯高於發達國家以及其他新興經濟體的經濟增長速度，並遠遠高於全球平均增長水平。另一方面，多年穩定的經濟高增長使我國累積起巨額外匯儲備。2003 年以來，我國外匯儲備加速攀升，到 2006 年 2 月，我國超過日本成為全球外匯儲備最多的國家。2006 年底我國外匯儲備突破萬億美元大關，這也是一件具有里程碑意義的大事件。截至 2018 年 6 月，我國外匯儲備餘額累計達 3.11 萬億美元，如何實現巨額外匯儲備的有效管理，也是十多年來中國持續探索的重要問題。居於主導的巨額美元政府債券，不僅投資收益率低，而且面臨着因美元貶值帶來的嚴重損失，國際資本市場的風吹草動即會導致我國外匯儲備數十億美元的損失。2007 年美國次貸危機和 2010 年的歐債危機，也讓中國政府愈發深刻地認識到在國際貿易、資本流動和外匯儲備中過度依賴美元、歐元等國際貨幣具有極大的風險。

在這一背景下，2009 年 4 月我國開始試行人民幣跨境貿易結算來推動人民幣國際化進程。在當前地緣經濟時代，中國以上海合作組織、金磚國家、東盟「10+3」、拉美以及非盟等多個經濟體或經濟區域為突破口，通過區域貿易和雙邊貿易合作等方式，使人民幣跨境貿易性結算功能不斷強化。事實上，自 2004 年 2 月 24 日起，香港銀行業已開始提供人民幣個人業務，香港離岸人民幣中心（The Off-shore CNY Market in Hong Kong，簡稱 CNH）逐步形成。2004 年末，在我國周邊接壤國家和我國港澳地區人民幣現金的滯留量約為 216 億元，佔我國當年現金流通量（21468 億元）的 1%。2007 年 7 月，香港推出人民幣境外的實時支付結算系統（RTGS）。2009 年以來，隨着人民幣跨境貿易結算試點工作的逐步展開，香港、新加坡、倫敦等離岸人民幣市場快速發展，人民幣計價金融產品逐步豐富，東亞人民幣區域性合作成效顯著。特別是，香港金融機構推出了人民幣計價的存款證、證券產品、基金、保險、黃金、外匯交易、貿易融資等金融產品，受到了投資機構和個人的歡迎。同時，香港的人民幣通過人民幣直接投資、境外人民幣清算行等三類機構投資銀行間債券市場、RQFII 投資債券市場和股票市場等渠道有序回流。此後，人民幣跨境貿易結算規模在 2010—2015 年間迅猛增長，2016—2017 年有所回落。2017 年，人民幣跨境貿易結算業務量為 4.36 萬億元；人民幣對外直接投資和人民幣外商直接投資分別為 4568.8 億元和 11800 億元，與人民幣跨境貿易結算量變化趨勢基本一致。2011 年 6 月，香港財資市場公會推出離岸人民幣兑美元即期匯率定盤價，為離岸市場的人民幣產品定價提供參考匯率。2011 年 8 月，國家「十二五」規劃明確提出支持香港發展成為離岸人民幣業務中心和資產管理中心，並提出八項政策措施，為全面建設香港人民幣離岸市場提供了政策基礎。2014 年 11 月 17 日，「滬港通」的開通為在岸、離岸人民幣流通開闢了重要渠道。2016 年 12 月 5 日，「深港通」也正式啟動，進一步推動人民幣國際化進程。截至 2017 年底，人民幣國際支付的全球市場份額為 1.61%，排名第五，其中中國香港所佔比例為 75%。隨着香港離岸人民幣規模的增長以及離岸人民幣市場結構的日趨完善，離岸人民幣跨境流通以及離岸人民幣市場活動的影響也在逐步擴大。與香港相同，新加坡也是最早的人民幣離岸中心，發展相對成熟。與此同時，近年來倫敦、巴黎、紐約、悉尼以及台灣等地紛紛大力開展人民幣離岸業務，爭做人民幣結算中心。其中，倫敦的優勢最為突出，發展勢頭也最為迅猛，2013 年就超越了新加坡，成為全球第二大離岸人民幣中心。

上述背景表明，離岸金融是一種創新的金融制度形式，在貨幣國際化進程中，離岸貨幣以及離岸金融市場的存在起了很大的推動作用。一國貨幣在境外流通成為國際貨幣之後，在國際市場交易以及國際貿易需求中自然而然就形成了該國際貨幣的離岸交易中心，如歐洲美元市場、歐洲日元市場等。然而歷史經驗也表明，離岸金融會對貨幣發行國境內貨幣政策造成不同程度的衝擊，具體表現為：一方面，貨幣離岸交易中心的發展會增加發行國貨幣供給調控的難度，使中央銀行保持貨幣政策的獨立性和穩定性受到威脅和挑戰。由於大量的本幣在國外交易和流通，他們會通過跨境的離岸銀行等機構實現資本的流出流入，增加發行國央行對存量貨幣進行監測和統計的難度，從而對發行國的貨幣供給產生影響，擾亂該國的在岸市場貨幣政策的調控預期，使央行損失貨幣政策的獨立性。另一方面，離岸金融機構的司法管轄權、成本收益結構以及監管要求和在岸金融機構均有所不同，離岸金融機構沒有存款準備金的約束，離岸市場的信貸擴張可能會通過國際金融市場間的密切關聯而影響在岸市場上的信貸規模，進而影響到一國的貨幣總量，這同樣會使央行損失貨幣政策的獨立性。

目前，離岸人民幣市場發展尚處於起步階段，市場規模較小，人民幣資金的跨境雙向流動仍存在一定限制且處於央行的密切監測下，因此離岸市場對我國貨幣政策的影響仍有限，但卻不容忽視。因為隨着離岸市場的不斷拓展，其影響必然不斷擴大。同時，離岸人民幣市場類似於歐洲美元市場的運行機制，決定了離岸人民幣市場自身的存款創造並不會直接影響境內的貨幣總量，但資金頻繁的跨境流動會提高貨幣流通速度，從而增加貨幣政策調控的複雜性。

特別是自 2009 年以來，人民幣國際化開始成規模地實踐操作並取得重要進展。2016 年 9 月，國際清算銀行（BIS）公佈三年度中央銀行調查，人民幣在全球外匯交易中的佔比增長一倍，達 2020 億美元，已成為全球排名第八位的外匯交易貨幣和交易最活躍的新興市場貨幣。2016 年 10 月 1 日，人民幣正式獲准納入國際貨幣基金組織（IMF）特別提款權（SDR）貨幣籃子，並以 10.92% 的第三大權重，與美元、歐元、英鎊和日元共同構成國際貨幣體系的主要支柱。加入 SDR 是中國經濟融入世界貨幣金融體系的重要里程碑，意味着國際社會對中國金融市場開放以及金融體系改革的高度肯定。2018 年 3 月，根據環球同業銀行金融電信協會（SWIFT）的統計，人民幣在國際支付市場的佔比環比上漲 0.6 個百分點至 1.62%，成為全球排名第六位的支付貨幣和排名第二位的貿易融資貨幣。依託以上的發展機遇及「滬港通」和「深港通」形成的大型共同市場，香港離岸市場將面臨三個方面的轉變：第一，離岸市場的發展動力由主要依靠人民幣升值預期和境內外套利交易等，轉向發展豐富和深層次的金融產品，提供更多與人民幣全球配置和跨境流動相適應的市場工具和管理手段；第二，在內地經濟金融體系面臨轉型壓力時，香港可以成為內地轉型與經濟金融結構調整的風險管理中心；第三，在金融市場開放逐步提高之後，香港市場將不僅僅是一個活躍的投資目的地市場，也正在成為一個活躍的門戶市場。因此，香港離岸市場發展的着眼點將從前一階段的規模擴張轉向鞏固市場的深度和有效性，通過建立更為有效、合理的在岸、離岸人民幣市場定價基準，改變人民幣定價體系分割的現狀，保持在岸和離岸市場合理的價格差異，同時為內地資金進行國際化配置，以及國際資本進入內地資本市場投資提供良好的基礎設施和平台。

但是，自 2015 年下半年以來，香港離岸人民幣市場進入了調整期，出現以下幾個方面的變化。其一是離岸人民幣業務量持續收縮。2015 年，香港市場的人民幣存款餘額首次出現同比萎縮 15.2%。2016 年以來，資金池繼續收縮。截至 2016 年 8 月，人民幣存款餘額為 6529 億元，較 2015 年底下跌 23.3%；而人民幣存款在總存款的佔比也從 2015 年底的 9.4% 跌至 6.7%。2015 年的「點心債」發行額為 750 億元，同比萎縮 61.9%。2016 年前 8 個月，「點心債」發行額只有 221 億元，同比萎縮 63.8%。其二是市場波動性上升。由於美元加息預期揮之不去，人民幣匯率持續面臨貶值壓力，離岸市場人民幣匯率波動幅度持續放大，截至 2016 年 9 月底，離岸人民幣兑美元貶值約 1.6%。離岸人民幣市場的同業拆息亦出現大幅度波動。2016 年春節後香港人民幣拆息持續下降，大多數時間隔夜拆息不到 2 厘，甚至在個別時間段出現負利率。從 2016 年 9 月 8 日起，受遠期交易到期交割等技術性因素及季節性因素的影響，部分資金集中流向內地，同業拆息大幅飈升，9 月 19 日，隔夜拆息定盤價為 23.68 厘，1 週拆息 12.45 厘，1 個月拆息 7.72 厘，3 個月拆息 5.86 厘，升至 2016 年 1 月 12 日以來最高水平。2018 年 7 月，中國銀行發佈了 2018 年第一季度離岸人民幣指數（ORI），這一指數主要反映離岸人民幣市場的發展狀況和人民幣國際化水平。如圖 2 – 1 所示，從 2017 年初開始至 2018 年第一季度，離岸人民幣指數一直處於平穩上升的狀態，但是上升幅度有限，只有 0.1 個百分點左右。在 2018 年第一季度，離岸市場人民幣存款規模小幅回落，貸款及融資活動回暖，「點心債」市場發行活動增長，餘額企穩回升。2018 年 6 月開始，由於人民幣面臨美元走強、中美貿易摩擦等不利的外部環境及央行降準的內部政策，離岸人民幣匯率持續大幅度下跌，並且屢創年內新低，也對香港離岸市場的發展形成了新的挑戰。

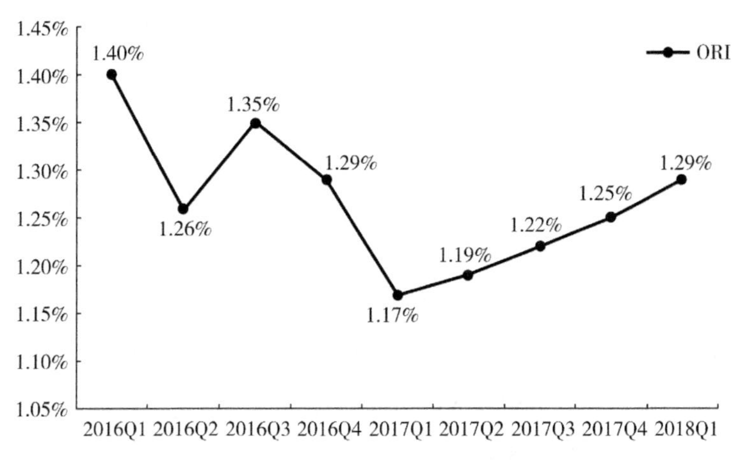

圖 2－1　中國銀行離岸人民幣指數（ORI）

資料來源：中國銀行官方網站。

在此背景之下，雖然推進人民幣國際化和發展香港離岸市場的總體方向不變，但決策層也開始面對由於離岸市場發展可能導致的風險：①離岸市場發展是否會對境內貨幣供應量造成重大衝擊，進而對貨幣政策效果產生衝擊？②在岸與離岸市場之間利率（尤其是人民幣債券利率和貸款利率）的差異是否會導致資金大規模異常流動，從而影響境內金融市場的穩定？③境內人民幣匯率（CNY）市場與離岸人民幣匯率（CNH）市場之間匯率差異是否會導致大規模資金異常流動，從而衝擊境內金融市場的穩定？如何識別、評估和應對這些風險，將會在相當程度上決定今後幾年人民幣離岸市場發展的速度、方向和效果。

基於以上背景，推動人民幣離岸市場建設，加快在岸金融市場開放，處理好在岸與離岸資本流動的關係，已成為金融改革的重要課題。特別是，離岸人民幣交易、跨境流通及其對貨幣發行國境內貨幣政策的影響越來越引起我國貨幣當局、學界及世界金融界的廣泛關注。因此，需要從定性和定量的角度分析離岸人民幣及其跨境流通對人民幣在岸金融市場及我國中央銀行貨幣政策調控的影響。

二、香港離岸市場的發展歷程

離岸人民幣市場主要包括香港、新加坡、倫敦、台灣等地和澳大利亞離岸市場。作為最早成立的人民幣離岸中心，香港離岸市場發展相對成熟，超過 60% 的海外人民幣業務都在香港離岸市場進行。

1993 年 5 月 26 日，中國人民銀行與越南國家銀行簽署《關於結算與合作的協定》，建立了邊境貿易雙邊本幣結算安排，標誌着跨境人民幣清算安排的開始。之後，雙邊本幣結算安排擴展到俄羅斯等其他周邊國。1997 年香港回歸後，香港離岸市場成為我國離岸金融業務發展的主要區域。2003 年 6 月 29 日，我國中央政府與香港特區政府在香港簽訂的《內地與香港關於建立更緊密經貿關係的安排》使內地與香港的經濟貿易聯繫更加緊密，兩岸資金能更加便利地互相流動。2003 年 12 月 24 日，中國人民銀行授權中銀（香港）成為香港人民幣清算行，開始在香港提供人民幣清算業務。離岸人民幣個人業務在香港的出現也被認為是香港人民幣離岸業務發展的開端。

2004 年 1 月 1 日，《內地與香港關於建立更緊密經貿關係的安排》正式實施，香港銀行開始為當地居民提供人民幣存款服務，開創了人民幣離岸使用的先河。2004 年 2 月 25 日，香港持牌銀行開始提供人民幣個人業務，並可以進行每人每天不超過等值 2 萬元人民幣的兑換。2005 年 11 月 1 日，擴大了香港個人人民幣業務的範圍，並將個人現鈔匯兑上限提高。2005 年 12 月 4 日，中國人民銀行發佈的《擴大內地與香港人民幣業務補充規定》，提高香港匯入境內的人民幣金額上限，取消香港銀行發行個人人民幣銀行卡的信用額度限制。2007 年 1 月 10 日，中國政府同意內地機構在香港發行人民幣計價的金融債券，中國人民銀行並為此制定了《境內金融機構赴香港特別行政區發行人民幣債券管理暫行辦法》。2007 年 7 月香港推出了人民幣實時支付結算系統（RTGS），能夠實現人民幣、港幣、美元和歐元的實時結算。2009 年 1 月 20 日，中國人民銀行與香港金融管理局簽署 2000 億元人民幣貨幣互換協議，以提高香港離岸市場上人民幣的流動性。2009 年 4 月 8 日，國務院常務會議決定，在上海市和廣東省內四城市開展跨境貿易人民幣結算試點，為境外人民幣業務的發展奠定了市場基礎，從此香港離岸人民幣市場成為中國境外人民幣業務發展的重點地區。2010 年 2 月，香港金融管理局頒佈《香港人民幣業務的監管原則及操作安排的詮釋》，擴展香港人民幣銀行業務的範疇，並允許內地非金融機構在香港發放人民幣債券。2010 年 6 月 22 日，中國人民銀行宣佈跨境貿易人民幣結算試點範圍擴大至北京、天津、內蒙古、遼寧、上海、江蘇、浙江等 20 個省、自治區、直轄市，試點業務範圍涵蓋跨境貨物貿易、服務貿易和經常項目人民幣結算。2010 年 7 月中國人民銀行與香港金融管理局就擴大人民幣貿易結算安排簽訂了補充合作備忘錄，匯豐控股、渣打、恒生、中信銀行等國際銀行成為首批推出人民幣存款的香港銀行，為客戶提供高於港元近乎零的利率並享受人民幣升值收益。2010 年 8 月 16 日，中國人民銀行發佈《關於境外人民幣清算行等三類機構運用人民幣投資銀行間債券市場試點有關事宜的通知》，標誌着離岸人民幣資金回流機制建設正式起步。

2011 年 1 月《境外直接投資人民幣結算試點管理辦法》發佈，允許境內試點企業以人民幣開展境外直接投資，為人民幣境外使用創造了更廣闊的天地。2011 年 8 月 17 日，在香港召開的「國家『十二五』規劃與兩地經貿金融合作發展論壇」上，時任國務院副總理的李克強提出大力發展香港離岸人民幣業務的八項措施，被視為全面建設離岸人民幣市場的開端。2012 年 12 月 27 日，深圳前海跨境人民幣貸款業務啟動，在前海注冊成立並在前海實際經營或投資的企業可以從香港經營人民幣業務的銀行借入人民幣資金，並通過深圳市的銀行業金融機構辦理資金結算。2013 年 6 月 27 日，香港發佈人民幣香港銀行同業拆息定價，為離岸市場的人民幣貸款業務提供定價參考。2013 年 7 月 25 日，香港金融管理局宣佈推出兩項優化離岸人民幣流動資金的措施，加設翌日（T+1）和即日（T+0）交收的 1 天流動性資金，預期即日交收的資金總額不超過 100 億元人民幣。這意味着，由香港金融管理局提供的離岸人民幣流動性機制，正式邁入「T+0」時代。2014 年 4 月 10 日，中國證券監督管理委員會、香港證券及期貨事務監察委員會決定批准上海證券交易所、香港聯合交易所有限公司、中國證券登記結算有限責任公司、香港中央結算有限公司正式啟動滬港股票交易互聯互通機制試點（簡稱「滬港通」）。2014 年 11 月 7 日，香港宣佈取消居民每日每人兑換兩萬元人民幣限額的規定以便香港居民參與「滬港通」及其他人民幣交易。2014 年 11 月 10 日香港證券及期貨事務監察委員會發佈《中國證券監督管理委員會、香港證券及期貨事務監察委員會聯合公告》，公告指出，「滬港通」下的股票交易將於 2014 年 11 月 17 日開始。「滬港通」的正式開通進一步促進了內地與香港資本市場的雙向開放。2014 年 11 月 27 日，中國人民銀行與香港金融管理局續簽規模為 4000 億元人民幣（5050 億港幣）的雙邊本幣互換協議。2015 年 7 月 1 日，內地與香港基金互認正式實施，內地與香港基金互認初期投資額度是指資金進出各等值 3000 億元人民幣。基金互認開闢了兩地投資者證券市場投資新通道，是集體投資類證券投資開放的第一步。2014 年 12 月，中國人民銀行發佈銀發〔2014〕387 號文，規定將境外金融機構在境內金融機構存放納入存款準備金交付範圍，存款準備金率暫定為零。2016 年 1 月 25 日，人民銀行對境外金融機構在境內金融機構存放執行正常存款準備金率政策。境外金融機構不包括境外央行（貨幣當局）和其他官方儲備管理機構、國際金融組織、主權財富基金等境外央行類機構。2016 年 2 月 24 日，人民銀行發佈了 2016 年 3 號公告，進一步放開境外機構投資者投資我國銀行間債券市場的範圍，取消額度限制，簡化管理流程，境外依法注冊成立的商業銀行、保險公司、證券公司、基金管理公司及其他資產管理機構等各類金融機構發行的投資產品，以及養老基金、慈善基金、捐贈基金等央行認可的其他中長期機構投資者，均可投資銀行間債券市場，基本放開所有類型境外機構的准入。此外，2016 年 3 月 12 日，時任中國人民銀行副行長易綱在十二屆全國人大四次會議上強勢表態，人民幣國際化、支持香港離岸人民幣市場發展的政策依舊在貫徹執行。2017 年 4 月 10 日，港交所推出我國財政部五年期國債期貨合約，這也是全球首隻對離岸投資者開放的在岸利率產品，與內地合約在設計上存在一定差異，其中最大的區別在於交割方式。這一產品是以中國國債為基準進行定價的，為國際投資者投資境內債市提供了利率對沖的工具，同時加大境外市場和境內市場的聯動，能夠滿足國際投資者與日俱增的風險管理需求。2017 年 4 月 11 日，中國銀行在境外成功完成 30 億美元等值債券發行定價，募集資金將主要用於「一帶一路」建設相關信貸項目。其中，約翰內斯堡分行的人民幣債券是非洲首支離岸人民幣債券。這也成為中國銀行市場融資業務的重要突破，也是近一年來離岸人民幣債券發行市場破冰式的標誌性交易。

香港離岸人民幣市場的發展歷程見表 2 – 1。由表 2 – 1 列出的香港離岸市場大事記可以看出，2010 年 8 月至 2011 年 8 月我國內地、香港的一系列政策讓離岸人民幣資金回流機制開始建立且不斷完善，中國開始全面建設離岸人民幣市場，種種政策讓境外投資者能更安心地持有人民幣資產。香港市場人民幣存款的第二個爆發式增長出現在 2013 年 6 月至 2014 年 5 月，上海銀行間同業拆放利率（Shibor）的推出和「滬港通」的啟動讓香港離岸市場越來越活躍。

表 2 – 1　香港離岸市場大事記

時間	事件	意義
1993 年 3 月	首次允許個人遊客每次可攜帶不超過 6000 元人民幣出入境	香港市場開始流通人民幣
2003 年 6 月 29 日	我國中央政府與香港特區政府在香港簽訂《內地與香港關於建立更緊密經貿關係的安排》	使內地與港澳的經濟貿易聯繫更加緊密，兩岸資金能更加便利地互相流動

（續表）

時間	事件	意義
2003 年 12 月 24 日	中國人民銀行授權中銀（香港）成為香港人民幣清算行	中國人民銀行在香港提供人民幣清算業務
2004 年 1 月 1 日	《內地與香港關於建立更緊密經貿關係的安排》正式實施	香港銀行開始為當地居民提供人民幣存款服務
2004 年 2 月 25 日	香港持牌銀行開始提供人民幣個人業務，並可以進行每人每天不超過等值 2 萬元人民幣的兌換	香港離岸人民幣金融業務正式啟動
2005 年 11 月 1 日	擴大了香港個人人民幣業務的範圍，並將個人現鈔匯兌上限提高	香港人民幣銀行業務範圍擴大
2005 年 12 月 4 日	《擴大內地與香港人民幣業務補充規定》	提高香港匯入境內的人民幣金額上限，取消香港銀行發行個人人民幣銀行卡的信用額度限制
2007 年 1 月 10 日	《境內金融機構赴香港特別行政區發行人民幣債券管理暫行辦法》	中央政府同意內地機構在香港發行人民幣計價的金融債券
2007 年 7 月	香港推出了人民幣實時支付結算系統 (RTGS)	實現人民幣、港幣、美元和歐元的實時結算
2009 年 1 月 20 日	中國人民銀行與香港金融管理局簽署 2000 億元人民幣貨幣互換協議	提高離岸市場人民幣的流動性
2009 年 4 月 8 日	國務院常務會議決定在上海市和廣東省內四城市開展跨境貿易人民幣結算試點	香港人民幣離岸市場成為中國境外人民幣業務發展的重點地區
2010 年 2 月	香港金融管理局頒佈《香港人民幣業務的監管原則及操作安排的詮釋》	擴展香港人民幣銀行業務的範疇，並允許內地非金融機構在香港發放人民幣債券
2010 年 6 月 22 日	跨境貿易人民幣結算試點範圍擴大至 20 個省、自治區、直轄市	跨境貿易人民幣結算範圍、規模進一步提高
2010 年 7 月	中國人民銀行與香港金融管理局就擴大人民幣貿易結算安排簽訂了補充合作備忘錄	允許人民幣存款在香港的銀行間往來轉賬
2010 年 8 月 16 日	中國人民銀行發佈《關於境外人民幣清算行等三類機構運用人民幣投資銀行間債券市場試點有關事宜的通知》	離岸人民幣資金回流機制建設正式起步

（續表）

時間	事件	意義
2011 年 1 月	《境外直接投資人民幣結算試點管理辦法》	允許試點境內企業以人民幣開展境外直接投資
2011 年 8 月 17 日	李克強提出大力發展香港離岸人民幣業務的八項措施	全面建設離岸人民幣市場的開端
2012 年 12 月 27 日	深圳前海跨境人民幣貸款業務啟動	人民幣回流途徑進一步完善
2013 年 6 月 27 日	香港發佈人民幣香港銀行同業拆息定價	為離岸市場的人民幣貸款業務提供定價參考
2013 年 7 月 25 日	香港金融管理局宣佈加設翌日（T+1）和即日（T+0）交收的 1 天流動性資金	離岸人民幣流動性機制正式邁入「T+0」時代
2014 年 4 月 10 日	啟動「滬港通」	促進內地與香港資本市場共同發展
2014 年 11 月 7 日	香港宣佈取消居民每日每人兑換兩萬元人民幣限額的規定	方便香港居民參與「滬港通」及其他人民幣交易
2014 年 11 月 17 日	「滬港通」正式開通	促進了內地與香港資本市場的雙向開放
2014 年 11 月 27 日	中國人民銀行與香港金融管理局續簽規模為 4000 億元人民幣（5050 億港幣）的雙邊本幣互換協議	進一步提高香港市場人民幣的流動性
2014 年 12 月	人民銀行發佈銀發〔2014〕387 號文，規定將境外金融機構在境內金融機構存放納入存款準備金交付範圍，存款準備金率暫定為零	加強對離岸市場人民幣管理
2015 年 7 月 1 日	內地與香港基金互認正式實施	基金互認開闢了兩地投資者證券市場投資新通道，是集體投資類證券投資開放的第一步
2016 年 1 月 25 日	人民銀行對境外金融機構在境內金融機構存放執行正常存款準備金率政策	加強對離岸市場人民幣管理
2016 年 2 月 24 日	人民銀行發佈 2016 年 3 號公告，進一步放開境外機構投資者投資我國銀行間債券市場的範圍，取消額度限制，簡化管理流程	有利於人民幣回流

（續表）

時間	事件	意義
2016 年 12 月 5 日	啟動「深港通」	促進香港與內地互聯互通的又一步
2017 年 4 月 10 日	發佈首隻中國國債期貨——中國財政部五年期國債期貨	以中國國債為基準的定價產品，為國際投資者投資境內債市提供了利率對沖的工具，同時加大境外市場和境內市場的聯動
2017 年 4 月 11 日	中國銀行在境外成功完成 30 億美元等值債券發行定價，募集資金將主要用於「一帶一路」建設相關信貸項目。其中，約翰內斯堡分行的人民幣債券是非洲首隻離岸人民幣債券	中國銀行市場融資業務的重要突破，也是近一年來離岸人民幣債券發行市場破冰式的標誌性交易
2018 年 2 月 13 日	授權美國摩根大通銀行擔任美國人民幣業務清算行	中國央行授權的首家非中資人民幣業務清算行

圖 2－2 是 2015 年以來香港人民幣存款情況。其實，香港離岸市場的人民幣存款在 2007 年以前幾乎為零。2007 年 7 月香港推出了人民幣實時支付結算系統後，離岸人民幣存款才有了少量增加。香港市場人民幣存款的第一個爆發式增長出現在 2010 年 7 月至 2011 年 9 月。第二個爆發式增長出現在 2012 年 11 月至 2014 年 1 月，Shibor 的推出和「滬港通」的啟動讓香港離岸市場越來越活躍。從圖中可以看到，在 2015 年 8 月的「8 · 11 匯改」之後，香港人民幣存款，特別是定期存款數量銳減。由於人民幣兑美元貶值，導致投資者拋售人民幣資產，令離岸人民幣資金池和「點心債」等人民幣資產收縮。通過不同種類存款數量的變化不難看出，匯改以後，香港人民幣存款規模開始下降且主要是由於佔比較大的定期存款下降所導致。2010—2014 年，由於離岸市場的不斷發展與擴張，以及人民幣的升值，離岸人民幣存款規模持續上升，這是歷史上香港人民幣存款首次出現全年下跌。為了抑制人民幣貶值，央行被迫動用外匯儲備干預市場，此舉又導致外匯儲備顯著縮水（如圖 2－3 所示，只有個別月份外匯儲備小幅上升，其餘月份都有所下降，且很

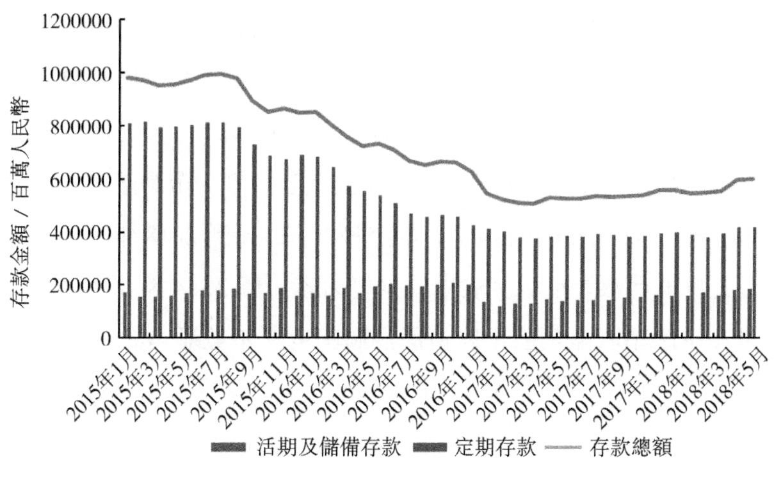

圖 2－2　香港人民幣存款情況

資料來源：香港金融管理局。

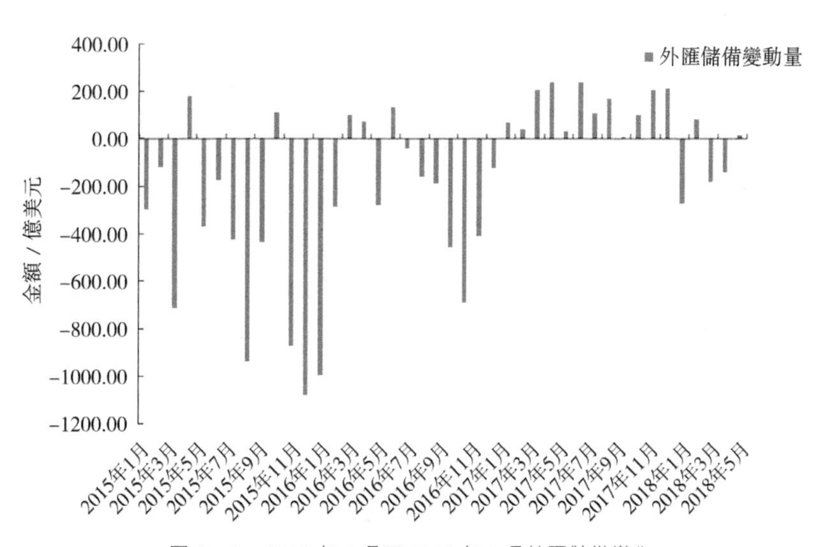

圖 2－3　2015 年 1 月至 2018 年 8 月外匯儲備變化

資料來源：Wind 資訊。

多月份下降規模極大）。為抑制外匯儲備消耗過快，央行顯著收緊了對短期資本外流的管制，引入了一系列宏觀審慎措施，加強對跨境資本流動的逆週期調節，包括對遠期購匯性質的衍生品交易徵收外匯風險準備金、對境外在境內人民幣存款徵收存款準備金、對境外人民幣業務參加行到境內平盤提高交易手續費率等。匯改後香港離岸市場人民幣存款的這種下降趨勢一直持續到了 2017 年 3 月，並且降至六年以來最低水平。2017 年 4 月開始，隨着人民幣基本面向好，境外持有人民幣信心得到逐步提升，帶動離岸人民幣存款總量企穩回升，這種平穩中略有上升的趨勢一直維持到 2018 年 5 月。

外匯交易也是離岸市場發展中的重要內容，圖 2 –4 給出了「8 · 11 匯改」前後在岸匯率收盤價較中間價的波動幅度。不難看出，匯改之前在岸人民幣收盤價長期高於中間價，且波動幅度較大，多次接近日波幅 2% 的限制，説明存在貶值壓力，中間價未能很好地體現市場信息，央行通過高開中間價來干預外匯市場，抑制人民幣貶值而匯改之後，在岸人民幣收盤價較中間價波動幅度顯著降低，且雙向波動特徵明顯，表明中間價反映的市場信息已經較為充分，其基準地位得到加強。經過中間價報價的改革，中間價更接近市場匯率，可以提高整個匯率形成機制的市場化程度和匯率的彈性，有助於保持人民幣實際有效匯率的相對穩定，為宏觀經濟創造較為穩定的外部條件。

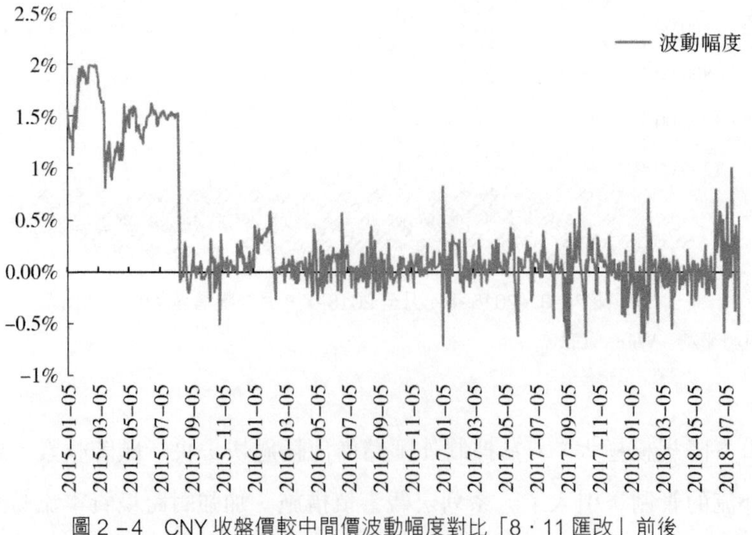

圖 2 –4 CNY 收盤價較中間價波動幅度對比「8 · 11 匯改」前後

資料來源：Wind 資訊。

至此，央行並未停下匯率改革的步伐。2015 年 12 月 11 日，中國外匯交易中心發佈人民幣匯率指數，強調要加大參考一籃子貨幣的力度，以更好地保持人民幣對一籃子貨幣匯率基本穩定。2016 年初，在央行與 14 家報價商深入、充分溝通的基礎上，提出了現行人民幣兑美元匯率中間價定價機制。在新機制下，做市商在提供每日人民幣報價時，需要同時參考兩個目標。一是前一日人民幣兑美元匯率的收盤價，二是為了維持人民幣兑籃子貨幣匯率不變而需要的人民幣兑美元匯率的變動。根據央行給出的具體例子，央行事實上要求，做市商在給出每日匯率報價時，上述兩個目標的權重各佔 50%。該定價機制使得中間價的決定完全透明化，同時增強了匯率走勢的不確定性，有助於遏制投機，但是該機制並不能導致外匯市場出清，並且有可能導致不必要的外部衝擊。人民幣匯率定價新機制之所以存在上述缺陷，歸根結底，是源自央行試圖把自由浮動與「盯住一籃子」這兩種截然不同的匯率制度強行捆綁到一起。但不可否認，該機制緩解了人民幣貶值壓力，在 2016 年初至 3 月底以及 2016 年 7 月 18 日至 8 月 17 日，人民幣兑美元匯率顯著升值，而進入 2017 年以來，人民幣兑美元匯率則保持穩定，並未出現進一步貶值的趨勢同時降低了外匯儲備縮水速度，從圖 2－3 可以看出，2016 年 2 月以來，外匯儲備流出規模明顯下降，儘管出現了 2016 年底為維持人民幣幣值穩定，而不得不動用外匯儲備的情形，其流出規模較匯改前也要少很多。而 2017 年外匯儲備持續增加，2018 年初期外匯儲備有所下降，也保持在平穩可控的範圍內。2018 年 2 月 13 日，國家外匯管理局發佈《國家外匯管理局關於完善遠期結售匯業務有關外匯管理問題的通知》（匯發〔2018〕3 號），規定銀行為客戶辦理遠期結售匯業務時，在符合實需原則前提下，到期交割方式可以根據套期保值需求選擇全額或差額結算。至此，遠期結售匯在市場定價、交割結算、風險管理等方面完全實現了市場化，深化了外匯市場發展和開放，為貿易和投資自由化便利化提供了外匯市場支持與保障。

與此同時，離岸市場作為人民幣國際化的橋頭堡和實驗田，其在「8．11 匯改」後的表現同樣值得關注。從圖 2－4 和圖 2－5 中可以看出，在「8．

11 匯改」剛剛完成的時候，由於兩地投資者對經濟前景與匯率政策走勢看法不一，造成了兩地價差一度擴大，滋生了大量套利活動。於是，央行於 2015 年 9 月 2 日宣佈對代客遠期售匯收取風險準備金，打擊境內外投機套利；不久後的 9 月 10 日離岸人民幣創史上最大單日漲幅，疑似因央行干預縮小境內外價差，這與央行為加入 SDR 貨幣籃子做準備，在離岸市場拋售美元買入人民幣也有很大關係，於是離岸匯率接連升值，甚至出現倒掛。11 月 30 日，國際貨幣組織宣佈人民幣加入特別提款權一籃子貨幣，在岸、離岸經歷了短暫升值後，節節潰敗，開始貶值，價差也不斷拉大，這是由於離岸市場存在大量的投機做空勢力，引發離岸市場貶值從而帶動在岸貶值。央行為狙擊離岸市場的做空人民幣勢力，想方設法抽乾離岸市場的流動性，抬高做空人民幣勢力的做空成本，人民幣離岸市場隔夜拆借利率在 2016 年 1 月 11 日升至 13.4%，12 日飄升至 66.82%，最終在這兩天內離岸人民幣對美元匯率由 6.6832 反彈至 6.5780，從而在岸市場和離岸市場長期存在的較大匯差得以收窄，離岸人民幣匯率的波動暫時平息。2016 年 9 月中旬，隨着人民幣正式「入籃」的臨近以及美聯儲加息預期的再次來襲，做空者又一次蠢蠢欲動，捲土重來，使得香港離岸人民幣匯率貶值壓力顯著增大。所以，央行也再次進行干預，9 月 19 日，香港隔夜銀行間利率暴漲 23.683%，創 2016 年 1 月以來最大升幅，一週期利率暴漲 12.446%，讓離岸市場做空人民幣的機構手中沒有做空標的，從而削弱由於離岸人民幣做空投機而引發的在岸人民幣匯率動蕩。2016 年第四季度以來，離岸人民幣市場中的做空方加大做空力度，離岸人民幣再次面臨貶值的壓力。為緩解這一壓力，央行繼續抬高人民幣資金拆借成本，導致市場中的流動性逐漸趨於緊張。而進入 12 月份，離岸人民幣市場中的利率緊張已經成為常態，最終導致離岸市場中連續六個交易日的利率高企，人民幣隔夜拆借利率更是一度暴漲至 61.33%，直逼 2016 年初創下的歷史高點（見圖 2 – 6）。伴隨而來的是，離岸人民幣迅速逆轉先前不斷貶值的頹勢，在 2017 年 1 月 4 日出現超過 1.2% 的暴漲，令市場譁然。此後，在岸、離岸人民幣價差呈現明顯的反轉趨勢，表現為離岸人民幣的資金價格大幅扭曲，這一點完全不同於「8．11 匯改」後境內外人民幣中以離岸貨幣的趨弱為主。之所以出現這種狀況，一方面是因為香港離岸人民幣市場中的流動性收緊且波動加大，以及離岸人民幣資金池的明顯萎縮；另一方面是由於監管當局收緊人民幣跨境資金流動管理而導致在岸、離岸間的套利套匯機制被嚴重削弱。儘管後期的在岸、離岸匯差有所收窄，但仍難以掩蓋香港離岸人民幣市場的短暫停滯。與此類似，2017 年 5 月開始，在岸與離岸人民幣價差擴大，CNY 大幅高於 CNH，價差最高達 641 點。當時央行再次調整人民幣中間價定價機制，引入逆週期因子，意圖緩解市場貶值預期。同時，離岸人民幣隔夜拆借利率漲至 42.82%，共同打擊人民幣空頭，導致離岸人民幣相對在岸人民幣升值。2017 年 6 月以來，人民幣單邊貶值預期逐漸消散，人民幣兑美元開啟雙向波動格局。市場對於未來人民幣匯率走勢不再押注單邊方向，跨境資本流動整體平衡。隔夜拆借利率也無明顯異動，利率調控基本退出離岸人民幣外匯市場。在此背景下，離岸人民幣與在岸人民幣走勢趨同，二者價差在零附近上下波動。

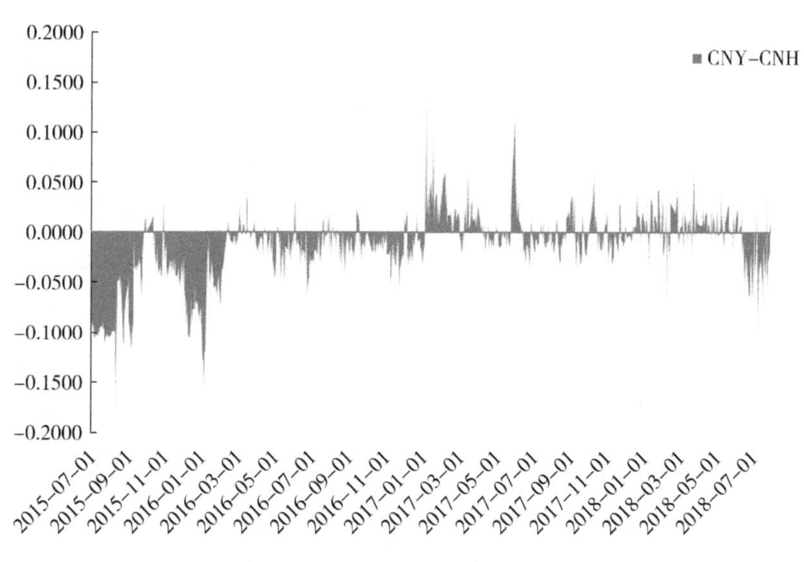

圖 2－5 「8．11 匯改」前後人民幣在岸離岸價差變換

資料來源：Wind 資訊。

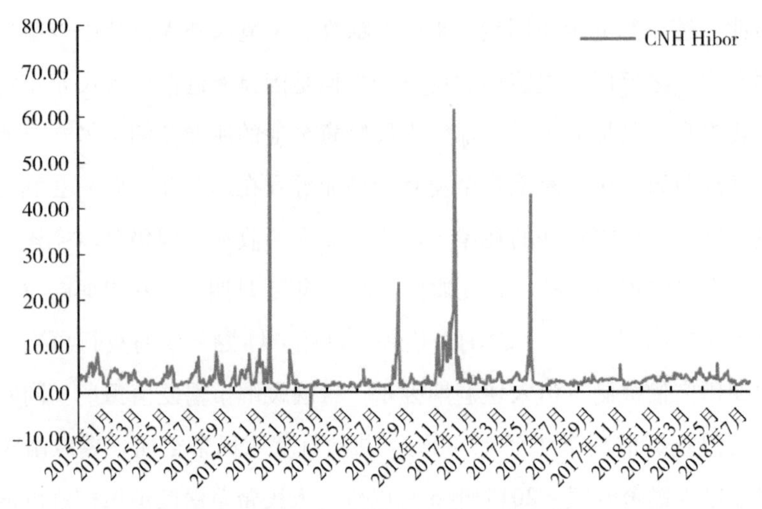

圖 2－6　香港人民幣隔夜拆借利率的變化

資料來源：Wind 資訊。

三、其他離岸人民幣市場的發展歷程

目前，新加坡已成為全球第二大人民幣清算中心。中國人民銀行 2013 年 2 月 8 日宣佈指定工商銀行新加坡分行為新加坡人民幣清算行，標誌着新加坡離岸人民幣市場的正式成立。2013 年 3 月，新加坡副總理兼財政部長尚達曼在第 52 屆 ACI 國際金融市場協會全球大會上表示，新加坡積極支持人民幣離岸市場在亞洲區域的發展，並願意作為人民幣新產品的試點，以協助提高人民幣在亞洲區域的流通性。2014 年 10 月 28 日，中國外匯交易中心在銀行間外匯市場開展人民幣對新加坡元直接交易，來鞏固新加坡作為第二大離岸人民幣中心的地位，並進一步推進人民幣國際化進程。2015 年 10 月，國內首隻非金融企業離岸人民幣債券在新加坡順利發行，加快了人民幣國際化進程。

倫敦與新加坡在人民幣支付總額中佔比接近。2013 年 6 月，英國央行與中國人民銀行簽署了為期三年、規模達 2000 億元人民幣的貨幣互換協議。2013 年 10 月，中國向英國的金融機構授予 800 億元人民幣合格境外機構投資者（RQFII）計劃額度，倫敦成為大中華區之外首個獲得 RQFII 額度的地區，人民幣與英鎊的直接交易也在同一時間開啟。2014 年 4 月 18 日，中國人民銀行宣佈，決定授權中國建設銀行（倫敦）有限公司擔任倫敦人民幣業務清算行。建行成為倫敦人民幣業務清算行擴大了人民幣全球流通使用範圍的同時，也有利於加強倫敦人民幣離岸中心地位。

台灣地區的離岸人民幣市場起步較晚，但發展較快。由於兩岸經貿聯繫密切，台灣地區離岸人民幣市場有望成為一個活躍的金融市場，並在人民幣國際化過程中扮演更重要的角色。2012 年 12 月，中國人民銀行指導中國銀行台北分行為台灣人民幣清算行。2013 年 12 月 6 日，台灣證券櫃台買賣中心正式公告核准交通銀行在台發行人民幣 12 億元「寶島債」，交行成為首家獲核准的陸資銀行。2014 年 9 月 1 日，台灣啟動人民幣匯率及利率定盤機制。2014 年 9 月 5 日，中國建設銀行台北分行和中國銀行台北分行分別在台北成功發行 20 億元人民幣債券，共計 40 億元。

其他離岸人民幣中心還有：德國清算中心、法國清算中心、韓國清算中心等。表 2－2 是境外人民幣清算行的成立時間。

表 2－2 境外人民幣清算行

國家和地區	時間	清算行
中國香港	2003 年 12 月	中國銀行（香港）有限公司
中國澳門	2004 年 9 月	中國銀行澳門分行
老撾	2012 年 6 月	中國工商銀行萬象分行
中國台灣	2012 年 12 月	中國銀行台北分行
新加坡	2013 年 2 月	中國工商銀行新加坡分行
柬埔寨	2014 年 3 月	中國工商銀行金邊分行
英國	2014 年 4 月	中國建設銀行（倫敦）有限公司
德國	2014 年 6 月	中國銀行法蘭克福分行

（續表）

國家和地區	時間	清算行
韓國	2014 年 7 月	交通銀行首爾分行
法國	2014 年 9 月	中國銀行巴黎分行
盧森堡	2014 年 9 月	中國工商銀行盧森堡分行
卡塔爾	2014 年 11 月	中國工商銀行多哈分行
加拿大	2014 年 11 月	中國工商銀行（加拿大）有限公司
澳大利亞	2014 年 11 月	中國銀行悉尼分行
馬來西亞	2015 年 1 月	中國銀行（馬來西亞）有限公司
泰國	2015 年 1 月	中國工商銀行（泰國）有限公司
智利	2015 年 5 月	中國建設銀行智利分行
匈牙利	2015 年 6 月	中國銀行匈牙利分行
南非	2015 年 7 月	中國銀行約翰內斯堡分行
阿根廷	2015 年 9 月	中國工商銀行（阿根廷）股份有限公司
贊比亞	2015 年 9 月	中國銀行贊比亞分行
瑞士	2015 年 11 月	中國建設銀行蘇黎世分行
美國	2016 年 9 月	中國銀行紐約分行
俄羅斯	2016 年 9 月	中國工商銀行（莫斯科）股份有限公司
阿聯酋	2016 年 12 月	中國農業銀行迪拜分行

資料來源：中國人民銀行官方網站 http：//www.pbc.gov.cn。

四、境內離岸人民幣市場的構想

中國（上海）自由貿易試驗區自 2013 年 9 月 29 日正式成立。2015 年區內新增企業 2.1 萬家，其中外商投資企業為 4000 多家，佔比 20%。截至

2015 年 12 月，共開設 FT 賬戶 4.4 萬個[1]。國家發改委外經所國際金融室副主任劉翔峰表示：中國可以通過學習倫敦、紐約、香港等國際金融中心的成功經驗，將上海自貿區現有的 FT 賬戶發展為離岸金融賬戶，在自貿區內實現資本項下人民幣可自由兑換，最終實現境內人民幣離岸市場[2]。

五、離岸人民幣市場資金轉移規模

根據香港金融管理局公佈的香港人民幣存款規模，2017 年 12 月底香港人民幣存款總量為 559.14 億人民幣。香港離岸人民幣市場的人民幣存款自 2012 年 12 月到 2015 年 6 月的貨幣創造數量和資金轉移規模，如圖 2－7 所刀。香港離岸人民幣市場人民幣存款的激增，80% 以上是由於人民幣由中國境內轉移至香港。2013—2014 年香港離岸人民幣市場的人民幣流入量迅速增加，截至 2014 年末，人民幣流入香港的資金規模 2 年內已增加 85%。從 2010 年 1 月至 2015 年 6 月，香港離岸市場的人民幣貨幣創造量為 997 億元人民幣，由在岸市場向離岸市場的淨貨幣轉移量為 8932 億元人民幣。

表 2－3　香港離岸人民幣市場人民幣存款的存款創造與資金轉移

(單位：億元人民幣)

項目	2012 年 12 月	2013 年 6 月	2013 年 12 月	2014 年 6 月	2014 年 12 月	2015 年 6 月
存款創造	1076.0	1194.8	904.9	885.4	867.9	997.2
資金轉移	4954.0	5784.8	7699.8	8373.8	9167.7	8932.0

1　資料來源於《經濟日報》2016 年 2 月 18 日。

2　劉翔峰：《推動上海自貿區建立境內人民幣離岸中心》，《第一財經日報》2016 年 5 月 10 日，http://www.p5w.net/news/xwpl/201605/t20160510_1441075.htm。

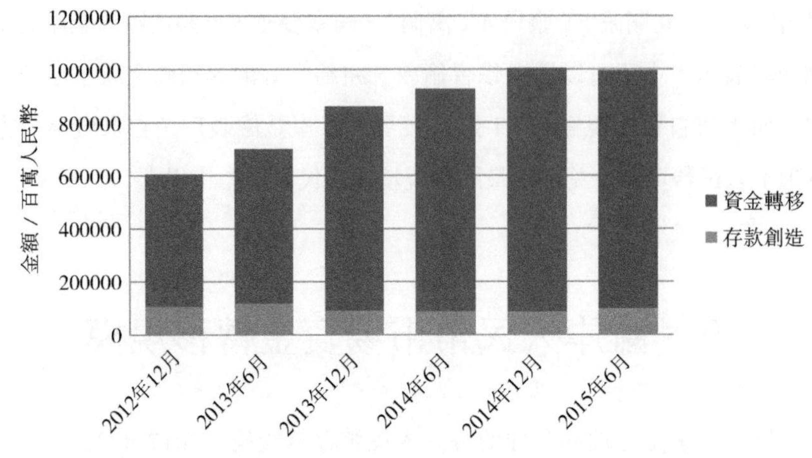

圖 2－7　香港離岸人民幣市場人民幣存款的存款創造與資金轉移

六、離岸人民幣市場資金轉移途徑

目前，人民幣跨境流動主要有四種渠道：跨境貿易、直接投資、本幣互換和個人攜帶。

1. 跨境貿易

自 2009 年 4 月 8 日在上海市和廣東省內四城市開展跨境貿易人民幣結算試點起，跨境貿易人民幣結算試點城市和境外地域在不斷擴展，跨境貿易結算規模也在不斷增加。到 2017 年底，中國國際收支中經常賬戶連續 11 年順差，跨境貿易導致大量人民幣流出中國境內，而根據國家外匯管理局公佈的數據，2018 年第一季度中國經常項目出現歷史上第二次逆差。所以，可以預計隨着市場持續對外開放，經常項目會逐漸由單邊順差轉向收支平衡。然而，此前貿易項下常年順差，已經導致了巨額人民幣流出境內，這也是離岸市場人民幣存款增長的主要原因。圖 2－8 是 2011—2017 年年度經常項目人民幣收付金額，可見，2011—2015 年，中國跨境貿易中人民幣結算金額持續增長，2016 年和 2017 年則呈現下降趨勢。根據《中國人民銀行貨幣政策執行報告》統計，2015 年，跨境人民幣收付金額合計 12.1 萬億元，淨流入 2714.6 億元，經常項下跨境人民幣收付金額合計 7.23 萬億元，同比增長 10%。其中，貨物貿易收付金額 6.39 萬億元，服務貿易及其他經常項下收付金額 8432.2 億元。而 2016 年至 2017 年底，中國跨境貿易人民幣結算金額呈現出下降態勢，2016 年同比下降 18.6%，2017 年降幅趨緩。2018 年第一季度人民幣跨境收付金額開始上升，合計 3.15 萬億元，同比增長 87.1%。其中，經常項目人民幣跨境收付金額合計 1.06 萬億元，同比增長 6.5%，其中，貨物貿易收付金額為 7970.5 億元，服務貿易及其他經常項下收付金額為 2619.3 億元。

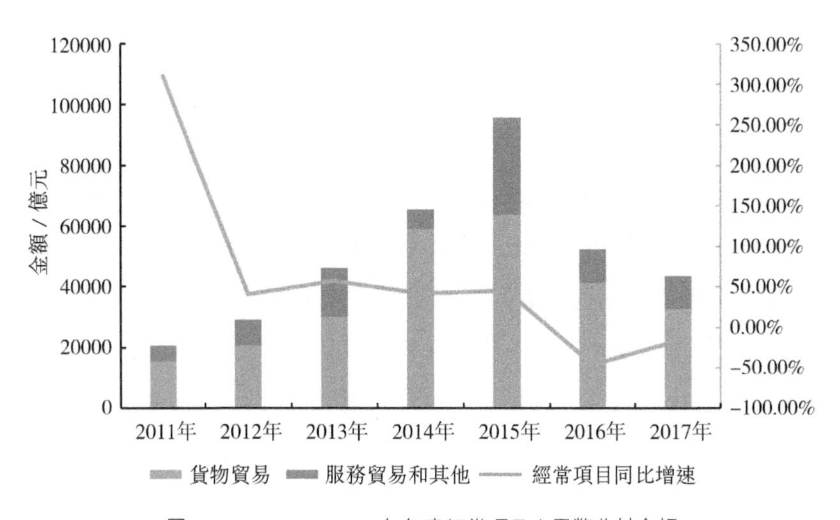

圖 2－8　2011—2017 年年度經常項目人民幣收付金額

資料來源：中國人民銀行。

表 2 – 4　2009—2017 年年度經常項目人民幣收付金額

（單位：億元）

年份	貨物貿易	服務貿易和其他	合計
2009 年	32	4	36
2010 年	4380	683	5063
2011 年	15606	5202	20808
2012 年	20617	8764	29381
2013 年	30189	16109	46298
2014 年	58974	6565	65539
2015 年	63911	31665	95576
2016 年	41200	11100	52300
2017 年	32700	10900	43600

資料來源：中國人民銀行。

2. 直接投資

直接投資人民幣結算也是人民幣跨境流動的主要渠道。圖 2 – 9 是 2010—2017 年跨境直接投資人民幣收付金額。2015 年 8 月以後，受到人民幣匯率中間價形成機制改革的影響，許多企業加快了全球配置資產的步伐，使得以人民幣結算的對外直接投資規模及其佔比總體上呈現倒 V 形。尤其是 8—9 月，人民幣對外直接投資從 851 億元陡然升至 2078 億元，達到人民幣國際化啟動以來的峰值。2016 年與 2017 年雖然較 2015 年有所回落，但仍然保持在較高水平。據商務部統計，2017 年全年，我國境內投資者共對全球 174 個國家和地區的 6236 家境外企業新增非金融類直接投資，累計實現投資 1200.8 億美元。2017 年 11 月、12 月當月我國非金融類對外直接投資同比分別增長 34.9% 和 49%，扭轉了此前的下降趨勢。2018 年第一季度，我國境內投資者共對全球 140 個國家和地區的 2023 家境外企業進行了非金融類直接投資，累計實現投資 255 億美元，同比增長 24.1%，連續五個月保持增長。

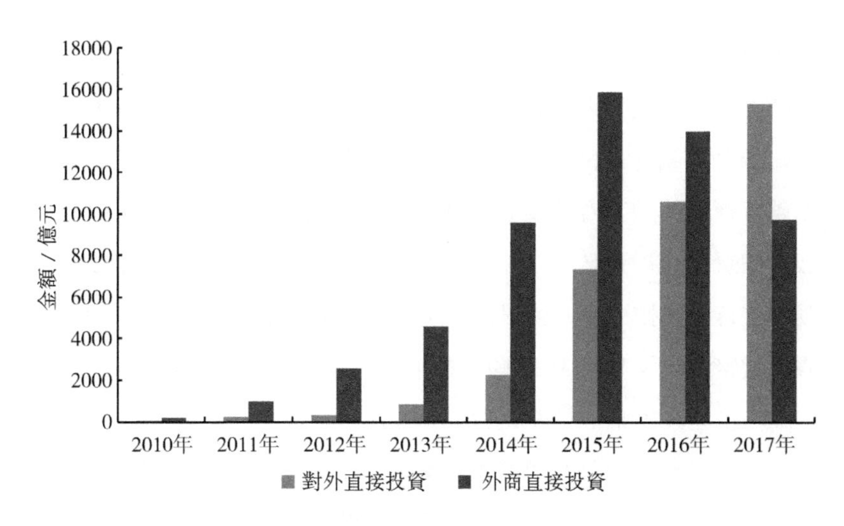

圖 2－9　2010—2017 年跨境直接投資人民幣收付金額

資料來源：中國人民銀行。

表 2－5　2010—2017 年跨境直接投資人民幣收付金額

（單位：億元）

年份	對外直接投資	外商直接投資
2010 年	56.8	223.6
2011 年	265.9	1006.8
2012 年	311.9	2591.9
2013 年	866.8	4570.9
2014 年	2244.1	9605.5
2015 年	7361.7	15871.0
2016 年	10618.5	13987.7
2017 年	15319.4	9746.2

資料來源：中國人民銀行。

3. 本幣互換

中國人民銀行與香港貨幣當局及其他中央銀行簽訂的雙邊本幣互換，也是商業銀行跨境調運人民幣的重要途徑。中國與中國香港地區及其他國家的雙邊本幣互換雖然並不意味着香港地區或外國擁有人民幣資產，但是當香港地區或外國發生金融危機時，中國有義務為香港地區或其他國家提供人民幣的流動性支持。根據中國人民銀行的統計，截至 2017 年 7 月，中國人民銀行已與香港貨幣當局及其他 35 個國家中央銀行簽署了雙邊本幣互換，互換金額總計 33437 億元人民幣（見表 2－6）。

除了在央行層面簽訂貨幣互換協議外，清算行制度也在市場層面為人民幣流動性提供了保障。2015 年，中國人民銀行分別授權在吉隆坡、曼谷、悉尼、卡塔爾、智利、南非等地建立了人民幣清算行，為當地使用人民幣提供便利和支持。2015 年 11 月 30 日，美國多位金融及工商界領袖宣佈，成立人民幣交易和清算工作組，探討在美國建立人民幣交易和清算機制，以便美國機構使用和接收人民幣付款，降低交易成本並提高效率。2016 年 9 月 20 日，中國央行發佈公告，稱根據《中國人民銀行與美國聯邦儲備委員會合作備忘錄》相關內容，決定授權中國銀行紐約分行擔任美國人民幣業務清算行。2018 年 2 月 13 日，又授權美國摩根大通銀行（J.P.Morgan Chase Bank, N.A）擔任美國人民幣業務清算行，這是中國央行授權的首家非中資人民幣業務清算行。

表 2－6　中國人民銀行與香港貨幣當局及其他中央銀行雙邊本幣互換一覽表
（截至 2017 年 7 月）

序號	國家及地區	協議簽署時間	互換規模	期限
1	韓國	2009 年 4 月 20 日	1800 億元人民幣 /38 萬億韓元	3 年
		2011 年 10 月 26 日（續簽）	3600 億元人民幣 /64 萬億韓元	
		2014 年 10 月 11 日（續簽）	3600 億元人民幣 /64 萬億韓元	

（續表）

序號	國家及地區	協議簽署時間	互換規模	期限
2	中國香港	2009 年 1 月 20 日	2000 億元人民幣 /2270 億港元	3 年
		2011 年 11 月 22 日（續簽）	4000 億元人民幣 /4900 億港元	
		2014 年 11 月 22 日（續簽）	4000 億元人民幣 /5050 億港元	
3	馬來西亞	2009 年 2 月 8 日	800 億元人民幣 /400 億馬來西亞林吉特	3 年
		2012 年 2 月 8 日（續簽）	1800 億元人民幣 /900 億馬來西亞林吉特	
		2015 年 4 月 17 日（續簽）	1800 億元人民幣 /900 億馬來西亞林吉特	
4	白俄羅斯	2009 年 3 月 11 日	200 億元人民幣 /8 萬億白俄羅斯盧布	3 年
		2015 年 5 月 10 日（續簽）	70 億元人民幣 /16 萬億白俄羅斯盧布	
5	印度尼西亞	2009 年 3 月 23 日	1000 億元人民幣 /175 萬億印尼盧比	3 年
		2013 年 10 月 1 日（續簽）（已失效）	1000 億元人民幣 /175 萬億印尼盧比	
6	阿根廷	2009 年 4 月 2 日	700 億元人民幣 /380 億阿根廷比索	3 年
		2014 年 7 月 18 日（續簽）	700 億元人民幣 /900 億阿根廷比索	
		2017 年 7 月 18 日（續簽）	700 億元人民幣 /1550 億阿根廷比索	
7	冰島	2010 年 6 月 9 日	35 億元人民幣 /660 億冰島克朗	3 年
		2013 年 9 月 11 日（續簽）	35 億元人民幣 /660 億冰島克朗	
		2016 年 12 月 21 日（續簽）	35 億元人民幣 /660 億冰島克朗	
8	新加坡	2010 年 7 月 23 日	1500 億元人民幣 /300 億新加坡元	3 年
		2013 年 3 月 7 日（續簽）	3000 億元人民幣 /600 億新加坡元	
		2016 年 3 月 7 日（續簽）	3000 億元人民幣 /640 億新加坡元	

（續表）

序號	國家及地區	協議簽署時間	互換規模	期限
9	新西蘭	2011 年 4 月 18 日	250 億元人民幣 /50 億新西蘭元	3 年
		2014 年 4 月 25 日（續簽）	250 億元人民幣 /50 億新西蘭元	
		2017 年 5 月 19 日（續簽）	250 億元人民幣 /50 億新西蘭元	
10	烏茲別克斯坦	2011 年 4 月 19 日（已失效）	7 億元人民幣 /1670 億烏茲別克斯坦蘇姆	3 年
11	蒙古	2011 年 5 月 6 日	50 億元人民幣 /1 萬億蒙古圖格里克	3 年
		2012 年 3 月 20 日（擴大）	100 億元人民幣 /2 萬億蒙古圖格里克	
		2014 年 8 月 21 日（續簽）	150 億元人民幣 /4.5 萬億蒙古圖格里克	
		2017 年 7 月 6 日（續簽）	150 億元人民幣 /5.4 萬億蒙古圖格里克	
12	哈薩克斯坦	2011 年 6 月 13 日	70 億元人民幣 /1500 億哈薩克斯坦堅戈	3 年
		2014 年 12 月 14 日（續簽）	70 億元人民幣 /2000 億哈薩克斯坦堅戈	
13	泰國	2011 年 12 月 22 日	700 億元人民幣 /3200 億泰銖	3 年
		2014 年 12 月 22 日（續簽）	700 億元人民幣 /3700 億泰銖	
14	巴基斯坦	2011 年 12 月 23 日	100 億元人民幣 /1400 億巴基斯坦盧比	3 年
		2014 年 12 月 23 日（續簽）	100 億元人民幣 /1650 億巴基斯坦盧比	
15	阿聯酋	2012 年 1 月 17 日	350 億元人民幣 /200 億阿聯酋迪拉姆	3 年
		2015 年 12 月 14 日（續簽）	350 億元人民幣 /200 億阿聯酋迪拉姆	
16	土耳其	2012 年 2 月 21 日	100 億元人民幣 /30 億土耳其里拉	3 年
		2015 年 9 月 26 日（續簽）	120 億元人民幣 /50 億土耳其里拉	
17	澳大利亞	2012 年 3 月 22 日	2000 億元人民幣 /300 億澳大利亞元	3 年
		2015 年 3 月 30 日（續簽）	2000 億元人民幣 /400 億澳大利亞元	
18	烏克蘭	2012 年 6 月 26 日	150 億元人民幣 /190 億烏克蘭格里夫納	3 年

（續表）

序號	國家及地區	協議簽署時間	互換規模	期限
		2015 年 5 月 15 日（續簽）	150 億元人民幣 /540 億烏克蘭格里夫納	
19	巴西	2013 年 3 月 26 日（已失效）	1900 億元人民幣 /600 億巴西雷亞爾	3 年
20	英國	2013 年 6 月 22 日	2000 億元人民幣 /200 億英鎊	3 年
		2015 年 10 月 20 日（續簽）	3500 億元人民幣 /350 億英鎊	
21	匈牙利	2013 年 9 月 9 日	100 億元人民幣 /3750 億匈牙利福林	3 年
		2016 年 9 月 12 日（續簽）	100 億元人民幣 /4160 億匈牙利福林	
22	阿爾巴尼亞	2013 年 9 月 12 日（已失效）	20 億元人民幣 /358 億阿爾巴尼亞列克	3 年
23	歐盟	2013 年 10 月 8 日	3500 億元人民幣 /450 億歐元	3 年
		2016 年 9 月 27 日（續簽）	3500 億元人民幣 /450 億歐元	
24	瑞士	2014 年 7 月 21 日	1500 億元人民幣 /210 億瑞士法郎	3 年
		2017 年 7 月 21 日（續簽）	1500 億元人民幣 /210 億瑞士法郎	
25	斯里蘭卡	2014 年 9 月 16 日	100 億元人民幣 /2250 億斯里蘭卡盧比	3 年
26	俄羅斯	2014 年 10 月 13 日	1500 億元人民幣 /8150 億俄羅斯盧布	3 年
27	卡塔爾	2014 年 11 月 3 日	350 億元人民幣 /208 億卡塔爾里亞爾	3 年
28	加拿大	2014 年 11 月 8 日	2000 億元人民幣 /300 億加拿大元	3 年
29	蘇里南	2015 年 3 月 18 日	10 億元人民幣 /5.2 億蘇里南元	3 年
30	亞美尼亞	2015 年 3 月 25 日	10 億元人民幣 /770 億亞美尼亞德拉姆	3 年
31	南非	2015 年 4 月 10 日	300 億元人民幣 /540 億南非蘭特	3 年
32	智利	2015 年 5 月 25 日	220 億元人民幣 /22000 億智利比索	3 年
33	塔吉克斯坦	2015 年 9 月 3 日	30 億元人民幣 /30 億塔吉克斯坦索莫尼	3 年
34	摩洛哥	2016 年 5 月 11 日	100 億元人民幣 /150 億摩洛哥迪拉姆	3 年

（續表）

序號	國家及地區	協議簽署時間	互換規模	期限
35	塞爾維亞	2016 年 6 月 17 日	15 億元人民幣 /270 億塞爾維亞第納爾	3 年
36	埃及	2016 年 12 月 6 日	180 億元人民幣 /470 億埃及鎊	3 年
總金額			33437 億元人民幣 （失效：2927 億元人民幣）	

資料來源：中國人民銀行官方網站 http：//www.pbc.gov.cn。

4. 個人攜帶

個人攜帶是人民幣現鈔跨境流動的主要渠道。自 2005 年 1 月 1 日起，中國公民出入境、外國人入出境每人每次攜帶人民幣限額由 6000 元調整為 2 萬元。2017 年，中國居民全年海外旅行（包括海外購物及購買各種服務）共計消費 2500 億美元。香港作為免稅地區和購物天堂，吸引了許多內地居民前往消費。根據香港特區旅遊發展局統計，2018 年上半年，訪港旅客累計 3060 萬人次，其中內地遊客有 2368 萬人次，佔比 77%。

七、離岸人民幣交易新變化

離岸人民幣市場對於提高貨幣的國際地位意義重大，因此，香港依託與內地的緊密關係首先建立起了人民幣離岸中心，同時中國也在世界範圍內不斷擴大人民幣離岸市場。與此同時，中國政府並未放鬆對貨幣的控制，人民幣離岸交易活動的範圍和規模也在嚴密監控中。

國際清算銀行三年一度的全球外匯市場調查報告提供了有關國際貨幣市場和場外衍生市場結構和規模的綜合信息，這一調查報告開始於 20 世紀 80 年代，在 2013 年還對包括中國在內的新興市場的貨幣數據進行了完善。根據

2013 年的匯市報告，人民幣是第九大活躍的貿易貨幣，並且在所有新興經濟體的貨幣中，人民幣的貿易體量的增加最為迅速。其中，日均人民幣外匯市場交投總額從 2010 年的 292 億美元激增至 2013 年的 1196 億美元。

通過對國際清算銀行 2013 年的匯市報告數據進一步研究可以發現，人民幣離岸中心發展的影響因素，包括拉動因素和推動因素兩大類，也就是發起國和中國兩方主體，這些因素對於人民幣離岸交易中心的建立與發展，以及交易活動的規模和活躍程度都有不同程度的影響[1]。發起國的經濟特徵會影響該國所設立的人民幣離岸中心的交易活動。這些經濟特徵包括 GDP 體量、真實 GDP 增長率、外匯市場交投總額、股票市場規模、國際債券市場大小和該國金融發展水平。同時，中國經濟和政策也會對離岸人民幣中心的活動產生影響，尤其是雙邊貨幣互換協議的規模、雙邊貿易和雙邊 FDI 金額、自由貿易協定的存在與否及中國的政治夥伴關係協定等。具體而言，股票市場規模、該國金融發展水平、與中方的雙邊貨幣互換協議的規模和雙邊 FDI 金額都是對離岸人民幣交易有顯著影響的因素。同時，一個經濟體能否建立人民幣離岸市場，與其 GDP 體量，股票市場規模，該國金融發展水平和是否與中國簽訂了自由貿易協定有關。當人民幣離岸中心成立之後，其交易規模則受到外匯市場交投總額、股票市場規模以及 FDI 流通渠道中與中國的雙邊聯繫的影響。

中國現階段金融發展基礎較為薄弱，在推進改革的過程中還需要採取必要的政策手段來控制市場，防範風險。但是，中國近年來持續推進金融自由化進程，以上各個因素也是人民幣離岸交易活動中市場化的力量，國際市場的需求是人民幣在離岸市場的接受程度及人民幣國際化進程中不可忽視的因素。因而，可以說，人民幣離岸交易是在政策力量和市場力量的共同作用下推進的。

---

1 W Cheung Y W, Yiu M S, "Offshore Renminbi Trading: Findings from the 2013 Triennial Central Bank Survey," *International Economics*, 2016.

八、本章小結

隨着我國發展為世界第二大經濟體，在備受矚目的同時，應該抓住機遇加強與世界各國的溝通交流，以實現互利共贏。因而，推進人民幣國際化的進程就成了重要議題。近年來，以人民幣貿易結算為突破口，人民幣國際化已經取得了明顯進展。然而，在貨幣國際化的過程中，僅僅擴大在國際貿易和金融交易中的使用量還遠遠不夠，還要重視改善資產與幣種的結構。因此，建立人民幣離岸中心也是人民幣國際化過程中的重要舉措。

香港人民幣離岸市場是目前結構最完整、產品最豐富、規模最大的人民幣離岸市場，目前存款規模達6000億元人民幣。香港依託自然地理位置、市場環境、金融市場自由化和金融市場基礎等多方優勢，形成的人民幣離岸市場有以下特點：海外人民幣的資金中心人民幣外匯、債券和離岸股票的定價中心和交易中心、資產管理中心等。總體來講，香港將主要承擔人民幣離岸市場的批發功能，而其他地區（如倫敦、新加坡、上海等）主要承擔零售功能[1]。

通過跨境貿易、直接投資、本幣互換和個人攜帶四種跨境人民幣流動渠道，形成了境外人民幣資金池，也為人民幣離岸市場的發展奠定了基礎。儘管「8 · 11匯改」後人民幣貶值的預期對人民幣跨境流動的體量產生了一定程度的影響，但是總體處於合理範圍，同時，整個市場對於人民幣雙向波動的容忍度也已經逐步提升。長遠來看，匯改使得匯率實現雙向波動，對於外匯交易和跨境資本的平衡具有重要意義，進而有益於人民幣離岸市場的發展。儘管中國的經濟發展成績斐然，然而金融發展的基礎仍然薄弱，因此在推進金融自由化、人民幣國際化等制度安排的過程中，無法避免地需要採用政策手段進行干預和配合。因此，現階段尋求國際市場對於人民幣的需求及政策調控之間的平衡，從長遠來看，逐漸突出人民幣離岸交易中市場主體的拉動及自主力量，是人民幣離岸市場發展的重要方向。

---

1 馬駿:《人民幣離岸市場與資本項目開放》,《金融發展評論》，2012年第4期，第1-41頁。

第三章

人民幣離岸市場與在岸市場的聯動

雖然當前人民幣離岸市場與在岸市場並沒有完全一體化，然而兩個市場之間仍然存在相互影響及溢出效應，兩個市場之間金融資產價格呈現聯動特徵。離岸與在岸市場之間的人民幣流動渠道包括跨境貿易、直接投資、金融市場、銀行、官方、個人及自貿區等。通過以上渠道，離岸與在岸市場緊密關聯。但是由於兩個市場的特徵與差異還是存在較明顯的分隔，也就存在離岸與在岸的價差，以及往返貿易套利、離岸賬戶套利、轉口貿易套利等各種套利渠道。人民幣離岸市場與在岸市場的價差受到了廣泛的關注，總的來講，主要受到宏觀經濟基礎因素及市場條件、全球市場因素、政策性因素和投資者關注的影響。

一、人民幣離岸與在岸市場間流動管道

圖 3－1 描述了兩個市場人民幣流動的主要管道。概括地講，人民幣離岸市場與在岸市場之間的人民幣流動管道從大的方面可以分為七個：跨境貿易

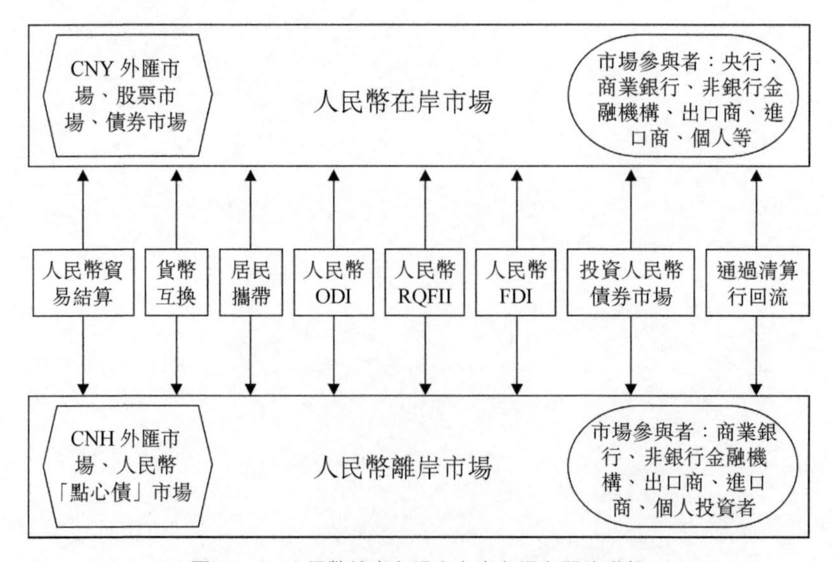

圖 3－1　人民幣離岸市場和在岸市場之間的聯繫

渠道、直接投資渠道、金融市場渠道、銀行渠道、官方渠道、個人渠道、自貿區渠道。

（一）跨境貿易渠道

依據《跨境貿易人民幣結算試點管理辦法》，可以通過清算行或境內代理行辦理貿易項下人民幣跨境支付。通過跨境貿易人民幣結算，人民幣可以輸出到香港等離岸市場，同時香港離岸市場也可以回流至在岸市場。

中國人民銀行 2011 年發佈的《中國人民銀行關於明確跨境人民幣業務相關問題的通知》明確了貿易項下人民幣跨境支付的細則，進一步規範和促進了跨境人民幣結算業務。在跨境貿易項下存在三個結算模式：第一，「清算行」模式。境外參加行在清算行開立人民幣賬戶，人民幣資金通過中國現代化支付系統（CNAPS）完成從境外清算行到境內結算行間的跨境轉移。

2013 年 7 月 5 日發佈的《中國人民銀行關於簡化跨境人民幣業務流程和完善有關政策的通知》規定，對於通過境內代理行的跨境行為，境外參加行可以直接和境內代理行進行相關人民幣的劃付，無須通過境外清算行。第二，「代理行」模式。企業通過境外參加行在境內代理行開立的同業往來賬戶間接同境內結算行進行結算，通過 SWIFT 完成人民幣資金在境外參加行和境內代理行的跨境轉移。第三，「人民幣 NRA 賬戶」模式。境外企業在境內開立境外機構境內外匯賬戶（NRA 賬戶）和境內銀行結算，整個銀行間清算鏈條完全處於境內。根據中國人民銀行《跨境貿易人民幣結算試點管理辦法實施細則》，參與跨境貿易人民幣結算試點的境內結算銀行可以向境外企業提供人民幣貿易融資。在人民幣進一步升值的背景下，人民幣以輸出到香港的居多，在岸市場人民幣匯率、利率等價格都可能會影響跨境貿易人民幣結算收付比。如果收付比小於 1，意味着境外人民幣供給大於需求；如果收付比大於 1，意味着境外人民幣需求大於供給。2016 年 11 月 29 日，《中國人民銀行關於進一步明確境內企業人民幣境外放款業務有關事項的通知》印發，對人民幣境外放款進行了更為明確的規定和更為審慎的管理。

（二）直接投資渠道

中國人民銀行於 2011 年 1 月 6 日發佈的《境外直接投資人民幣結算試點管理辦法》規定，跨境貿易人民幣結算試點地區的銀行和企業可開展境外直接投資人民幣結算試點。2015 年 8 月 2 日，央行再發新規，宣佈正式啟動境外直接投資以人民幣結算。人民幣在岸流出離岸的直接渠道主要為人民幣對外投資（RMB-ODI）。相對應地，離岸流入在岸的直接渠道包括：人民幣直接投資（RMB-FDI）、合格境外有限合夥人（QFLP）、人民幣合格境外有限合夥人（RQFLP）。

第一，人民幣直接投資（RMB-FDI），由商務部對項目和投資進行審核，中國人民銀行對專用賬戶進行管理。2011 年 4 月，國家外匯管理局出台《關於規範跨境人民幣資本項目業務操作有關問題的通知》，將人民幣 FDI 視為外幣 FDI 進行管理。2011 年 10 月，商務部發佈規定，對人民幣 FDI 規程予以明確，審批流程大幅簡化。2013 年 12 月 16 日，商務部發佈公告對 2011 年的通知進行了修正，規定外商投資企業不得使用跨境人民幣直接投資的資金在中國境內直接或間接投資有價證券和金融衍生品以及用於委託貸款。2011 年 10 月 13 日，中國人民銀行發佈《外商直接投資人民幣結算業務管理辦法》，進一步擴大人民幣在直接投資中的使用，規範銀行和境外投資者辦理外商直接投資人民幣結算業務。為了進一步貫徹上述辦法，2012 年 6 月 14 日，《中國人民銀行關於明確外商直接投資人民幣結算業務操作細則的通知》頒佈。從 2011 年 10 月人民幣 FDI 啟動到 2011 年 12 月，共有 74 項人民幣 FDI 得到批准，投資額度達到 165 億元人民幣。根據商務部吸收外商直接投資月報數據，如表 3－1 所示，近年來外商直接投資的實際使用金額和項目數額都呈增長趨勢。

表 3 －1　商務部吸收外商直接投資數據

年（月）	實際使用外資金額 / 億美元	項目數 / 個
2014 年	1195.6	23778
2015 年	1262.7	26575
2016 年	1260	27900
2017 年	1310.4	35652
2018 年 1—6 月	683.2	29591

資料來源：商務部。

第二，合格境外有限合夥人（QFLP）是證券市場 QFII 制度在股權投資領域的擴展，通過對外資機構投資者的資格審批，簡化對外匯資金的監管，並允許在一定額度內以人民幣結匯形式投資國內股權市場。對於境外投資人而言，QFLP 能夠協助外資直達中國市場，在進一步深化改革擴大開放的中國獲得回報。相較於一般的外商直接投資模式，QFLP 本身就體現了更強的投資屬性。截至 2018 年底，全國有六個城市頒佈了 QFLP 試點政策，分別為四個直轄市以及深圳和青島，各地有關 QFLP 的政策規定如表 3 －2 所示。

表 3 －2　QFLP 試點城市的政策性規定

序號	城市	主要政策性規定
1	北京	《關於北京市開展股權投資基金及其管理企業做好利用外資工作試點的暫行辦法》（京政辦函〔2011〕16 號）
2	上海	《關於本市開展外商投資股權投資企業試點工作的實施辦法》（滬金融辦通〔2010〕38 號）
3	天津	《關於本市開展外商投資股權投資企業及其管理機構試點工作的暫行辦法》（津發改財金〔2011〕1206 號）
		《關於本市開展外商投資股權投資企業及其管理機構試點工作的暫行辦法的實施細則》（津發改財金〔2011〕1207 號）
4	重慶	《重慶市關於開展外商投資股權投資企業試點工作的意見》（渝辦發〔2011〕132 號）
		《重慶市外商投資股權投資企業試點工作操作規程（試行）》（渝金發〔2011〕10 號）

（續表）

序號	城市	主要政策性規定
5	深圳	《深圳市外商投資股權投資企業試點辦法》（深金規〔2017〕1 號）
		《關於本市開展外商投資股權投資企業試點工作的暫行辦法》（深府金發〔2012〕12 號）（已失效）
		《深圳市外商投資股權投資企業試點工作操作規程》（深府金發〔2013〕3 號）（已失效）
6	青島	《青島市開展合格境外有限合夥人試點工作暫行辦法》（青金辦字〔2015〕10 號）

第三，人民幣合格境外有限合夥人（RQFLP）是持有離岸人民幣的投資機構用人民幣在試點地區（上海等地）設立外商股權投資企業。該試點是在合格境外有限合夥人（QFLP）的基礎上，參照 RQFII 創新性地推出來的，在申請的額度內，讓合格的 LP（有限合夥人）在合格的 GP（一般合夥人）的管理下，能夠用這個額度把海外募集的人民幣資金直接輸入試點地區，進行各類私募股權投資。與 RQFII 只能投資股市、債市不同，RQFLP 可以投資未上市公司、上市企業的非公開交易股權、可轉換債券、產業基金等。2012 年 10 月 25 日，上海銀行與海通證券香港子公司海通國際簽署合作備忘錄，在港發行 RQFLP 基金產品。RQFLP 試點的啟動，大大拓寬了海外資金，特別是離岸人民幣資金投資中國內地市場的渠道。

（三）金融市場渠道

人民幣在岸流出離岸的金融市場渠道包括合格境內機構投資者（QDII）制度、港股 ETF、兩地基金互認、「滬港通」與「深港通」等。離岸流入在岸的主要途徑包括：合格境外投資者（QFII）制度、人民幣合格境外機構投資者（RQFII）、兩地基金互認、「三類機構」投資債券市場、境內機構境外發行人民幣債券回流、「滬港通」與「深港通」等。

合格境內機構投資者（QDII）制度。境內金融機構可以通過合格的境內機構投資者（QDII）制度進入離岸市場，但是只能以人民幣購買外匯形式出境，QDII 利潤匯回可以結匯成人民幣，人民幣資金實際上依託外匯流出。內地投資者投資海外證券市場，可以購買金融機構發售的 QDII 產品。2013 年，國家外匯管理局統一整合各類 QDII 機構外匯管理，淡化了資格管理要求。2018 年 4 月博鰲論壇期間，國家外匯管理局發文表示將同有關部門持續推進 QDII 改革，重新開放 QDII 額度。目前市場上 QDII 基金共計 143 隻，累計規模 851 億元。在所有的 QDII 裏，股票型基金的數量最多，大約有 132 個，其次是債券類基金。剩下的混合型基金、房地產基金、大宗商品基金的數量和管理規模都比較有限。從規模來看，QDII 基金自 2017 年二季度末以來呈現下降態勢，截至 2018 年一季度末，QDII 基金規模約為 870 億元。2018 年一季度，QDII 基金表現不盡如人意，一季度整體虧損 31 億元。

港股組合交易型開放式指數基金（ETF）。2011 年中國證監會推出港股組合交易型開放式指數基金（ETF），內地投資者可以購買此類產品投資香港證券市場。2012 年 7 月才首次發行相關產品—易方達恒生 H 股 ETF 和華夏恒生 ETF。截至 2017 年末，滬深兩市總計只有 9 隻股票型跨境 ETF，管理規模為 125.4 億元，在全部股票型 ETF 中的規模佔比約為 5.8%。從跟蹤標的來看，上海證券交易所現有產品主要跟蹤中國香港、美國、德國市場主要指數，其中有 6 隻產品跟蹤境外主流寬基指數，1 隻跟蹤行業指數。深圳證券交易所現有產品主要跟蹤中國香港指數和美國市場主要指數。國內有 7 家基金公司管理跨境 ETF 產品。其中，易方達管理規模最大，規模佔比超過 60%，華夏次之。

兩地基金互認。2015 年 5 月 22 日中國證監會與香港證監會就內地與香港兩地基金互認工作正式簽署《監管合作備忘錄》，同時發佈了《香港互認基金管理暫行規定》，兩地基金互認自 2015 年 7 月 1 日起施行。兩地基金互認，將擴大內地公募基金投資者的基數，而引入香港基金也為內地投資者分散投資提供了新的選擇。同時，實現兩地基金互認會形成內地基金市場對全球的開放。根據外匯管理局的數據，截至 2018 年 6 月 30 日，香港基金境內發行銷售資金累計淨匯出 98.06 億元，內地基金香港發行銷售資金累計淨匯入 5.19 億元人民幣，差異明顯。

「滬港通」及「深港通」。2014 年 4 月 10 日，中國證監會和香港證監會宣佈，在半年內推出「滬港股票市場交易互聯互通機制」試點（簡稱「滬港通」）。2016 年 12 月 5 日，又進一步啟動「深港通」。「滬港通」下的港股通標的範圍是恒生綜合大型股指數的成分股、恒生綜合中型股指數的成分股，以及同時在香港聯合交易所、上海證券交易所上市的 A+H 股公司股票。「深港通」下的港股通股票範圍是在現行「滬港通」下的港股通標的基礎上，新增恒生綜合小型股指數的成分股（選取其中市值 50 億元港幣及以上的股票），以及同時在香港聯合交易所、深圳證券交易所上市的 A+H 股公司股票。同時，目前有不少境內居民在香港開戶買賣港股，香港對於內地居民開戶並沒有限制。

合格境外投資者（QFII）制度。我國 2002 年開始合格境外投資者（QFII）制度試點，作為人民幣沒有實現完全可自由兑換、資本項目尚未完全開放的情況下，有限度地引進外資、開放資本市場的一項過渡性的制度。這種制度要求外國投資者若要進入一國證券市場，必須符合一定的條件，得到該國有關部門的審批通過後匯入一定額度的外匯資金，並轉換為當地貨幣，通過嚴格監管的專門賬戶投資當地證券市場。

2011 年 12 月 16 日，我國允許符合條件的基金公司、證券公司香港子公司作為試點機構開展 RQFII 業務。人民幣合格境外機構投資者（RQFII）主要是指境外人民幣在一定額度內通過在港中資證券及基金公司投資境內銀行間和交易所市場債券和股票。該業務初期試點額度約 200 億元人民幣，2012 年 4 月增加了 500 億元，擴大到 700 億元。新發行的 500 億元可以用於發行人民幣 A 股 ETF 產品，投資於 A 股指數成分股並在香港交易所上市。2012 年 11 月，RQFII 投資額度進一步增加 2000 億元人民幣，香港 RQFII 總額度達到 2700 億元，同時放開了申請主體的限制，境內金融機構香港子公司和香港本地的金融機構都可以申請。2013 年，RQFII 總額度在其他人民幣離岸市場也逐步擴容。目前，QFII 總額度為 1500 億美元，RQFII 試點區域拓展至 19 個國家和地區，總試點規模 19400 億元人民幣。

投資內地人民幣債券市場。中國的債券市場主要包括銀行間市場、交易所市場、商業銀行場外市場。2010 年 8 月，中國人民銀行允許跨境人民幣業務境外參加行、港澳人民幣清算行和境外央行等「三類機構」運用人民幣投資境內銀行間債券市場。2013 年「三類機構」在境內債券市場買入 2093 億元債券，賣出只有 294 億元，仍以買入為主。「三類機構」偏好政策性金融債、國債和央票等利率債券。表 3 – 3 是我國銀行間市場可交易的債券。後來開放的範圍再進一步擴大至 QFII、RQFII、國際金融機構、主權財富基金等。進入銀行間債券市場的境外央行類機構 17 家，境外商業類機構 252 家，總投資餘額超過 8000 億元。

表 3 – 3　我國銀行間市場可交易的債券

類別	發行機構	説明
中國政府債券	財政部	又稱國債，絕大多數發行期為 1—10 年
地方政府債券	地方政府	2011 年後中央允許部分地方政府發債
政策性銀行債券	政策性銀行	具有準國債性質
央行票據	中國人民銀行	為實現貨幣政策目標發行的特殊債券
商業銀行債券	商業銀行	包括優先債、次級債、混合債
公司債權	非金融機構	包括企業債券和中期票據

境內機構在境外發行人民幣債券回流。境內金融機構經中國人民銀行和發改委批准可在港發行人民幣金融債券。境內企業在境外發債有兩種模式：一種是通過境內公司直接在境外融資，境外發債的管理由國家發改委和國家外匯管理局負責，但這種發債模式需要母公司承擔負債壓力，可能影響公司財務狀況。另一種模式是境外子公司直接融資，境內母公司經商務部門批准

在離岸設立子公司，由母公司出具擔保在境外直接發債融資。這樣安排規避了在岸監管，只受離岸監管，較前一種發債模式更優。人民幣「點心債」資金回流有三種方式：一是通過股東貸款，利用「投注差」向境內公司貸款；二是通過人民幣直接投資；三是通過貿易項下回流。目前，在香港發行「點心債」已回流 1000 多億美元。

（四）銀行渠道

人民幣在岸流出離岸的銀行渠道包括：同業拆借、人民幣擔保（內保外貸）、人民幣貸款。離岸流入在岸的途徑包括：境外結匯人民幣流入、境外同業及聯行拆入、人民幣外債、人民幣擔保（外保內貸）、人民幣貸款（前海試點）。

目前，客戶存款已經不是香港銀行業人民幣資金的唯一來源，香港銀行與內地銀行或者海外銀行在人民幣同業往來拆借也越來越多，隨着倫敦、新加坡等其他人民幣離岸金融中心的建立，同業拆借人民幣將更加活躍。境外銀行通過 SWIFT 系統將資金收付信息傳至境內代理行，境內代理行通過同業拆借為境外銀行拆出人民幣資金。由於境內外利差倒掛，清算行和代理行以拆出為主。圖 3 –2 描述了跨境貿易人民幣結算與銀行跨境同業拆借的關係。

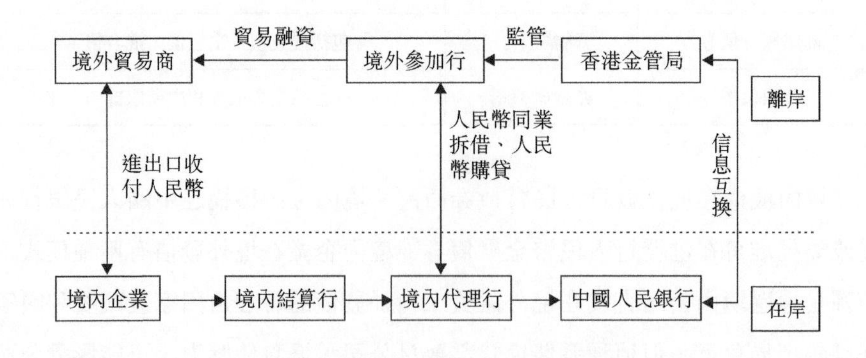

圖 3 –2　跨境貿易人民幣結算與銀行同業拆借

根據國家外匯管理局 2014 年 5 月頒佈的《跨境擔保外匯管理規定》，境內企業可以自行辦理對外人民幣擔保，如果發生履約且債務未償清，則會發生在岸人民幣流向離岸。

2011 年，中國人民銀行發佈《境外直接投資人民幣結算試點管理辦法》，該辦法第十五條規定「銀行可根據有關規定向境內機構在境外投資的企業或項目發放人民幣貸款」。工行、中行、國開行等銀行進行了貸款試點。2013 年，深圳前海地區試點跨境人民幣雙向貸款，有兩家深圳銀行向香港企業提供了 6.2 億元貸款，但是跨境貸款企業只能是在前海注冊並經營的企業，其用途必須符合前海產業發展目錄需求，不得用於投資證券、房地產、理財產品。

境內金融機構同時在兩個市場充當做市商或者報價行，在兩地開展針對客戶需求的結購匯服務，成為流通的重要管道。以離岸、在岸人民幣同業拆借市場做市商為例，中國銀行、匯豐銀行、渣打銀行、建設銀行、工商銀行、交通銀行、中信銀行等七家銀行在香港離岸市場和上海在岸市場同時充當做市商，成為兩個市場資本流動最便利的渠道。比如，2011 年中國銀行推出了「人民幣轉收款」、建設銀行推出「跨境結匯通」等服務，通過香港的分支機構為客戶辦理中轉結匯服務，增加了客戶匯兑收益。如香港的結匯價格更高，企業會選擇在香港結匯再匯入境內，並且規避了內地的結售匯管理，但增加了跨境人民幣流入。

內地公司可以在「投注差」內借人民幣外債，但與外匯外債不同，人民幣外債無論短期還是中長期，均不實行餘額管理，而是以發生額進行管理。境外企業對內地企業的人民幣擔保，如果發生履約且債務未償清，則會發生離岸人民幣流向在岸。

2013 年，中國人民銀行深圳中心支行發佈《前海跨境人民幣貸款管理暫行辦法實施細則》，1 月 28 日，首批跨境人民幣貸款項目在深圳簽約，15 家香港銀行向注冊在前海的企業簽署總金額為 20 億元的貸款協議，貸款利率為年息 3%—5%。

（五）官方渠道

人民幣在岸流出離岸的官方渠道主要包括：人民幣清算行流出、中國人民銀行與香港金管局的貨幣互換。

境外參加行可以通過在清算行開立人民幣同業往來賬戶購買人民幣，清算行通過在中國人民銀行深圳市中心支行開立人民幣清算賬戶獲取人民幣流動性。如果境外人民幣市場不能滿足人民幣敞口，可以通過此渠道獲得人民幣流動性。圖 3－3 描述了通過人民幣清算行跨境拆借的流程。

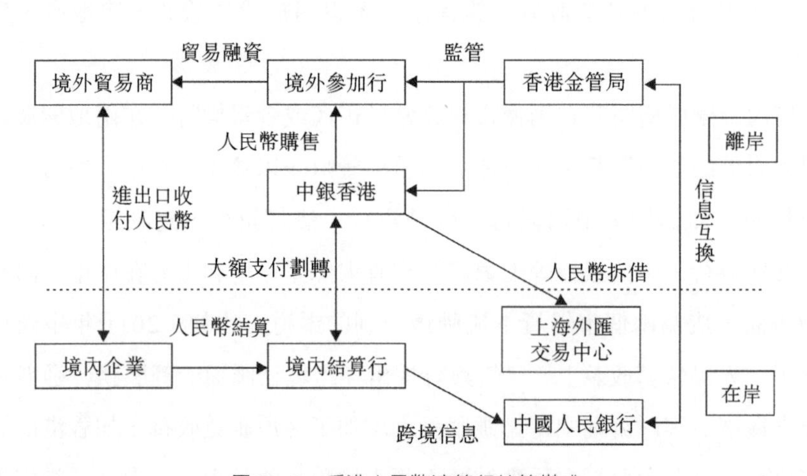

圖 3－3　香港人民幣清算行結算模式

2009 年 1 月，中國人民銀行和香港金管局簽署了 2000 億元人民幣的貨幣互換協議。2011 年 11 月 22 日，中國人民銀行與香港金管局續簽 3 年期貨幣互換協議，規模擴大至 4000 億元人民幣。2012 年 6 月，香港金管局宣佈向在港參加行提供人民幣流動資金，接納合格的證券作為抵押品，向有關參加行提供 7 天人民幣資金，結算日為 T+2，資金來源於兩地貨幣互換協議。2013 年 1 月，香港金管局宣佈結算日縮短為 T+1。2013 年 7 月，香港金管局提出運用自身的離岸人民幣資金為參加行提供即日交收的隔夜流動資金，即結算日進一步縮短為 T+0。

人民幣離岸流入在岸的官方渠道為人民幣清算行回流。境外參加行可通過清算行賣出人民幣，但境外清算行有總額度的限制，在跨境貿易結算項下中銀香港的淨賣出限額為 80 億元人民幣。

（六）個人渠道

人民幣在岸流出離岸的個人渠道包括：香港居民兑換、內地居民攜帶現鈔、地下匯兑等。

香港居民通過香港持牌銀行兑換人民幣沒有上限，持牌銀行則可以通過清算行平盤。境內居民出境攜帶人民幣，用於商務、旅遊、探親等小額支付，每次入港可攜帶 2 萬元人民幣現鈔。2012 年 8 月，香港首次對非本地居民開放人民幣業務，即使只是赴港短期旅遊的旅客也可以在香港銀行開設人民幣賬戶。此外，貨幣找換店、「地攤銀行」、地下匯兑等也是在岸貨幣流向離岸市場的重要渠道。

人民幣離岸流入在岸的個人渠道為非居民存款。香港、台灣地區居民將通過各種渠道取得的人民幣收入存放於在岸市場的 NRA 賬戶，規模約有 7000 億元。

（七）自貿區渠道

截至 2017 年底，我國分三批共成立了 11 個自貿區。2014 年 2 月 20 日，中國人民銀行上海地區總部發佈了《關於支持中國（上海）自由貿易試驗區擴大人民幣跨境使用的通知》，使得人民幣跨境使用業務得以落地。並於 2016 年 4 月 13—15 日分別將此政策推廣到了福建廈門、廣東廣州及福建福州自貿區。2016 年 11 月 4 日，又推廣至天津自貿區。預計此項政策會繼續推廣至其他自貿區。

人民幣在岸流出離岸的自貿區渠道包括人民幣債券、人民幣資金池、跨境電子商務結算。第一，區內企業母公司可以在境內發行人民幣債券，人民幣資金跨境使用。第二，自貿區內注冊企業可開展集團內跨境雙向人民幣資金池業務，為集團公司提高境內外關聯企業自有資金的集中調度和統一使用提供便利，並且沒有額度上的限制。第三，跨境電子商務結算為在岸人民幣直接通過電子商務平台進行消費提供結算渠道。銀聯電子支付、快錢公司等第三方支付公司與商業銀行合作開展跨境電子商務人民幣支付結算服務。

人民幣離岸流入在岸的自貿區渠道包括：人民幣貸款、人民幣資金池、跨境電子商務結算。首先，向區內企業或非銀行金融機構人民幣融資，區內企業需要按照實繳資本 ×1 倍宏觀審慎政策參數從境外融資，非銀行金融機構按照實繳資本 ×1.5 倍宏觀審慎政策參數從境外融入人民幣。其次，按照人民幣資金池業務要求，境外子公司將境外人民幣劃入區內資金管理方，資金來源要求為企業生產經營活動和實業投資活動的現金流。

二、人民幣離岸與在岸市場的套利模式

人民幣離岸市場和在岸市場套利模式基本上是利用兩地的匯差、利差進行交易，主要存在以下幾種形式:往返貿易套利、離岸賬戶套利、轉口貿易套利。

（一）往返貿易套利

根據劉利剛（2014）的研究，往返貿易（香港將從內地進口而來的商品再出口到內地）是在岸和離岸市場金融套利的主要形式。由於內地海關統計的內地對香港出口數據與香港統計的香港從內地進口的數據經常存在較大差異，內地出口數據出現虛高，就説明存在貿易虛增和金融套利的情況。例如，自 2015 年 11 月起，內地和香港間的貿易數據差異就十分明顯。2015 年 12 月，內地對香港出口額勁升 10.8% 達 460 億美元，創出近三年最高，自香港進口額同比暴增 64.5%，而當月內地整體進口同比下滑 7.6%。有趣的是，香港 12 月份進口同比下降 4.6%，12 月份出口同比下降 1.1%。

圖 3－4 反映了往返貿易中的金融套利模式：①在岸公司將貨物出口離岸公司 A，在岸公司獲得美元貨款。②在岸公司貿易結匯，用人民幣購買高收益人民幣理財。③離岸公司 A 從離岸銀行獲得低息美元貸款支付貨款。④離岸公司 A 將貨物賣給離岸公司 B 獲得美元貨款，並償還離岸銀行美元貸款。⑤離岸公司 B 將貨物再出口至在岸公司，在岸公司用人民幣支付貨款。⑥離岸公司 B 將人民幣存入離岸銀行，並從離岸銀行獲得美元貸款。⑦在岸銀行開立人民幣信用證支持跨境人民幣貿易。

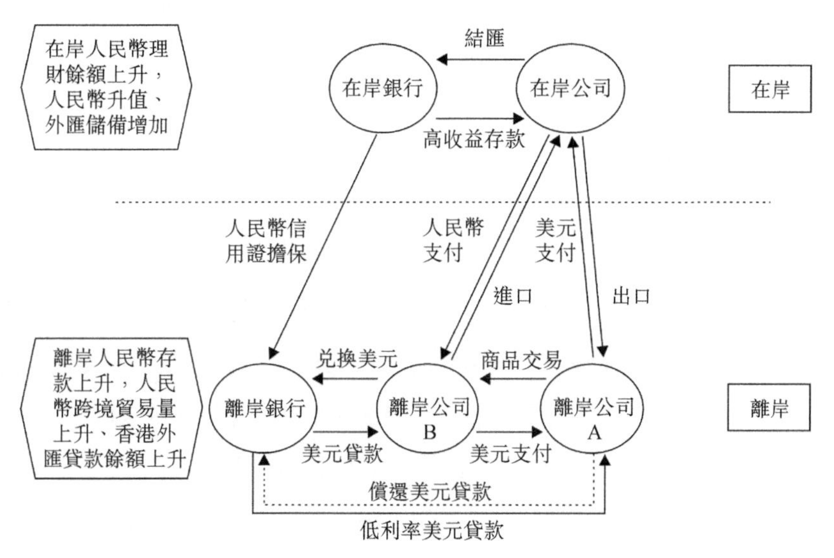

圖 3－4　在岸與離岸市場往返貿易中的金融套利及其效果

這種往返貿易帶來的效果是多元化的：對於在岸而言，帶來資本流入、人民幣理財餘額上升、人民幣升值、外匯儲備增加等效果對於離岸而言，帶來人民幣跨境貿易量上升、人民幣存款上升、外匯貸款餘額上升。多個離岸公司和銀行之間的互動，使得兩地金融監管和資本流動的管控越來越難，貿易融資內保外貸和人民幣信用證被更多企業採用以獲得低利率和長時間融資。

由於大部分的國有或私營大型企業在香港離岸市場設有子公司，關聯企業的交易完全合法，通過關聯交易實現利用離岸人民幣的折價或溢價套利變得容易。對有跨境貿易的企業能更方便將資金在兩個市場轉移獲得比較優勢。2013 年，內地和香港往返貿易達到 9550 億港元，比 2009 年的 5000 億港元上升了 91%；2014 年 12 月，香港人民幣存款規模突破 1 萬億元大關，而 2015 年，香港人民幣存款餘額則下降 1524 億元，降至 8511 億元，降幅達 15.2%，成為香港人民幣存款有史以來的首次全年下跌。以上變化都與人民幣匯率高度相關。

往返貿易實質是利用在岸市場和離岸市場的即期匯差和兩地利差進行套利。當離岸人民幣匯價比在岸存在明顯升值時，在岸企業將人民幣輸出至香港關聯企業，香港企業在離岸換成美元通過貿易支付在岸企業，在岸企業再將美元換成人民幣實現匯差、利差套利。

（二）離岸賬戶套利

利用離岸賬戶套利是另一種主要的套利模式。具體而言，在境內外存貸款利率倒掛背景下，離岸公司通過開立 NRA 賬戶或 OSA 賬戶，便利地完成跨境資金調度並坐享境內外利差收益。目前，境外一年期美元 LIBOR 利率在 1.22% 左右，而境內 NRA 賬戶存款利率（執行一年期定期存款基準利率）在 1.5% 左右。離岸公司僅就資金存入 NRA 賬戶即可賺取利差收益。

圖 3 –5 反映了離岸賬戶的關聯交易套利模式：①在岸公司從離岸公司進口貨物，在岸公司向在岸銀行要求人民幣全額質押進口保付。②在岸公司從在岸銀行獲得較高的人民幣存款收益。③在岸公司在離岸設立的關聯公司憑藉這筆應收賬款從離岸銀行申請低利率貿易融資。④在岸銀行根據在岸公司要求向離岸銀行發出保付電函。⑤離岸銀行收到保付電函後向關聯公司發出低利率美元貿易融資款。⑥合同到期後在岸公司購匯歸還關聯公司 NRA 賬戶。⑦關聯公司償還離岸銀行美元融資。

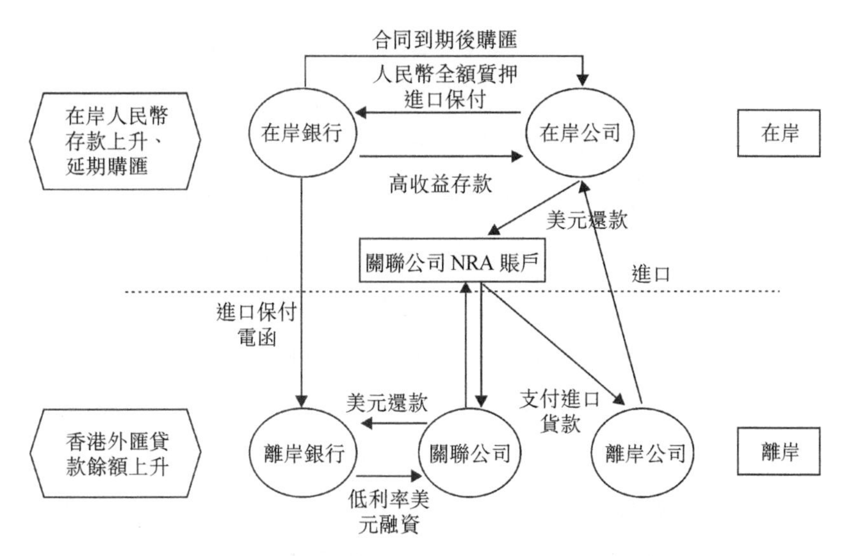

圖 3－5　在岸與離岸市場離岸賬戶關聯交易套利及效果

離岸賬戶套利的實質是利用兩地利差套利。在岸公司在保付到期後支付人民幣貨款，境外出口商收到款項後在境外兌換為外幣歸還融資款。舉例來說，套利者進口原油 1 億美元，在岸的 A 公司與離岸的 B 公司和關聯 A 公司簽訂三方合同，進口付匯時，A 公司在境內銀行辦理 3 年期全額質押進口代收保付業務 6.5 億元人民幣，質押人民幣存款利率 4.25%，到期獲得利息 0.87 億元，關聯 A 公司為境外收款方。關聯 A 公司憑藉應收賬款在香港銀行辦理 3 年期美元 / 人民幣貿易融資，融資利率為 2%，融資款匯入 NRA 賬戶支付 B 公司進口貨款。3 年到期後，A 公司將還款資金購匯或以人民幣形式歸還關聯 A 公司，關聯 A 公司歸還香港銀行貿易融資。整個過程，如果不計算銀行融資成本，以美元融資 A 公司將獲得境內外利差 4400 萬元人民幣，人民幣 NRA 的設立由於人民幣升值效應使得該套利模式獲得的利益更大。

（三）轉口貿易套利

轉口貿易又稱中轉貿易，指國際貿易中進出口貿易不是在生產國與消費國之間直接進行，而是通過第三國／地區易手進行的買賣。生產國與消費國之間並不發生貿易聯繫，而是由中轉地區分別同生產國和消費國發生貿易。

轉口貿易套利可以有以下運作模式：境內企業在境外設立關聯企業做真實貿易、境內企業和境外企業聯手構造虛假貿易、通過保稅區的中轉貿易。圖 3－6 反映了具有真實貿易背景轉口貿易的套利模式：①在岸公司 A 從離岸公司進口貨物，在岸公司 A 將貨款付給了其在香港的關聯公司 A。②關聯公司 A 將貨款支付給在岸公司 B。③在岸公司 B 將貨款全部結匯進行人民幣全額質押，在岸銀行為該公司開立受益人為關聯公司 B 的遠期信用證。④離岸銀行根據信用證為在岸公司 B 在香港的關聯公司 B 辦理票據貼現美元融資，關聯公司 B 獲得低利率美元融資。⑤關聯公司 B 根據與關聯公司 A 簽訂的進出口合同，支付離岸公司貨款。⑥在岸公司 B 獲得高收益人民幣存款，並以人民幣支付關聯公司 B 貨款。⑦關聯公司 B 歸還離岸銀行美元貸款。

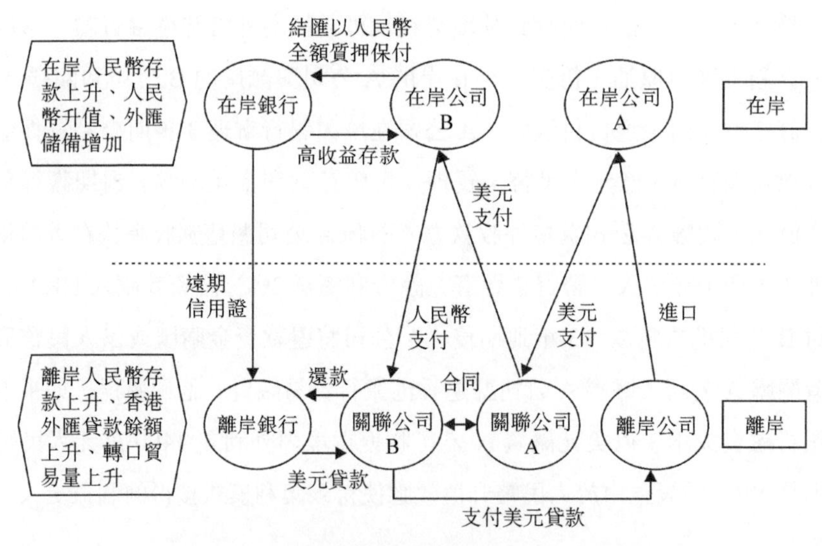

圖 3－6　在岸與離岸市場轉口貿易融資套利及效果

轉口貿易套利的實質是利用境內外交易的利差、匯差套利，通過延長境內企業付款期限賺取匯差，通過關聯公司交易賺取境內外利差。與離岸賬戶套利的模式相似，操作方式一般為：關聯公司交易進口貨物→人民幣質押→進口遠期貿易融資→境外融資代付。轉口貿易具有無進出口報關行為、貨物交割通過物權憑證轉讓、資金流與貨物流分離、進口使用授信額度遠期開證等特徵。在岸公司能利用其在離岸的關聯公司，通過簽訂合同甚至是虛假合同進行無風險套利。在岸公司在離岸公司境外融資成功後，出於套利動機容易進入新的循環開證操作，一旦出現利率、匯率波動或企業資金鏈斷裂，會傳動至在岸銀行引發系統風險。

（四）離岸與在岸市場套利機理分析

1. 套利行為的決定因素

在岸離岸套利本質上是因為離岸人民幣貸款利率水平基本上長期以來明顯低於在岸，是一種企業和銀行聯手進行息差、匯差套利。套利取決於三個方面（見圖 3－7）：第一，境內外匯差。當離岸人民幣（CNH）即期匯率低於在岸人民幣（CNY）即期匯率，內地進口企業可以由外匯支付改為跨境人民幣支付境外購匯實現套利，出現人民幣進口大於出口現象。當 CNH 即期匯率高於 CNY 即期匯率，內地企業則在境內購匯，對外正常支付美元。當兩地價差較小，則人民幣收支平衡。第二，人民幣匯率預期。當離岸人民幣遠期匯率（CNH DF）和無本金交割遠期外匯（NDF）出現升水，表示人民幣出現升值預期，內地出口企業會選擇見匯即結，以及延遲付匯。當人民幣出現貶值預期，則會選擇多購匯，延遲結匯。第三，境內外利差。當境內利率高於境外利率，內地企業會選擇人民幣全額質押並獲得境外外匯貸款支付貨款，出現資產本幣化、負債外幣化。

如果具備以下因素，在岸和離岸之間的金融套利行為就將持續：人民幣貿易結算為香港輸入大量人民幣；金融機構可以在 CNH 市場購入人民幣；內地市場的外匯干預使得人民幣保持單邊升值預期，金融機構能以高出即期匯率價格賣出遠期人民幣。三者缺一不可。除此之外，在岸和離岸套利影響

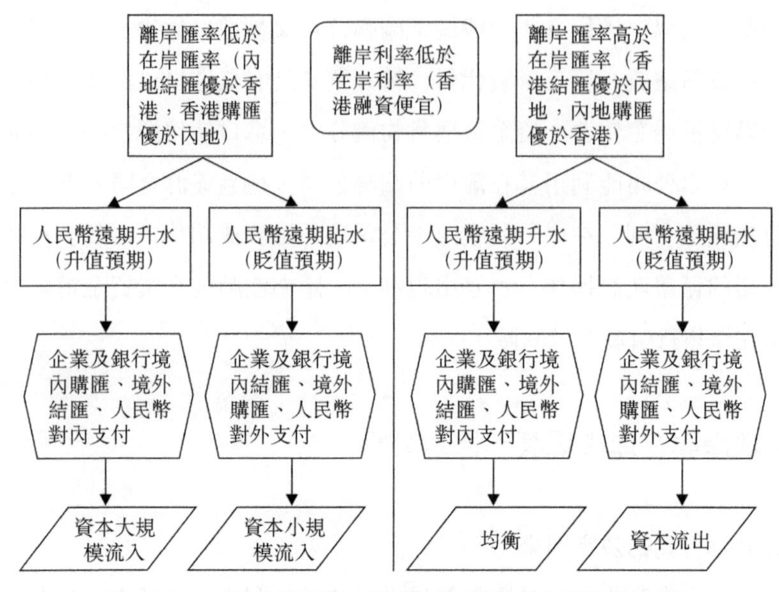

圖 3－7　離岸與在岸利率、即期匯率、遠期匯率的關係及影響

因素還取決於商業銀行在兩地匯款轉賬收取的手續費、兩地結售匯的優惠程度，即境內外銀行給予老客戶在結售匯價格上加減的點差、出口退稅的方便程度等。

2. 套利行為的影響

在岸和離岸市場的套利有正面影響，也有負面影響，有觀點如張明（2013）認為，跨境貿易人民幣結算規模擴大和外匯儲備同步上升，與政府推動人民幣國際化降低外儲的初衷相背離，與這種套利行為密不可分。在人民幣對美元升值的情況下，鼓勵外國居民用美元資產換取人民幣資產會造成福利損失。這種觀點有一定道理，但是在發展離岸市場的過程中，套利可能是不可避免的。傳統的觀點把套利等同於投機倒把、不勞而獲，卻忽略了套利在市場中價格發現和市場均衡的重要作用。正如羅伯特．希勒（2012）在《金融與好的社會》中指出的，投機行為在當代經濟運行中佔據中心地位。市場所折射的信息和價格變動引發投機者的迅速行動使得投機行為在經濟金融中越來越重要。如果人們都極力避免投機，而是採取廣泛分散風險的投資方式，那麼市場中就沒有一股力量將價格推向確實「有效」的水平。因此，辯證地分析在岸、離岸的套利行為可以更好地理解發展離岸市場的重要意義。這種套利活動帶來的影響包括：

第一，推動了人民幣快速「走出去」。在人民幣接受程度不高的情況下，選擇香港離岸人民幣市場作為中轉站購匯或結匯，或者在香港開設關聯公司相互支付，有利於增加人民幣的境外需求。

第二，有利於香港離岸人民幣市場和國際金融中心建設。人民幣資金在香港的沉澱和運用加強了離岸人民幣市場的廣度和深度，全球的人民幣結算業務向香港靠攏，有利於香港成為離岸人民幣市場的中心。

第三，企業獲得收益的同時也蘊含着潛在風險。在金融市場逐漸走向開放成熟的過程中，由於離岸市場與在岸市場利率、匯率價格的差異，會給企業帶來套利機會，這是金融改革必須付出的成本代價。短期、投機性的交易除了面臨政策監管的風險，也會面臨市場的風險。比如，2013 年在香港人民幣市場興起的衍生人民幣產品目標可贖回遠期合約（TPF）是一種押注人民幣升值的槓桿產品，在人民幣升值時每個月都有回報，一旦匯率下跌則虧損會迅速加大。2014 年 2 月以來由於人民幣匯率累計下跌近 3%，該產品淨值由 2013 年的 3500 億美元跌至 2014 年 3 月的 1500 億美元。

第四，加大了跨境資金流動。延長融資期限和規避銀行短期外債指標限制，境內關聯企業以離岸企業作為中轉融資環節，造成貨物流與資金流的背離，以及更多的資本流動。當 CNH 對 CNY 升值時，企業會選擇境內結匯、境外購匯，表現為美元流入，人民幣流出。當 CNH 對 CNY 貶值時，企業會選擇境內購匯，境外結匯，表現為人民幣流入，美元流出。當人民幣升值預期強烈時，企業傾向於採取展期、循環融資方式推遲購匯；當人民幣貶值預期強烈時，企業則更會加快償還外匯貸款。

第五，給市場帶來潛在風險。在人民幣單邊升值預期強烈的情況下，人民幣資產和美元負債之間的利差收益，導致離岸與在岸之間實現無風險套利輕而易舉，銀行和投機者在慣性思維下押注人民幣升值，積累大量的升值多頭。一旦人民幣波動率加大出現貶值，買方不得不買入即期 CNH 對沖操作，將會加劇外匯與市場波動，給離岸人民幣市場帶來更大的螺旋式風險。

第八，銀行貨幣錯配的風險上升。在跨境貿易人民幣結算中，香港的商業銀行不斷借出美元貸款，與此同時，人民幣存款不斷上升。內地銀行也有相類似的情況，形成了期限和幣種的錯配。

三、離岸市場與在岸市場聯動現狀

國內外學者對於離岸市場與在岸市場之間聯動的研究可以分為理論探討和實證證據兩大類，其中歐洲美元市場與美國境內相關市場是最具代表性的研究對象。同時，離岸市場與在岸市場之間相互的影響也會隨着離岸市場發展特點及階段的不同而產生變化。通常可得出這樣的結論：離岸貨幣價格波動明顯；離岸貨幣市場發展初期，價格引導關係表現為在岸價格引導離岸價格波動；隨着離岸貨幣市場的發展，離岸價格引導在岸價格能力明顯增強；在匯率自由浮動的情況下，離岸價格與在岸價格存在雙向影響關係，而在固定匯率制下，離岸價格與在岸價格僅存在單向影響關係。此類成熟市場中的研究也會對人民幣離岸及在岸市場之間的價格聯動研究提供有力的支持。2009 年香港成立了人民幣離岸中心之後，人民幣離岸市場逐漸發展，國內外學者對於人民幣離岸與在岸市場聯動的研究也日漸豐富起來。對人民幣境內外價格聯動的研究多數集中在衍生品市場與現貨市場、離岸衍生品市場和在岸本土市場，以及各國利率、匯率和商品期貨市場之間聯動關係的考察上。

（一）理論機製研究

1. 利率形成機制研究

離岸金融市場運行於寬鬆、成熟的市場環境，市場供求因素對離岸貨幣的價格形成有更為顯著的影響。巴曙松、郭雲釗（2008）認為，在離岸金融市場上，離岸貨幣的利率是離岸貨幣資金供求平衡的結果。Giddy（1979）、Kaen 和 Hachey（1983）研究發現，離岸美元對貨幣市場更敏感，能快速反映市場變動情況。李翀（2004）發現，香港的人民幣利率主要取決於國內人民幣利率和香港的港元利率，並隨着香港市場上的人民幣資金供需狀況而改變。李曉、馮永琦（2012）認為，現階段的香港人民幣利率形成機制市場性不足，需要進一步改革現有的金融監管制度，讓市場在香港人民幣利率形成中發揮更大作用。冀志斌等（2015）對離岸與在岸人民幣預期的關係進行了研究，發現離岸人民幣利率預期的影響力更強。Maziad 等（2012）研究發現，由於人民幣利率及匯率並未市場化，香港與內地之間的人民幣市場存在套利空間，兩地之間的資金流通，讓香港市場化的人民幣利率和匯率與內地市場相互影響。

2. 匯率形成機制研究

西方大部分學者在市場分割理論、金融市場一體化理論、供求理論、利率平價理論、國際收支平衡理論和預期理論等基礎上，深入研究了人民幣離岸與在岸的套匯形成機制。如 Culbertson（1957）提出市場分割理論是一種貨幣兩種價格體系的真正原因；Rory C. Smith 和 Ingo Walter（1990）首次提出金融市場一體化理論，認為相同金融工具在不同金融市場上的價格趨於一致；賈彥樂等（2016）證實人民幣在岸與離岸市場的一體化已經初具雛形，但人民幣在離岸市場一體化程度仍較低，存在大量未被利用的套利機會；Friedman（1953）提出一價定律，認為在同樣的時點不同市場能以同樣的價格購買同樣標的資產，但由於一價定律有諸多限制，因此並不完全適用於人民幣外匯市場問題。

3. 利率與匯率形成機制的差異

在人民幣還沒有成為可自由兑換的國際化貨幣的情況下，利率和匯率價格在離岸和在岸間的形成機制有着一定的差別。李翀（2004）在其研究中認為，人民幣離岸金融市場是成熟的市場經濟，利率價格的形成是由市場的供給與需求共同決定的，而由於在岸市場資本未開放的情況下，對於人民幣供給不能完全按照市場需求進行供給，因而在離岸利率形成因素中，需求佔主導因素，其中包括消費、貿易以及投資需求。離岸人民幣匯率價格的形成同樣也是由國際市場對兑換人民幣的需求與供給共同決定的，而其中「管制差價」是導致在岸與離岸匯率價格不同的一個非常重要的原因。李雋（2011）指出，香港已經建立了與美元兑換港元即期匯率定價機制相似的離岸人民幣匯率定價模式，當前香港由於貸款市場並不活躍，在岸人民幣資本項目開放程度較低，人民幣在在岸與離岸間的回流機制受限，最終導致了離岸人民幣利率市場價格形成機制不夠成熟和完善。實際上，香港離岸人民幣利率市場價格的形成與其市場的存貸款政策以及現實發展情況息息相關。初期，香港離岸人民幣存款利率是受到政策嚴格限定的，人民幣存款準備金為 100%，隨着香港離岸人民幣市場的發展，為了順應市場發展規律，逐漸放寬了政策要求，降低了存款準備金要求，一直到現在香港離岸人民幣市場在法律上不再對人民幣存款準備金有要求了。曾之明（2011）以歐洲美元市場為例，介紹了離岸金融市場形成的機理，將美元離岸市場與在岸市場的價格形成機制進行對比，並提出香港人民幣離岸市場作為特殊的離岸市場其價格形成具有不同的特點。

（二）實證研究

對於經歷了長期發展的歐洲美元、歐洲日元等離岸市場來説，離岸市場與在岸市場的相互溢出作用經歷了不同的發展階段，基本以 20 世紀 90 年代為分水嶺，國內外學者的實證研究也產生了一些發展變化。對於人民幣離岸市場與在岸市場之間價格聯動關係的研究還處於起步階段。

1. 利率聯動

20 世紀 90 年代以前，多數成果認為，在岸金融市場利率影響離岸金融市場利率。Hendershott（1967）研究發現，美國國債利率每變化一個基點會引起歐洲美元存款利率 0.14—0.23 個基點的調整，這一調整存在一個月至一年的時間調整時滯。即美國國債利率引導歐洲美元利率變動，但調整週期較長。Giddy 等（1979）通過對美國國內利率與歐洲美元利率的比較研究發現，相對美國美元利率來說，歐洲美元利率對市場環境表現出更強的敏感性，且利率價格調整速度更快。Hartman（1980）研究了美國金融市場和歐洲美元市場的關係，發現 1971—1974 年間美國貨幣市場受到外部影響不明顯，但是 1975—1978 年外部影響效應明顯；1975—1978 年間的歐洲美元市場利率受到美國國內利率的影響。Kaen 和 Hachey（1983）對美元和英鎊進行研究發現，在布雷頓森林體系瓦解和資本管制取消之後，國內貨幣市場利率和相對應的歐洲貨幣利率常常表現出單向的價格引導關係。這主要是因為存在市場結構和交易成本的差異，使得國內貨幣市場對經濟金融環境變化所作出的反應要快於離岸市場。Hartman（1984）和 Swanson（1988）研究發現，美國離岸市場利率受在岸市場利率引導，美元利率價格信息是從境內傳遞到境外。該結論表明美元利率在國內外的信息傳遞中，價格發現發生在美國國內金融市場。Fung 和 Isberg（1992）、Chan 和 Lee（1996）考察了 1983 年前後歐洲美元市場利率與美國在岸美元利率的價格引導關係，發現 1983 年之前離岸美元利率受在岸美元市場利率的單向價格傳導影響；1983 年之後，離岸美元與在岸美元的利率變動即表現為雙向傳導關係。

而 20 世紀 90 年代以後，隨着離岸市場的進一步發展，離岸利率的影響力增強，兩者之間呈現出比較複雜的相互關係，並且這種關係會隨市場變化而呈現不同的特徵。Lo 等（1995）研究了 1990 年前後在岸日元利率與歐洲日元存款利率的價格傳導關係，發現 1990 年之前在岸的日元利率受 3 個月期歐洲日元存款利率的單向價格變動傳導影響，1990 年之後在岸日元利率與歐洲日元存款利率即表現為雙向變動傳導關係。Apergis (1997) 對英國、美國、日本和德國在 1975—1993 年期間離岸貨幣市場利率與國內貨幣市場利率之間的關係進行了研究，結果發現，匯率是否自由浮動對國內貨幣市場和離岸貨幣市場利率之間的相互關係存在顯著影響。匯率自由浮動時，離岸與在岸貨幣市場的利率表現為雙向影響關係；匯率固定時，離岸貨幣市場利率表現出對國內貨幣市場利率的單向影響關係。Chong 和 Yang（2000）研究發現，1999 年放開 NDF 市場對國內的交易限制後，韓國離岸 NDF 市場的信息更快速有效地傳遞至在岸的即期市場。Jinwoo Park（2001）運用多元 GARCH 模型研究了韓國在 1997 年前後進行匯率制度改革時，境內外韓元市場間的報酬溢出效應與波動溢出效應。實證結果表明，匯率制度改革對韓元 NDF 市場與即期市場間的相關關係存在顯著影響。Yang 等（2007）研究了 1983—2002 年美國和歐洲美元利率因果關係，得出結論，1992 年之前兩種利率之間不存在長期協整關係，1992 年以後表現出了明顯的長期協整關係，揭示了隨着離岸美元市場的發展，境內貨幣政策制定不能獨立於境外離岸市場。他們對歐洲美元存款利率研究還發現，20 世紀 80 年代在岸美元市場利率受歐洲美元存款利率的單向價格傳導作用。Nagan 等（2007）討論了日本 2006 年量化寬鬆政策出台後在岸和離岸日元市場套利交易情況，發現外國金融機構利用歐洲離岸日元市場開展活躍的套利交易，使得在岸、離岸的日元短期利率差不斷收窄，但是保守的日本國內金融機構極少開展套利交易。

對於人民幣離岸、在岸利率聯動效應的研究，在香港人民幣離岸（CNH）市場建立之前，主要以人民幣境內利率和與人民幣無本金交割遠期外匯（NDF）市場相關的利率之間的研究為主。巴曙松（2002）指出，香港人民幣離岸市場的發展可以形成一個類似倫敦的 LIBOR 利率一樣完全市場化的人民幣利率指標，反過來可以對內地利率市場化起到積極作用。Ma 和 McCauley（2007）在 LIBOR 利率、中美匯率和人民幣 NDF 匯率價格基礎上計算人民幣資產的隱含回報，發現中國的資本管製還是有效的，這使得中國貨幣當局保留了一定程度的貨幣自主權。劉亞等（2007）運用二元 GARCH 模型，研究了人民幣在岸利率與離岸利率之間的聯動效應，發現境內外人民幣利率之間總體上存在雙向波動溢出效應，境外利率佔有波動溢出優勢，境內外利率之間的動態正相關關係不穩定。Yu 和 Zhang（2008）利用遠期匯率定價公式從 NDF 中計算出隱含利率，與上海銀行間同業拆放利率（Shibor）建立雙變量 DVEC-GARCH 模型，結果顯示兩者的信息傳遞效應並不強，只有三個月期以上的 NDF 隱含利率對 Shibor 有顯著的波動溢出效應。劉亞、張曙東、許萍（2009）選取了新的境外利率指標境外人民幣無本金交割利率互換（NDIRS），境內利率選取了銀行間人民幣利率互換價格、固息國債和政策性金融債利率三個指標，對 2007 年 3 月 5 日至 2009 年 6 月 8 日期間的 1、3、5 年期的數據進行實證分析，結果顯示雙方存在雙向報酬溢出效應和波動溢出效應，離岸市場居於主導地位。但是其選擇的利率期限較長，對市場信息的反應能力有限，降低了研究結果的可信度。另外，NDIRS 作為風險對沖工具難以準確反映離岸市場上人民幣的供需關係。在 CNH 市場建立後，嚴佳佳、黃文彬、黃娟（2015）採用 2012 年 1 月 4 日至 2014 年 5 月 5 日 3 月期以下 Shibor 和 CNH Hibor 數據，運用 VAR-BEKK-GARCH 模型進行實證分析，結果顯示離岸利率對在岸利率影響正逐步增大，但主要限於中長期如 1 月、3 月期利率，而對隔夜、7 日、14 日期利率的價格發現功能還比較弱。周文婷、李淑錦（2016）等研究認為內地市場的利率水平對香港離岸市場的利率水平具有引導作用；而香港離岸人民幣兌美元的即期匯率與境內人民幣兌美元即期匯率之間存在雙向聯動關係。

2. 匯率聯動

由於美元不存在離岸和在岸市場的不同匯率問題，學者們對兩個市場匯率的聯動關係主要集中在人民幣離岸與在岸市場的匯率聯動上。由於香港離岸人民幣市場出現較晚，早期不同人民幣市場關係的研究主要集中在人民幣 NDF 市場上。已有對香港離岸人民幣市場的研究在數據規模有限的情況下，發現離岸人民幣市場與境內市場即期價格無影響關係或影響關係較弱；部分研究得出結論，人民幣境內價格影響離岸價格。由於 CNY Hibor 外匯市場發展時間較短，數據獲得相對有限，境內對香港人民幣外匯市場，境內人民幣即期外匯市場、境內人民幣遠期外匯市場以及境外人民幣 NDF 市場之間關係的定量研究較少。僅有的研究得出結論，人民幣境內外即期外匯市場價格無引導關係。

對於該問題的研究隨着人民幣國際化的進程逐步深入。2006 年 8 月，美國芝加哥商品交易所（CME）推出人民幣期貨、期權合約，人民幣 NDF 進入場內交易。國外學者大多從人民幣 NDF 市場本身（Fung, 2004; Ma, 2004）、中國資本管製的有效性（Ma and McCauley, 2008）以及人民幣 NDF 市場與其他貨幣 NDF 市場之間的報酬和波動溢出效應（Colavecchio and Funke, 2008）等方面進行研究，對境內市場和 NDF 市場的信息傳遞研究較少。而國內學者對兩個市場的收益和波動溢出效應進行了較為豐富的研究，得出的結論也不盡相同：黃學軍和吳衝鋒（2006）運用 Granger 因果檢驗比較研究了我國 2005 年匯改前後人民幣即期匯率與 NDF 的信息傳遞關係，結果顯示匯改後兩個市場的相互作用加強，在岸現匯市場成為信息中心；嚴敏和巴曙松（2010）運用 VECM 模型、DCC-MVGARCH 模型對 2006 年 11 月 1 日至 2010 年 1 月 20 日數據進行分析，結果顯示在岸市場因設施落後和制度約束，使得境外 NDF 市場處於市場價格信息的中心地位。黃勇、文蘭嬌和陶建平（2011）以次貸危機為界將 2006 年 8 月 11 日至 2009 年 11 月 30 日的在岸市場和 NDF 市場數據分兩個時段進行研究，結果顯示次貸危機後短期限品種 NDF 匯率對於境內人民幣遠期匯率單向引導關係減弱，長期限品種 NDF 匯率對於境內人民幣遠期匯率的引導關係不變，NDF 市場是市場信息的中心。許祥雲、朱鈞鈞和郭朋（2013）利用 DCC-GARCH 模型實證分析了國際金融市場動蕩程度（VIX 指數、TED 利差）與人民幣 NDF 匯率之間的動態關係，較為新穎地研究了人民幣 NDF 市場與宏觀金融變量的關係。結果顯示，在金融危機前，VIX 指數與 NDF 之間無明顯關係，危機後其相關性迅速增加；TED 利差則在總體上與 NDF 相關性不顯著，只在非常危機階段才表現出一定的相關性。但這些研究或在香港人民幣離岸市場建立之前，或沒有涉及離岸市場遠期匯率，使得研究具有一定的局限性。

2010 年 7 月 19 日，中國人民銀行與中國銀行（香港）有限公司簽署《香港銀行人民幣業務的清算協議》，這標誌着香港人民幣離岸（CNH）市場的初步建立，CNH 匯率開始進入學者們的研究視野。加入 CNH 的研究比較早的是 Ding 和 Tse（2011），基於因果分析法的研究結果顯示，CNH 即期與 CNY 即期之間不存在價格引導關係，CNY 即期與 NDF 之間存在價格引導關係，這反映早期 CNH 市場的引導作用較弱。賀曉博和張笑梅（2012）採用當時的最新數據，構建 VAR 模型對 CNH 和 CNY 即期價格之間的關係進行研究，結果顯示 CNH 對 CNY 影響有限，而 NDF 對 CNY 影響較大，這是國內較早將 CNH 納入研究範圍的文獻，與國外 Ding 和 Tse 的研究結果基本一致。Maziad 和 Kang（2012）發現 CNH 市場試運行後，不同時期價格信息傳導機制發生了變化，前期均值溢出和波動溢出效應從離岸市場傳導至在岸市場，而後期均值溢出效應變成從在岸市場傳導至離岸市場，波動溢出效應沒有變化。Cheung 和 Rime（2014）加入 CNH 訂單流（order flow）這一變量，運用 VECM 模型進行研究，發現在岸和離岸即期匯率間的關係具有動態時變性，表現為由在岸單向引導離岸向離岸單向引導在岸轉變，人民幣定價權正逐步轉向離岸市場，但是沒有將遠期匯率納入研究框架。闞澄宇和馬斌（2015）將 CNH、CNY 即期和遠期匯率納入 VAR-GJR-MGARCH-BEKK 模型框架，研究了其均值溢出效應、波動溢出效應和非對稱效應。劉華、李廣眾和陳廣漢（2015）將研究對象拓展到了國際市場，從報酬溢出和波動溢出兩個方面研究 CNH 匯率對亞洲國家貨幣匯率的信息傳導，認為中央銀行退出外匯市場常規干預減弱了在岸人民幣市場的影響力，而離岸市場影響力在逐步增大。胡炳志、張騰（2017）實證研究了遠期外匯市場，認為遠期匯率與有效市場匯率具有較強的關聯性；同時研究認為利率平價機制對遠期匯率也有較大影響，但相比而言，利率平價機制對境內人民幣遠期匯率影響大於對境外人民幣遠期匯率影響。

3. 微觀結構與聯動

Evans 和 Lyons（2002）最早提出了微觀結構的方法，強調了按訂單流量確定的淨需求力量在確定匯率中的作用。Evans（2011）對於微觀的匯率決定研究進行了概述，包括局部均衡理論模型、微觀結構研究的傳統模型，以及在一般均衡條件下的宏觀模型中，有關貨幣交易及宏觀條件的研究。研究表明，微觀基礎能夠對宏觀條件及政策下的匯率決定研究提供更深入的解釋。King 等（2013）同樣研究了匯率問題的微觀解釋。Zhang、Chau 和 Zhang（2013）運用了中國內地市場的人民幣訂單流數據，研究發現訂單流、宏觀因素和匯率之間存在長期協整關係。Chinn 和 Moore（2011）研究發現微觀結構方法與月度頻率相關，這可能是中央銀行更感興趣的。除了 CNH 訂單流量數據之外，當前的研究還運用了限價指令訂單數據。以上提到的兩種類型的微觀結構數據都來自路透推出的電子經紀系統 D2000-2，這也是現階段最主要的 CNH 電子中間商平台。

Yin-Wong Cheung 和 Dagfinn Rime（2014）運用專門的微觀結構數據對於 CNH 匯率的動態過程及 CNH 與 CNY 匯率的聯動關係進行了研究，發現 CNH 價格受到其外匯市場訂單流和限價指令的不平衡性影響。在岸與離岸的聯動關係方面，CNH 匯率對 CNY 匯率的影響越來越大，對官方人民幣中間匯率有顯著的預測力。尤其在樣本的後期，CNH 對於 CNY 短期動態產生了非常顯著的影響，然而反之並不成立。CNH 訂單流量以及 CNH 匯率也影響着人民幣匯率和中間匯率，然而 CNY 匯率並沒有發現類似的影響。同時，上述的各種相互作用隨時間變化。每個交易都有供求雙方，訂單流通過區分主動交易方來評估需求方的力量。由於在岸交易要受到嚴格的管制，並且國際市場的參與者非常少，因而訂單流對於價格的影響作用在在岸交易中可能會受到限制。

通過上述論述不難發現，離岸貨幣的利率形成主要取決於離岸貨幣市場上的供求關係，並與在岸貨幣利率互相影響。上述對離岸貨幣利率形成機制的研究主要針對成熟離岸貨幣市場，由於中國金融市場化改革進一步加速，利率和匯率市場化取得重大進展，這些研究的時效性不足。同時，香港離岸人民幣的匯率與利率市場定價是隨着離岸市場的發展而逐漸完善和成熟的，目前，香港離岸人民幣市場與其他成熟的離岸貨幣市場相比還是有着一定的區別，相對其他成熟的離岸貨幣市場，香港離岸人民幣的交易規模和市場需求還是有限的，國內學者針對香港人民幣離岸金融市場利率和匯率價格形成問題的研究還非常少。有很多學者研究了人民幣離岸、在岸市場的價格聯動關係，但是鑒於 CNH 市場出現較晚以及數據缺乏，同時，我國也從未間斷推進人民幣國際化的進程，各種改革政策的出台，多種政策監管的放開，都對人民幣在岸、離岸市場上的價格產生影響，因而實證研究仍然需要繼續豐富和補充。

四、人民幣離岸與在岸價差（CNH-CNY Pricing Differential）影響因素

（一）離岸與在岸價差概述

中國內地的外匯市場雖然在推進改革，但仍受到高度監管。特別是，外匯批發市場的准入只授予國內銀行、融資公司（大型國有企業的子公司）和外國銀行的國內子公司。固定利率是由央行決定的，儘管有幾輪放鬆，匯率變動仍保持在 ±2% 的每日交易區間。在不同類型的交易中，現貨合約佔交易的大部分，遠期和衍生品的份額較小。儘管中國的經濟增長速度驚人，但中國與世界其他國家的經濟聯繫仍然很小。相比之下，日本的對外貿易是中國一半的規模，但日元的在岸貿易是在岸人民幣貿易的八倍多。與在岸外匯市場不同，離岸市場是一個自由市場。任何市場參與者都可以進行豐富的交易，例如貿易結算、投資、套期保值等。匯率是由市場力量決定的，不受每日交易區間的限制，不受中國人民銀行或香港金融管理局干預。

離岸市場與在岸市場隔絕，儘管很大程度上是有效的，但依然無法阻止套利、套匯行為的發生。例如，出口商和進口商可以選擇以最有利的利率在在岸或離岸市場進行人民幣結算，使用人民幣資本賬戶交易拓寬渠道尋找額外的套利機會。儘管如此，兩個市場之間的套利仍然不完整：在岸市場和離岸市場在很大程度上仍然是不同的流動性池子，而這兩種匯率經常顯著地偏離。

人民幣國際化持續推進，讓人民幣離岸市場愈發活躍。離岸市場與在岸市場一些金融資產的價格往往存在差異，這種價差的存在也證明了資本管制的有效性和套利的局限性。突出的例子是股票市場中的 A 股和 H 股、在岸可交付資產和離岸不可交付人民幣遠期匯率，以及在岸和離岸人民幣即期匯率，等等。這種價差也並不穩定，例如，2014 年 1 月 24 日離岸人民幣匯率為 6.0391，在岸人民幣匯率為 6.0488，二者相差 97 基點，而到了 2 月 7 日，差距擴大到了 400 基點，幾週之後，差額又下降到 21 基點。

其中有兩個時期，在岸與離岸市場之間的價格偏差特別大。第一個時期是在 2010 年末離岸市場運行的最早期階段，貿易結算相關人民幣交易的轉換配額嚴重限制了離岸人民幣市場的流動性。由於海外離岸市場的巨大壓力，在 2010 年 10 月觸及配額上限，離岸市場上對人民幣的需求加大導致人民幣升值，且 CNH 比 CNY 市場上高得多。第二個時期是在歐洲債務危機加深，全球風險規避急劇增加的背景下，2011 年秋季發生了相反的情況。由於香港特區對美元的需求激增，再次觸及配額上限，CNH 的疲軟程度遠遠超過 CNY 市場。此外，這些事件期間人民幣匯率的波動也明顯加劇，表明波動性可能從離岸市場溢出到在岸人民幣市場。

研究離岸與在岸市場價差的問題具有重要的政策意義。一方面，即使存在中央銀行，兩個市場的不同定價信號所反映的價格不確定性也可能會增加在岸市場的波動性。另一方面，價格差異對金融穩定和貨幣政策傳導具有重要意義。價差創造的套利機會導致跨境資金流動，中國的資本賬戶還沒有完全自由化，這種流動通常採用非正式渠道，從而使得貨幣當局更難評估銀行和非銀行金融機構的貨幣狀況和風險敞口。這顯然會對貨幣政策造成影響，儘管中國在積極推進人民幣國際化，但同時也希望避免過度的匯率波動。同時，作為人民幣國際化的重要內容，離岸人民幣市場對發行國和全球經濟都有根本性影響（Maziad and Kang, 2012; Wang et al., 2014; Shu et al., 2015）。因而，進一步理解離岸和在岸人民幣市場價差對於推進人民幣國際化有重要意義。

CNY 和 CNH 市場價差的持續存在和波動主要由於對國內和全球條件下在套利渠道的不同反應而產生的。不同的市場反應可能是由多個因素造成的。第一，CNY 市場受到在岸參與者約束、中央銀行干預和日常交易規則約束，而 CNH 市場是更加多樣化的自由市場。第二，由於沒有資本流動的限制，CNH 市場與全球市場聯繫更緊密，因此可能受到外部因素的影響。在中國內地，資本管制的存在導致了兩個市場嚴重的分割，因而定價缺口不能輕易套利。近年來，中國出台了一系列措施，促進離岸和在岸人民幣市場的發展，在一定程度上增加了兩個市場之間的融合程度，勢必也會對 CNY 和 CNH 市場價差產生影響。

這種人民幣離岸與在岸價差的水平和波動程度受到了國內外學者的關注。據現有研究，在岸和離岸價格之間的差異很大程度上反映了對在岸外匯交易的限制和跨境人民幣流動的障礙，放鬆這些限制往往會降低價差的水平和波動性。離岸市場中流動性的增加及消除跨境流動對離岸市場的障礙，降低了離岸和在岸價格差異的波動性，而全球風險厭惡情緒的上升往往會增加這種差異的波動性。在政策方面，允許跨境人民幣流出的措施具有特別明顯的影響，能夠降低兩個市場之間價格差距的波動性。針對不同市場的自由化政策對於離岸市場與在岸市場的統一也會產生不同的影響，針對離岸市場的自由化政策更為有效。例如，允許跨境人民幣資金從在岸市場流動到離岸市場的措施能夠顯著降低 CNH 與 CNY 價差的波動程度，相比之下，允許人民幣資金回流到在岸市場的措施及對於貿易約束的放鬆等政策，對於價差的影響效果很小。這些結果表明，在早期階段的一系列促進離岸市場的發展、增加流動性和離岸市場深化的政策，在促進在岸和離岸市場一體化方面發揮特別重要的作用。

（二）離岸與在岸價差的具體影響因素

總結來説，人民幣離岸市場與在岸市場的價差主要受到宏觀經濟基礎因素及市場條件、全球市場因素、政策性因素和投資者關注的影響。

1. 宏觀經濟基礎及市場條件

宏觀經濟的發展是匯率最基本的決定性因素之一。宏觀經濟數據的公佈會導致匯率及時的調整性的波動，因為這些數據會引導市場參與者及時調整對經濟前景的預期，進而調整投資組合。現有文獻對於宏觀經濟公告對匯率的影響也有過充分的研究，認為匯率會由於對通脹的意外下降和高於預期的增長而產生波動（Andersen et al., 2003, 2007; Faust et al., 2007）。對於人民幣市場，由於對同一條消息的不同解釋，在岸和離岸市場的參與者對同一宏觀經濟數據的反應可能不同。此外，CNH 市場相比於 CNY 市場缺乏貨幣干預和貿易限制，使得 CNH 市場的價格對同一信息做出的反映更強烈。

Funke 等（2015）研究了兩類宏觀經濟基本面因素，第一類來自宏觀經濟預測調查，包括 GDP 增長、工業生產增長、採購經理人指數（PMI）、通貨膨脹和出口增長等市場最密切關注的指標，這些因素的預測指標與真實數據的差異會影響市場參與者對於這些宏觀經濟判斷後的調整程度。第二類是股票指數，作為經濟基本面的間接度量，香港和內地股票價格的比率可以捕捉離岸市場相對於在岸市場對宏觀經濟狀況的影響。與在岸和離岸外匯市場的情況一樣，內地和香港股市都有兩家公司的雙重上市，但由於內地現有的資本管制，它們也被隔離開來。同時，特定的外匯市場條件也是離岸與在岸人民幣市場價差的重要推動因素。在岸人民幣市場比離岸市場發展更成熟，流動性更強，但是離岸市場也在迅速發展中，這種流動性的差異及發展也會導致市場價格的變化。

2. 全球市場因素

除了國內宏觀條件外，全球市場上的外部條件對於離岸和在岸人民幣價差也會產生顯著的影響。新興市場的匯率普遍受到全球環境的影響：根據「Risk-on, Risk-off」循環，全球流動性和風險偏好可以影響資本流向新興市場的方向和幅度，進而影響匯率。由於與全球金融市場的聯繫更為密切，這種外部條件對離岸市場的影響可能更大。在岸市場上的資本管制一定程度上隔絕了外部衝擊的影響。這樣，全球金融市場上的衝擊對 CNY 和 CNH 市場的價格會產生不同的影響，因而導致了離岸與在岸市場的價差。這種全球市場因素的影響也可以用全球市場流動性等基礎因素和投資者風險偏好來度量。

3. 政策性因素

限制價格自由波動及增加兩個市場分割的政策都會增加離岸與在岸市場的價差。因而，消除價格約束，促進人民幣跨境流動的政策都會減少這種價差。有關的政策包括貿易限制、經常項目自由化、資本賬戶自由化和流動資金安排。

(1) 貿易限制。

貿易限制的一種手段是控制在岸市場上的每日交易波幅，這限制了在岸市場上人民幣匯率對經濟和市場條件變化的反映程度。更大的匯率彈性將使人民幣市場的價格更符合經濟和市場的基本面以及情緒，同時在岸和離岸人民幣市場的價格會以更一致的方式移動，從而減少二者之間的差異。對於離岸市場而言，當市場交易量很小時，轉換配額構成了市場發展初期的約束。觸及配額上限將極大地影響市場流動性，擴大離岸和在岸市場的價差。

(2) 經常項目自由化：跨境人民幣貿易結算。

跨境人民幣貿易結算試點於 2009 年 4 月推出，允許內地五個城市的進出口商與香港、澳門等地和東盟國家進行貿易結算，隨後試點有幾次增加。2012 年 3 月，所有對外貿易都能以人民幣結算，這意味着完全取消人民幣對經常項目交易的限制。從表面上看，貿易結算政策允許我國企業使用人民幣結算跨境貿易交易，事實上，企業會利用內地與香港之間的資金渠道進行交易，並進行匯率套利。Garber（2011），Gagnon 和 Troutman（2014）都在文獻中強調了跨境人民幣貿易結算在發展離岸人民幣市場中的重要性。

(3) 資本賬戶自由化：人民幣內外流動。

從 2010 年下半年開始，我國出台了一系列措施，鼓勵資本賬戶下的跨境人民幣流動。離岸人民幣回流中國內地的主要渠道包括：①符合條件的離岸金融機構在內地銀行間債券市場投資離岸人民幣基金；②外國投資者在境外使用人民幣直接投資中國內地；③合格境外機構投資者在內地股票和債券市場投資離岸人民幣；④境內實體向境外募集人民幣資金並將這些資金匯回中國內地。人民幣流出渠道較少，其中包括內地企業利用人民幣進行海外直接投資和內地銀行向國內企業發放人民幣貸款，以供海外經營。

(4) 流動資金安排。

為改善離岸人民幣市場的流動性狀況，香港金融管理局於 2012 年中推出人民幣流動資金安排。這一政策能夠改善流動性的有效性。有關跨境人民幣流動的政策能夠提高離岸人民幣市場的效率，從而降低離岸和在岸價差的波動性。人民幣貿易結算與人民幣流出的政策有助於擴大離岸人民幣市場，深化市場。雖然促進人民幣回流內地的政策可能會將資金從離岸人民幣池中流出，但也能促進 CNH 市場的發展，人民幣流動渠道的拓寬及資本賬戶的交易也增加了套利機會。在更長的時間跨度內，跨境人民幣流動更大，有利於兩個市場的價格發現，使得離岸市場和在岸市場都能變得更加有效。因而，這些因素都能夠降低離岸與在岸價差的波動性。

4. 投資者關注

前面曾提到，離岸和在岸市場對於經濟數據的反映差異會導致價差的存在，主要由於公告的經濟數據與預期有差異。然而，有文獻表明沒有基本新聞公告的情況下，有時也會發生劇烈的匯率變動，這表明許多突然的價格變動不能歸因於經濟基本面因素（Balke et al., 2013）。一些吸引投資者關注的事件，例如，上海香港證券交易所的公告，允許合格內地投資者和香港投資者進行雙向跨市場股票投資；「8 · 11 匯改」後，市場化的報價機制改進；在 SDR 籃子中包含人民幣等，都表明傳統經濟變量並不足以反映出所有相關信息。此外，離岸市場的投資者不僅接受內地經濟基本面的信息，也能夠接受海外信息的影響。因此，投資者的行為因素在幫助我們理解兩個人民幣市場之間的信息鴻溝方面也能夠起到一定的作用，投資者關注對於離岸和在岸市場的定價差異有重要影響。

投資者關注現有的度量指標包括極端收益、交易量、新聞報道、廣告支出、漲停限制、換手率等，但是這些變量具有明顯缺陷，極端收益、交易量等還包含了其他與投資者關注無關的信息，而新聞報道並不能保證投資者一定會關注到。基於以上不足，Da（2011）提出了用基於 Google Trends[1] 的搜索量指數（SVI），這種方法能更為直接、高頻地反映投資者關注，搜索量可視為關注的外在表現，其大小可直接表示投資者的關注程度。此後，國內外學者都證明了以搜索量指數衡量的投資者關注確實對資產價格有一定影響。具體到離岸和在岸市場價差方面，根據 Liyan Han 等（2018）的研究，投資者關注因素在較短的時間內對於在岸和離岸市場定價差異會有顯著的影響。正向的投資者關注會導致正的 CNY-CNH 價差。當離岸匯率高於在岸時，投資者關注增加，由於離岸市場的反轉效應，離岸匯率貶值幅度要小於在岸匯率，有利於縮小價差而當離岸匯率低於在岸時，投資者關注則會增大價差。綜合來看，投資者關注會使人民幣貶值，但離岸與在岸市場自身的差異會導致貶值幅度不同。離岸市場的匯率價格更多地體現國際市場對人民幣的供求關係，與此同時離岸市場規模較小、深度不夠且不受政府管制，因此，離岸市場對投資者關注的變化反應更為靈活。

總之，對於人民幣離岸與在岸市場價差的影響因素，宏觀經濟條件方面，人民幣在岸市場和離岸市場流動性差異對人民幣在岸和離岸匯率差異水平和波動都會產生顯著影響，香港離岸人民幣外匯市場的流動性改善有助於減少 CNH-CNY 價差，減緩其波動。全球市場影響方面，美元走強和全球避險情緒高漲都會導致 CNH-CNY 差異及其波動增大，由於我國資本項目沒有完全開放，相對於在岸市場，香港離岸人民幣市場與國際金融市場聯繫更加緊密，更加容易受影響。政策方面，不同作用目標的政策產生的差異較大，促進人民幣離岸市場擴張和深化、鼓勵離岸人民幣使用的政策措施會減少這

---

1 http://www.Google./TrdNe/.

種定價差異，促進兩個市場的一體化。例如，允許人民幣流出的政策有助於減小 CNH-CNY 差異，增加其波動，反之亦然。人民幣的國際化有助於減少人民幣在兩個市場的定價差異，促進兩個市場的趨同。投資者關注方面，投資者行為等非理性因素往往更能夠對一些突發的、劇烈的價格波動進行解釋。投資者對於一些事件的關注對離岸和在岸市場價差也存在顯著的影響。

五、本章小結

推動人民幣離岸市場建設，加快在岸金融市場開放，處理在岸與離岸資本流動的關係，是推動我國金融市場改革和人民幣國際化的重要內容，其中，拓寬人民幣離岸市場與在岸市場之間的人民幣流動渠道是必須的舉措。兩個市場資本流動渠道包括跨境貿易渠道、直接投資渠道、金融市場渠道、銀行渠道、官方渠道、個人渠道、自貿區渠道，等等。想要在兩個市場建立起人民幣輸出、境外流通和回流的良性循環機制，除貿易渠道外，還要加強直接投資、資本市場的渠道暢通，拓寬個人跨境投資渠道。除人民幣輸出和回流，人民幣的外循環也非常重要，香港要與其他離岸市場形成良性互動，吸引大的國際資產管理公司參與人民幣資產配置，支持離岸市場之間的人民幣投資、貸款活動。此外，要加強在岸與離岸市場的貨幣互換，通過貨幣互換增強流動性，加快離岸人民幣全球體系構建。

雖然 2018 年 4 月 11 日央行宣佈多項金融開放舉措，在一定程度上放鬆了外資進入內地在岸市場，但人民幣回流渠道仍未完全開放。如果把在岸和離岸人民幣市場比作兩個人民幣存量資金池，則人民幣跨境流動可以被視為聯繫這兩個資金池的通道。相較於兩端龐大的資金池存量，能夠通過通道的流量有限，導致兩個資金池存在不同，並且不同得以維持。這種不同導致離岸與在岸市場存在價差，進而可以通過套匯套利行為利用差異進行獲利。套利的主要模式包括往返貿易套利、離岸賬戶套利、轉口貿易套利等。套利規模擴大使得人民幣離岸和在岸兩個市場趨同發展，但伴隨套匯套利規模擴大，匯率差波動性加劇，進而會影響市場穩定。

國內外現有文獻表明，人民幣在岸離岸匯差存在自動收斂趨勢，人民幣在岸離岸市場的一體化已經初具雛形，只是一體化程度仍較低。因而，同步在岸與離岸市場人民幣價格，加強離岸與在岸市場的聯動關係，充分發揮市場自我調節能力具有重要意義。人民幣在岸和離岸兩個市場的定價差異反映了人民幣價值的不確定性，這種差異會影響到金融的穩定性和貨幣政策的實施，還會產生套利機會誘導跨境資本流動。雖然在岸市場仍是人民幣匯率的定價中心，但是很多研究也證實了離岸市場人民幣匯率波動會對在岸市場產生影響。因此，防止在岸和離岸人民幣匯率出現大幅波動和偏離，對於維持人民幣匯率穩定、國內金融安全和人民幣國際化戰略均具有重要意義。

第四章

離岸人民幣市場的國際影響

離岸人民幣市場的建設與發展是推動人民幣國際化的必經之路。作為人民幣國際化進程中的關鍵環節和重要渠道，離岸人民幣市場的定價效力究竟怎樣？本章首先通過探討離岸人民幣與中國港澳台地區及周邊國家貨幣的溢出效應及其時變特徵來定量分析離岸人民幣的區域影響力，進而給人民幣國際影響力的發揮提供借鑒。其次，基於擴展的非拋補利率平價等式來研究離岸人民幣相對主流貨幣以及「一帶一路」沿線國家貨幣的雙邊匯率變動問題，進而藉此來探討離岸人民幣的避險特徵。相關結果為發展香港離岸人民幣市場、完善匯率形成機制以及協洞中國對周邊國家經濟政治政策提供政策依據，對於更好地理解中國對亞洲區域經濟的影響以及人民幣國際化的未來走向具有一定的戰略意義。

一、人民幣區域影響力的研究現狀

隨着中國成為世界第二大經濟體以及全球最大的貿易國，境外市場對人民幣的需求愈發旺盛，人民幣國際化的呼聲亦愈發強烈。而作為一種尚不能完全可自由兑換的貨幣，積極建設與發展離岸人民幣市場便成了題中之義。雖然離岸人民幣市場肇始於 2004 年，但直到 2009 年 7 月隨着跨境貿易人民幣結算試點的正式實施才得以迅速發展，人民幣才逐漸融入全球市場。2015 年 11 月 30 日人民幣被批准加入 IMF 特別提款權貨幣籃子，意味着人民幣作為國際儲備貨幣將對全球貨幣體系帶來深遠影響。

近年來，香港離岸人民幣市場不斷發揮着離岸人民幣定價權的諸多角色。2011 年，離岸人民幣兑美元即期匯率定盤價的確立使其成為離岸市場人民幣產品定價的參考匯率。2012 年，離岸人民幣衍生市場的誕生給離岸人民幣產品價格的確立提供了良好的競價平台。2013 年，人民幣香港銀行同業拆息的推出給離岸人民幣貸款及利率合約提供了準確的定價參考。在金融全球化中，各國家（地區）間金融市場的關聯性將大大增強，香港離岸人民幣市場的波動亦可能會對其他市場產生重大影響。

作為人民幣國際化進程中的關鍵環節和重要渠道，離岸人民幣市場的定價效力究竟怎樣？離岸人民幣定價效力對周邊國家的貨幣是否存在溢出效應以及溢出程度如何？若離岸人民幣的定價效力未能表現出區域性主導貨幣的特徵，究竟受到了哪些貨幣的影響？以上效應有無時變特徵？在當前人民幣國際化的大背景下，剖析清楚這些問題有助於我們從定量的角度認識離岸人民幣的區域影響力，考察突發事件下的區域性貨幣信息溢出程度，進而為人民幣離岸市場的後續建設提供經驗證據和政策依據，對後金融危機時代貨幣政策的選擇與匯率機制的安排具有重要的參考價值。

目前國外學者對貨幣的溢出效應進行了許多有益的探索。已有文獻大多針對歐元展開，這或許是因為對區域性貨幣單位的研究更能產生有意義的結論。Kitamura（2010）發現，歐元、英鎊、瑞士法郎三種貨幣間存在相互關聯性，但歐元在波動傳導過程中佔據着主導地位。Boero 等（2011）分別考察了引入歐元前後，馬克、英鎊、瑞士法郎和日元等貨幣間的波動關係，發現引入歐元後貨幣間的相互波動關係要強於引入前。Antonakakis（2012）也得出了類似結論，並進一步發現極端事件的發生以及美元的升值也會對貨幣間的溢出形成影響。由此可見，經濟實力越強、國際化程度越高的貨幣通常會成為溢出效應的淨輸出者。

針對其他主要貨幣的研究也有着類似的結論。例如，Frankel 和 Wei（1994）通過建立隱形貨幣籃子模型得出：1979—1992 年，美元在東亞地區貨幣籃子中佔有極高的比重，東亞地區已成為「事實上的美元區」。Wang 和 Yang（2009）得到澳大利亞元、英鎊和日元間的非對稱波動關係。具體地，日元貶值將引起澳元和英鎊更高幅度的升值，而相反的效應卻並不存在。

隨着人民幣與亞洲國家經貿往來的日益密切以及人民幣國際化戰略的不斷推進，人民幣區域影響力正在不斷上升，很多研究都證實了這一點。例如，Shu 等（2007）首次論證了人民幣在亞洲的區域影響力，他們指出自 2005 年中國實施有管理的浮動匯率制度後，人民幣在亞洲貨幣中正變得越來越重要。Ito（2010）借鑒 Frankel 和 Wei（1994，2008）的方法也得到了類似的結論，即 2005 年後，人民幣在東亞國家中扮演着事實上的貨幣籃子的角色。Henning（2012）認為東南亞四個主要經濟體（新加坡、馬來西亞、泰國和菲律賓）已經形成了鬆散但卻有效的「人民幣貨幣區」。Pontines 和 Siregar（2012）的研究也支持了上述結論。

Shu 等（2015）提供了人民幣的影響力在亞太地區日益增長的較為詳細的證據。首先，離岸人民幣（CNH）市場被發現對亞洲貨幣具有一定的影響，且與在岸人民幣（CNY）市場的影響不同。具體地，CNY 和 CNH 被發現對亞洲貨幣有着非常顯著的影響，無論它們是以獨立方式還是聯合方式進入到基本回歸方程中。之所以會產生這樣的影響，是因為亞洲地區各貨幣的隱含籃子中均包含人民幣。而 CNH 對亞洲貨幣產生的影響與 CNY 有很大區別，在控制 CNY 對亞洲貨幣匯率變動的影響後，CNH 對亞洲貨幣匯率變動存在影響。此外，CNY 具備更高的市場定價權，即對投資者而言，源自 CNY 市場的政策信號更具價值。

其次，在控制其他主要貨幣（澳大利亞元、新西蘭元和港幣）的走勢以及中國貨幣政策向亞洲地區的溢出後，在岸和離岸市場的人民幣兑美元匯率對亞洲貨幣兑美元匯率的變化具有顯著的統計和經濟影響。人民幣對亞洲地區貨幣的影響，可能因中國貨幣政策的不同而產生不同的效應。中國貨幣政策的變動可能首先影響投資者的貨幣投資組合調整，進而波及亞洲地區貨幣匯率的變動。一方面，中國作為亞洲地區最大的經濟體，其貨幣政策立場的變動可能被視為一種重要的信號，從而引發該地區其他國家的政策追隨（He and Liao, 2012）。另一方面，如果緊縮的貨幣政策生效，則可能導致該地區的經濟增長前景趨弱。通過包含有中國貨幣政策指標的回歸模型，可以發現貨幣政策同樣具有重要意義，其對亞洲地區貨幣的影響方向顯著為負，這一影響機制類似於中國的基準利率發生改變從而對外部經濟體產生的影響。也就是説，如果中國為了應對通貨膨脹而收緊貨幣政策，則亞洲地區各經濟體預期將上調基準利率。這將促使國際投資者將資金從其他區域轉移至亞洲地區以獲取較高的固定收益，進而導致該區域的貨幣預期升值。此外，前述回歸結果還顯示，即便將中國貨幣政策指標納入模型中，在岸和離岸人民幣對亞洲地區貨幣的影響並未發生明顯的改變。

再次，在岸和離岸人民幣在市場壓力期（2010 年第四季度和 2011 年第四季度）以及正常市場條件下的影響依然存在。但是，它們的相對重要性在不同時期發生着變化。在市場壓力期下，在岸人民幣相比離岸人民幣的影響更加突出，而在正常市場條件下則完全相反。這表明，人民幣外匯市場處於壓力期時，投資於其他亞洲貨幣的投資者將更加關注在岸人民幣市場的波動狀況，而在正常市場條件下，投資者的注意力將更多地投放在離岸人民幣市場。這可能是因為，離岸人民幣市場面臨着相對較少的流動性基礎的限制，尤其是在早期發展階段。當離岸人民幣市場出現的劇烈波動是由流動性問題，而不是經濟和市場基本面的變化引發時，投資者傾向於更多地依賴在岸人民幣市場來獲取定價信息。

Ito（2017）提出了一種分析貨幣國際化程度的框架，並將其應用於評估人民幣的國際化程度。這一框架包含私人部門和官方部門對貨幣計價單位、交換媒介以及價值儲藏的應用情況。過去幾年，人民幣在私人部門國際融資中的份額都有所增長。Ito 基於 2004 年 4 月至 2016 年 5 月的數據，研究了香港地區私人部門人民幣存款變動的原因，發現儘管不同樣本區間的效應不盡相同，但人民幣每升值 1% 將導致人民幣存款在下月增長 3%—4.5%；從事人民幣業務機構數量的增加通過擴大人民幣業務來擴充人民幣存款，而隨着機構數量逐漸趨於穩定，這一效應亦緩慢減弱。

Ito 還發現，在每一種國際貨幣的評估標準中，人民幣全球使用量的排名都在上升。具體地，人民幣在國際清算銀行（BIS）的調查中已經成為世界第八大結算貨幣，在環球同業銀行金融電訊協會（SWIFT）的調查中則躍居世界第七。儘管沒有貨幣宣稱釘住人民幣，但是部分亞洲貨幣似乎與人民幣匯率變動緊密相關。為了尋找這種貨幣間的聯動關係，Ito 使用了 Frankel-Wei 回歸方法，該方法能夠找到某種貨幣在其他貨幣定價中的組成權重。Ito 一方面選取瑞士法郎（CHF）為基準單位，比較美元、歐元、人民幣和日元在亞洲貨幣（印度尼西亞盧比、韓元、馬來西亞林吉特、菲律賓比索、新加坡元和泰銖）中的權重差異。結果發現，在 2008 年金融危機後，人民幣已經超過美元在亞洲地區貨幣中的影響力，特別是馬來西亞林吉特、印度尼西亞盧比和韓元。另一方面，考慮到瑞士法郎與歐元的比率在樣本內的一段時期內（2011 年 9 月 9 日至 2014 年 12 月 18 日）接近常數，這就使得歐元的權重（回歸係數）變得不大可靠，故重新選取新西蘭元（NZD）為基準單位，比較美元、歐元、人民幣和日元在亞洲貨幣中的權重差異。結果發現，人民幣在亞洲貨幣中的權重變得更高。也就是説，自 2005 年「7 · 21 匯改」始，亞洲其他國家（地區）的貨幣已經從追隨美元慢慢轉向追隨人民幣了，即人民幣逐漸成為該地區的錨貨幣。使用事件分析法來檢驗極端事件發生時，可以考察亞洲其他國家（地區）貨幣是否與人民幣的升貶值趨勢基本一致。這裏選取了兩個樣本期，一個是自 2005 年「7 · 21 匯改」後的人民幣匯率變動發生極大跳躍的 30 個交易日，另一個是 2005 年 7 月 21 日至 2016 年 6 月 24 日之間的匯率變動超過 0.1% 的交易日。總的來説，後金融危機時代，人民幣在亞洲國家的隱性貨幣籃子中的權重已經超過了美元。特別是隨着人民幣對美元匯率彈性的增強，亞洲其他國家（地區）貨幣與人民幣匯率的共振走勢明顯超過美元。也就是説，亞洲其他國家（地區）貨幣與人民幣的升貶值趨勢基本一致。

有些研究還指出人民幣的影響力可能不僅僅局限在亞洲。Balasubramaniam 等（2011）選取世界範圍內的 132 種貨幣進行分析，發現有 34 種貨幣對人民幣匯率變動敏感，因此人民幣在全球匯率安排中可能發揮着潛在的重要作用。Subramanian 和 Kessler（2013）的研究表明，人民幣的影響力正逐步上升為全球性的，特別是在 2010 年中期以後。這一擴大的影響既體現在全球範圍釘住人民幣的廣度上，也體現在賦予人民幣更高權重的深度上。

中國學者也對人民幣影響力特別是區域影響力的問題展開了研究，目前已取得較為豐碩的成果。宋雅楠（2012）運用動態滯後分佈模型探討了人民幣對亞洲部分主要貨幣的長期影響效力，發現人民幣的區域影響力十分有限。簡志宏和鄭曉旭（2016）從空間和時間的雙重維度得到人民幣與除日元外的東亞貨幣保持着正相關關係，並且對泰銖、馬來西亞林吉特的影響力相當顯著，但仍然不能撼動美元在東亞貨幣中的主導地位。不過也有學者認為人民幣的影響力異常突出，特別是在 2008 年金融危機後，東亞部分國家已將人民幣納入貨幣籃子裏充當錨貨幣。方霞和陳志昂（2009）運用 G-PPP 模型分析得到，東亞地區的貨幣已從金融危機前的錨定美元逐漸轉向錨定人民幣。劉剛（2013）指出，金融危機後，美元在東亞地區仍然佔據着主導地位，但人民幣對部分東亞貨幣的影響已超過了美元，美元的地位正面臨着挑戰。此外，趙華（2007）、丁劍平等（2009）還認為，在 2005 年匯改後，由於人民幣採取參照一籃子貨幣調整匯率的做法，使其與發達貨幣市場的聯繫顯著增強。

梳理現有文獻，我們可以發現國內外研究人民幣影響力的文獻已十分豐富，但卻鮮有站在離岸人民幣視角下定量分析離岸人民幣影響力以及離岸市場發展對提升人民幣影響力作用的文獻。目前僅有：Shu 等（2015）沿用 Frankel 和 Wei（1994）的分析框架，首次提出離岸人民幣市場是人民幣發揮對亞太區域貨幣影響力的一個重要市場。劉華等（2015）得出離岸人民幣已經在東亞地區發揮着區域影響力的結論。但需要指出的是，Frankel 和 Wei（1994）的模型是建立在本國貨幣緊盯貨幣籃子且不允許匯率波動的嚴苛假設上的，而劉華等（2015）的分析則過於簡化。有鑒於此，本章嘗試運用 Diebold 和 Yilmaz（2012）提出的方法來全面分析中國香港離岸人民幣市場在亞洲地區的影響力。

二、研究框架與數據

（一）研究框架

本章主要借鑒 Diebold 和 Yilmaz（2012）提出的方法來構造溢出指數。具體如下：

首先建立一個具有平穩協方差的滯後 p 期的 N 變量 VAR 模型：

$$X_t = \sum_{i=1}^{p} \varphi_i X_{t-i} + \varepsilon_t \tag{4-1}$$

其中，$X_t = (x_{1,t}, \cdots, x_{N,t})'$，$\varphi_i$ 是 $N\times N$ 的係數矩陣，誤差向量 ε_t 均值為零，協方差矩陣記為 $\sum$。

假設該 VAR 模型具有平穩的協方差，故可將式（4－1）轉換為移動平均的形式：

$$X_t = \sum_{t=0}^{\infty} A_i \varepsilon_{t-i} \tag{4-2}$$

其中，係數矩陣 A_i 滿足遞歸形式 $A_i = \varphi_1 A_{i-1} + \varphi_2 A_{i-2} + \cdots + \varphi_p A_{i-p}$，$A_0$ 為 $N\times N$ 單位陣，且當 $i < 0$ 時，$A_i=0$。

在上述模型的基礎上，通過對協方差矩陣 $\sum$ 進行方差分解，有助於我們將每一種貨幣的匯率變動預測誤差的方差分解為源自系統內各貨幣的匯率部分，並將其歸因於來自各貨幣的匯率變動衝擊，即各貨幣匯率變動的溢出效應。

(1) 方差分解及溢出效應定義。

為了衡量各貨幣間匯率變動的溢出效應和總溢出效應，先定義匯率變動的溢出效應：第 j 國貨幣的匯率 x_j 對第 i 國貨幣的匯率 x_i 的溢出效應是指 x_i 的 T 步（方差分解的期數）預測誤差的方差受到來自 x_j 部分的衝擊，其中 $i \neq j$，公式如下：

$$\theta_{ij}(T) = \frac{\sigma_{jj}^{-1} \sum_{t=0}^{T-1} \left(e_i' A_t \sum e_j\right)^2}{\sum_{t=0}^{T-1} \left(e_i' A_t \sum A'_t e_i\right)} \tag{4-3}$$

上式中的 σ_{jj}^{-1} 為第 j 個變量預測誤差的標準差形式，e_i 為一個 $N\times 1$ 的向量，其中第 i 個元素為 1，其餘元素為 0。$\theta_{ij}(T)$ 代表變量 x_j 對變量 x_i 的溢出效應，但必須注意的是 $\sum_{j=1}^{N}\theta_{ij}(T)\neq 1$，因此對 $\theta_{ij}(T)$ 進行標準化：

$$\tilde{\theta}_{ij}(T)=\frac{\theta_{ij}(T)}{\sum_{j=1}^{N}\theta_{ij}(T)} \tag{4-4}$$

由此可得：$\sum_{j=1}^{N}\tilde{\theta}_{ij}(T)=1$ 和 $\sum_{i,j=1}^{N}\tilde{\theta}_{ij}(T)=N$。

(2) 總溢出指數。

通過上式我們可以得到總溢出效應的百分比形式（即總溢出指數）：

$$S(T)=\frac{\sum_{i,j=1,i\neq j}^{N}\tilde{\theta}_{ij}(T)}{\sum_{i,j=1}^{N}\tilde{\theta}_{ij}(T)}\times 100=\frac{\sum_{i,j=1,i\neq j}^{N}\tilde{\theta}_{ij}(T)}{N}\times 100 \tag{4-5}$$

由式（4－5）可知，在經過廣義方差分解後，將所得 $N\times N$ 矩陣中的所有元素加和作為總溢出指數的分母，非對角線元素加和作為總溢出指數的分子。在本章中，總溢出指數度量不同貨幣間匯率變動的總溢出效應程度，可作為衡量匯率變動相關程度的量化指標。總溢出指數越高，則匯率變動更多的來源於不同貨幣間的信息溢出，表明各國貨幣間的聯繫越緊密。

(3) 定向溢出指數。

基於式（4－4）中的標準化 $\tilde{\theta}_{ij}(T)$，我們還能探究各貨幣間匯率變動的定向溢出效應。其中，j 貨幣對 i 貨幣的定向溢出指數定義為：

$$S_{ij}(T)=\frac{\tilde{\theta}_{ij}(T)}{\sum_{i,j=1}^{N}\tilde{\theta}_{ij}(T)}\times 100=\frac{\tilde{\theta}_{ij}(T)}{N}\times 100 \tag{4-6}$$

所有其他貨幣對 i 貨幣的定向溢出指數定義為：

$$S_{i\cdot}(T) = \frac{\sum_{j=1,i\neq j}^{N} \tilde{\theta}_{ij}(T)}{\sum_{i,j=1}^{N} \tilde{\theta}_{ij}(T)} \times 100 = \frac{\sum_{j=1,i\neq j}^{N} \tilde{\theta}_{ij}(T)}{N} \times 100 \qquad (4-7)$$

i 貨幣對所有其他貨幣的定向溢出指數定義為：

$$S_{\cdot i}(T) = \frac{\sum_{j=1,i\neq j}^{N} \tilde{\theta}_{ji}(T)}{\sum_{i,j=1}^{N} \tilde{\theta}_{ji}(T)} \times 100 = \frac{\sum_{j=1,i\neq j}^{N} \tilde{\theta}_{ji}(T)}{N} \times 100 \qquad (4-8)$$

而 i 貨幣對 j 貨幣的淨溢出效應被定義為從 i 貨幣到 j 貨幣的溢出效應與從 j 貨幣到 i 貨幣的溢出效應之差。

（4）動態溢出指數。

為反映匯率變動溢出效應的動態特徵，本章還依據總溢出指數和定向溢出指數得到相應的動態時變圖，以便進一步研究各貨幣間匯率溢出效應的時變特徵。

（二）研究數據

本章的研究對象是各國貨幣的名義匯率。依據中國與周邊國家的政治經濟聯繫，本章選取了東盟國家及中國港澳台地區的貨幣，包括文萊元（BND）、港元（HKD）、印度尼西亞盧比（IDR）、日元（JPY）、柬埔寨瑞爾（KHR）、韓元（KRW）、老撾基普（LAK）、緬甸元（MMK）、澳門元（MOP）、馬來西亞林吉特（MYR）、菲律賓比索（PHP）、新加坡元（SGD）、泰銖（THB）、新台幣（TWD）、越南盾（VND）以及上海合作組織成員國的貨幣，包括印度盧比（INR）、吉爾吉斯斯坦索姆（KGS）、哈薩克斯坦堅戈（KZT）、巴基斯坦盧比（PKR）、俄羅斯盧布（RUB）、塔吉克斯坦索莫尼（TJS）、烏茲別克斯坦蘇姆（UZS）。在人民幣跨境貿易結算區域全面推廣開來之前，東盟以及中國香港、澳門地區就已經成為境外的先行試點區域，突出反映該區域與中國內地經貿往來的密切性，也反映出該區域對人民幣的高度認可[1]。此外，新加坡和中國香港還成為離岸人民幣交易的重要境外市場。而上海合作組織則是第一個由中國主導創立的區域性國際組織。在後續的實證分析中，我們將分別考察兩大體系中的貨幣與離岸人民幣在匯率上的整體關聯以便全面衡量離岸人民幣的區域影響力。

為全面考察這些貨幣的匯率波動對離岸人民幣溢出的時變特徵，本章選取的時間範圍是 2010 年 8 月 24 日至 2015 年 12 月 31 日。對離岸人民幣而言，這個階段恰好覆蓋離岸人民幣自有市場活躍交易以來的絕大部分數據[2]。對其他國家貨幣而言，該階段能較好地控制金融危機和歐債危機對匯率波動的極端影響，從而準確分析各貨幣與離岸人民幣間的溢出效應。本章選取的所有貨幣的名義匯率均取自 Datastream 數據庫，並且是以美元標價法下的日度收盤數據為準。

表 4 –1 展示了離岸、在岸人民幣與中國港澳台地區及周邊國家 21 種貨幣名義匯率的描述性統計量指標，表中的各匯率數據均經過對數差分處理。從統計指標可以看出，所有貨幣的匯率變動率均具備「尖峰厚尾」特徵，同時 Jarque-Bera（JB）統計量表明各序列均不服從正態分佈。

表 4 –1 離（在）岸人民幣與中國港澳台地區及周邊國家貨幣匯率變動率的統計特徵

貨幣	均值	標準差	最大值	最小值	偏度	峰度	JB 統計量
CNH	−0.000	0.001	0.027	−0.012	3.993	83.996	515025.3***
CNY	−0.000	0.001	0.016	−0.008	2.511	39.987	108327.17***
BND	0.000	0.003	0.032	−0.028	0.437	20.792	24672.868***

1 參見 2010 年 6 月頒發的《中國人民銀、行財政部、商務部、海關總署、國家稅務總局、銀監會關於擴大跨境貿易人民幣結算試點有關問題的通知》。

2 雖然香港離岸人民幣兑美元的即期匯率始於 2004 年，但彼時的市場交易規模很小。直到 2010 年 7 月，離岸人民幣即期外匯市場和可交收遠期外匯市場的出現，才使得交易規模逐漸擴大。因此，離岸人民幣匯率在此之後才具備一定的市場效力。

（續表）

貨幣	均值	標準差	最大值	最小值	偏度	峰度	JB 統計量
HKD	−0.000	0.000	0.002	−0.002	−0.272	24.428	35721.048***
IDR	0.000	0.004	0.043	−0.036	0.314	30.480	58741.966***
JPY	0.000	0.004	0.030	−0.020	0.798	9.854	3850.360***
KHR	−0.000	0.004	0.037	−0.038	0.047	19.851	22078.748***
KRW	−0.000	0.004	0.029	−0.021	0.580	8.503	2459.501***
LAK	−0.000	0.003	0.040	−0.036	0.279	47.457	153692.79***
MOP	−0.000	0.002	0.009	−0.011	−0.031	8.665	2495.137***
MYR	0.000	0.004	0.046	−0.042	0.205	28.969	52445.444***
PHP	0.000	0.003	0.016	−0.015	0.264	6.842	1169.374***
SGD	0.000	0.003	0.033	−0.031	0.642	28.714	51535.095***
THB	0.000	0.002	0.014	−0.012	−0.042	6.894	1179.221***
TWD	0.000	0.002	0.017	−0.016	0.194	12.812	7497.520***
VND	0.000	0.003	0.068	−0.014	10.017	267.810	5483385.2***
INR	0.000	0.004	0.032	−0.026	0.347	11.175	5485.728***
KGS	0.000	0.004	0.063	−0.063	0.358	132.732	1371722***
KZT	0.000	0.007	0.192	−0.064	19.062	497.004	20007706***
PKR	0.000	0.002	0.016	−0.019	−0.474	19.425	22061.196***
RUB	0.000	0.009	0.167	−0.099	2.921	72.312	394314.83***
TJS	0.000	0.006	0.092	−0.091	−0.947	185.918	2727207.8***
UZS	0.000	0.003	0.029	−0.029	0.081	35.099	83973.006***

接下來，本章分別針對離岸人民幣與東盟國家和中國港澳台地區貨幣以及上合組織成員國貨幣的名義匯率進行建模，通過對模型預測誤差的方差分解來構造匯率變動的溢出指數；同時還採用滾動回歸分析方法刻畫離岸人民幣溢出效應的時變特徵，從而對離岸人民幣與中國及其周邊國家貨幣的信息溢出程度和動態特性給予全景式定量分析。

三、離岸人民幣在東盟國家及中國港澳台地區的貨幣影響力分析

表 4－2 給出了離岸人民幣與東盟國家及中國港澳台地區貨幣間的匯率溢出程度。這裏，東盟國家排除了在 2012 年前沒有統一匯率制度的緬甸（下同）。T 取 6 天和 12 天，表示溢出持續的時間[1]。T=6 以下的 15 行表示在 6 天內受到的來自其他貨幣的溢出影響程度。例如，離岸人民幣受到文萊元的影響為 2.841%，受到港幣的影響為 3.420%。最後一列表示受到其餘 14 種貨幣的溢出影響的加總，即各行中除去自身影響以外的各個數字的加總。各列表示對外的溢出程度。

基於 6 天和 12 天 2 個考察期，我們獲得離岸人民幣和 14 種貨幣相互之間的匯率溢出效應。在 6 天內，離岸人民幣匯率中所受外部影響程度為 35.694%，離岸人民幣對外部的影響總和為 3.099%，15 種貨幣相互之間的影響為 46.04%。從 12 天的長期時間來看，離岸人民幣受到東盟國家及中國港澳台地區貨幣的溢出程度的高低順序依次是：新加坡元（6.676%）、新台幣（5.283%）、韓元（4.905%）、馬來西亞林吉特（3.736%）、菲律賓比索（3.552%）、港元（3.420%）、泰銖（3.352%）、文萊元（2.841%）、印

1　限於篇幅，T=1 和 T=3 的結果沒有報告（下同），但並不影響主要結論。

度尼西亞盧比（0.934%）、日元（0.391%）、澳門元（0.220%）、老撾基普（0.196%）、柬埔寨瑞爾（0.150%）、越南盾（0.041%），總和為 35.697%。離岸人民幣對於外部的影響總和為 3.099%，15 種貨幣相互之間的匯率影響為 46.04%。可以看到，6 天以後離岸人民幣對外部的影響總和維持在 3.099%，而離岸人民幣所受到的外部影響在 6 天後達到了 35.697% 的程度。所以，在一週內的溢出效應信息已基本釋放完畢，離岸人民幣的匯率波動有 35.697% 來自外部，或者說東盟國家及中國港澳台地區貨幣對於離岸人民幣的匯率傳導佔到 35.697%。

在區分不同匯率制度下的溢出效應時[1]，我們發現：離岸人民幣與東盟國家及中國港澳地區中實行浮動匯率制的貨幣的溢出效應要明顯高於實行固定匯率制的貨幣的溢出效應。依據表 4 －3 和表 4 －4，12 天內，離岸人民幣與浮動匯率制下貨幣的溢出效應為 41.41%，與固定匯率制下貨幣的溢出效應則僅為 25.97%。同時，12 天內，來自浮動匯率制下貨幣的溢出效應為 25.772%，來自固定匯率制下貨幣的溢出效應為 17.607%。該結果表明離岸人民幣受浮動匯率制下貨幣的影響程度要大幅高於固定匯率制下貨幣的影響程度。但是，在對外溢出層面上則呈現相反的結果，表現為離岸人民幣對浮動匯率制下貨幣的溢出效應要低於對固定匯率制下貨幣的溢出效應，不過兩者相差較小。此外，不同匯率制度下的溢出效應信息均是在一週內基本釋放完畢的，這與前述總體溢出效應的結論一致[2]。

---

1 以 IMF 發佈的 *Annual Report on Exchange Arrangements and Exchange Restrictions* 2015 為區分匯率制度的標準。

2 考察天數為 6 天和 12 天的溢出效應無明顯差異。

表 4－2　離岸人民幣與東盟國家及中國港澳台地區貨幣間的匯率溢出效應程度

（單位：%）

T＝考察天數	CNH	BND	HKD	IDR	JPY	KHR	KRW	LAK	MOP	MYR	PHP	SGD	THB	TWD	VND	本國受外部影響
T = 6																
CNH	64.306	2.841	3.420	0.934	0.391	0.150	4.905	0.195	0.220	3.736	3.552	6.676	3.352	5.283	0.041	35.696
BND	1.344	29.323	1.986	3.892	1.409	0.066	7.602	0.732	3.998	11.709	5.768	20.905	5.633	5.212	0.420	70.677
HKD	2.909	5.069	58.32	2.118	0.148	0.187	7.531	0.080	0.761	3.935	4.932	7.175	3.830	2.816	0.191	41.680
IDR	1.205	7.234	1.729	52.067	0.167	0.631	5.054	0.052	0.277	12.549	4.780	9.510	3.466	1.155	0.125	47.933
JPY	0.512	2.774	0.781	0.057	84.589	0.095	1.038	0.438	1.613	0.152	0.407	3.698	2.282	1.380	0.185	15.411
KHR	0.229	0.319	0.173	0.793	0.606	82.454	0.023	5.451	4.944	0.620	1.347	0.290	0.515	2.098	0.138	17.546
KRW	2.297	9.012	3.659	3.121	0.706	0.121	31.213	0.067	0.297	9.824	10.222	13.37	6.774	9.223	0.092	68.787
LAK	0.301	1.633	0.053	0.170	0.331	4.711	0.096	80.099	6.163	0.137	0.056	0.570	1.336	2.064	2.281	19.901
MOP	0.245	8.505	0.571	0.260	1.076	4.653	0.160	7.389	67.187	0.069	0.049	1.068	0.985	4.637	3.146	32.813
MYR	2.045	12.264	2.012	7.218	0.312	0.317	9.187	0.006	0.281	30.473	8.976	16.006	6.212	4.633	0.057	69.527
PHP	1.911	7.346	3.035	3.374	0.437	0.742	11.469	0.003	0.344	10.352	35.843	10.507	9.250	5.242	0.145	64.157
SGD	2.609	18.605	2.726	4.723	1.520	0.106	10.393	0.132	0.594	13.632	7.404	26.216	6.445	4.845	0.050	73.784
THB	2.041	7.653	2.340	2.528	1.236	0.118	7.937	0.135	0.537	7.800	9.982	10.195	41.215	6.271	0.012	58.785
TWD	3.535	8.143	2.257	1.181	1.017	0.817	12.187	0.678	2.279	6.243	6.070	9.131	6.574	39.718	0.170	60.282
VND	0.215	1.581	0.100	0.263	0.074	1.030	0.019	4.021	5.512	0.105	0.059	0.221	0.016	0.326	86.458	13.542
本國對外溢出	3.099	13.465	3.598	4.436	1.365	1.990	11.238	2.807	4.029	11.711	9.211	15.832	8.207	7.992	1.022	46.04

（續表）

T＝考察天數	CNH	BND	HKD	IDR	JPY	KHR	KRW	LAK	MOP	MYR	PHP	SGD	THB	TWD	VND	本國受外部影響
T = 12																
CNH	64.305	2.841	3.420	0.934	0.391	0.150	4.905	0.196	0.220	3.736	3.552	6.676	3.352	5.283	0.041	35.697
BND	1.344	29.323	1.986	3.892	1.409	0.066	7.602	0.732	3.998	11.709	5.768	20.905	5.633	5.212	0.420	70.677
HKD	2.909	5.069	58.319	2.118	0.148	0.187	7.531	0.081	0.761	3.935	4.932	7.175	3.830	2.816	0.191	41.681
IDR	1.205	7.234	1.729	52.066	0.167	0.631	5.054	0.052	0.277	12.549	4.780	9.510	3.466	1.155	0.125	47.934
JPY	0.512	2.774	0.781	0.057	84.587	0.095	1.038	0.439	1.613	0.152	0.407	3.698	2.283	1.380	0.185	15.413
KHR	0.229	0.319	0.173	0.793	0.606	82.451	0.023	5.451	4.945	0.620	1.347	0.290	0.515	2.099	0.138	17.549
KRW	2.297	9.012	3.659	3.121	0.706	0.121	31.212	0.068	0.297	9.824	10.222	13.371	6.774	9.223	0.092	68.788
LAK	0.302	1.633	0.053	0.170	0.331	4.710	0.096	80.093	6.161	0.138	0.056	0.571	1.339	2.066	2.280	19.907
MOP	0.246	8.505	0.571	0.260	1.076	4.653	0.160	7.390	67.18	0.070	0.049	1.070	0.987	4.638	3.146	32.820
MYR	2.045	12.264	2.012	7.218	0.312	0.317	9.187	0.006	0.281	30.473	8.976	16.006	6.212	4.633	0.057	69.527
PHP	1.912	7.346	3.035	3.374	0.437	0.742	11.469	0.003	0.344	10.352	35.843	10.507	9.250	5.242	0.145	64.157
SGD	2.609	18.604	2.726	4.723	1.520	0.106	10.393	0.132	0.594	13.632	7.404	26.216	6.445	4.845	0.050	73.784
THB	2.041	7.653	2.340	2.528	1.236	0.118	7.937	0.135	0.537	7.800	9.982	10.195	41.215	6.271	0.012	58.785
TWD	3.535	8.143	2.257	1.181	1.017	0.817	12.187	0.678	2.279	6.243	6.070	9.132	6.574	39.718	0.170	60.282
VND	0.215	1.581	0.100	0.263	0.074	1.031	0.019	4.024	5.512	0.105	0.059	0.221	0.017	0.327	86.453	13.547
本國對外溢出	3.099	13.464	3.598	4.436	1.365	1.990	11.238	2.807	4.029	11.710	9.211	15.832	8.207	7.992	1.021	46.04

表 4－3　浮動匯率制下東盟國家及中國台灣地區貨幣與離岸人民幣的溢出效應程度

（單位：%）

T=12	CNH	IDR	JPY	KRW	MYR	PHP	THB	TWD	本國受外部影響
CNH	74.228	1.089	0.422	5.814	4.321	3.971	3.850	6.305	25.772
IDR	1.438	64.68	0.211	6.320	15.641	6.023	4.296	1.391	35.32
JPY	0.531	0.072	93.712	1.146	0.179	0.396	2.498	1.465	6.288
KRW	3.187	4.270	0.948	42.288	13.486	14.041	9.029	12.752	57.712
MYR	2.921	10.472	0.457	13.442	43.978	13.111	8.889	6.731	56.022
PHP	2.366	4.368	0.498	14.892	13.41	45.86	11.703	6.904	54.14
THB	2.567	3.199	1.563	9.941	9.814	12.56	52.375	7.982	47.625
TWD	4.710	1.516	1.247	16.15	8.207	8.092	8.493	51.585	48.415
本國對外溢出	5.349	7.542	1.614	20.437	19.637	17.565	14.717	13.139	41.41

表 4－4　固定匯率制下東盟國家及中國港澳地區貨幣與離岸人民幣的溢出效應程度

（單位：%）

T=12	CNH	BND	HKD	KHR	LAK	MOP	SGD	VND	本國受外部影響
CNH	82.393	3.741	4.536	0.162	0.281	0.316	8.529	0.042	17.607
BND	2.338	49.898	3.414	0.146	1.259	6.583	35.682	0.680	50.102
HKD	4.037	6.792	78.025	0.270	0.113	1.055	9.453	0.254	21.975
KHR	0.221	0.332	0.210	87.174	6.357	5.237	0.320	0.148	12.826
LAK	0.294	1.594	0.047	5.292	83.545	6.363	0.498	2.366	16.455
MOP	0.271	9.001	0.616	5.042	8.002	72.619	1.078	3.373	27.381
SGD	5.161	36.536	5.332	0.176	0.254	1.110	51.346	0.086	48.654
VND	0.212	1.550	0.108	1.056	4.096	5.530	0.215	87.233	12.767
本國對外溢出	6.033	28.660	6.864	5.846	9.800	12.608	26.845	3.344	25.97

為分析溢出效應的動態時變特徵，我們基於 112 天滾動窗口和 12 天預測期描繪出總體溢出效應和方向性溢出效應的時變圖。具體如圖 4 – 1 所示，離岸人民幣與東盟國家及中國港澳台地區貨幣的總體溢出效應在 2011 年和 2012 年呈波動上行特徵，從 50% 上升到 70%，特別是 2012 年下半年的上升幅度更加明顯。這主要是因為，從 2012 年 9 月起，中國與東盟的雙邊貿易逐漸回暖。2012 年 8 月，中國與東盟的累計進出口額為 322.97 億美元，12 月則增長到 402.27 億美元，增長 24.55%。2013 年，受累於東盟地區經濟增速放緩帶來的雙邊貿易增速遲滯，加上 2014 年發生的兩起「馬航事件」，均給區域經濟帶來不小的影響。於是，總體溢出效應自 70% 振蕩下行到 2014 年 7 月的 55% 左右。而受多重利好消息的驅動，如：2014 年 10 月，亞投行決定成立；2014 年 11 月，中國政府宣佈出資成立絲路基金等，這些舉措促使東盟各國與中國建立更深層次的聯繫，從而推動中國與「一帶一路」沿線國家多領域的經濟金融合作，進而使得人民幣對相應國家的影響逐漸增強。此外，2014 年 11 月「滬港通」啟程，將內地同香港的資本市場緊密連接起來；2014 年 12 月 1 日，韓、中銀行間韓元對人民幣直接交易在韓國正式啟動，加強了韓元與離岸人民幣的直接聯繫，以上均使得東盟國家對離岸人民幣的

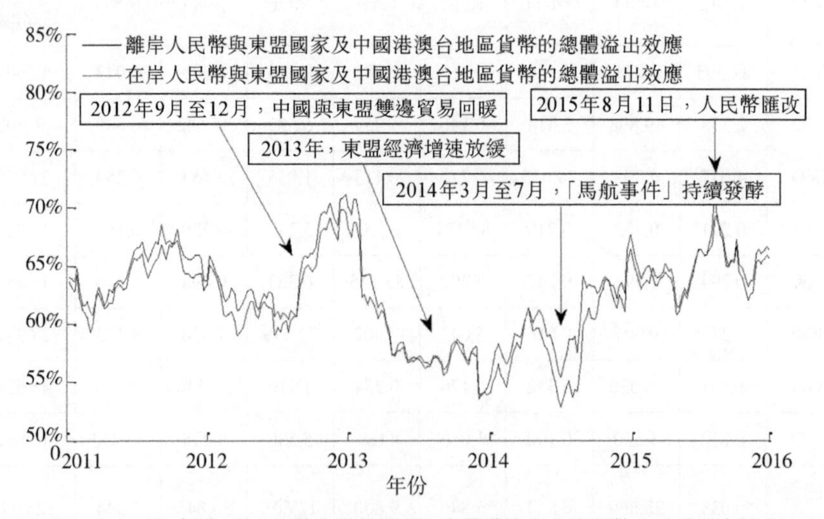

圖 4 – 1　離（在）岸人民幣與東盟國家及中國港澳台地區貨幣的總體溢出效應

信心有增無減。因此，總體溢出效應自 2014 年底以來表現為上升趨勢。特別是，2015 年「8 · 11 匯改」使得離岸人民幣匯率出現巨幅波動，溢出效應迅速攀升，接近歷史均值的 1.3 倍。這一方面表明中國與東盟的聯繫越來越緊密，相應地，人民幣匯率波動與東盟國家貨幣的變動亦日益趨緊；另一方面也可在一定程度上反映出離岸人民幣的區域影響力。

2011 年，東盟已經成為中國的第三大重要貿易夥伴，巨大貿易量的背後是跨境人民幣的大規模使用和結算。2013 年，受東南亞最大的 3 個經濟體經濟增速放緩的影響，區域內對人民幣的需求明顯降低，這可能是 2013—2014 年東盟國家貨幣對離岸人民幣的溢出效應逐漸減弱的一個重要原因。但並不是所有的溢出效應改變都能用貿易變動來解釋的。例如，2011 年 3 月 11 日，日本發生 9.0 級大地震，導致市場避險情緒高漲，快速攀升的日元隨後就遭到打壓。因此，來自東盟國家對分擔着部分避險功能的離岸人民幣的需求增加促使溢出效應大幅攀升。至於 2014 年 9 月底的異常下滑，則可能是因為香港非法「佔中」事件的爆發，引發的社會動蕩顯然影響到了投資者對持有離岸人民幣的信心，加上大宗商品價格的持續下跌以及美國 9 月就業數據穩定與轉好的疊加影響更導致溢出效應迅速跌入谷底。

離岸人民幣對東盟國家及中國港澳台地區貨幣的溢出基本呈振蕩走勢。但 2011 年的波幅較大，前期的迅速拉升，後期大幅下調。前期的迅速拉升是由人民幣和日元在 3 月的極端異常波動共同造成的。後期的大幅下調主要歸咎於宏觀因素：2011 年下半年，中國經濟開始呈現疲軟跡象，GDP 增速連續數個季度下滑。此外，2011 年 6 月 27 日正式公佈的離岸人民幣兑美元即期匯率定盤價也使得離岸人民幣的調整變得有跡可循，從而減少了極端情況的出現。而 2014 年底的大幅下降則是因為外部環境的轉變：2014 年 10 月底，美聯儲宣佈結束量化寬鬆政策使得市場選擇關注美元，加上國際大宗商品價格步入下行通道，尤其是石油價格陷入暴跌局面更強化了該趨勢。

為更好地比較在岸與離岸人民幣的區域影響力，通過計算得出在岸人民

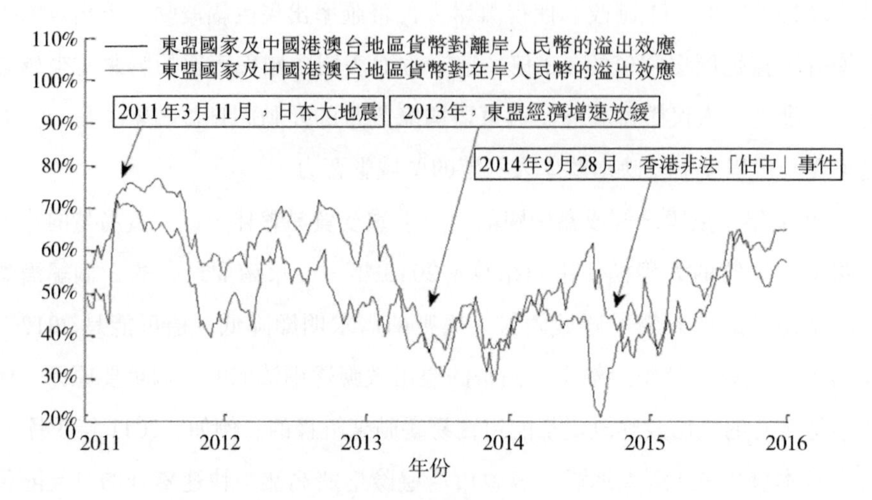

(a) 東盟國家及中國港澳台地區貨幣對離（在）岸人民幣的溢出效應

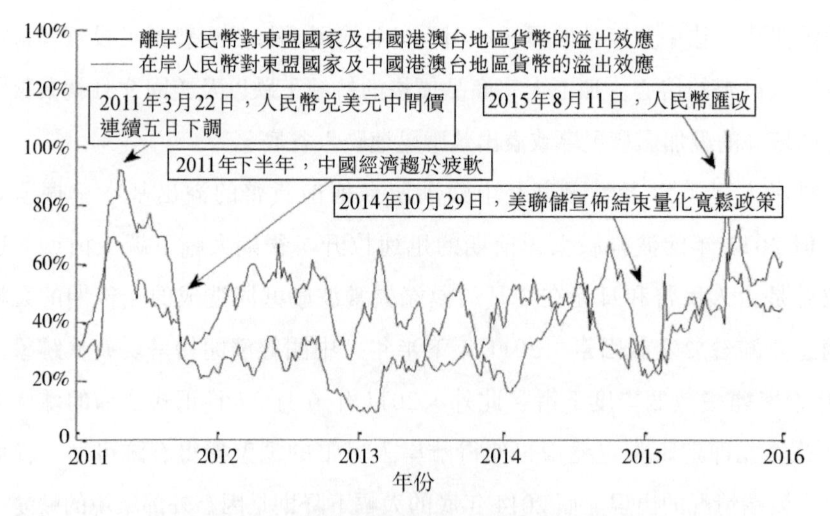

(b) 離（在）岸人民幣對東盟國家及中國港澳台地區貨幣的溢出效應

圖4－2　離（在）岸人民幣與東盟國家及中國港澳台地區貨幣的方向性溢出效應

幣與東盟國家及中國港澳台地區貨幣間的匯率溢出效應程度[1]，結果發現：在岸人民幣受到的外部影響明顯低於離岸人民幣所受到的影響，並且在岸人民幣對外部的影響程度也不及離岸人民幣。此外，比較在岸人民幣與不同匯率制度下貨幣的溢出效應，可得出：在岸人民幣與浮動匯率制下貨幣的溢出效應程度要強於固定匯率制下的貨幣。同時，在岸人民幣與不同匯率制度下貨幣的溢出效應仍是明顯低於離岸人民幣的。圖 4 －1 和圖 4 －2 也提供了類似的證據：雖然在總體溢出走勢上，在岸與離岸人民幣幾乎完全一致，但是在方向性溢出上，不管是對外部的影響還是受外部的影響，在岸人民幣的溢出效應程度均明顯弱於離岸人民幣。這一現象揭示出人民幣的定價權可能已落在境外，對此我們應保持高度警惕，國際主要貨幣如美元的定價權就落在歐洲市場，這對於人民幣基礎利率、以人民幣計價的金融產品定價甚至中國貨幣政策執行的影響必將是深遠的。

此外，2011—2015 年，中國人民銀行與東盟國家、中國香港地區以及上合組織成員國的央行或貨幣當局共簽署了 17 份貨幣互換協議。我們發現在貨幣互換協議簽署後的數個交易日內，離岸人民幣與大部分貨幣都存在着異常波動的匯率溢出（和反向溢出）效應。具體信息見表 4 －5。

表 4 －5　貨幣互換協議的簽署與匯率溢出效應異常波動的聯繫

時間	貨幣互換對象	是否存在異常的匯率溢出或反向溢出效應
2011 年 4 月 19 日	人民幣與 烏茲別克斯坦蘇姆	短期內，匯率溢出和反向溢出效應均上升
2011 年 6 月 13 日	人民幣與 哈薩克斯坦堅戈	短期內，匯率溢出和反向溢出效應均上升
2011 年 10 月 26 日	人民幣與韓元	短期內，匯率溢出效應下降，反向溢出效應上升

1　限於篇幅，有關在岸人民幣與中國港澳台地區及周邊國家貨幣間的匯率溢出效應程度的詳細信息不在文中展示（下同）。

（續表）

時間	貨幣互換對象	是否存在異常的匯率溢出或反向溢出效應
2011 年 11 月 22 日	人民幣與港元	短期內，匯率溢出效應上升，反向溢出效應下降
2011 年 12 月 22 日	人民幣與泰銖	短期內，匯率溢出和反向溢出效應均上升
2011 年 12 月 23 日	人民幣與巴基斯坦盧比	短期內，匯率溢出和反向溢出效應均上升
2012 年 2 月 8 日	人民幣與馬來西亞林吉特	長期內，匯率溢出和反向溢出效應均上升
2013 年 3 月 7 日	人民幣與新加坡元	簽署當日匯率溢出和反向溢出效應均上升，第二個交易日便逐漸下降
2013 年 10 月 1 日	人民幣與印度尼西亞盧比	短期內，匯率溢出和反向溢出效應均上升
2014 年 10 月 11 日	人民幣與韓元	短期內，匯率溢出和反向溢出效應均上升
2014 年 10 月 13 日	人民幣與盧布	短期內，匯率溢出和反向溢出效應均上升
2014 年 11 月 22 日	人民幣與港元	短期內，匯率溢出效應下降，反向溢出效應上升
2014 年 12 月 14 日	人民幣與哈薩克斯坦堅戈	短期內，匯率溢出效應上升，反向溢出效應下降
2014 年 12 月 22 日	人民幣與泰銖	短期內，匯率溢出效應上升，反向溢出效應下降
2014 年 12 月 23 日	人民幣與巴基斯坦盧比	匯率溢出效應和反向溢出效應不明顯
2015 年 4 月 17 日	人民幣與馬來西亞林吉特	長期內，匯率溢出和反向溢出效應均上升
2015 年 9 月 3 日	人民幣與塔吉克斯坦索莫尼	短期內，匯率溢出和反向溢出效應均上升

注：表格中的短期指一週內，長期指一週及以上。

資料來源：中國人民銀行網站。

至於貨幣互換協議能夠引起匯率溢出（和反向溢出）效應的機制，主要是：①市場信息流動在短期內形成的溢出效應。貨幣互換協議本就屬於宏觀層面的信息衝擊，必然會影響到互換雙方貨幣的匯率走勢。這表現為互換協議所具備和衍生的信息屬性將迎來市場多方面、多層次的解讀，基於信息不斷分解下的外匯操作顯然會在短期內對匯率波動產生影響。②透過經濟基本面來影響匯率波動。一方面，貨幣互換協議提升了人民幣的輸出效應，雖然這只是短期內他國進行人民幣貿易結算的一種新途徑，但卻增加了人民幣成為他國儲備貨幣的可能性，特別是在部分國家（地區）貨幣實行釘住匯率制的前提下，就很可能會影響到匯率走勢。另一方面，協議的簽訂還提升了雙邊金融市場的短期流動性，從而穩定市場預期和信心，這對雙邊匯率走勢存在着明顯的影響。

四、離岸人民幣在上合組織成員國內的貨幣影響力分析

表 4 –6 給出了離岸人民幣與上合組織成員國貨幣之間的匯率溢出程度。由於考察天數為 6 天和 12 天的結果無明顯差異，此處只展示 12 天的結果。不同於東盟國家貨幣對離岸人民幣的溢出，12 天內，離岸人民幣受到上合組織成員國貨幣的匯率衝擊僅為 7.247%，而離岸人民幣對外部的溢出則穩定在 5% 左右，顯著高於對東盟國家貨幣的影響。至於在岸人民幣與上合組織成員國貨幣間的匯率溢出程度，則明顯弱於離岸人民幣。12 天內，在岸人民幣受到的外部影響明顯低於離岸人民幣；同時在岸人民幣對外部溢出的程度也不及離岸人民幣。此外，見表 4 –7、表 4 –8，綜合比較不同匯率制度下的溢出效應，得出：①只有在浮動匯率制度下，離岸人民幣對上合組織成員國貨幣的外部溢出效應才強於對東盟國家貨幣的溢出，並且離岸人民幣與上合組織成員國貨幣的總體溢出程度仍然強於在岸人民幣。而在固定匯率制度

下，該結論不成立。②離岸、在岸人民幣受到來自東盟國家貨幣的溢出強於上合組織成員國貨幣溢出的結論，不因匯率制度的差異而發生改變。

表 4－6　離岸人民幣與上合組織成員國貨幣間的溢出效應程度

（單位：%）

T=12	CNH	INR	KGS	KZT	PKR	RUB	TJS	UZS	本國受外部影響
CNH	92.754	4.297	0.473	0.465	0.102	1.693	0.062	0.155	7.247
INR	4.298	88.609	0.408	0.030	0.431	5.210	0.851	0.163	11.391
KGS	0.124	0.235	65.041	0.642	1.406	0.928	26.327	5.297	34.959
KZT	0.157	0.231	1.507	94.832	1.918	0.049	0.690	0.616	5.168
PKR	0.091	0.337	2.187	0.792	90.76	0.292	2.447	3.095	9.240
RUB	1.659	5.457	0.962	0.150	0.077	90.495	1.068	0.132	9.505
TJS	0.094	0.449	24.34	0.452	1.925	1.007	64.309	7.426	35.691
UZS	0.070	0.307	6.499	0.612	2.211	0.168	9.081	81.052	18.948
本國對外溢出	4.913	8.560	27.526	2.377	6.107	7.072	30.668	12.777	16.52

表 4－7　浮動匯率制下上合組織成員國貨幣與離岸人民幣的溢出效應程度

（單位：%）

T=12	CNH	INR	KGS	PKR	RUB	本國受外部影響
CNH	93.322	4.409	0.460	0.079	1.730	6.678
INR	4.407	89.454	0.431	0.417	5.290	10.546
KGS	0.182	0.355	95.95	2.154	1.358	4.050
PKR	0.080	0.365	2.472	96.775	0.308	3.225
RUB	1.712	5.566	0.979	0.080	91.662	8.338
本國對外溢出	19.436	32.574	13.223	8.314	26.453	6.57

表 4 －8　固定匯率制下上合組織成員國貨幣與離岸人民幣的溢出效應程度

（單位：%）

T=12	CNH	KZT	TJS	UZS	本國受外部影響
CNH	99.399	0.389	0.052	0.159	0.600
KZT	0.120	98.794	0.492	0.594	1.206
TJS	0.124	0.415	89.108	10.353	10.892
UZS	0.074	0.591	10.12	89.215	10.785
本國對外溢出	1.358	5.944	45.410	47.288	5.87

依據圖 4 －3[1]，2011—2014 年，離岸人民幣與上合組織成員國貨幣間的總體溢出效應保持着較低的波動狀態，僅 2012 年發生兩次大幅波動：7 月，人民幣和印度盧比成為亞行貿易融資項目的結算貨幣；11 月，美國宣佈中國不是匯率操縱國。這些均給人民幣帶來正向刺激作用，相應地出現向上的溢出波動。2013 年，總體溢出效應逐漸下降，特別是 2013 年中至 2014 年底，一

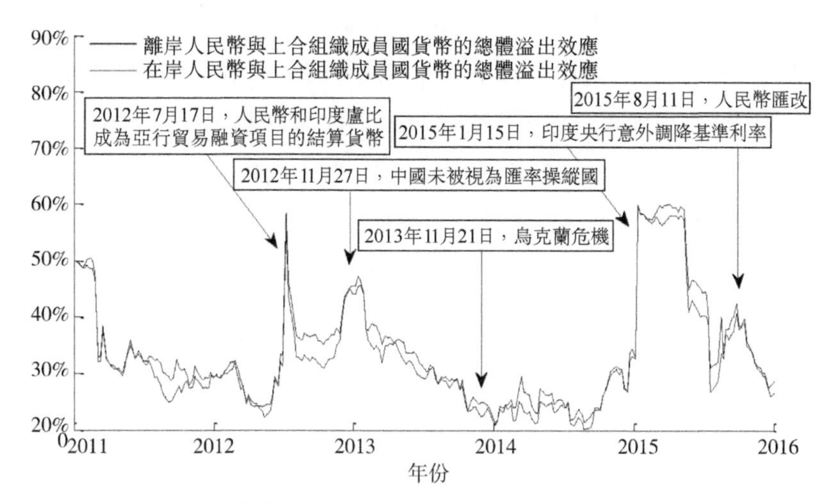

圖 4 －3　離（在）岸人民幣與上合組織成員國貨幣的總體溢出效應

1　圖 4 －3 是基於 94 天滾動窗口和 12 天預測期得到的。

直在底部運行。這主要是因為上合組織重要成員國俄羅斯的經濟蒙受巨大打擊:受烏克蘭危機爆發並持續發酵升級的影響，國際資本從俄羅斯瘋狂抽逃。同時，2014 年中以來，大宗商品特別是石油價格暴跌，與國際油價息息相關的盧布貶值步伐加快。而 2015 年，由於印度和俄羅斯頻繁降息，加劇了貨幣波動性，從而使得總體溢出效應維持高位運行態勢。

見圖 4－4（a），離岸人民幣受到外部貨幣的溢出影響呈振蕩狀態。但在部分時點存在例外，如：① 2012 年 7 月，溢出效應陡然攀升，並在一段時期內持續高位振蕩。彼時，人民幣和印度盧比正式成為亞行貿易融資項目的結算貨幣，因為此前僅有美元、歐元和日元可供選擇，所以此舉顯然提升了人民幣的區域地位，促使市場選擇增持人民幣，並加大對印度盧比與人民幣的關注。② 2013 年，受內、外部多重因素影響，印度國內外資加速撤離，導致盧比持續貶值。同時，俄羅斯經濟增速嚴重疲軟。兩國經濟的糟糕表現直接拉低了溢出效應。③ 2014 年 3 月，克里米亞公投加入俄羅斯引發歐美對俄羅斯的經濟制裁。出於避險和便捷貿易往來的考慮，對人民幣的需求急速攀升。因此，溢出效應在短時間內出現快速上漲。

見圖 4－4（b），離岸人民幣對外部貨幣的溢出也基本維持振蕩走勢，但在部分時點出現大幅增加，代表性的有：① 2013 年 10 月，中國良好的經濟走勢打消了市場對經濟硬着陸的擔憂。同期，美國 9 月非農就業數據遠不及預期，使得投資者紛紛拋售美元，增加對持有人民幣的信心。② 2015 年「8 · 11 匯改」導致離岸人民幣大幅貶值，從而引發極其巨大的外溢效應。此外，在岸人民幣與上合組織成員國貨幣的溢出走勢同離岸人民幣基本一致，特別是總體溢出效應，兩者幾乎完全相同。但在方向性溢出上，離岸人民幣的溢出效應則明顯強於在岸人民幣。

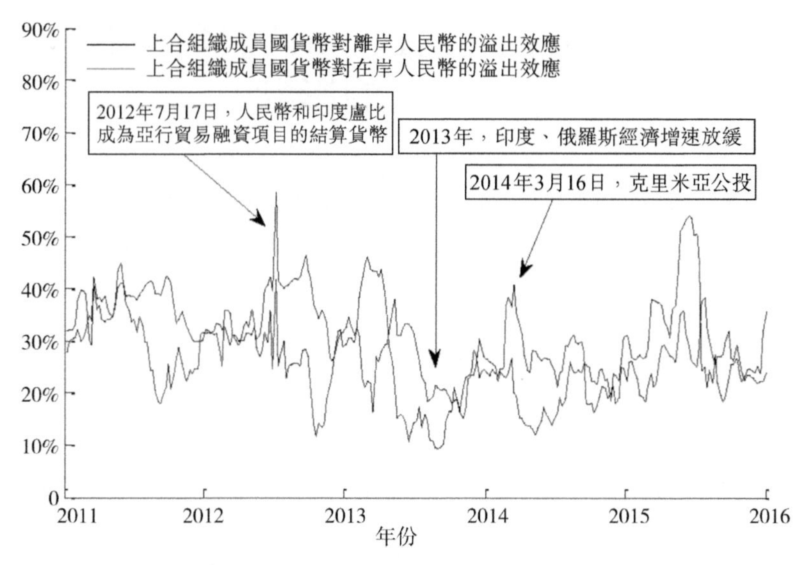

(a) 上合組織成員國貨幣對離（在）岸人民幣的溢出效應

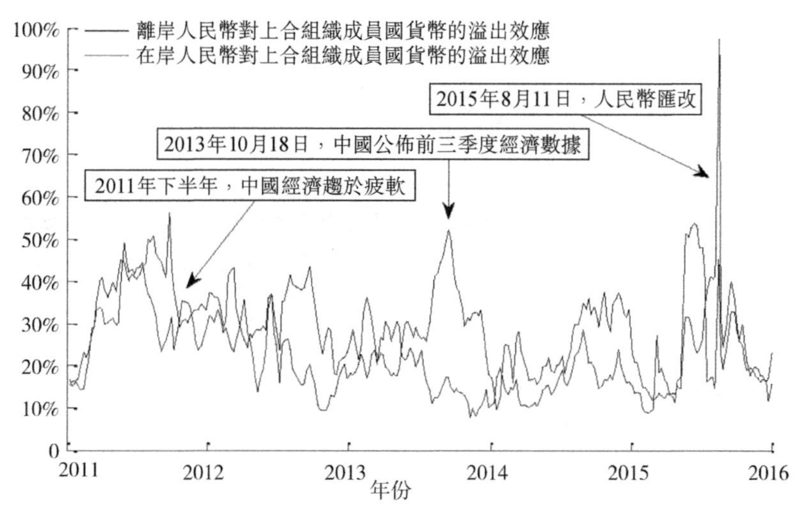

(b) 離（在）岸人民幣對上合組織成員國貨幣的溢出效應

圖4－4　離（在）岸人民幣與上合組織成員國貨幣的方向性溢出效應

五、「8・11 匯改」事件對貨幣間溢出效應的影響

考慮到前文中溢出動態效應呈現突然急劇上升或下降的走勢，使用事件分析方法就重大事件對溢出效應波動的影響進行分析。選擇事件窗口為重大事件發生後的 5 個交易日內，觀察這 5 個交易日內的溢出效應波動是否顯著開吊。顯著性檢驗辦法為雙邊 T 檢驗：

$$t_{two-side} = \frac{r_{it} - r_0}{sd\ (r_i)},\ H_0:\ E\ (r_{it})\ = 0 \qquad (4-9)$$

其中，r_{it} 表示事件 i 的事件期內 t 日的溢出效應變動，r_0 是基於零假設下溢出效應的變動，即 $r_0 = 0$。$sd(r_i) = \sqrt{\sum_{t=1}^{m} (r_{it} - \overline{r_i})^2 / m - 1}, \overline{r_i} = \frac{1}{m}\sum_{1}^{m} r_{it}$，$m$ 表示估計窗內交易日數。$t_{two\text{-}side}$ 在零假設條件下服從自由度為 m-1 的 T 分佈。為了保證估計窗與事件窗不重疊，並考慮到使估計窗盡可能不受其他事件干擾，特選取事件發生的前 15 個交易日為估計期，即 m=15，以計算溢出效應波動的標準差（見表 4－9、表 4－10）。

表 4－9　東盟國家及中國港澳台地區中的重大事件對溢出效應波動的影響

貨幣	時間	事件	離岸人民幣對外部貨幣溢出效應的異常變動率 /%	外部貨幣對離岸人民幣溢出效應的異常變動率 /%
SGD	2013 年 3 月 7 日	中新雙邊本幣互換協議由原來的 1500 億元人民幣 1300 億新加坡元擴大至 3000 億元人民幣 1600 億新加坡元	−0.428***	−0.234**
HKD	2015 年 4 月 24 日	香港金融管理局向市場注入 131.75 億港元	−0.109*	0.052
IDR	2015 年 2 月 17 日	指標利率下降 25 個基點至 7.50%	0.299*	0.048

（續表）

貨幣	時間	事件	離岸人民幣對外部貨幣溢出效應的異常變動率 /%	外部貨幣對離岸人民幣溢出效應的異常變動率 /%
JPY	2014 年 10 月 31 日	日本央行意外放寬貨幣政策，將年度 ETF 和 JREIT 購買規模擴大兩倍，並增加年度日本政府購債規模 30 萬億日元，繼續 QQE 直至通脹率穩定在 2%	−0.649***	0.287**
KRW	2015 年 3 月 12 日	韓國央行宣佈將基準利率下調 0.25 個百分點至 1.75%，刷新歷史最低水平	0.422***	0.260***
HKD	2012 年 11 月 2 日	香港金融管理局「沽出港元、買入美元」，涉及資金 27.5 億港元	−0.695***	0.191**
MYR	2014 年 7 月 10 日	隔夜政策利率上升 25 個基點至 3.25%	−0.163*	−0.090
PHP	2014 年 9 月 11 日	隔夜借款利率上升 25 個基點至 4.00%	0.496**	−1.990***
SGD	2015 年 1 月 28 日	新加坡金融管理局在非常規日程的會議上意外宣佈降低新加坡元匯率政策的斜率	0.137	0.232*
THB	2015 年 4 月 29 日	一天期附買回利率下降 25 個基點至 1.50%	0.114	−0.532*
TWD	2015 年 9 月 24 日	台灣地區「中央銀行」決議調降重貼現率、擔保放款融通利率、短期融通利率各 12.5 個基點	−0.039	0.113*
VND	2015 年 8 月 19 日	越南國家銀行公告越南盾繼續貶值 1%，並擴大交易區間至參考匯率（中間價）的上下 3%	0.074	−1.360**

注：***、**、* 分別代表統計量在 1%、5%、10% 的水平上顯著。

表 4 – 10　上合組織成員國中的重大事件對溢出效應波動的影響

貨幣	時間	事件	離岸人民幣對外部貨幣溢出效應的異常變動率 /%	外部貨幣對離岸人民幣溢出效應的異常變動率 /%
INR	2014 年 1 月 28 日	附買回利率和附賣回利率各上升 25 個基點至 8.00%、7.00%	0.961	0.960***
KZT	2015 年 8 月 20 日	哈薩克斯坦央行取消堅戈匯率浮動區間的限制	−0.979	2.037***
PKR	2015 年 1 月 24 日	巴基斯坦央行下調基準利率 100 個基點至 8.5%	0.124	1.309***
RUB	2014 年 12 月 11 日	俄羅斯央行宣佈加息，利率由 9.5% 上調至 10.5%，且同時對外表示，如果通脹率仍加速上升將繼續加息	1.460***	1.042**
TJS	2015 年 9 月 3 日	中國人民銀行與塔吉克斯坦中央銀行簽署了規模為 30 億元人民幣 / 30 億索莫尼的雙邊本幣互換協議	0.568	0.480***
UZS	2015 年 1 月 1 日	烏茲別克斯坦央行下調基準利率 100 個基點至 9%	−0.064	−1.563***

注：***、**、* 分別代表統計量在 1%、5%、10% 的水平上顯著。

鑒於「8 · 11 匯改」使得離岸人民幣對中國港澳台地區及周邊國家貨幣的溢出效應大幅增強，借鑒 Diebold 和 Yilmaz（2014）提出的網絡分析方法來剖析該重大事件的發生如何影響區域內各貨幣間的交叉溢出效應。具體地，我們選取離岸人民幣與中國港澳台地區及周邊國家中的代表性貨幣作為分析對象，並以「8 · 11 匯改」事件發生前後兩日內的 10 分鐘數據作為分析基準。首先，依據溢出指數方法得到各代表性貨幣間的相互溢出效應，進而測算出各貨幣間的淨溢出效應，以此作為網絡分析中連接不同節點間有向邊的權重；其次，節點的大小以國際清算銀行在 2016 年公佈的各貨幣的場外交易規模為依據；最後，構建網絡的平均密度取決於離岸人民幣與代表性貨幣間的總體溢出效應水平。

圖 4－5 展示了離岸人民幣與代表性貨幣在「8．11 匯改」前後的網絡溢出效應。對比可知：①事件的發生導致區域內網絡溢出的密度顯著增強，相應地，離岸人民幣與代表性貨幣間的相互傳染變得更頻繁。具體地，離岸人民幣波動溢出的直接傳導途徑大幅增加；部分貨幣，如港幣、韓元、新台幣等的直接傳導途徑均有所擴展；各貨幣相互間的間接傳導路徑更加趨於多樣化。②離岸人民幣存在着一定的區域影響力。事件發生前後離岸人民幣對其他代表性貨幣均存在着直接傳導途徑，並且此類傳導途徑沒有發生重大變化。因此，儘管匯改放大了網絡溢出效應，但基本不改變離岸人民幣已經發揮着重要影響的事實。③離岸人民幣的區域影響力有待提升。匯改前，除離岸人民幣具備着區域內中心溢出的地位外，新加坡元和日元同樣扮演着該角色，甚至絲毫不弱於離岸人民幣。匯改後，新加坡元和日元的強勢溢出能力繼續保持，韓元和港元的溢出能力顯著增強。儘管它們對外部貨幣的影響弱於離岸人民幣，但不可否認的是，離岸人民幣在中國港澳台地區及周邊國家中尚不足以成為絕對性的錨貨幣。

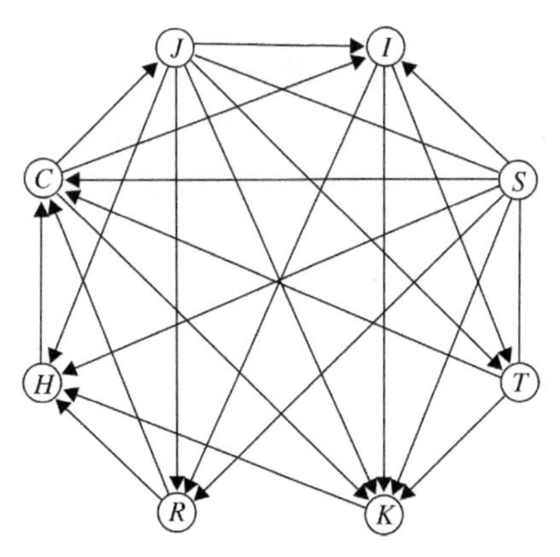

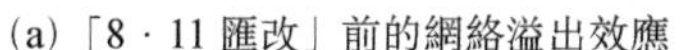
(a)「8．11 匯改」前的網絡溢出效應

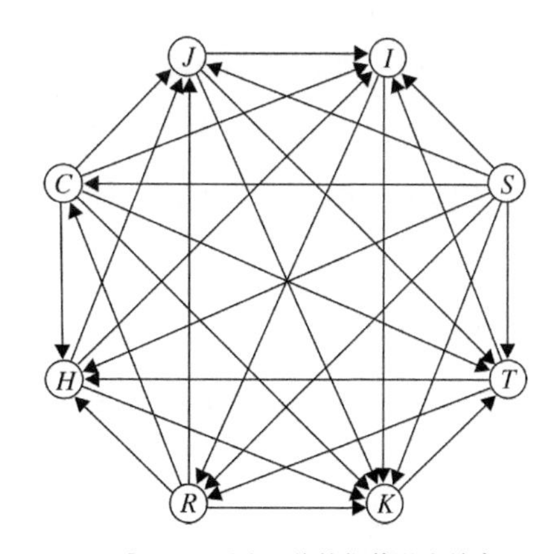

(b)「8．11 匯改」後的網絡溢出效應

圖 4－5「8．11 匯改」前後代表性貨幣間的網絡溢出效應

注：圖中節點內的 C、H、R、K、T、S、I、J 分別指 CNH、HKD、RUB、KRW、TWD、SGD、INR、JPY。

六、離岸人民幣避險特徵分析

2017 年 7 月召開的第五次全國金融工作會議明確指出，防範系統性金融風險是當前各項工作的重中之重。而由於全球範圍內的不確定性因素持續高企與不斷累積，全球範圍的系統性金融風險防控刻不容緩。中國經濟的內、外部均衡離不開人民幣匯率的穩定，其自身的穩健已然成為金融風險防控的重要內容之一。世界經濟與金融秩序的安全也需要一個穩定的人民幣匯率。近年來，人民幣幣值持續相對穩定，由中國人民銀行所實施推廣的各項貨幣政策相對獨立且穩健，並且人民幣市場尤其是離岸人民幣市場在經歷「8．11 匯改」調整後的市場深度足夠，人民幣在一定程度上已經具備了避險貨幣的特徵。與此同時，「一帶一路」倡議的提出更是給我們提供了檢測人民幣避險特徵的絕佳「試驗場地」。中國作為「一帶一路」倡議的提出方，人民幣理應在「一帶一路」沿線國家中發揮出應有的效力，提供必要的避險保障。

人民幣尤其是離岸人民幣是否已經具備避險屬性？離岸人民幣在「一帶一路」沿線國家中的避險屬性究竟如何，是否與其在主流貨幣中的避險屬性不同？該屬性有無時變特徵？置身於「一帶一路」建設的大背景下，剖析清楚這些問題有助於我們從定量的角度來審視人民幣的避險特徵，考察人民幣在極端事件發生時給投資者提供的對沖價值，進而為人民幣國際化的繼續前行提供助力支持，對新常態下的金融系統安全與匯率制度改革亦具有重要的參考價值和現實意義。本節擬基於擴展的非拋補利率平價等式來研究離岸人民幣相對主流貨幣以及「一帶一路」沿線國家貨幣的雙邊匯率變動問題，藉此來探討離岸人民幣的避險特徵。

（一）研究數據

本節研究的貨幣主要為離岸人民幣與部分主流貨幣以及「一帶一路」沿線國家貨幣。其中，主流貨幣為澳大利亞元、加拿大元、瑞士法郎、歐元、英鎊、日元、挪威克朗、新西蘭元、瑞典克朗、新加坡元、美元和南非蘭特。這些貨幣大多數是外匯交易市場中的主要幣種，同時還會跟大宗商品市場保持着高度的關聯關係，諸如澳大利亞元、加拿大元、挪威克朗和南非蘭特等。而「一帶一路」沿線國家和地區的確定則主要依據中國一帶一路網（https//www.yidaiyilu.gov.cn/）截至 2017 年底展示的沿線國家和地區。這裏，由於本節的所有即期和 1 個月遠期匯率數據均取自 Datastream 數據庫，並且是以美元標價法下的日度數據為準，考慮到數據的可得性，最終選取了 27 個沿線國家，具體見表 4－11 的後兩列。在後續的實證分析中，本節將分別考察離岸人民幣在主流貨幣和「一帶一路」沿線國家貨幣中的避險特徵，以便比較分析人民幣是否存在避險屬性。

本節選取的時間跨度為 2011 年 7 月 11 日至 2017 年 12 月 31 日，之所以確定為這樣的時間跨度，主要是因為離岸人民幣的遠期匯率數據最早可追溯至此。同時，還需要注意的是，在後續分析中採用的均是所有貨幣對人民幣的雙邊匯率數據，而該數據則是通過各幣種兑美元的數據進行交叉套算得來的。例如，阿聯酋迪拉姆／人民幣的雙邊匯率是通過人民幣／美元和阿聯酋迪拉姆／美元的交叉套算得來的。

本節採用 VIX 指數的日度數據作為反映全球貨幣風險的代理變量。VIX 指數是標普 500 指數期權的隱含波動率，它主要用來指示全球金融市場的動蕩程度與投資者的避險情緒。若該指數上升，則意味着全球金融市場動蕩程度和避險情緒加重。該數據取自芝加哥期權交易所（CBOE）官網（http：//www.cboe.com）。上述提及的所有數據均經過對數化處理。

表 4－11　貨幣名稱與符號

貨幣名稱	貨幣符號	貨幣名稱	貨幣符號	貨幣名稱	貨幣符號
離岸人民幣	CNH	阿聯酋迪拉姆	AED	摩洛哥迪拉姆	MAD
澳大利亞元	AUD	保加利亞列弗	BGN	阿曼里亞爾	OMR
加拿大元	CAD	捷克克朗	CZK	菲律賓比索	PHP

（續表）

貨幣名稱	貨幣符號	貨幣名稱	貨幣符號	貨幣名稱	貨幣符號
瑞士法郎	CHF	埃及鎊	EGP	巴基斯坦盧比	PKR
歐元	EUR	克羅地亞庫納	HRK	波蘭茲羅提	PLN
英鎊	GBP	匈牙利福林	HUF	卡塔爾里亞爾	QAR
日元	JPy	印度尼西亞盧比	IDR	羅馬尼亞列伊	RON
挪威克朗	NOK	以色列新謝克爾	ILS	塞爾維亞第納爾	RSD
新西蘭元	NZD	印度盧比	INR	俄羅斯盧布	RUB
瑞典克朗	SEK	約旦第納爾	JOD	沙特里亞爾	SAR
新加坡元	SGD	韓元	KRW	泰銖	THB
美元	USD	科威特第納爾	KWD	新土耳其里拉	TRy
南非蘭特	ZAR	哈薩克斯坦堅戈	KZT	越南盾	VND
—	—	斯里蘭卡盧比	LKR	—	—

接下來，本節將分別針對離岸人民幣在部分主流貨幣和「一帶一路」沿線國家貨幣中的避險屬性進行探討。首先，基於傳統和擴展的非拋補利率平價回歸方程來定量分析人民幣的避險特徵；其次，利用滾動回歸分析方法來刻畫人民幣避險特徵的時變狀態，從而對人民幣的避險特徵及其時變狀態進行全景式分析。

（二）基於非拋補利率平價回歸的分析

本節主要闡述傳統的非拋補利率平價理論在解釋離岸人民幣分別對主流貨幣以及「一帶一路」沿線國家貨幣的雙邊匯率變動過程中是否合理。此處，以式（4－10）為基本的回歸模型：

$$\Delta s_{t+1}^{k} = \alpha^{k} + \beta_{0}^{k}(f_{t}^{k} - s_{t}^{k}) + \lambda_{t+1}^{k} \quad (4-10)$$

這裏，k 表示第 k 個貨幣對人民幣的雙邊匯率，s 和 f 分別表示即期匯率和 1 個月的遠期匯率。如果 $\beta_0 = 1$，則表明傳統的非拋補利率平價理論在解釋匯率變動問題中是適用的，否則就需要考慮加入更多的風險因子來對該回歸模型進行擴充調整。

表 4 – 12 和表 4 – 13 分別展示了離岸人民幣對主流貨幣和「一帶一路」沿線國家貨幣在傳統的非拋補利率平價等式下的回歸結果。表中的 DW 檢驗主要是用來檢測殘差序列是否存在自相關問題。結合表 4 – 12 和表 4 – 13 的結果，可以發現：①傳統的非拋補利率平價理論並不能較好地解釋離岸人民幣的匯率變動問題。表現為，無論是離岸人民幣對主流貨幣還是「一帶一路」沿線國家貨幣的雙邊匯率，非拋補利率平價等式估計出的係數 β_0 的數值基本不為 1。②相對於主流貨幣而言，非拋補利率平價理論在解釋離岸人民幣對「一帶一路」沿線國家貨幣的雙邊匯率變動收益中存在着一定的解釋力度。β_0 係數在離岸人民幣對埃及鎊、哈薩克斯坦堅戈、泰銖、新土耳其里拉中均顯著不為 0，也就是說，滯後的遠期升貼水因素在解釋這些貨幣的匯率變動收益中起到了一定的作用。

綜上，為了更好地觀察離岸人民幣對上述貨幣的雙邊匯率變動問題，有必要如前述理論部分的闡述，考慮在傳統的非拋補利率平價等式中納入貨幣風險因子。接下來，將基於擴展的非拋補利率平價等式分別就離岸人民幣對主流貨幣和「一帶一路」沿線國家貨幣的雙邊匯率變動收益問題進行全新的分析與探討。

表 4 – 12　基於離岸人民幣對主流貨幣的非拋補利率平價回歸

貨幣	α^k	β_0^k	R^2	DW
AUD	−0.019	0.046	0.0001	1.942
	(0.018)	(0.084)	—	—
CAD	−0.020	0.020	0.0000	1.926
	(0.020)	(0.078)	—	—

（續表）

貨幣	α^k	β_0^k	R^2	DW
CHF	−0.005	−0.003	0.0000	1.926
	(0.042)	(0.115)	—	—
EUR	−0.015	0.028	0.0000	1.931
	(0.028)	(0.083)	—	—
GBP	0.020	−0.130	0.0010	1.857
	(0.027)	(0.096)	—	—
JPY	−0.046	0.103	0.0003	1.906
	(0.035)	(0.105)	—	—
NOK	−0.026	0.022	0.000	1.915
	(0.025)	(0.103)	—	—
NZD	−0.010	0.069	0.0002	1.945
	(0.019)	(0.113)	—	—
SEK	−0.018	0.028	0.0000	1.947
	(0.025)	(0.076)	—	—
SGD	−0.014	0.043	0.0003	1.938
	(0.016)	(0.065)	—	—
USD	−0.003	0.025	0.0003	1.909
	(0.011)	(0.041)	—	—
ZAR	−0.024	0.042	0.0000	1.910
	(0.064)	(0.200)	—	—

注：表中括號內的數值為標準誤差。

表 4－13　基於離岸人民幣對「一帶一路」沿線國家貨幣的非拋補利率平價回歸

貨幣	α^k	β_0^k	R^2	DW
AED	−0.003	0.026	0.0003	1.909
	(0.011)	(0.042)	—	—
BGN	−0.015	0.029	0.0000	1.931
	(0.027)	(0.086)	—	—
CZK	−0.031	0.071	0.0004	1.932
	(0.032)	(0.087)	—	—
EGP	0.126**	0.083***	0.0228	1.994
	(0.052)	(0.013)	—	—
HRK	−0.020	0.071	0.0005	1.935
	(0.021)	(0.074)	—	—
HUF	−0.021	0.061	0.0003	1.935
	(0.023)	(0.078)	—	—
IDR	−0.036*	−0.053	0.0006	1.922
	(0.020)	(0.068)	—	—
ILS	−0.009	0.043	0.0003	1.897
	(0.019)	(0.065)	—	—
INR	−0.012	0.020	0.0004	1.872
	(0.026)	(0.060)	—	—
JOD	−0.000	0.039	0.0009	1.912
	(0.007)	(0.032)	—	—
KRW	0.001	−0.015	0.0000	1.940
	(0.016)	(0.071)	—	—
KWD	−0.000	−0.017	0.0000	1.920
	(0.010)	(0.041)	—	—

（續表）

貨幣	α^k	β_0^k	R^2	DW
KZT	−0.006	0.044 ***	0.0039	1.955
	(0.029)	(0.017)	—	—
LKR	−0.005	0.037	0.0006	1.931
	(0.017)	(0.039)	—	—
MAD	−0.003	0.027	0.0000	1.925
	(0.014)	(0.060)	—	—
OMR	−0.005	0.036	0.0005	1.909
	(0.011)	(0.045)	—	—
PHP	0.001	−0.059	0.0007	1.917
	(0.011)	(0.053)	—	—
PKR	−0.009	0.019	0.0005	1.950
	(0.012)	(0.031)	—	—
PLN	−0.013	0.079	0.0004	1.929
	(0.021)	(0.092)	—	—
QAR	−0.000	0.015	0.0001	1.910
	(0.011)	(0.044)	—	—
RON	−0.014	0.020	0.0000	1.933
	(0.017)	(0.061)	—	—
RSD	0.003	0.067	0.0009	1.919
	(0.023)	(0.054)	—	—
RUB	−0.097	−0.105	0.0007	1.940
	(0.061)	(0.106)	—	—
SAR	−0.001	0.015	0.0002	1.909
	(0.011)	(0.042)	—	—

（續表）

貨幣	α^k	β_0^k	R^2	DW
THB	−0.006	0.084*	0.0021	1.899
	(0.010)	(0.044)	—	—
TRY	−0.180***	−0.264***	0.0050	1.938
	(0.049)	(0.093)	—	—
VND	−0.000	0.024	0.0007	1.925
	(0.007)	(0.021)	—	—

注：表中括號內的數值為標準誤差；***、**、* 分別表示在 1%、5% 和 10% 的置信水平上顯著。

（三）基於擴展的非拋補利率平價回歸的分析

本節的重點在於觀察非拋補利率平價等式中新納入的貨幣風險因子能否更好地解釋匯率變動問題。這裏，我們借鑒 Lustig 等（2011）和 Verdelhan（2018）的研究範式，基於資產定價框架來研究離岸人民幣的問題。

本節使用的貨幣定價模型主要裏括兩個風險因子。第一個是平均匯率變動。這是一個特定的貨幣風險因子，也就是說，各幣種對離岸人民幣的平均雙邊匯率變動不完全一致。依據 Lustig 等（2011）的研究，該因子能在很大程度上解釋貨幣（超額）收益的變動。而按照 Verdelhan（2018）的表述，在測度此特定貨幣風險因子時，其對應的特定貨幣將被排除在計算範圍以外。例如，當我們使用擴展的非拋補利率平價等式來考察離岸人民幣與澳大利亞元的雙邊匯率變動時，將只對除澳大利亞元以外的其他 11 個貨幣與離岸人民幣的雙邊匯率變動進行算術平均。Verdelhan（2018）同時還指出，在貨幣市場中，平均匯率變動確實能夠反映貨幣風險的變動狀況。基於美國投資者的視角，他指出依據貨幣組合分類而獲取的投資收益對該因子風險敞口水平的不同而傳遞出截然不同的個體差異信息。

第二個風險因子是 VIX 指數的收益率。它是對全球貨幣市場風險狀態的一種有效衡量。按照 Lustig 等（2011）的表述，在非拋補利率平價等式中加入全球風險因子的代理變量，應該與全球股票市場的波動率正相關。不同於 Lustig 等（2011）使用的全球風險因子的代理變量，其依據貨幣組合進行排序而得到的高和低遠期貼水的差值，本文參考的是 Grisse 和 Nitschka（2015）的研究，他們認為 VIX 指數收益率作為衡量全球股票市場波動率的重要指標，可作為 Lustig 等（2011）的模型中用來估計全球風險因子的近似代理變量。需要指出的是，儘管 VIX 指數源自美國股票市場，但它仍然與全球其他股票市場的波動率指數保持着高度正相關關係。因此，使用該指數序列作為全球風險因子的代理變量能夠避免在擴展的非拋補利率平價等式中的潛在重複計算。此外，Lustig 等（2011）構建的全球風險因子是從遠期貼現率或者利率差異進行排序的貨幣組合中而來的。將全球風險因子連同雙邊匯率的遠期貼現率直接納入到回歸等式中會存在明顯的問題，因為特定的貨幣組合或者其對應的交叉匯率已經被涵蓋在 Lustig 等（2011）構建的全球風險因子中。因此，本文更傾向於使用一個既不是取決於遠期貼現率或利率差異，也不是源自匯率數據的全球風險因子代理變量。

正如 Lustig 等（2011）所述，不同幣種的外匯收益差異主要取決於這些貨幣收益對全球風險因子的敏感性差異水平。因此，對全球風險的敞口水平能夠體現出一種貨幣的避險特徵。具體來說，一種避險貨幣應當與全球風險因子的風險敞口水平負相關，即該避險貨幣理應在全球風險逐漸攀升並不斷演變為事實時，通過自身的穩定升值來幫助投資者獲取收益，進而實現風險對沖。

綜上，擴展的非拋補利率平價等式如下：

$$\Delta s_{t+1}^{k} = \alpha^{k} + \beta_{0}^{k}(f_{t}^{k} - s_{t}^{k}) + \beta_{1}^{k} AFX_{t+1} + \beta_{2}^{k} \Delta (VIX)_{t+1} + \lambda_{t+1}^{k} \qquad (4-11)$$

這裏，AFX 是指除 k 國貨幣以外的所有其他貨幣對離岸人民幣的平均雙邊匯率變動。

表 4－14 和表 4－15 分別展示了離岸人民幣對主流貨幣和「一帶一路」

沿線國家貨幣在擴展的非拋補利率平價等式下的回歸結果。發現：①無論是離岸人民幣對主流貨幣，還是對「一帶一路」沿線國家貨幣的雙邊匯率變動，遠期貼現率的解釋力度仍然較弱，表現為係數 β_0^k 顯著不為 0 的情況非常稀少。②特定貨幣的平均匯率變動在解釋各幣種對離岸人民幣的雙邊匯率變動時，效果極其顯著，表現為係數 β_1^k 基本上顯著不為 0。在離岸人民幣相對主流貨幣的分析中，係數 β_1^k 的數值最小為離岸人民幣對日元的 0.452，最大為離岸人民幣對南非蘭特的 1.420。之所以離岸人民幣對日元的平均匯率變動係數最小，可能是因為中日地緣關係較為突出、貿易往來較為密切，其背後的資金往來也相對頻繁。雖然歐盟同中國的雙邊貿易往來額度更高，但歐盟作為一個共同政治經濟體，其成員國的組成範圍要遠大於使用歐元的成員國。③在離岸人民幣相對主流貨幣的分析中，係數 β_2^k 的數值正、負皆有。需要注意的是，當 β_2^k 的數值為正（負）時，則意味着全球風險的上升（下降），帶來了離岸人民幣的貶值（升值），也就意味着對手國貨幣的幣值將攀升（下降）。因此，瑞士法郎、歐元、日元和美元的避險屬性要強於離岸人民幣。在全球風險不斷攀升時，這些貨幣提供的風險對沖要明顯好於離岸人民幣。事實上，美元作為全球最重要的貨幣，在國際貿易往來、金融市場和商品市場中均扮演着基準貨幣的角色，其避險屬性天然地強於離岸人民幣。而瑞士法郎、歐元和日元則屬於傳統的避險貨幣。至於除上述貨幣以外的其他貨幣，其避險屬性要弱於離岸人民幣。④在離岸人民幣相對「一帶一路」沿線國家貨幣的分析中，係數 β_2^k 的數值亦正、負皆有。但整體而言，正值較多，負值較少。目前僅有匈牙利福林、印度盧比、波蘭茲羅提、俄羅斯盧布和新土耳其里拉的 β_2^k 顯著為負。這説明，當全球風險上升時，離岸人民幣相對這些貨幣升值，從而避險屬性較為突出。而近半數貨幣的 β_2^k 顯著為正，説明離岸人民幣的避險特徵在「一帶一路」沿線國家中尚不突出。但值得強調的是，印度盧比和俄羅斯盧布均為區域性的代表貨幣，而離岸人民幣的避險屬性要強於這兩種貨幣，因此一定程度上可能存在着離岸人民幣相對於「一帶一路」沿線國家貨幣的避險屬性要強於實證結果所揭示的狀況。綜上，離岸人民幣存在或多或少的避險屬性，但這一特徵主要集中在離岸人民幣相對主流貨幣的雙邊匯率中，而其在「一帶一路」沿線國家中的避險特徵則相對較弱。

表 4－14　基於離岸人民幣對主流貨幣的擴展非拋補利率平價回歸

貨幣	α^k	β_0^k	β_1^k	β_2^k	R^2	DW
	(Constant)	$(f_t^k - s_t^k)$	(AFX_{t+1})	$[\Delta(VIX)_{t+1}]$		
AUD	−0.004	0.003	1.115***	−0.752***	0.502	1.943
	(0.013)	(0.060)	(0.028)	(0.146)	—	—
CAD	−0.004	−0.012	0.748***	−0.455***	0.400	1.927
	(0.015)	(0.060)	(0.023)	(0.124)	—	—
CHF	0.020	−0.045	0.928***	1.090***	0.298	1.944
	(0.036)	(0.098)	(0.035)	(0.184)	—	—
EUR	0.009	−0.010	1.025***	0.542***	0.547	1.944
	(0.019)	(0.057)	(0.023)	(0.120)	—	—
GBP	0.040*	−0.180**	0.734***	−0.366**	0.304	1.854
	(0.023)	(0.081)	(0.028)	(0.150)	—	—
JPY	−0.040	0.102	0.452***	2.088***	0.134	1.924
	(0.031)	(0.094)	(0.034)	(0.188)	—	—
NOK	−0.001	−0.037	1.276***	−0.550***	0.539	1.941
	(0.016)	(0.068)	(0.029)	(0.151)	—	—
NZD	0.008	0.003	1.174***	−0.529***	0.442	1.964
	(0.014)	(0.082)	(0.033)	(0.171)	—	—
SEK	0.007	−0.014	1.195***	0.110	0.522	1.953
	(0.017)	(0.053)	(0.028)	(0.146)	—	—
SGD	−0.002	0.028	0.618***	−0.250***	0.589	1.943
	(0.010)	(0.041)	(0.013)	(0.070)	—	—

（續表）

貨幣	α^k (Constant)	β_0^k $(f_t^k - s_t^k)$	β_1^k (AFX_{t+1})	β_2^k $[\Delta(VIX)_{t+1}]$	R^2	DW
USD	-0.003	0.026	0.014	0.208***	0.006	1.911
	(0.011)	(0.041)	(0.012)	(0.067)	—	—
ZAR	-0.000	0.075	1.420***	-2.431***	0.354	1.911
	(0.053)	(0.167)	(0.051)	(0.257)	—	—

注：表中括號內的數值為標準誤差；***、**、* 分別表示在 1%、5% 和 10% 的置信水平上顯著。

表 4－15　基於離岸人民幣對「一帶一路」沿線國家貨幣的擴展非拋補利率平價回歸

貨幣	α^k (Constant)	β_0^k $(f_t^k - s_t^k)$	β_1^k (AFX_{t+1})	β_2^k $[\Delta(VIX)_{t+1}]$	R^2	DW
AED	0.002	0.022	0.326***	0.339***	0.180	1.931
	(0.010)	(0.036)	(0.017)	(0.061)	—	—
BGN	0.018	-0.009	1.642***	0.449***	0.574	1.935
	(0.018)	(0.057)	(0.035)	(0.116)	—	—
CZK	0.003	0.047	1.871***	0.103	0.501	1.936
	(0.023)	(0.062)	(0.046)	(0.153)	—	—
EGP	0.130**	0.083***	0.286***	-0.119	0.027	1.996
	(0.052)	(0.013)	(0.111)	(0.380)	—	—
HRK	0.015	0.006	1.651***	0.432***	0.539	1.932
	(0.014)	(0.052)	(0.037)	(0.125)	—	—
HUF	0.011	0.028	2.113***	-0.936***	0.447	1.934
	(0.018)	(0.059)	(0.059)	(0.194)	—	—
IDR	-0.031*	-0.054	0.470***	0.056	0.094	1.927
	(0.019)	(0.062)	(0.036)	(0.126)	—	—

（續表）

貨幣	α^k (Constant)	β_0^k $(f_t^k - s_t^k)$	β_1^k (AFX_{t+1})	β_2^k $[\Delta(VIX)_{t+1}]$	R^2	DW
ILS	0.009	0.021	1.004***	0.145	0.367	1.890
	(0.015)	(0.053)	(0.032)	(0.110)	—	—
INR	−0.007	0.012	0.610***	−0.373***	0.136	1.895
	(0.023)	(0.054)	(0.039)	(0.136)	—	—
JOD	0.004	0.032	0.312***	0.284***	0.146	1.936
	(0.006)	(0.028)	(0.019)	(0.066)	—	—
KRW	0.011	−0.030	0.539***	−0.039	0.079	1.950
	(0.015)	(0.066)	(0.045)	(0.160)	—	—
KWD	0.006	−0.015	0.498***	0.325***	0.375	1.951
	(0.007)	(0.030)	(0.016)	(0.055)	—	—
KZT	−0.001	0.044***	0.422***	0.371	0.017	1.958
	(0.029)	(0.017)	(0.088)	(0.312)	—	—
LKR	−0.000	0.038	0.329***	0.329***	0.073	1.934
	(0.016)	(0.037)	(0.029)	(0.103)	—	—
MAD	0.011	−0.007	1.306***	0.260***	0.640	1.938
	(0.008)	(0.035)	(0.024)	(0.082)	—	—
OMR	0.000	0.033	0.322***	0.340***	0.176	1.930
	(0.009)	(0.039)	(0.017)	(0.061)	—	—
PHP	0.007	−0.058	0.514***	0.056	0.191	1.933
	(0.009)	(0.046)	(0.026)	(0.091)	—	—
PKR	−0.006	0.015	0.322***	0.299***	0.090	1.954
	(0.011)	(0.029)	(0.025)	(0.089)	—	—

（續表）

貨幣	α^k (Constant)	β_0^k $(f_t^k - s_t^k)$	β_1^k (AFX_{t+1})	β_2^k $[\Delta (VIX)_{t+1}]$	R^2	DW
PLN	0.019	0.038	2.111***	−0.885***	0.499	1.931
	(0.015)	(0.066)	(0.053)	(0.175)	—	—
QAR	0.004	0.012	0.325***	0.329***	0.172	1.931
	(0.009)	(0.039)	(0.018)	(0.062)	—	—
RON	0.013	−0.011	1.761***	0.096	0.538	1.938
	(0.012)	(0.043)	(0.040)	(0.134)	—	—
RSD	0.013	0.019	1.644***	0.429***	0.464	1.932
	(0.017)	(0.040)	(0.043)	(0.145)	—	—
RUB	−0.081	−0.096	0.924***	−3.645***	0.108	1.952
	(0.056)	(0.097)	(0.103)	(0.353)	—	—
SAR	0.003	0.017	0.327***	0.336***	0.180	1.932
	(0.009)	(0.037)	(0.017)	(0.061)	—	—
THB	0.001	0.036	0.528***	0.119	0.195	1.931
	(0.009)	(0.042)	(0.026)	(0.092)	—	—
TRY	−0.144***	−0.217***	1.106***	−1.327***	0.219	1.946
	(0.044)	(0.082)	(0.057)	(0.193)	—	—
VND	0.003	0.015	0.329***	0.336***	0.153	1.944
	(0.006)	(0.018)	(0.019)	(0.068)	—	—

注：表中括號內的數值為標準誤差；***、**、* 分別表示在 1%、5% 和 10% 的置信水平上顯著。

（四）匯率變動與全球風險因子的時變關係

2011—2018 年，人民幣匯率制度進行了數次改革，這可能會對離岸人民幣的匯率變動與全球風險因子的關聯關係產生深度影響。因此，本節探討了離岸人民幣相對部分主流貨幣和「一帶一路」沿線國家貨幣的雙邊匯率變動與全球風險因子的時變關係。

圖 4－6 和圖 4－7 分別展示了離岸人民幣相對部分主流貨幣以及「一帶一路」沿線國家貨幣的雙邊匯率變動與全球風險因子關聯關係的動態演變路工。觀察圖 4－6，可以發現：①樣本期內，離岸人民幣相對美元和瑞士法郎的雙邊匯率變動與全球風險因子的時變關係較為穩定。在全球風險波動的狀態下，瑞士法郎相對離岸人民幣不斷升值，避險屬性持續強化。至於美元，其相對離岸人民幣保持溫和升值狀態，總的來說避險屬性一般。特別是在 2017 年中以後，離岸人民幣相對美元能夠更好地抵禦全球風險波動。這可能是因為，美元在 2017 年受國際國內局勢的雙重影響，陷入疲軟行情不能自拔，而彼時的人民幣幣值持續堅挺，在一定程度上可以滿足投資者的避險需求。②不同於美元和瑞士法郎，離岸人民幣相對日元和歐元的雙邊匯率變動與全球風險因子的時變關係波動劇烈，並且離岸人民幣相對日元的波動程度更高。特別是在 2016 年上半年，全球「黑天鵝」事件頻發，不確定性逐漸加劇，推動作為避險貨幣的日元持續走強，而受英國「脱歐公投」的影響，避險情緒高漲，時變關係達到頂峰狀態，即日元相對離岸人民幣的避險價值不斷凸顯。③離岸人民幣相對澳大利亞元、加拿大元和新西蘭元的雙邊匯率變動與全球風險因子的時變關係走勢趨於一致。其中，主要的突變是在 2016 年上半年，此時離岸人民幣的避險屬性要強於這三種貨幣。可能的原因是，這三種貨幣都屬於商品貨幣，其幣值受國際大宗商品價格影響深遠。2015 年，大宗商品價格持續下行，這種低迷的狀態一直延續至 2016 年上半年，因此對應的商品貨幣幣值較為疲軟，而彼時的人民幣幣值相對穩定，且中國市場存在對大宗商品的穩定需求，故離岸人民幣的避險價值得以大幅提升。④離岸

人民幣相對新加坡元與南非蘭特的避險屬性突出，相對南非蘭特的避險屬性在不斷增強。表現為，離岸人民幣相對這兩種貨幣的雙邊匯率變動與全球風險因子的時變關係持續為負，其相對南非蘭特的時變關係在深度下探，特別是自 2015 年以後，這種負向的時變關係得以不斷鞏固加強。⑤極端狀況下，離岸人民幣相對英鎊的避險價值凸顯。圖中，多數情況下，離岸人民幣相對英鎊的雙邊匯率變動與全球風險因子的時變關係維持在零值上下波動，這反映出英鎊和離岸人民幣的避險價值相差無幾。但在 2016 年英國「脱歐公投」時，離岸人民幣相對英鎊的避險屬性顯著增強。此時，以 VIX 指數為代表的全球風險上升 1%，離岸人民幣相對英鎊升值近 12%。

觀察圖 4－7，可以發現：①離岸人民幣相對匈牙利福林和波蘭茲羅提的雙邊匯率變動與全球風險因子時變關係的趨勢基本完全一致。雖然在部分時段內，該時變關係呈現正值，但總體是負值居於主導地位，也就是説，離岸人民幣相對這兩種貨幣的避險屬性持續存在。不過，需要注意的是，相對於 2015 年以前的強避險屬性，2015 年以後的避險屬性逐漸減弱，表現為上述的時變關係開始在零值附近上下遊走。這可能是因為全球政治經濟不確定性狀態加劇，從而促使投資者的目光逐漸向傳統的避險資產聚焦，進而導致離岸人民幣的避險屬性減弱。②離岸人民幣相對印度盧比和新土耳其里拉的避險特徵持續存在，其相對新土耳其里拉的避險特徵更加突出。圖中，離岸人民幣相對印度盧比和新土耳其里拉的雙邊匯率變動與全球風險因子的時變關係持續為負，並且基於新土耳其里拉的時變關係數值明顯小於印度盧比。③離岸人民幣相對俄羅斯盧布的避險特徵亦持續存在，這表現為離岸人民幣相對俄羅斯盧布的雙邊匯率變動與全球風險因子的時變關係基本處於零值以下。而在極端情況下，持有離岸人民幣來對沖盧布的匯率波動則能獲得較高的投資收益。2014 年底，受石油價格暴跌和烏克蘭危機雙重影響，盧布巨幅貶值，此時的離岸人民幣避險價值得以大幅凸顯。在此境況下，VIX 指數衡量的全球風險上升 1%，離岸人民幣相對盧布升值 50%，升值幅度接近正常狀況的 14 倍。當然，這也在一定程度上反映出俄羅斯經濟金融制度的脆弱性，盧布的不穩定性。在同俄羅斯的雙邊貿易往來以及開展其他的國際經濟金融活動時，一定要提高避險意識，及時做好將投資者手中持有的盧布轉換為離岸人民幣或者其他避險貨幣的準備。

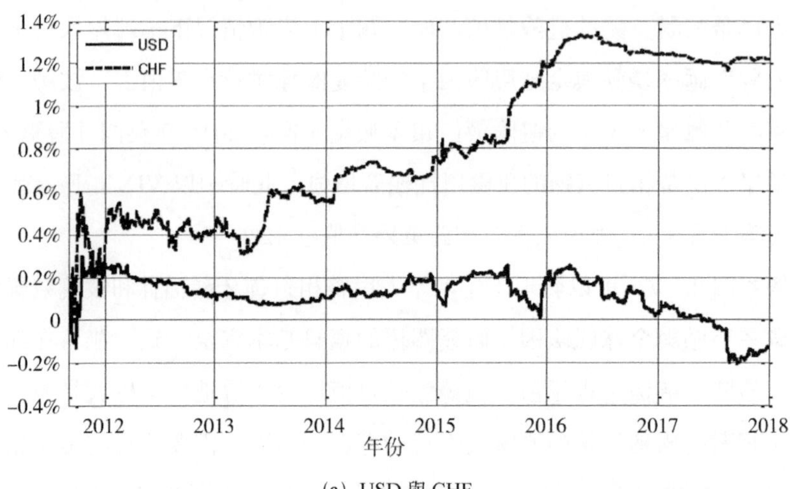

(a) USD 與 CHF

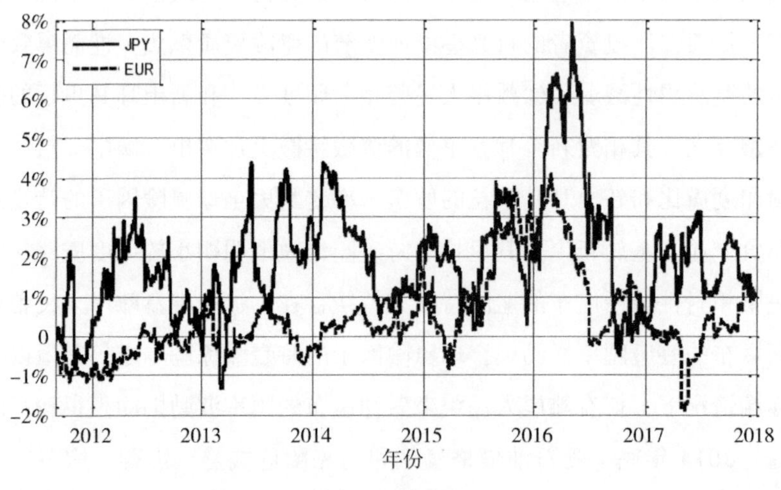

(b) JPY 與 EUR

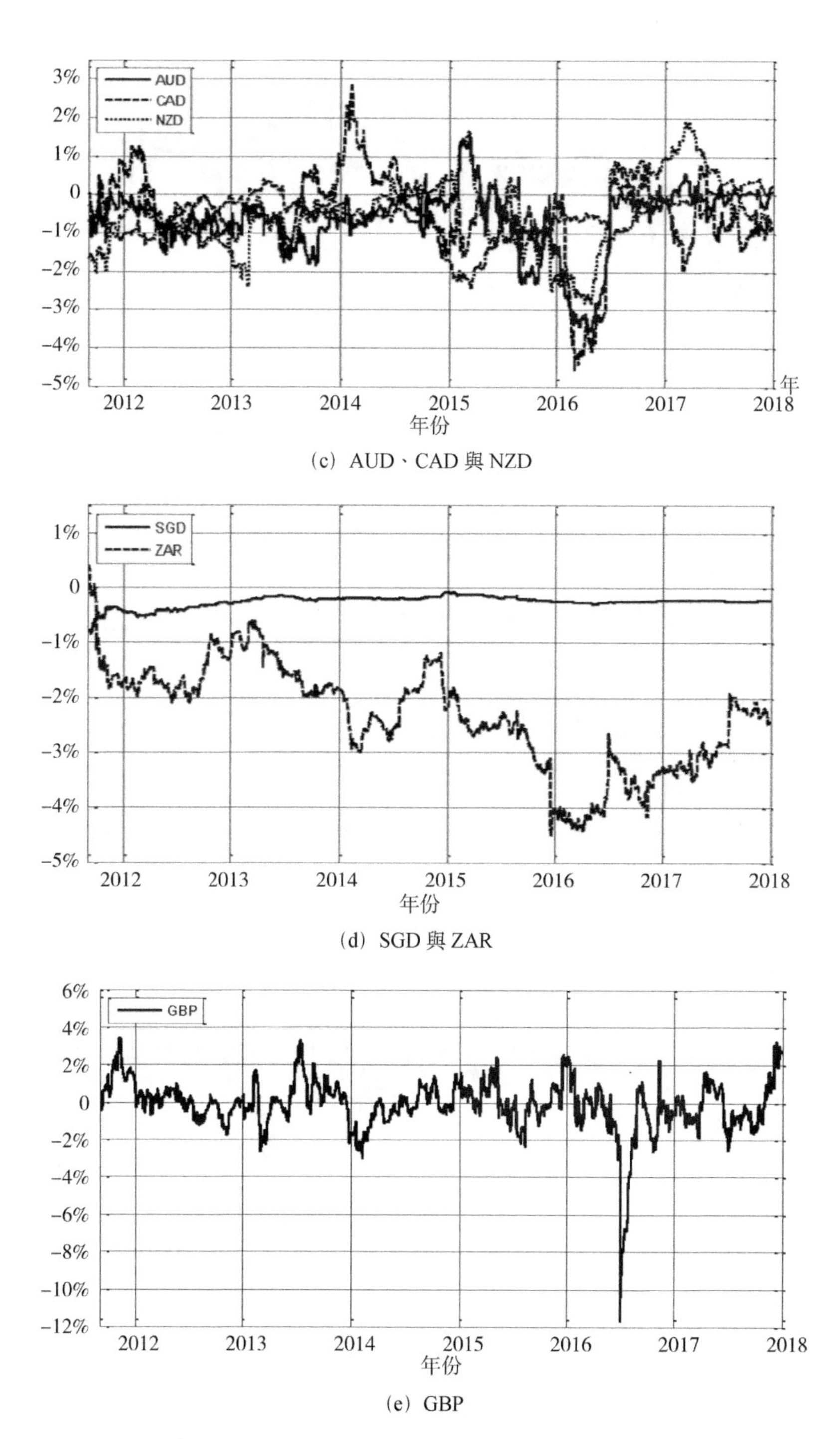

(c) AUD、CAD 與 NZD

(d) SGD 與 ZAR

(e) GBP

圖 4－6　離岸人民幣相對部分主流貨幣的雙邊匯率變動與全球風險因子關聯關係的動態路徑

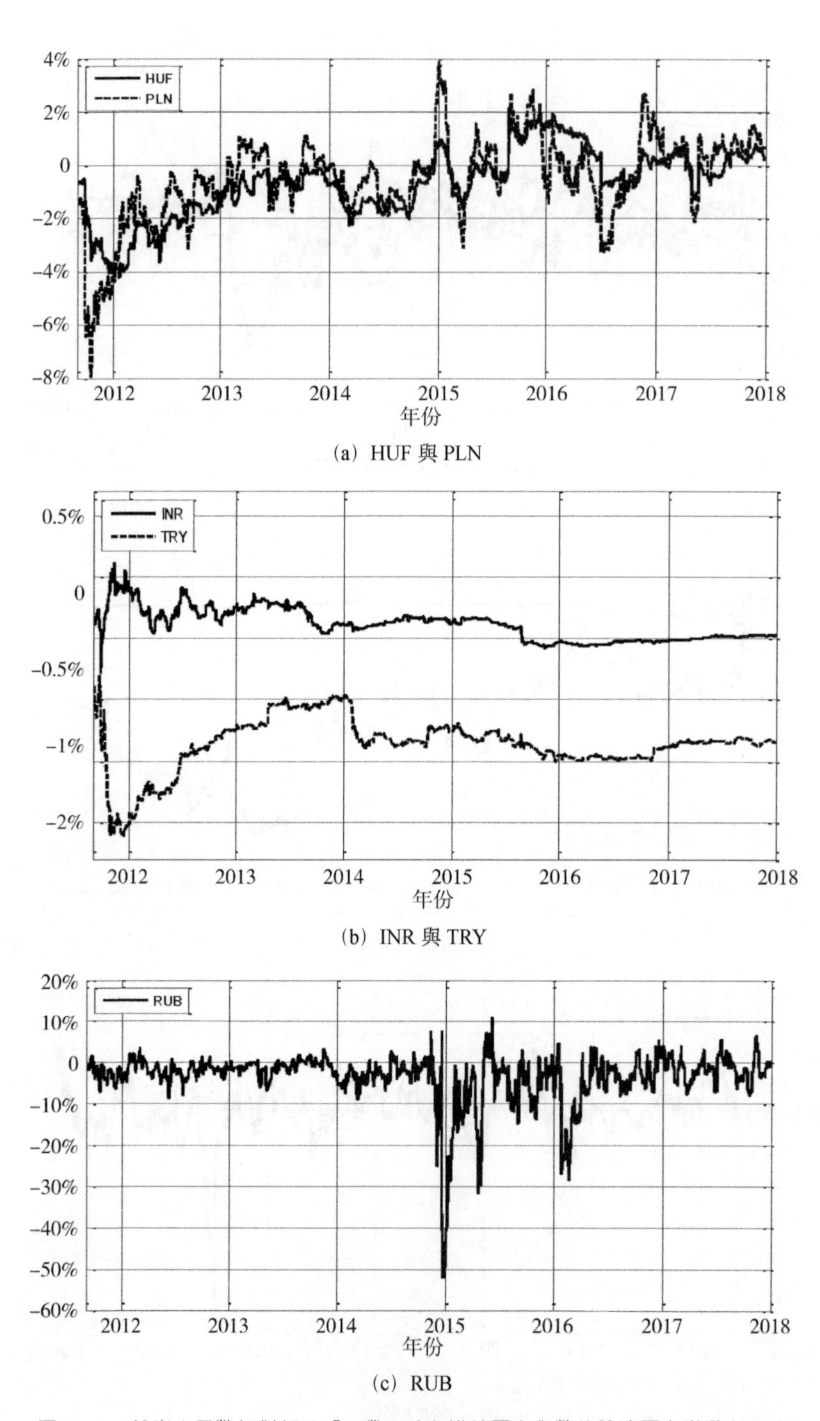

(a) HUF 與 PLN

(b) INR 與 TRY

(c) RUB

圖 4－7　離岸人民幣相對部分「一帶一路」沿線國家貨幣的雙邊匯率變動與全球風險因子關聯關係的動態路徑

七、本章小結

囊括中國港澳台地區及周邊國家的 21 種貨幣，使用 2011—2015 年美元標價法下的匯率數據，本章基於 Diebold 和 Yilmaz（2012）模型考察了離岸人民幣在中國港澳台地區及周邊國家的區域影響力以及對應的時變特徵。結果發現：①無論是離岸人民幣還是在岸人民幣，它們對東盟國家以及上合組織成員國的貨幣均存在着較高程度的溢出效應。這表明人民幣的區域影響力已經凸顯，並且相比在岸人民幣，離岸人民幣的區域影響力更勝一籌。②離岸和在岸人民幣仍然受到兩大體系中部分貨幣的強烈溢出效應，特別是來自新加坡元、新台幣、韓元、馬來西亞林吉特以及港元等的波動溢出，也就是説人民幣尚不能成為區域性的錨貨幣。③離岸和在岸人民幣對中國港澳台地區及周邊國家貨幣的溢出效應隨時間推移而不斷發生變化，這表明上述結論有着明顯的時變特徵，不過其對整體趨勢無顯著影響。只是在特定事件的衝擊下，如 2015 年 8 月 11 日的人民幣匯率改革，離岸人民幣對中國港澳台地區及周邊國家貨幣的溢出呈現了異常的波動趨勢，表現為短時間、強程度的對外溢出。

此外，基於經典的資產定價框架，探討了離岸人民幣相對主流貨幣以及「一帶一路」沿線國家貨幣的雙邊匯率變動問題，進而藉此來探討離岸人民幣是否已經具備了避險貨幣的特徵。結果發現：①離岸人民幣存在避險屬性。具體來説，主流貨幣中，離岸人民幣相對澳大利亞元、加拿大元、新西蘭元以及新加坡元等幣種的避險屬性已經存在；「一帶一路」沿線國家貨幣中，離岸人民幣相對匈牙利福林、印度盧比、波蘭茲羅提、俄羅斯盧布以及新土耳其里拉的避險屬性已形成。②相對於主流貨幣而言，離岸人民幣在「一帶一路」沿線國家中的避險屬性整體較弱，有待繼續加強。③瑞士法郎、歐元、日元和美元的避險特徵更加突出，這些幣種的避險屬性要強於離岸人民幣。④上述提及的離岸人民幣避險屬性存在時變特徵。在極端事件發生時，離岸人民幣的避險價值更加凸顯。例如，英國「脱歐公投」和俄羅斯金融危機，使得離岸人民幣相對英鎊和盧布的避險表現更加突出。

上述結論具有深刻的政策含義。①要繼續建設香港離岸人民幣市場：以當前「一帶一路」倡議的推進為契機，大力建設香港離岸人民幣市場，有助於提升人民幣的區域影響力，進而幫助人民幣成長為區域性錨貨幣，這對中國自身的經濟建設以及同周邊國家的共同繁榮穩定都有着深遠影響。②要重新審視當前的匯率形成機制：一方面，離岸和在岸人民幣對周邊國家貨幣的溢出效應走勢基本趨同，説明人民幣匯率形成機制相對完善，基本符合市場運行規律；另一方面，離岸人民幣的溢出程度相對較高，説明有必要協調好離岸與在岸人民幣匯率形成機制，使兩大市場間的差距不至於過分拉大。此外，須保證人民幣匯率波動能夠更好地反映市場需求，從而促使人民幣的避險屬性繼續強化。③要認真選擇中國對周邊國家的經濟政治政策：針對離岸人民幣影響程度高的貨幣國，如新加坡、韓國等，接下來還需要進一步鞏固雙邊合作機制、推動經貿往來深入發展；而對於目前影響程度低的貨幣國，如哈薩克斯坦、越南等，則需要積極推進雙邊合作、切實推動經貿往來，通過繼續擴大人民幣的使用場景和範圍來系統性總結人民幣國際化的可行性路徑。

第五章

離岸人民幣市場對境內貨幣政策的影響：理論分析

儘管人民幣國際化將使中國從中獲得巨大的收益，但也必須高度關注和防範其可能產生的對貨幣政策的衝擊。一方面，隨着人民幣國際化進程加快，貿易和金融領域使用人民幣結算快速增長，貨幣需求的估測難度越來越大；另一方面，隨着離岸金融市場規模的不斷增加，在岸市場利率與匯率的形成機制可能會遭受衝擊，從而導致貨幣政策的有效性變弱。鑒於此，本章從理論分析入手，基於當前離岸人民幣市場的發展情況，深入分析人民幣跨境使用對貨幣政策的影響。

一、歷史觀點回顧

「三元悖論」表明，一國不能同時維持匯率穩定、資本自由流動和貨幣政策的獨立性，只能在三項中選擇兩項。匯率穩定是非居民持有本幣資產的基礎，也是推動離岸市場發展的重要條件；離岸市場的發展會使得跨境資本流動更加便利。因此，隨着離岸市場的發展壯大，資本自由流動和匯率穩定是一國較可能的政策選擇，這就會對貨幣發行國貨幣政策獨立性產生衝擊，影響到貨幣發行國貨幣政策的執行效果。從歷史事實來看，歐洲美元市場的發展對於美國的國內貨幣政策產生了一定的倒逼作用。學術界關於歐洲美元市場發展對貨幣政策影響的爭論非常激烈，觀點莫衷一是。Frydl（1979）對相關的論點和論據進行了系統性總結，見表 5－1。

表 5－1　關於歐洲貨幣市場對貨幣政策影響的爭論

觀點	歐洲貨幣市場對貨幣政策有無顯著影響
正方觀點：歐洲貨幣市場對貨幣政策有顯著影響	觀點 1：歐洲美元市場容易使通脹惡化，從而削弱或至少複雜化各國貨幣政策 理由：歐洲美元市場能夠比國內銀行體系創造更多貨幣（存款準備金率較低）
	觀點 2：美元存款從國內銀行體系到歐洲美元市場的轉移通常會導致世界範圍內銀行負債的淨增長 理由：國內銀行負債持有的儲備不因該交易而減少，而歐洲美元存款沒有準備金要求，因此現有準備金仍支持等量的國內負債，而創造了新的歐洲美元市場負債，導致世界範圍內信貸擴張

（續表）

觀點	歐洲貨幣市場對貨幣政策有無顯著影響
正方觀點：歐洲貨幣市場對貨幣政策有顯著影響	觀點 3：反對反方觀點 1 理由：(1) 資金從國內市場轉移至歐洲美元市場可能提高國內貨幣供給的流通速度，使得國內貨幣和支出之間的關係不穩定。如果貨幣流通速度的提高沒有及時被當局對沖，則可能引發通脹。(2) 歐洲貨幣能否發揮交易媒介作用只是個市場實踐問題，如加勒比海地區、大型跨國企業都有可能直接使用歐洲美元交易
	觀點 4：對反方觀點 2 持保留意見 理由：(1) 很難估計包含部分歐洲美元存款的貨幣總量與國家支出之間的穩定的統計關係。(2) 很難收集可供貨幣當局政策制定使用的關於歐洲貨幣市場存款變化的充分可靠、及時的數據。(3) 儘管理論上歐洲美元擴張效果可以通過美聯儲公開市場操作來抵消，但緊縮的國內貨幣政策的後果會不成比例地落到與歐洲美元市場聯繫較少的美國銀行和借款人頭上
反方觀點：歐洲貨幣市場對貨幣政策無顯著影響	觀點 1：承認正方觀點 1、觀點 2 所述事實，但認為其無關緊要，貨幣當局可以試圖通過影響最能代表交易貨幣的貨幣供應量（M1）來實現最終經濟目標理由：歐洲貨幣存款均為定期存款，可以承擔價值儲藏功能，但不能作為交易媒介，想要用於支付時必須轉化為美國活期存款，因此歐洲貨幣市場擴張並不創造貨幣。如果國內貨幣交易餘額和國內支出水平之間存在穩定關係，貨幣當局原則上可以通過控制國內貨幣供給來影響支出水平
	觀點 2：承認在通脹環境下歐洲貨幣市場的快速發展會使貨幣當局處境困難，但沒必要通過減緩歐洲貨幣市場增長來實現對世界通脹的有效調控，傳統的國內貨幣政策操作已經足夠理由：任何快於預期的歐洲貨幣市場擴張只需要通過進一步的國內貨幣抑制就能抵消，這或多或少可以機械化地通過將歐洲貨幣納入適當的國內貨幣總量目標來實現

資料來源：Frydl（1979）對相關的論點和論據進行的系統性總結。

儘管上述觀點莫衷一是，但從國外已有的文獻研究看，多數仍能得出這樣的結論：離岸貨幣會削弱境內貨幣政策獨立性，弱化貨幣政策調控效果，對境內金融經濟存在擠出效應，對境內外金融市場衝擊效應明顯。總之，離岸貨幣在獲得鑄幣稅收益的同時也影響相關經濟體的政策調控效果。這是本章和下一章研究的理論基礎。

二、離岸人民幣市場與歐洲美元市場的區別

歐洲美元市場始於 20 世紀 50 年代的倫敦，其優點在於不受任何國家法令限制、免稅、不繳納法定儲備、流動性強。許多研究就歐洲美元市場的存款規模增長的原因進行了探討，並歸因於離岸市場的存款創造（Friedman, 1969）。在此基礎上學者們就歐洲美元貨幣乘數進行了探討和估算，比較有代表性的是固定係數乘數模型和一般均衡模型。但是 Klopstock（1970）認為歐洲美元存款漏損嚴重，存款創造能力有限，歐洲美元存款迅速增長的主要原因在於在岸市場的初始資金轉移：歐洲美元市場能提供比美元在岸市場更寬鬆的政策環境。

離岸人民幣市場由於存在的環境與發展的政策等因素，與歐洲美元市場在存款創造與初始資金轉移方面均有較大的區別。而該區別在研究離岸人民幣對境內貨幣政策影響時是十分必要的。

（1）存款創造方面。

離岸人民幣在境內的存款自 2016 年 1 月 25 日起繳納等同於境內的存款準備金，而歐洲美元市場一般沒有法定存款準備金要求，且自發持有的審慎準備金比率較低。儘管離岸人民幣市場與歐洲美元市場均存在較高的存款「漏損」率，但是離岸人民幣市場的存款創造能力仍低於歐洲美元市場。

（2）初始資金轉移方面。

Klopstock（1970）認為，歐洲美元市場能吸引大量存款的原因是歐洲美元市場的免稅和無政策限制帶來的投資便利以及優於美國在岸市場的利率水平，吸引了全球的金融機構與非金融機構將美元存款存至歐洲美元市場，同時外國央行也出於政治考慮或其他原因將美元儲備由美國本土銀行轉移至歐洲美元市場。Hewson 和 Niehans（1976）認為，歐洲美元市場規模的主要影響因素是美國銀行和歐洲美元銀行不同的存貸款利率，而這些差異主要來自地理位置、法律及運行效率。而離岸人民幣市場吸引大量存款的主要原因在於離岸人民幣市場的規模不斷擴大與人民幣國際地位的不斷提高。中國長期

的貿易順差與人民幣幣值的堅挺吸引越來越多的外國貿易商使用人民幣作為結算貨幣。「一帶一路」建設等中國直接投資及中國人民銀行與外國央行的雙邊貨幣互換的簽訂也導致人民幣不斷流出。人民幣離岸中心的不斷增多使得越來越多的非中國居民參與人民幣市場。在離岸人民幣市場資金池不斷擴大的背景下，離岸人民幣市場存款規模自然不斷擴大。同時，離岸人民幣市場利率自 2015 年以來普遍高於在岸人民幣市場利率，套利者的存在使人民幣有流出動機。因此，有別於歐洲美元市場資金轉移的主要動機是利差，離岸人民幣市場初始資金轉移的主要動機是對人民幣的預期。

(3) 清算機制。

由於離岸人民幣市場的資金清算主要是代理行、清算行及境外機構人民幣賬戶三種方式。相較於歐洲美元的清算中心在英國倫敦，離岸人民幣市場的清算中心在中國內地，意味着中國境內貨幣政策對離岸人民幣市場有直接

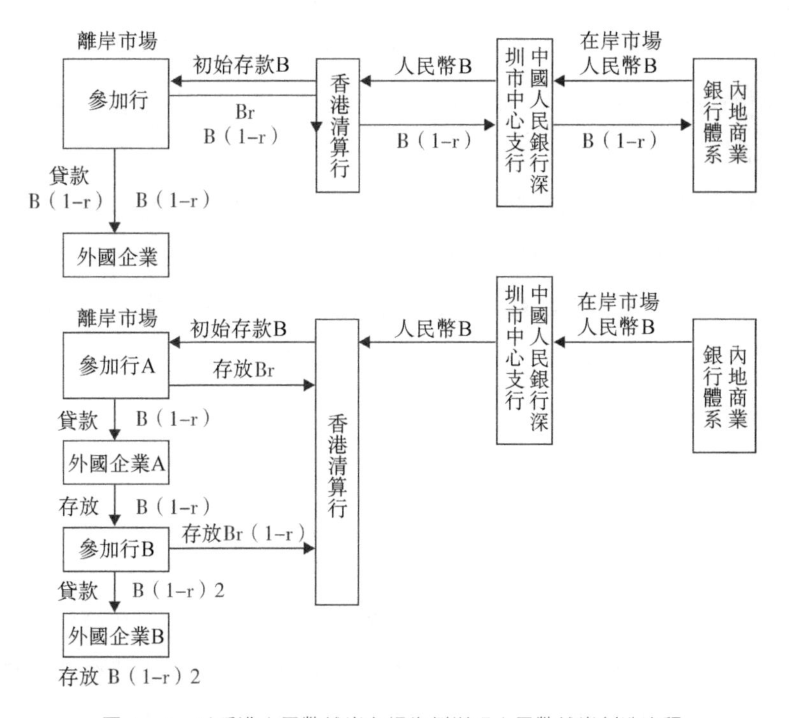

圖 5－1　以香港人民幣離岸市場為例說明人民幣離岸創造流程

的影響，離岸人民幣市場仍受中國政策的限制。香港離岸人民幣市場的資金收付主要由香港清算行經中國人民銀行深圳市中心支行實現（還可以通過內地代理行實現資金收付）。在這種清算機制影響下，香港離岸人民幣市場對境內貨幣政策的影響必然與歐洲美元市場存在差異（具體流程見圖 5－1）。

三、離岸市場與央行貨幣政策的矛盾及其影響

離岸利率、匯率受世界範圍內資金供求的制約，並可以真實地反映全球範圍內資金的供求狀況，以更準確的價格對資金進行優化配置。因此，離岸利率、匯率的形成機制和變動趨勢均與在岸市場存在差異。隨着貨幣離岸市場向縱深發展，貨幣離岸和在岸市場資金流動的壁壘將逐步消除。在利率平價機制和一價定律的作用下，利率、匯率的聯動性將逐步增強。離岸利率、匯率的變動會導致在岸利率、匯率偏離貨幣發行國中央銀行的預期水平，限制利率槓桿的作用的發揮，匯率政策工具失效，進而對貨幣發行國的貨幣政策產生影響。

在跨境套利、套匯機制的作用下，貨幣離岸市場的發展會對貨幣發行國的貨幣供應量產生衝擊，進而影響貨幣政策。貨幣離岸市場發展壯大之後，微觀經濟主體可能在利率較低的市場融資以降低成本，甚至利用兩地的利率、匯率差異進行跨境套利和套匯，使得中央銀行通過利率、匯率手段來調節貨幣信貸總量的目標難以實現。具體表現為如下矛盾：

（一）離岸人民幣與貨幣供給星調節的矛盾

隨着離岸人民幣及其跨境流通的不斷擴展，大量人民幣在境外流通，這可能會擾亂境內貨幣政策的實施與調控。如境內實行緊縮性貨幣政策時，境內商業銀行可以通過從境外離岸市場借入大量的人民幣資金的方式滿足客戶

的借款需求，使得逐利性資本通過離岸人民幣市場迅速流入。人民幣的大規模回流，使緊縮性貨幣政策難以發揮預期作用。當中央銀行轉而採用適應性貨幣政策工具來處理境外人民幣回流問題時，可能也會對貨幣政策實施產生不利影響。若中央銀行採取緊縮性貨幣政策時預測到將有大規模的貨幣回流的情況，可能會以更加緊縮的政策調控力度，試圖抵消因人民幣回流而弱化的政策效果。但是人民幣實際回流規模會與預測情況存在差異，將會造成境內貨幣環境的過度緊縮或政策效果不顯著的局面。

（二）離岸人民幣與利率政策調節的矛盾

當境內採取擴張性的貨幣政策而降低利率水平，且在岸人民幣利率低於離岸人民幣利率時，會導致人民幣流出，從而使在岸人民幣利率上升，出現與中央銀行利率政策相背離的後果。因為低利率意味着借入貨幣資本的低成本，從而外國人更願意借入人民幣，境內投資者為獲利也願意輸出資本，從而增加了人民幣的國際流通量，相應地人民幣會面臨對外貶值的壓力，使人民幣匯率上升。較低的境內利率同時也會減少人民幣的吸引力，人們不會願意過多或過久持有低收益的人民幣資產。

當境內採取緊縮性貨幣政策而提高利率水平，且境內人民幣利率高於離岸人民幣利率時，有利於增強人民幣的吸引力，引起大量逐利資本流入，從而使在岸人民幣利率下降，貨幣政策失效。與此同時，境內提高利率水平，人民幣借入成本增加，使人民幣的境外貸款減少，使人民幣的國際流通量減少，難以滿足資本輸出的標準，人民幣匯率升值壓力增加。

（三）離岸人民幣與在岸人民幣匯率政策的矛盾

若我國在岸人民幣對外貶值，且在岸人民幣匯率高於離岸人民幣匯率時，會引起以人民幣計價結算的出口貿易增加，進口貿易減少，從而使國際收支順差增大，人民幣境外流通量會減少，因稀缺性貨幣幣值上升，人民幣對外升值壓力增加。同時國際購買力增強，人民幣的幣值穩定性與保值性功能就能得到更好地維持。但人民幣的國際流通量減少，從而使人民幣在國際經濟中的流通量相對或絕對減少，不能滿足國際經濟貿易的不斷發展和國際清償力的需求，也將損失因貨幣的國際流通而帶來的鑄幣税收益。當在岸人民幣匯率低於離岸人民幣匯率時，以人民幣計價結算出口貿易減少，進口貿易增加，從而使國際收支逆差狀況難以改善，匯率政策失效。

當在岸人民幣對外升值時，人民幣在岸匯率高於離岸匯率的情況下，人民幣計價結算的出口貿易增加，進口貿易減少，會導致國際收支順差繼續增大。當人民幣在岸匯率低於離岸匯率時，人民幣計價結算的出口貿易減少，進口貿易增加，從而使人民幣境外流通量增加，則人民幣將面臨對外升值的壓力。而因貨幣升值而惡化的國際收支將會危及人民幣的國際信譽及人們對人民幣的信心，人民幣的國際購買力及幣值穩定性將難以維持。

（四）離岸市場對央行貨幣政策的影響機理

基於上述分析，央行實施貨幣政策主要通過調節貨幣供應量、利率、匯率等中介目標對經濟運行進行間接調控。貨幣離岸市場的發展，必然會形成離岸利率、匯率，影響在岸市場的利率、匯率水平，並通過跨境資本流動對貨幣發行國的貨幣供應量產生衝擊，進而影響貨幣發行國的貨幣政策。

為了進一步分析離岸市場對貨幣發行國貨幣政策的影響程度，本節基於蒙代爾—弗萊明模型（*IS-LM-BP* 曲線）進行比較靜態分析，探討在離岸市場不斷發展的情況下擴張性（緊縮性）貨幣政策對在岸市場利率、匯率的影響會發生什麼變化，並分析這種變化對貨幣發行國貨幣政策的衝擊。

在沒有離岸市場的情況下，在初始條件下，*IS* 曲線、*LM* 曲線和 *BP* 曲線相交於 E_0 點，經濟處於內外部均衡狀態（見圖 5 –2）。如果貨幣發行國為了推動經濟增長而實行擴張性貨幣政策，會導致 *LM* 曲線向右移到 LM_1，此時貨幣供給量增加，利率下降。一方面，利率下降使投資增加，從而增加均衡產出；另一方面利率下降導致資本外流，使國際收支發生逆差或順差減少，本幣貶值，BP 曲線向右下方移動到 BP_1。本幣貶值會使得進口減少、出口增加，進一步強化經濟的擴張效應，使得 IS 曲線向右下方移動到 IS_1。結果，經濟在 E_1 點達到新的均衡，利率下降到 i_1，產出增加到 Y_1。

在貨幣離岸市場發展壯大的情況下，由於離岸利率高於在岸利率，境內外居民利用離岸和在岸市場的利差和匯差進行跨境套利、套匯的可能性加大，因此投機性資本就會流向離岸市場，致使本幣大量外流，即出現資本流動的二次效應。資本流動的二次效應會導致國內貨幣供給減少，LM_1 曲線向左移動到 LM_2，利率回升，使得資本外流規模下降；在套匯機制的作用下，本幣貶值幅度降低，BP_1 曲線向左上方移動到 BP_2；淨出口增加幅度下降，IS_1 曲線向左下方移動到 IS_2。結果，經濟在 E_2 點達到新的均衡，利率為 i_2，產出為 Y_2。而在沒有離岸市場的情況下，經濟在 E_1 點達到新均衡的前提是資本流動對貨幣發行國利率變化的反應為零，利率變化對資本流動的二次效應不會出現，即擴張性的貨幣政策對經濟增長只有一個初始的擴張效應，無法通過資本流動產生增強或抵消貨幣政策效力的二次效應。

上述比較分析表明，離岸貨幣市場的發展，會弱化貨幣發行國貨幣政策的利率效應和匯率效應，導致擴張性貨幣政策的有效性降低。離岸市場對貨幣發行國貨幣政策的影響，取決於在岸市場對境外投資者的開放程度以及離

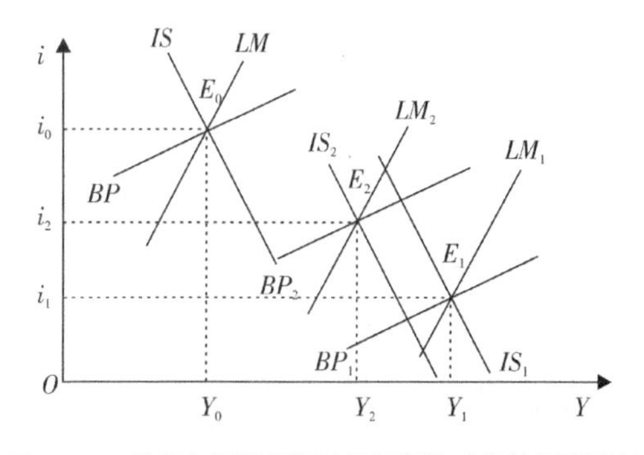

圖 5－2　離岸市場對貨幣發行國貨幣政策的影響機制

岸市場和在岸市場的相對規模。開放程度越高、離岸市場的相對規模越大，擴張性貨幣政策有效性受到的衝擊就越大。

此外，離岸市場的發展又將帶來資本的跨境流動。雖然資本自由流動在一定程度上為貨幣發行國提供了外匯資金支持，有助於其國內經濟的發展，但是大規模的國際資本流動將對其國內經濟活動產生劇烈的衝擊，進而影響宏觀經濟政策，特別是貨幣政策的制定和實施。在離岸人民幣市場快速發展的背景下，若由於國內經濟的發展，需要央行實施擴張性的貨幣政策，則必然引起人民幣利率的降低，引發資本的大量外逃，從而影響貨幣政策的獨立性和有效性，降低貨幣當局控制貨幣的能力。反之，資本的大規模進入也將對境內貨幣政策的制定與實施產生一系列的影響。

四、離岸市場對央行貨幣政策的影響：基於影響渠道的分析

為了進一步分析離岸市場對貨幣發行國貨幣政策的影響程度，下面基於離岸人民幣對貨幣政策利率渠道和信用渠道傳導的影響進行分析，並比較兩者在效果上有何不同。

（一）利率渠道傳導的影響

本節中，我們擬從基本的凱恩斯主義宏觀經濟模型出發進行分析。假設貨幣需求函數服從 $D(i, y) = k \cdot Y - h \cdot i$，其中，$i$ 為債券利率，Y 為產出，均衡時貨幣需求等於貨幣供給 M。故 LM 曲線可表示為：

$$M = k \cdot Y - h \cdot i;\ h > 0,\ k > 0 \quad (5-1)$$

產品市場均衡的 IS 曲線可表示為（A 代表自發總需求）：

$$Y = Y(i) = A - d \cdot i;\ d > 0 \quad (5-2)$$

若不考慮金融市場發展的動態演化，則由式（5－1）和式（5－2）得：

$$\frac{dY}{dM}=\frac{d}{h+dk}>0 \tag{5－3}$$

若考慮金融市場發展的動態演化（假設在岸金融發展和離岸人民幣市場發展程度均為 g），則 IS 曲線和 LM 曲線方程修改為：

$$IS\text{ 曲線}：Y=A-d(g)i;\ d(g)>0,\ d'(g)<0 \tag{5－4}$$

$$LM\text{ 曲線}：M=k(g)Y-h(g)i;\ k(g)>0,\ h(g)>0,\ k'(g)<0,\ h'(g)>0 \tag{5－5}$$

將 g 置於 $IS-LM$ 曲線模型內，旨在代比離岸市場發展對實際投資的利率彈性和交易效率的影響，以及對金融投資（投機）的利率彈性的影響。其中，$d'(g)<0$ 表示投資的利率彈性隨離岸市場發展的增強而減小，$k'(g)<0$ 表示交易性貨幣需求的收入彈性隨離岸市場發展的增強而變小，$h'(g)>0$ 表示投機（投資）性貨幣需求的利率彈性隨離岸市場發展增強而變大。將式（5－4）和式（5－5）變形，得：

$$IS\text{ 曲线}：i=-\frac{1}{d(g)}Y+\frac{A}{d(g)} \tag{5－6}$$

$$LM\text{ 曲线}：i=\frac{k(g)}{h(g)}Y-\frac{M}{h(g)} \tag{5－7}$$

當 g 上升時，$d(g)$ 變小，從而使 IS 曲線斜率的絕對值 $1/d(g)$ 變大，IS 曲線變得更為陡峭；而當 g 變大時，$k(g)$ 變小，$h(g)$ 變大，故 LM 曲線斜率 $k(g)/h(g)$ 變小，因此 LM 曲線變得更為平緩。上述分析的政策含義是：IS 曲線變陡在貨幣市場不變的條件下，貨幣政策（通過利率渠道）的效果減弱（見圖 5－3）；同時 LM 曲線變平在產品市場不變的條件下貨幣政策效果亦減弱（見圖 5－4）。貨幣政策傳導的效率因離岸人民幣市場的發展而大幅降低。

基於圖 5－3 和圖 5－4，本節擬以擴張性貨幣政策為例來分析。為便於比較，假設原 IS 曲線與 LM 曲線交點的初始位置與加入離岸市場後的 IS 曲線、LM 曲線交點的初始位置重合。因此，圖中 Y_0 點既表示無離岸人民幣市

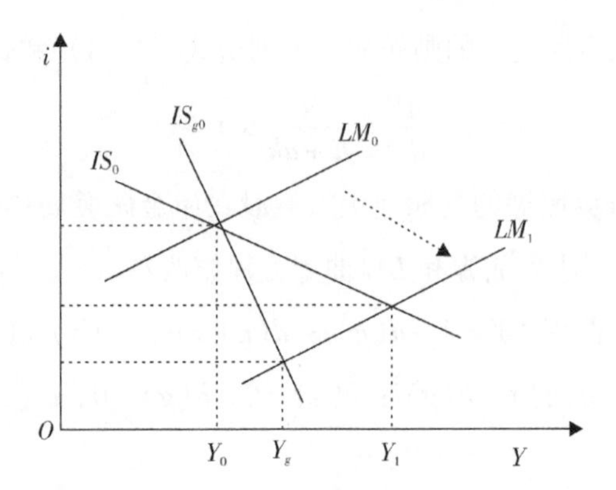

圖 5－3　離岸人民幣市場對國內產品市場均衡的影響

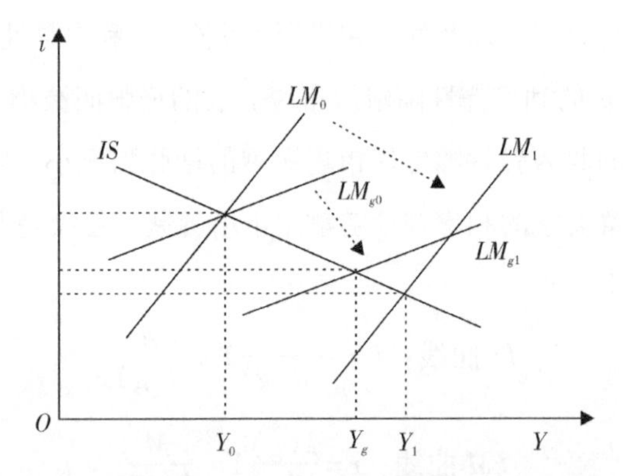

圖 5－4　離岸人民幣市場對國內貨幣市場均衡的影響

注：帶下標 g 的 *IS*、*LM* 和 *Y* 分別表示離岸人民幣市場發展起來後的 *IS* 曲線、*LM* 曲線和國民收入。

場條件下產品與貨幣市場初始雙重均衡時的國民收入，又表示考慮了離岸市場後的產品與貨幣市場初始雙重均衡時的國民收入。

由式（5－6）和式（5－7）得：

$$Y=\frac{h(g)}{h(g)+d(g)k(g)}A+\frac{d(g)}{h(g)+d(g)k(g)}M \tag{5-8}$$

這裏不考慮貨幣市場的變化，因此 h、k 恆定不變。因此，

$$\frac{\partial Y}{\partial M}=\frac{d(g)}{h(g)+d(g)k(g)}=\frac{d(g)}{h+d(g)k}>0 \tag{5-9}$$

將式（5－9）兩邊對 g 求導，得：

$$\frac{\partial^2 Y}{\partial M \partial g} = \frac{d'(g) \cdot h}{[h + d(g)k]^2} < 0 \qquad (5-10)$$

該式表明，隨着離岸市場發展程度 g 的增加，貨幣政策效果 aYIaM 下降。

在產品市場不變的條件下，$d(g) = d$，則：

$$\frac{\partial Y}{\partial M} = \frac{d}{h(g) + d \cdot k(g)} > 0 \qquad (5-11)$$

$$\frac{\partial^2 Y}{\partial M \partial g} = -\frac{d}{[h(g) + d \cdot k(g)]^2} [h'(g) + d \cdot k'(g)] \qquad (5-12)$$

由於 $d > 0$，$k'(g) < 0$，$h'(g) > 0$，表明通常隨着離岸人民幣市場程度的加深，投機性貨幣需求對利率變化的反應程度變大。而由於 $h'(g)$ 往往很大，以至於 $[h'(g) + d \cdot k'(g)]$ 傾向於大於 0。因此，$\frac{\partial^2 Y}{\partial M \partial g} < 0$，表明隨着離岸人民幣市場程度的加深，貨幣政策效果減弱。

若同時考慮離岸人民幣市場的發展對國內產品市場和貨幣市場的影響，由於 *IS* 曲線變陡，貨幣政策效果減弱；*LM* 曲線變平緩後也使貨幣政策效果減弱，故總的貨幣政策效果減弱（見圖 5－5）。

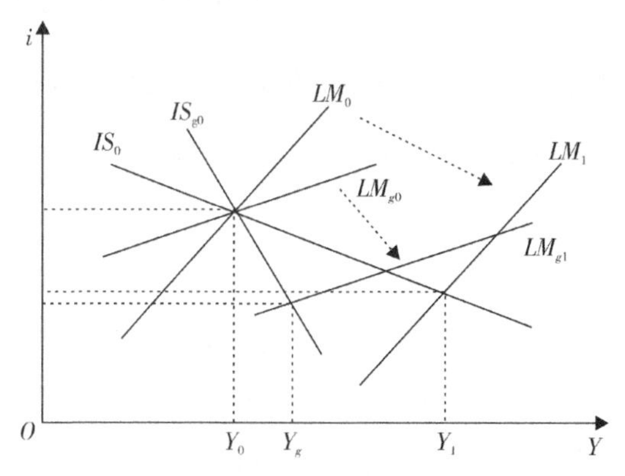

圖 5－5　離岸人民幣市場對國內貨幣市場和產品市場均衡的影響

由式（5－9），$\frac{\partial Y}{\partial M} = \frac{d(g)}{h(g) + d(g)k(g)}$，在等式兩邊對離岸人民幣發展程度 g 求導，可得：

$$\frac{\partial^2 Y}{\partial M \partial g} = \frac{d' \cdot h - d \cdot h' - d^2 k'}{(h + dk)^2} \qquad (5-13)$$

由於 $d' < 0$，$h' > 0$，$k' < 0$，所以$d' \cdot h - d \cdot h' < 0$，$-d^2 k' > 0$，因此 $\frac{\partial^2 Y}{\partial M \partial g}$ 符號不容易確定。若 $d' \cdot h - d \cdot h' - d^2 \cdot k' < 0$，即 $d \cdot h' - d' \cdot h > -d^2 \cdot k'$ 時，離岸市場使貨幣政策效果減弱。分別取 $d \cdot h' - d' \cdot h > -d^2 \cdot k'$ 中各項的絕對值，得：

$$d \frac{\partial h}{\partial g} + h \left| \frac{\partial d}{\partial g} \right| > d^2 \left| \frac{\partial k}{\partial g} \right| \qquad (5-14)$$

將式（5－14）兩邊同乘以 $g/(d \cdot h)$，得：

$$\frac{\partial h}{\partial g} \frac{g}{h} + \left| \frac{\partial d}{\partial g} \frac{g}{d} \right| > \left| \frac{\partial k}{\partial g} \frac{g}{k} \right| \cdot \frac{d \cdot k}{h} \qquad (5-15)$$

令 $\frac{\partial h}{\partial g} \frac{g}{h} = e_h$，表示金融投資對離岸人民幣市場發展程度的彈性；$\left| \frac{\partial d}{\partial g} \frac{g}{d} \right| = e_d$，表示實物投資對離岸人民幣市場發展程度的彈性；$\left| \frac{\partial k}{\partial g} \frac{g}{k} \right| = e_k$，表示交易效率對離岸人民幣市場程度的彈性，式（5－15）表明，當金融投資偏好彈性與實物投資偏好彈性之和大於交易效率彈性與 $\frac{d \cdot k}{h}$ 的乘積時，貨幣政策效果減弱。該條件比較容易滿足，況且不等式右端的 $\frac{d \cdot k}{h}$ 隨着 g 上升而遞減，更增加了不等式成立的可能性。因此，離岸人民幣市場的發展在多數狀態下表現為國內貨幣政策效果的弱化。

在新古典綜合派的理論框架內，上述傳導機制還可以擴展為廣義的利率機制。廣義的利率機制強調了由利率變動到國民收入變動的詳細傳導過程。其中，最常見的兩種傳導渠道包括託賓 q 理論和莫迪利安尼的財富效應。

一是 q 效應。托賓將 q 定義為企業市值對重置成本的比值，從資產結構調整角度為貨幣政策的傳導過程提供了一個解釋渠道，其前提是生產要素的價格黏性，價格的變化落後於利率的變化。q 效應的傳導機制是：

$$R\,(\text{準備金})\downarrow \longrightarrow M\,(\text{貨幣量})\downarrow \longrightarrow i\uparrow \longrightarrow Pe\,(\text{股價})\downarrow \longrightarrow q\downarrow \longrightarrow I\downarrow \longrightarrow Y\downarrow$$

二是莫迪利安尼的財富效應，彌補了貨幣供應量變化影響投資而沒有考慮對私人消費影響的缺陷。根據莫氏生命週期理論，居民消費行為受其一生全部可支配（即財富）制約，股票通常構成金融財富的一個主要組成部分。貨幣緊縮導致股價下跌，而股價下跌意味着居民財富（W）縮水，其消費需求乃至產出均將下降。財富效應的傳導機制是：

$$R\text{（準備金）}\downarrow \longrightarrow M\downarrow \longrightarrow i\uparrow \longrightarrow Pe\downarrow \longrightarrow W\text{（財富）}\downarrow \longrightarrow C\text{（消費）}\downarrow \longrightarrow Y\downarrow$$

然而，隨着離岸人民幣市場的發展，q 效應和財富效應的貨幣傳導機制都將受阻。首先，由於真實投資的利率彈性在離岸市場條件下減小，故通過調整利率經由貨幣渠道來調節投資的效果弱化。從這個意義上看，q 效應傳導機制弱化。其次，貨幣政策的「擴張」與「緊縮在傳導機制的效率上具有嚴格的不對稱。雖然金融投資的利率彈性變大，金融資產之間相互替代轉換的程度提高，交易成本降低，似乎提高了金融資產價格對利率變化的反應程度，即 q 效應和財富效應傳導機制都隨着人民幣離岸市場的發展而得到增強。但事實並不如此。就緊縮政策而言，離岸市場使融資渠道變得多樣化。利率上升雖然會使通過 q 效應的投資下降，但企業可通過其他衍生融資渠道增加投資資金，抵消了 q 效應。就擴張政策而言，利率下降時，股價大幅度上升，因此企業能夠順着 q 效應傳導機制而採取增加投資的行為。因此，在離岸市場存在的條件下，緊縮性貨幣政策利率渠道傳導機制的 q 效應弱化，而擴張性貨幣政策利率渠道傳導機製的 q 效應增強，不易達到既定的貨幣政策效果。最後，在金融投資特別是投機性貨幣需求對利率變化的敏感程度變大[1]，交易性貨幣需求的收入彈性隨金融市場的發展和離岸人民幣市場的推進

1　隨着我國金融市場的發展和人民幣離岸市場的不斷推進，與人民幣有關的金融衍生工具不斷創新，使金融資產交易品種增多，同時也降低了交易成本。於是加速了各類金融資產之間的轉換，從而提高了金融資產價格對利率變化的反應程度。因此，投機性貨幣需求的利率彈性增大。

而變小[1]的前提下，隨着離岸人民幣市場的發展，金融投資的利率彈性變大、交易性貨幣需求的收入彈性變小，所以緊縮（或擴張）政策使利率上升（或下降）時，將引起金融資產財富的大幅縮水（或升值）。從這個意義上看，不論緊縮性還是擴張性貨幣政策，在離岸人民幣市場的條件下，其財富效應的利率渠道傳導機制都將得到增強。

（二）信貸渠道傳導的影響

以上分析僅基於凱恩斯主義利率渠道傳導機制的框架。那麼，離岸人民幣市場的推進對貨幣政策信貸傳導渠道和效果的影響是怎樣的，以及它與利率渠道相比有何不同。信貸渠道是中央銀行傳統的貨幣政策傳導機制，也是早期中央銀行貨幣政策的中間目標。近年來，隨着金融創新力度的增大，貨幣供給的形式也逐漸多元化，但信貸投放仍然是貨幣供給的主要組成部分。

本節首先基於 Rose 和 Spiegel（2007）模型，分析離岸人民幣市場發展對於貨幣總量投放的影響。假設存在兩個市場，投資者在其中進行資產配置，並均追求收益最大化；A 為在岸市場，B 為離岸市場；在岸市場 A 中有 I 個投資者，其中 I=1，2，…，m；第 i 個投資者的財富水平為 w（i），且假設對於任何的投資者 i 均滿足 $w(i) \leqslant w(i+1)$；r^* 表示在岸市場 A 的利率水平，r_o 表示離岸市場 B 的利率水平，其中 $r_o > r^*$；將資產從在岸市場 A 轉移到離岸市場 B 將產生交易成本 $a \cdot tc$，該成本與在岸市場 A 的市場開放程度 X 呈現負相關，其中 a 是常數；假設 τ 為在岸市場 A 的名義稅率，θ 為離岸市場 B 的稅後收益，且 $1 \leqslant \theta \leqslant \frac{1}{1-\tau}$，即投資離岸市場 B 可享受一定的稅收優惠。投資者若投資在岸市場 A，稅後淨收益為：

---

1 金融市場的發展和人民幣離岸市場的不斷推進提高了交易效率，使貨幣流通能力增強、流通速度加快，從而用於交易需求（包括預防需求）的貨幣量隨收入增加而增加的幅度下降。

$$(1-\tau)r^{*}w(i) \tag{5-16}$$

若投資離岸市場 B，稅後淨收益為：

$$(1-\tau)\theta r_{o}w(i)-a\cdot tc \tag{5-17}$$

對於理性投資者而言，如果投資離岸市場 B 的收益大於投資在岸市場 A 的收益，即：

$$(1-\tau)\theta r_{o}w(i)-a\cdot tc>(1-\tau)r^{*}w(i) \tag{5-18}$$

則投資者會傾向於投資離岸市場 B。此時，

$$r_{o}\geqslant\frac{r^{*}w(i)+a\cdot tc}{\theta w(i)} \tag{5-19}$$

隨着投資離岸市場 B 的投資者及其相應總資產的增加，由於收益邊際效應遞減，其收益率 r_o 將不斷下降。直到存在一個投資者，使得等號成立，假設該投資者為 i^*，即：

$$r_{o}=\frac{r^{*}w(i^{*})+a\cdot tc}{\theta w(i^{*})} \tag{5-20}$$

對於任何 $j>i^*$ 的投資者而言，由於 $w(i^*)<w(j)$，因此 $r_o>\frac{r^{*}w(j)+a\cdot tc}{\theta w(j)}$，即任一個 $j>i^*$ 的投資者都將投資離岸市場 B。因此，離岸市場 B 所能吸收的投資總量為：

$$L_{o}=\int_{i^{*}}^{m}w(i)di \tag{5-21}$$

假設在岸市場 A 中，各金融機構的貸款利率均相等，為 α，相應的單位貸款收益為 $R=1+\alpha$；R 為貸款總額 L 的減函數，即 $R'<0$，且 $R''<0$；L 表示在岸市場 A 中金融機構貸款 L_i 和離岸市場 B 中貸款 L_o 之和；離岸市場 B 中的金融機構旨在追求利潤最大化，即：

$$R(L_{i}+L_{o})=r_{o}(L_{o}) \tag{5-22}$$

從式（5-22）中可看出，r_o 與 L_o 呈現負相關關係。

對上式兩邊全微分可得：

$$\frac{\partial L_{o}}{\partial L_{i}}=\frac{\theta w\ (i^{*})^{2}R'}{(\theta R-r^{*})\ w'-\theta w\ (i^{*})^{2}R'}\leqslant 0,\ 且\frac{\partial L_{o}}{\partial L_{i}}\geqslant -1 \tag{5-23}$$

式（5－23）表明，在岸市場 A 與離岸市場 B 貸款之間存在替代效應，且離岸市場 B 貸款增加的幅度小於在岸市場 A 貸款減少的幅度。因此，在離岸市場 B 存在並不斷發展壯大的情況下，在岸市場 A 的貸款規模會因離岸市場 B 貸款規模的增加而下降，且兩個市場總的貸款規模也將減少，即離岸市場 B 的發展對於貨幣供應量存在一定負向影響。

接下來，將基於 Bernanke 和 Blinder（1988）提出的 *CC-LM* 曲線模型進行分析。相對於 *IS-LM* 曲線模型，除了考慮產品市場、貨幣市場均衡，*CC-LM* 曲線模型還要考慮信貸市場均衡。針對商業銀行，其資產負債均衡等式為：

$$M = B^b + L + R \qquad (5-24)$$

其中，M 為貨幣供給，等於社會公眾存放在銀行的存款；B^b 為銀行持有的債券；L 為銀行貸款；R 為銀行準備金，$R = r \cdot M$；r 為準備金率。相應的，私人部門的投資需求 I 也將做出調整，不僅受債券利率 i 影響，還受貸款利率 i_L 與債券利率 i 之差（設為 a）的影響。因此，Y 也受 i 和 a 的影響。此時 *IS* 曲線變為：

$$IS\text{ 曲線}：Y = Y(i,\ a) = A - d \cdot i - j \cdot a;\ Y_a = -j < 0 \qquad (5-25)$$

假設銀行確定貸款比率是貸款利率 i_L 與債券利率 i 之差的函數，即：

$$\frac{L}{L + B^b} = f(a) = x + za;\ f(a) = z > 0 \qquad (5-26)$$

其中，x 表示利差為零時銀行持有貸款的比例（$x \geq 0$）。聯合式（5－24）和式（5－26），可得：

$$L = M(1-r)f(a) = M(1-r)(x + za) \qquad (5-27)$$

此式可表示為信貸市場均衡條件。

將式（5－25）和式（5－27）合併，可得到產品市場與信貸市場同時均衡時收入與利率的組合所描繪出的曲線 *CC*，如圖 5－6 所示。*CC* 曲線的斜率為負數，而且在人民幣離岸市場存在的條件下斜率的絕對值將變大。在不考慮離岸市場條件下，信用渠道傳導機制如下：擴張性貨幣政策使 *LM* 曲線

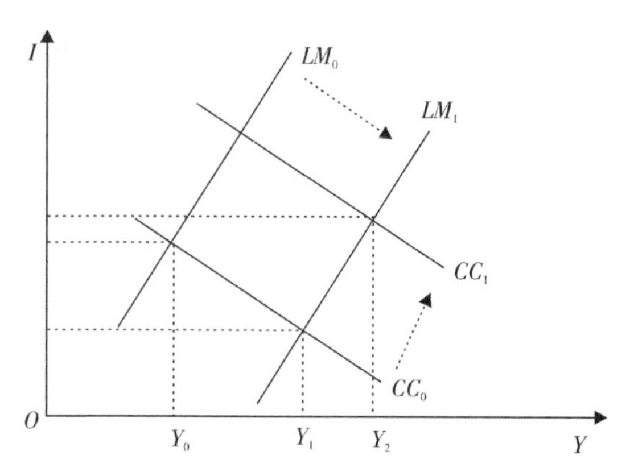

圖 5－6　無離岸人民幣市場下的信用渠道傳導機制

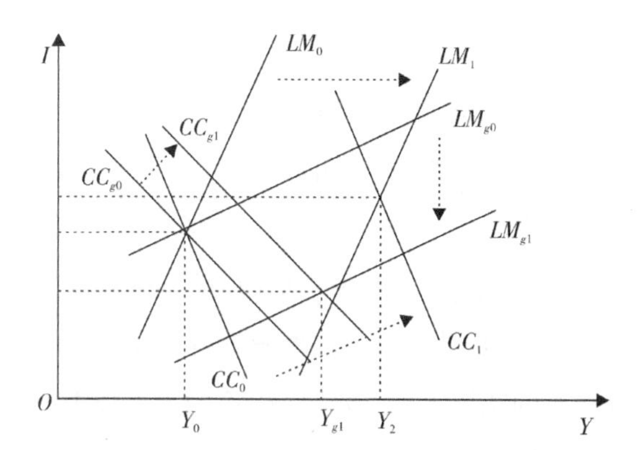

圖 5－7　有離岸人民幣市場下的信用渠道傳導機制

右移，引起國民收入從 Y_0 增加到 Y_1，同時市場利率 i 下降；進而，R 增加必會引起信貸擴張，從而貸款利率 i_L 下降，投資 I 擴張，CC 曲線右移，又引起國民收入進一步增加到 Y_2。

考慮離岸市場影響後，IS 曲線方程變為：

$$Y = A - d(g)i - j(g)a;\ d>0,\ j>0 \qquad (5-28)$$

LM 曲線方程不變。信貸市場均衡條件改寫為：

$$f(a) = x + z(g)a;\ z(g)>0,\ z'(g)>0 \qquad (5-29)$$

將式（5－28）、式（5－29）和式（5－24）三方程聯立，可得：

$$\frac{\partial Y}{\partial M}=\frac{\frac{d(g)}{h(g)}+\frac{j(g)\cdot[x/z(g)+a]}{M}}{1+\frac{d(g)k(g)}{h(g)}} \tag{5-30}$$

當 g 上升時，d（g）下降，j（g）下降，k（g）下降，h（g）上升，z（g）增加，上式分子和分母同時變小，但減小程度未知，因此 $\frac{\partial Y}{\partial M}$ 分式值變大還是變小很難確定，即離岸人民幣市場的引入對貨幣政策信貸傳導變得更加複雜，不確定性增加，要視離岸市場程度 g 對真實投資的敏感性程度 d 和 j、對金融投資偏好的敏感性程度 h、對交易效率的係數 k、對貸款份額的影響程度的大小而定。

考慮離岸人民幣市場後的傳導機制如圖 5－7 所示。由於 CC 曲線變陡，LM 曲線變平，貨幣擴張的傳導路徑與前述相似，但產出從 Y_0（CC_{g0} 與 LM_{g0} 的交點）增加到 Y_{g1}（CC_{g1} 與 LM_{g1} 的交點）。其中，Y_{g1} 可能小於或大於 Y_2（CC_1 與 LM_1 的交點），具體情形需取決於 CC 曲線隨着貨幣擴張而右移的幅度，這也符合上述理論分析的結論。但考慮到目前在岸市場金融資產轉換效率不高，CC 曲線右移的幅度不大，Y_{g1} 小於 Y_2 的概率較大，説明離岸市場使貨幣政策的傳導效率減弱。

根據以上理論分析，得出離岸市場人民幣改變了 IS、LM 和 CC 曲線的形態，因而改變了產品市場、貨幣市場和信貸市場均衡的狀態。主要表現為弱化貨幣利率渠道傳導效應（即負效應），也説明利率和貨幣供應量作為貨幣政策中間指標的功能已大大下降。同時，離岸市場使得貨幣政策信用渠道傳導及其效果變得更加複雜和不確定。

五、離岸市場對央行貨幣政策的影響：基於需求供給函數的分析

離岸市場對貨幣政策的影響還可以通過貨幣供給函數和貨幣需求函數角度分析。

（一）離岸市場背景下的貨幣需求函數

在離岸市場背景下，貨幣需求已不再局限於本國居民需求，還包括外國居民需求。根據凱恩斯的貨幣需求原理，一國居民的貨幣需求主要包括預防交易需求和投機需求，前者受收入水平 y 的影響，收入水平越高，其貨幣的需求也就越高，而後者則受利率水平 r 的影響，且貨幣需求與利率 r 呈反方向變動，利率越高，貨幣需求越低，反之亦然。而國外居民對本幣的需求主要受國內資產的收益率或利率 r、預期匯率變動率 $\frac{e^* - e}{e}$（e^* 指本幣的預期變化）及影響離岸市場的其他因素（用 w 表示）影響。

不存在離岸市場時，貨幣需求方程為：

$$M_d = f(y,\ r) \tag{5-31}$$

根據凱恩斯貨幣需求理論，國內居民出於投機需求的貨幣需求和利率呈反方向變動（見圖 5-8）。

引入離岸市場後，貨幣需求方程變為：

$$M_d{}' = f_1(y,\ r) + f_2\left(r,\ \frac{e^* - e}{e},\ w\right) \tag{5-32}$$

具體表現為增加國外居民需求後，對貨幣需求的影響因素會變得更多，也更為複雜，因而與利率的變動關係也就變得不確定（見圖 5-9）。對於國內居民，貨幣需求與利率依然呈反方向變動關係而對於國外居民，貨幣需求與利率卻呈正方向變動關係。原因在於貨幣替代的存在使得利率增加，即本國國內資產收益率的增加會吸引國外居民更多地用人民幣替換已有的外國貨

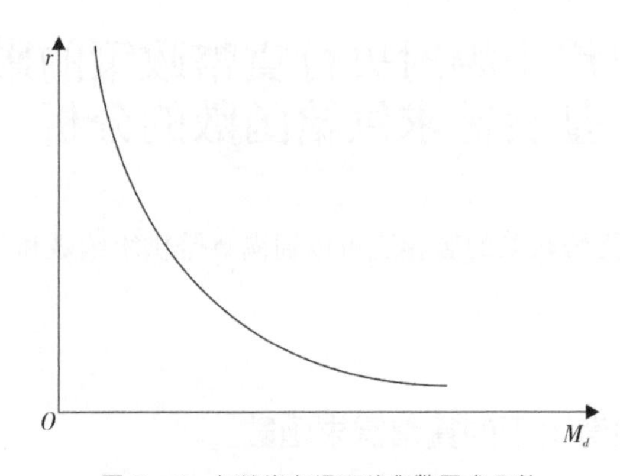

圖 5－8　無離岸市場下的貨幣需求函數

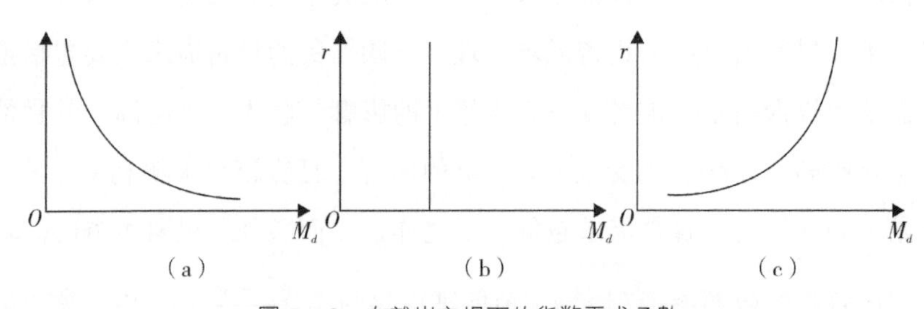

圖 5－9　有離岸市場下的貨幣需求函數

幣，從而增加對人民幣的需求。因此，利率的上升最終引起貨幣需求總量的增加還是遞減抑或抵消不變，取決於國內居民和國外居民就利率變動情況對本幣需求變動幅度的程度對比，如圖 5－9 分別給出了三種情形。

（二）離岸市場背景下的貨幣供給函數

若以一國貨幣的全球流通量來衡量，則貨幣供給是外生的，由該國中央銀行統籌發放；若就限於發行國國內貨幣供給量進行探討，貨幣供給就可能不是外生的。部分貨幣供給要受國內資產收益率或利率 r、預期匯率變動率 $\frac{e^* - e}{e}$ 以及有關離岸市場因素 w 的影響。因此，一國境內的所有貨幣供給不單單包括央行對國內的貨幣供給，還包括境外居民間接創造的這部分貨幣供給。

不存在離岸市場時，貨幣供給方程為：

$$M_s = M_0 \qquad (5-33)$$

此時，一國貨幣的發行完全由中央銀行統一發行，不受利率影響（見圖5－10）。

而引入離岸市場後，貨幣供給方程變為：

$$M_s' = M_0 + M^*\left(r,\ \frac{e^* - e}{e},\ w\right) \qquad (5-34)$$

由於國外居民間接創造的那部分貨幣供給將隨利率的上升而增加，總的貨幣供給函數將和利率呈正方向變動（見圖5－11）。

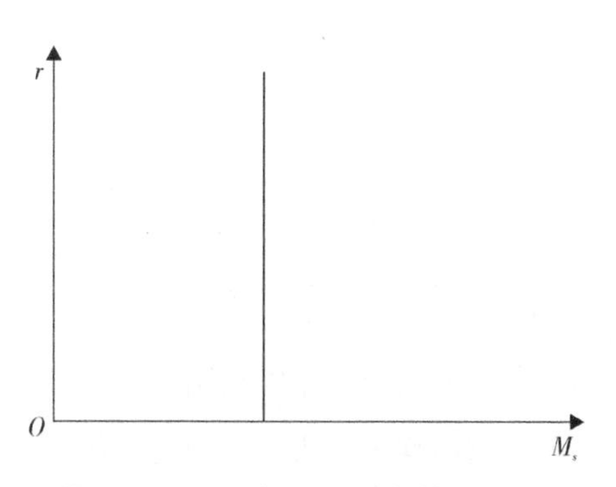

圖5－10　無離岸市場下的貨幣供給函數

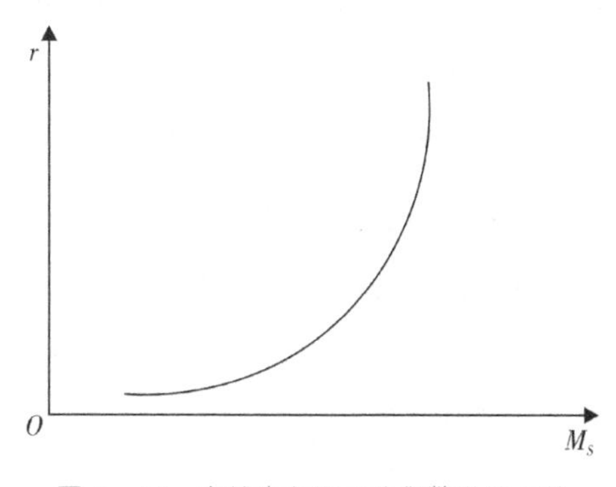

圖5－11　有離岸市場下的貨幣供給函數

（三）模型分析

離岸市場引入前後，貨幣需求函數和貨幣供給函數都存在明顯的差異。基於此，接下來將進一步分析差異化的供需函數對貨幣政策實施的影響。

在離岸市場出現之前，若施加擴張性的貨幣政策，將使得垂直狀態的貨幣供給函數向右移。貨幣市場上的均衡點由 O 移向 O_1，在新的均衡點 O_1 處貨幣供給量增加，同時利率也低於原有的利率水平，貨幣擴張政策達到原有預期效果（見圖 5－12）。

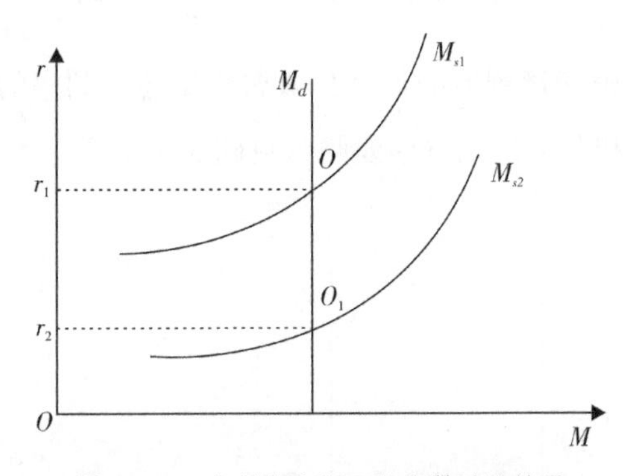

圖 5－12　無離岸市場下的貨幣政策效果

而在離岸市場出現之後，由於貨幣需求函數的不確定，以及貨幣供給函數的差異，貨幣市場上的供需均衡呈現出不同的狀態，使得貨幣政策的實施具有不同的效應。首先分析貨幣需求函數為向右下方傾斜和垂直狀態的情況［見圖 5－13（a）和圖 5－13（b）］。若央行實施擴張的貨幣政策，貨幣供給曲線由 M_{S1} 向右移至 M_{S2}，在短期內使得均衡點由 O 移至 O_1；在新均衡點 O_1 處，貨幣供給量增加，同時帶來利率的下降；然而隨着利率的下降，由境外居民間接創造的那部分貨幣供給就會相應減少，進而使得總貨幣供給減少，則 M_{S2} 左移至 M_{S3}，最終的均衡點為 O_2。至於 O_2 的具體位置要視貨幣供給減少的幅度而定，但總體上擴張性貨幣政策並沒有達到預期的效果，更甚者，貨幣供給函數 M_{S3} 有可能返回至原狀態，即和 M_{S1} 重合，此時貨幣政策的實施幾乎失效。

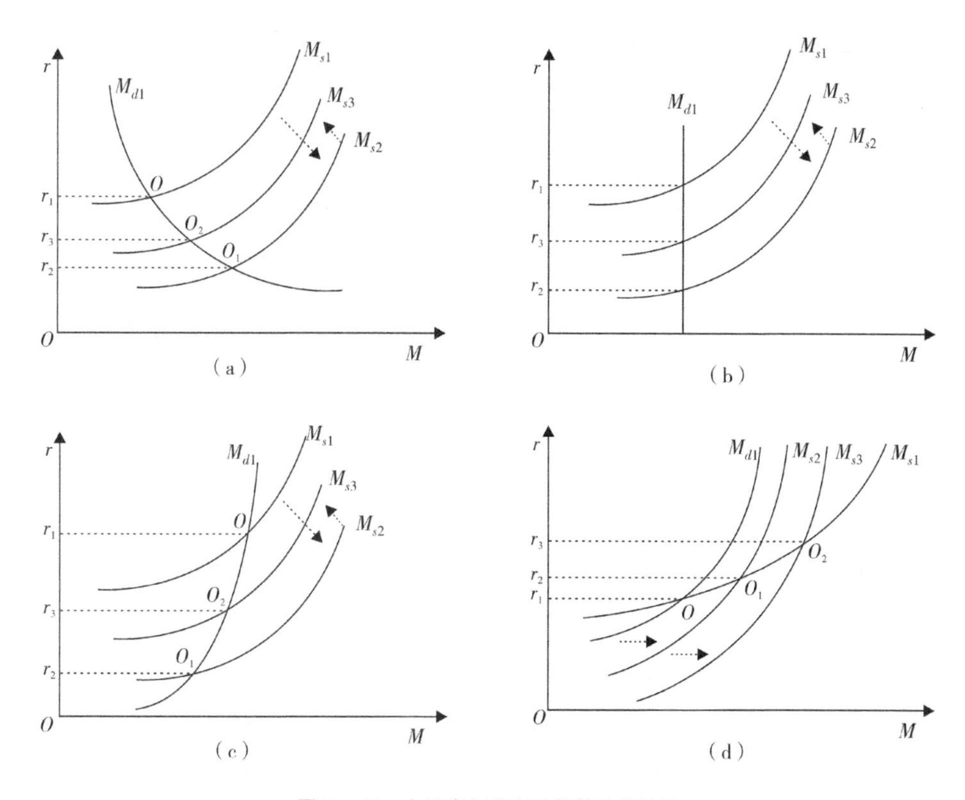

圖 5－13　有離岸市場下的貨幣政策效果

再者分析貨幣需求曲線呈右上方傾斜的情況［見圖 5－13（c）和圖 5－13（d）］。若貨幣需求曲線的斜率大於貨幣供給曲線斜率［圖 5－13（c）］，則貨幣市場的最終均衡點為 O_2，和上述分析結果一致，擴張性貨幣政策的實施效果欠佳。若貨幣需求曲線的斜率小於貨幣供給曲線斜率［見圖 5－13（d）］，則擴張性的貨幣政策使得短期的均衡點為 O_1。與上述三種情況不同的是，在該均衡點處不僅貨幣供給量增加了，同時利率也上升了，利率的上升會增加國外居民間接創造的貨幣供給，從而使得總貨幣供給曲線進一步右移，在新的均衡點 O_2 處，利率將進一步上升，而貨幣供給量較預期增加得更多。此時，貨幣政策不僅完全失效，而且會加劇經濟蕭條。

（四）貨幣替代效應分析

前面的分析中提及貨幣替代效應。香港地區是人民幣國際化進程中的「橋頭堡」和「試驗田」。事實上，人民幣國際化進程中既有人民幣「走出去」替代他國或地區貨幣的正向替代效應，也有被其他貨幣替代的逆向替代效應，且兩種替代效應差異甚大。人民幣在香港地區發生貨幣替代效應已呈常態化趨勢。但是，自 2015 年匯改之後，受人民幣匯率貶值影響，香港地區離岸人民幣資金池規模不斷萎縮，截至 2017 年 1 月已縮減至 5225 億元人民幣，同比大跌近 39%，人民幣在香港地區的貨幣替代方向出現逆轉。本節擬對離岸人民幣貨幣替代效應的作用機理做初步探討。

自 Chetty（1969）首次提出貨幣替代的概念以來，國內外學者有關貨幣替代經濟效應的研究日趨豐富。理論上，貨幣替代效應可存在負向和正向效應。在負向效應方面，例如 Sharma 等（2005）通過研究美元對亞洲經濟體貨幣替代現象發現，不斷增加的貨幣替代程度加大了貨幣當局對貨幣政策的調控壓力；Prock 等（2003）通過對阿根廷、巴西和墨西哥等國的貨幣替代現象研究發現，貨幣替代程度越大，該國貨幣供給量對利率、匯率、生產效率的波動越敏感。在正向效應方面，例如 Ozbilgin（2012）通過模擬貨幣替代影響通貨膨脹率和社會福利的分析發現，存在通貨膨脹的門檻效應，在貨幣替代環境中，通脹率低於門限值且接近於零時潛在的社會福利會增加，反之則降低。

近年來，針對人民幣的替代效應的研究也日漸豐富。范從來和卞志村（2008）認為中國出現的逆向貨幣替代現象有助於提高貨幣政策的有效性。這裏的逆向貨幣替代現象是指，隨着貨幣替代比率下降，貨幣替代現象可能會帶來的負向影響。何國華和袁仕棟（2011）研究發現，正向貨幣替代與逆向貨幣替代會通過匯率渠道、國內存貸款渠道、投機渠道、通脹、稅收渠道、資產價格與供求渠道對我國貨幣政策的獨立性產生影響，但正向貨幣替代的影響更強烈。劉再起和范強強（2015）發現，人民幣在內地和香港地區

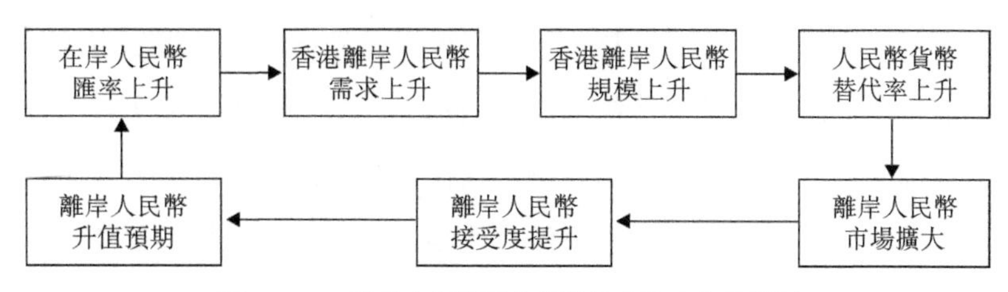

圖 5－14　離岸人民幣正向貨幣替代效應作用機制

貿易結算中替代美元的程度越來越高，會在一定程度上給貨幣政策的獨立性帶來影響。石建勳和金政（2016）研究發現，人民幣在香港地區的貨幣替代效應與人民幣匯率走勢密切相關，並呈現出良性循環，持續產生正向貨幣替代效應，其作用機理如圖 5－14 所示。葉亞飛和石建勳（2018）研究了人民幣在香港地區貨幣替代對人民幣區域化、國際化、兩地經貿一體化、人民幣幣值穩定等的影響，分析不同替代效應可能引發的「特里芬難題」「三元悖論」困境。

六、本章小結

本章通過詳細的理論分析和數理模型分析，研究發現離岸人民幣市場對我國貨幣政策實施潛存着影響。從短期來看，由於香港離岸人民幣市場尚不成熟，對內地貨幣政策中間目標的「替代效應」還不是很大，對貨幣政策的有效性也不構成重大影響。但從長期來看，隨着市場規模的不斷擴大和金融對外開放程度的不斷提高，香港離岸人民幣市場將會對內地貨幣政策的有效性產生較大衝擊。在人民幣國際化是歷史必然趨勢的前提下，應該採取相應的政策措施加以有效防範以獲取人民幣國際化所帶來的最優收益，並規避可能出現的負面衝擊。

基於上述理論層面的分析和數理模型的探討，在離岸人民幣市場不斷發展的背景下，我國宏觀經濟政策制定者應着力做好以下工作：①適應金融開放和離岸人民幣市場發展的形勢，優化金融機構結構和完善信貸市場結構，加快形成金融業的有效競爭機制，以暢通利率和信用傳導渠道，夯實離岸人民幣市場進程的微觀基礎。②順應離岸人民幣市場的發展，加大金融機構市場化改革和開放的力度，重視信用傳導機制，增強金融機構的創新能力和流動性，為進一步發展離岸人民幣市場奠定市場基礎。③減少甚至取消政府直接干預，推進和完善我國證券市場建設，凸顯股市的 q 效應和財富效應，疏通貨幣政策的證券市場傳導機制。④明確政策中間目標和最終目標，制定規範化、民主化、透明化貨幣政策，以便引導公眾預期。⑤靈活採用最新的現代化電子管理手段加強對資金流入和流出的準確檢測，強化貨幣控制效應，精確追蹤各項資本的流動趨勢及其規律，進而為靈活制定貨幣政策提供有效的依據。⑥加強聯合貨幣政策外延的利率、匯率和信貸三大政策協調，尤其是加強利率政策調控，應切實做到政策的適度性和合理性，以防範因利率的不合理而引起的經濟風險。⑦建立不同層次的國際間的貨幣合作機制以及危機解救機制，加強同各國尤其是同美國的貨幣政策協調，引導國際金融市場的資產幣種分配呈現平穩過渡狀態。

第六章

離岸人民幣市場對境內貨幣政策的影響：現實分析

上一章從理論分析入手，基於當前離岸人民幣市場的發展情況，深入分析了人民幣跨境使用對境內貨幣政策的影響。本章利用香港人民幣離岸市場的數據進行了實證分析，旨在為離岸人民幣市場對境內貨幣政策的影響提供經驗證據，從中總結規律，防範各類風險，推進人民幣國際化的同時保持經濟和金融穩定運行。

一、人民幣離岸市場存款創造能力檢驗

由於香港是最主要的人民幣離岸市場，我們將對人民幣離岸市場的分析簡化為對香港人民幣離岸市場的分析，將人民幣境內與境外的活動簡化為人民幣境內與香港的活動。

（一）基本假設

我們認為在人民幣離岸市場中，存款創造過程中有三種存款漏損形式：中國境內居民在香港獲得人民幣並存於中國境內銀行、非中國居民在香港獲得人民幣並存於中國境內銀行、利率漏損。也就是說，資金流向人民幣離岸市場造成的離岸市場利率偏低，也會導致資金流回在岸市場，使得離岸市場的存款創造能力下降。人民幣離岸市場的初始資金轉移與存款創造過程都是市場參與者進行資產組合選擇的過程。參考 Hewson 和 Sakakibara（1974）的一般均衡模型，我們提出了香港人民幣離岸市場與中國境內在岸市場的一般均衡模型。

我們簡單地假設人民幣的貨幣需求 M_C^D 等於貨幣供給 M_C^S 等於中國全部的人民幣債券數量 $\overline{B_R}$，也就是說：

$$M_C^D = M_C^S = \overline{B_R} \qquad (6-1)$$

同時，最初境外的人民幣供給 $M_{HK}^{(S)}$ 等於境外人民幣需求 $M_{HK}^{(D)}$ 等於境外的人民幣外匯儲備 FOR 加上境外的人民幣基礎 $\overline{B_{R.HK}}$，即：

$$M_{HK}^{(S)} = M_{HK}^{(D)} = FOR + \overline{B_{R.HK}} \tag{6-2}$$

境外的人民幣資產以兩種形式存在：存放於人民幣離岸市場的存款以及非境內機構、居民持有的人民幣債券。假定境外人民幣資產存放於人民幣離岸市場的比例為 cd。由於人民幣在 2016 年 10 月才正式納入 SDR 貨幣籃子，在此之前外國的人民幣儲備較少。同時在現存的以美元為中心的貨幣體系下，大部分國家的貨幣政策與人民幣無關。香港的貨幣局制度使香港的人民幣外匯儲備很少，且其貨幣政策只與美元掛鈎，因此香港的國債市場與香港境內初始人民幣貨幣基礎無關，這裏不考慮香港的國債市場。

（二）理論分析

1. 中國境內貨幣政策對離岸市場利率的影響

對於人民幣債券市場，我們認為人民幣債券需求市場構成是中國境內居民持有的人民幣債券數量 $B_{CP.C}$ 加上中國境內銀行持有的人民幣債券數量 $B_{CB.C}$，再加上外國的外匯儲備中以債券形式存在的人民幣儲備（$1-cd$）·FOR。而人民幣債券供給市場構成是除去央行持有的人民幣債券 $\overline{B_{CC}}$ 外全部的境內發行人民幣債券 $\overline{B_R}$。當人民幣債券市場達到均衡時，有：

$$B_{CP.C} + B_{CB.C} + (1-cd) \cdot FOR = \overline{B_R} - \overline{B_{CC}} \tag{6-3}$$

由式（6－2）可知：

$$FOR = M_{HK}^{(D)} - \overline{B_{R.HK}} \tag{6-4}$$

$$B_{CP.C} + B_{CB.C} + (1-cd)\ M_{HK}^{(D)} = \overline{B_R} - \overline{B_{CC}} + (1-cd)\ \overline{B_{R.HK}} \tag{6-5}$$

對於中國銀行借貸市場，中國境內銀行間總貸款 L_C^T 等於中國境內居民向中國境內銀行的借款 $L_{CP.CB}$，再加上香港民眾向中國境內銀行的借款 $L_{HP.CB}$ 加上香港銀行向中國境內銀行的借款 $L_{HB.CB}$，即：

$$L_C^T = L_{CP.\,CB} + L_{HP.\,CB} + L_{HB.\,CB} \qquad (6-6)$$

對於香港銀行人民幣借貸市場，香港銀行間人民幣總貸款 L_H^T 等於香港民眾向香港銀行的人民幣借款 $L_{HP.\,HB}$ 加上中國境內居民向香港銀行的借款 $L_{CP.\,HB}$，再加上中國境內銀行向香港銀行的借款 $L_{CB.\,HB}$，即：

$$L_H^T = L_{HP.\,HB} + L_{CP.\,HB} + L_{CB.\,HB} \qquad (6-7)$$

對於香港離岸人民幣市場，人民幣供給有以下存在形式：中國境內居民在香港離岸人民幣市場的存款 $D_{CP.\,HR}$、中國境內銀行在離岸人民幣市場的存款 $D_{CB.\,HR}$、香港民眾在離岸人民幣市場的存款 $D_{HP.\,HR}$、香港銀行在離岸人民幣市場的存款 $D_{HB.\,HR}$、香港民眾存放於離岸人民幣市場的人民幣存款 $cdM_{HK}^{(D)}$；人民幣借款有以下存在形式：中國境內居民向香港離岸人民幣市場的借款 $L_{CP.\,HR}$、中國境內銀行向香港離岸人民幣市場借款 $L_{CB.\,HR}$、香港民眾向香港離岸人民幣市場借款 $L_{HP.\,HR}$，以及香港銀行向香港離岸人民幣市場借款 $L_{HB.\,HR}$。人民幣離岸市場上的人民幣供給減去人民幣借款等於人民幣離岸市場存放在境內的人民幣存款 $cd\,\overline{B_{R.\,HK}}$，即：

$$\begin{aligned} &D_{CP.\,HR} + D_{CB.\,HR} + D_{HP.\,HR} + D_{HB.\,HR} + cdM_{HK}^{(D)} - L_{CP.\,HR} \\ &\quad - L_{CB.\,HR} - L_{HP.\,HR} - L_{HB.\,HR} = cd\,\overline{B_{R.\,HK}} \end{aligned} \qquad (6-8)$$

上述式（6－5）至式（6－8）四個等式，等號左邊都是由市場因素決定的，等號右邊都是由政策因素決定的。我們用利率代表市場因素，以央行公開市場操作以及法定存款準備金率的變化代表貨幣政策因素，構造矩陣：

$$A\begin{pmatrix} dr_{BC} \\ dr_{LC} \\ dr_{LH} \\ dr_{D_{HR}} \end{pmatrix} = \begin{pmatrix} -d\,\overline{B_{CC}} + (1-cd) * d\,\overline{B_{R.\,HK}} \\ 0 \\ 0 \\ cd * d\,\overline{B_{R.\,HK}} \end{pmatrix} + C\begin{pmatrix} dR_{R.\,C} \\ dR_{R.\,H} \end{pmatrix} \qquad (6-9)$$

其中 r_{BC} 為中國境內國債利率，r_{LC} 為中國境內銀行借款利率，r_{LH} 為香港銀行借款利率，$r_{D_{HR}}$ 為香港人民幣離岸市場利率，$R_{R.\,C}$ 是中國境內存款準備金率，$R_{R.\,H}$ 是香港離岸市場存放在境內的人民幣存款準備金率。

2016 年 1 月 17 日，央行下發《關於境外人民幣業務參加行在境內代理行存放執行正常存款準備金率的通知》，要求自 1 月 25 日起，對境外參加行存放在境內代理行等境內銀行的境外人民幣存款執行正常存款準備金率。在此之前香港從來沒有實施存款準備金制度。因此，在 2016 年 1 月 25 日之前，$R_{R.H}=0$，在 2016 年 1 月 25 日之後，$R_{R.H}=R_{R.C}$，該矩陣可以簡化為：

$$A\begin{pmatrix} dr_{BC} \\ dr_{LC} \\ dr_{LH} \\ dr_{D_{HR}} \end{pmatrix} = \begin{pmatrix} -d\overline{B_{CC}} + (1-cd)\cdot d\overline{B_{R.HK}} \\ 0 \\ 0 \\ cd\cdot d\overline{B_{R.HK}} \end{pmatrix} + C\cdot dR_{R.C} \qquad (6-10)$$

其中 A 是 4×4 正定矩陣，C 是 4×1 矩陣。

根據 Hewson 和 Sakakihara（1974）的研究，當中國在岸與離岸人民幣市場無摩擦且達到均衡時，中國央行變動貨幣供給對市場利率的影響是負向的：

$$dr_{BC}/d\overline{B_{CC}} = -a_{11}^{-1} < 0 \qquad (6-11)$$

$$dr_{LC}/d\overline{B_{CC}} = -a_{21}^{-1} < 0 \qquad (6-12)$$

$$dr_{LH}/d\overline{B_{CC}} = -a_{31}^{-1} < 0 \qquad (6-13)$$

$$dr_{D_{HR}}/d\overline{B_{CC}} = -a_{41}^{-1} < 0 \qquad (6-14)$$

而中國央行變動內地存款準備金對市場利率的影響是正向的：

$$dr_{BC}/dR_{R.C} = \sum_{i=1}^{4} a_{1i}^{-1}c_{i1} > 0 \qquad (6-15)$$

$$dr_{LC}/dR_{R.C} = \sum_{i=1}^{4} a_{2i}^{-1}c_{i1} > 0 \qquad (6-16)$$

$$dr_{LH}/dR_{R.C} = \sum_{i=1}^{4} a_{3i}^{-1}c_{i1} > 0 \qquad (6-17)$$

$$dr_{D_{HR}}/dR_{R.C} = \sum_{i=1}^{4} a_{4i}^{-1}c_{i1} > 0 \qquad (6-18)$$

2. 引入國際資本流動因素

我們用中國境內外匯儲備的變化 E_C 表示國際資本在中國境內外的流動，用香港外匯儲備的變化 E_{HK} 表示國際資本在離岸市場的流動，λ 表示其他影響資本流動的因素，如國家管制或者影響資本流動的政策因素等，我們有：

$$\begin{bmatrix} dr_{BC} \\ dr_{LC} \\ dr_{LH} \\ dr_{D_{HR}} \end{bmatrix} = A^{-1}F\begin{bmatrix} dE_C \\ dE_{HK} \\ \lambda \end{bmatrix} \tag{6-19}$$

其中，F 為 4×3 矩陣。在完全競爭的貨幣市場，資本流入會降低當地利率，資本流出當地利率會提高。因此，我們應該有：

$$dr_{BC}/dE_C = \sum_{i=1}^{4} a_{1i}^{-1}f_{i1} < 0 \tag{6-20}$$

$$dr_{LC}/dE_C = \sum_{i=1}^{4} a_{2i}^{-1}f_{i1} < 0 \tag{6-21}$$

$$dr_{LH}/dE_{HK} = \sum_{i=1}^{4} a_{3i}^{-1}f_{i2} < 0 \tag{6-22}$$

$$dr_{D_{HR}}/dE_{HK} = \sum_{i=1}^{4} a_{4i}^{-1}f_{i2} < 0 \tag{6-23}$$

3. 香港人民幣離岸市場的貨幣創造能力

假設整個中國境內商業銀行體系充當香港人民幣離岸市場的「央行」，香港離岸人民幣市場在中國境內的存款充當人民幣離岸市場的準備金，存在以資金回流中國境內為形式的存款漏損，那麼有：

$$D = \frac{1+c}{rr+c}D^A \tag{6-24}$$

其中 D^A 是香港的初始人民幣存款，也就是貨幣基礎；D 是香港總共的人民幣存款數目；rr 是香港人民幣離岸市場在境內的存款率；c 是存款漏損率；$\frac{1+c}{rr+c}$ 為乘數效應。

我們用 $d\varphi$ 表示中國境內在岸市場上證券變為香港離岸市場存款的一種外生性移動，那麼有以下矩陣：

$$\begin{bmatrix} dr_{BC} \\ dr_{LC} \\ dr_{LH} \\ dr_{D_{HR}} \end{bmatrix} = A^{-1} \begin{bmatrix} d\varphi \\ 0 \\ 0 \\ -d\varphi \end{bmatrix} \tag{6-25}$$

香港離岸人民幣市場的人民幣存款需求 D 為：

$$\begin{aligned} D &= D_{CP.HR} + D_{CB.HR} + D_{HP.HR} + D_{HB.HR} + cdM_{HK}^{(D)} \\ &= D_{CP.HR} + D_{CB.HR} + D_{HP.HR} + D_{HB.HR} + \frac{cd}{1-cd}\overline{B_{H.R}} \end{aligned} \tag{6-26}$$

因此，存在下述矩陣：

$$D = ED^{-1} \begin{bmatrix} dr_{BC} \\ dr_{LC} \\ dr_{LH} \\ dr_{D_{HR}} \end{bmatrix} \tag{6-27}$$

其中 ED 為 4×1 矩陣。當境內外市場完全有效時，香港離岸市場存款利率越高則香港離岸市場人民幣存款越多，其他市場利率越高則香港離岸市場人民幣存款越少，因此 $ed_1 < 0$，$ed_2 < 0$，$ed_3 < 0$，$ed_4 > 0$。而香港離岸人民幣市場的存款乘數效應 $\frac{dD}{d\varphi}$ 可以表示為：

$$\begin{aligned} \frac{dD}{d\varphi} &= \frac{1}{1-cd} + ED \cdot A^{-1} \cdot \begin{bmatrix} 1 \\ 0 \\ 0 \\ -1 \end{bmatrix} \\ &= \frac{1}{1-cd} + ed_1\ (a_{11}^{-1} - a_{14}^{-1})\ + ed_2\ (a_{21}^{-1} - a_{24}^{-1}) \\ &\quad + ed_3\ (a_{31}^{-1} - a_{34}^{-1})\ + ed_4\ (a_{41}^{-1} - a_{44}^{-1}) \end{aligned} \tag{6-28}$$

在以美元為中心的貨幣制度下，儘管人民幣國際地位在不斷提高，但是目前各國的外匯儲備中人民幣佔比很少。因此，我們認為境外的銀行間人民幣借貸市場的影響遠沒有中國境內國債市場、中國境內銀行間人民幣借貸市場、香港離岸人民幣金融市場的影響大。同時，中國境內的人民幣市場比香港離岸人民幣市場影響大。也就是說：

$$a_{11}^{-1}-a_{14}^{-1}>0,\ a_{21}^{-1}-a_{24}^{-1}>0,\ a_{31}^{-1}-a_{34}^{-1}>0,\ a_{41}^{-1}-a_{44}^{-1}>0$$

因此 $\frac{dD}{d\varphi}<\frac{1}{1-cd}$，$cd$ 是外國央行將其人民幣儲備存放於離岸人民幣市場的固定比例。也就是說，在一般均衡模型下，貨幣乘數 m 有：

$$m<\frac{1}{1-cd} \qquad (6-29)$$

由此我們可以得出結論：如果利率漏損和現金漏損存在，那麼香港離岸人民幣市場的存款創造能力其實並不大。香港離岸人民幣市場的人民幣存款規模的上漲主要源於貨幣的初始轉移。

（三）實證檢驗

1. 人民幣離岸市場的利率漏損

樣本選取範圍是從 2014 年 1 月至 2015 年 12 月的月度數據。我們用每個月最後一個交易日的中債國債收益率來代表中國境內的國債利率 r_{BC}，用每個月最後一個交易日的 Shibor 隔夜利率表示中國境內銀行間人民幣借款利率 r_{LC}。由於香港銀行間人民幣借款利率與離岸人民幣市場利率都是基於 CNH Hibor 人民幣利率，我們選取每個月最後一個交易日的 Hibor 隔夜利率表示香港銀行間人民幣借款利率 r_{LH} 與離岸人民幣市場利率 $r_{D_{HR}}$。我們簡單假設香港金融管理局公佈的由債務工具中央結算系統託管及結算的人民幣債務工具未償還總額（單位：千億元人民幣）為香港人民幣離岸市場的貨幣基礎 $\overline{B_{R,HK}}$，用中國人民銀行公佈的 2014 年 1 月至 2015 年 12 月貨幣當局資產負債表中對政府債券、對其他存款性公司債券、對其他金融性公司債券、對非金融部門債券總和（單位：千億元人民幣）表示央行持有的人民幣債券數量 $\overline{B_{CC}}$，用大型金融機構法定存款準備金率表示中國境內存款準備金利率 $R_{R.C}$。

我們利用最小二乘法分析人民幣離岸市場的貨幣基礎的變化、在岸市場的貨幣供應量的變化、在岸市場的法定存款準備金的變化、在岸市場與離岸市場的資本流動對在岸與離岸市場的利率的變化。由於 dr_{BC}、dr_{LC}、$dr_{D_{HR}}$、$d\,\overline{B_{R.HK}}$、$dR_{R.C}$、dE_C、dE_{HK} 在置信區間 0.95 下全部都是平穩的，而 $d\,\overline{B_{CC}}$ 在置信區間 0.99 下是一階差分平穩，我們對 $d\,\overline{B_{CC}}$ 取差分後，分析 $d\,\overline{B_{R.HK}}$、d（$d\,\overline{B_{CC}}$）、$dR_{R.C}$、dE_C、dE_{HK} 對 dr_{BC}、dr_{LC}、$dr_{D_{HR}}$ 的影響。實證結果如表 6－1、表 6－2、表 6－3 所示。

表 6－1　dr_{BC} 回歸結果

變量	係數	標準差	t- 統計量	P 值
$dR_{R.C}$	66.3714	63.5779	1.0439	0.3103
$d(d\,\overline{B_{CC}})$	0.0634	0.0232	2.7294	0.0138
$d\,\overline{B_{R.HK}}$	−1.3221	1.2924	−1.0229	0.3199
dE_C	1.81E−0	3.46E−05	0.5220	0.6080
dE_{HK}	−0.0001	0.0002	−0.5727	0.5739

表 6－2　dr_{LC} 回歸結果

變量	係數	標準差	t- 統計量	P 值
$dR_{R.C}$	86.5032	72.2264	1.1976	0.2466
$d(d\,\overline{B_{CC}})$	0.0617	0.0264	2.3403	0.0310
$d\,\overline{B_{R.HK}}$	−1.5698	1.4682	−1.0692	0.2991
dE_C	−0.1361	0.3271	−0.4160	0.6823
dE_{HK}	2.4358	3.9287	0.6199	0.5430

表 6－3 $dr_{D_{HR}}$ 回歸結果

變量	係數	標準差	t- 統計量	P 值
$dR_{R.C}$	67.3245	186.0294	0.3619	0.7216
$d(d\overline{B_{CC}})$	−0.1547	0.0679	−2.2762	0.0353
$d\overline{B_{R.HK}}$	0.6523	3.7816	0.1725	0.8650
dE_C	−0.8409	0.8425	−0.9980	0.3315
dE_{HK}	−9.1732	10.1190	−0.9065	0.3766

上述實證表明，中國央行貨幣變動增量對香港人民幣離岸市場的影響明顯是負向的。中國央行變動內地存款準備金對市場利率的影響都是正向的。也就是說，離岸市場的利率確實受在岸市場的貨幣政策影響。而央行貨幣變動的增量對在岸人民幣市場的影響是正向的有可能是因為中國目前利率市場尚未完全市場化。

同時，中國境內外匯儲備的增加會使境內的利率降低；香港外匯儲備的增加會使香港人民幣離岸市場利率提高，說明資本流動確實會影響利率。當資本由中國境內流向離岸市場時，離岸市場的利率會下降而中國境內利率會上升，此時資本會有流回中國境內的趨勢。因此，如 Hewson 和 Sakakihara（1974）所述，人民幣離岸市場的存款創造，和歐洲美元市場一樣，存在利率漏損。綜上分析香港人民幣離岸市場的人民幣存款上升主要源於貨幣的初始轉移。

2. 人民幣離岸市場貨幣乘數估算

按照固定係數乘數模型，整個中國境內商業銀行體系充當人民幣離岸體系的「央行」，香港人民幣離岸市場在中國境內銀行的存款充當香港人民幣離岸市場的準備金，存在以資金回流中國境內形式的存款漏損且準備金率和漏損率均相對穩定，那麼人民幣離岸市場的貨幣乘數可以估算出來。由式（6－24）可知，貨幣乘數 $m=\frac{1+c}{rr+c}=1+\frac{1-rr}{rr+c}$，因此 $m\leqslant\frac{1}{rr}$（當且僅當 $c=0$ 時取等號），其中 rr 是香港人民幣離岸市場在境內的存款率，c 是存款漏損率。假設香港離岸市場清算行——中國銀行（香港）的人民幣存款全部存放在中國境內，且將香港人民幣離岸市場在境內的存款率 rr 簡化為中國銀行（香港）在境內的人民幣存款率，那麼表 6 – 4 是根據固定係數乘數模型得出的歷年來香港人民幣離岸市場的貨幣乘數最大可能值。近年來香港人民幣離岸市場的貨幣乘數都不超過 2。

表 6 – 4　固定係數乘數模型下香港人民幣離岸市場的貨幣乘數最大可能值

項目	2012 年 12 月	2013 年 6 月	2013 年 12 月	2014 年 6 月	2014 年 12 月	2015 年 6 月	2015 年 12 月
rr	0.5828	0.5249	0.6930	0.7083	0.7226	0.6289	0.6178
m	1.7155	1.9049	1.4428	1.4116	1.3838	1.5900	1.6181

資料來源：中國銀行（香港）各年度年報、半年報。

式（6 – 29）給出了一般均衡模型下香港人民幣離岸市場的貨幣乘數最大可能值。事實上，由於利率漏損 a 的存在，真實的貨幣乘數 $m' = \frac{1+c+a}{c+a+rr} = 1 + \frac{1-rr}{c+a+rr}$，所以 $m' < m$。因此，香港人民幣離岸市場的貨幣乘數的最大值應該小於表 6 – 4 的估計值，也就是說，香港人民幣離岸市場的貨幣乘數可能遠遠小於 2。

二、人民幣離岸市場對貨幣供給量的影響

He 和 McCauley（2012）曾通過分析歐洲美元市場認為離岸和在岸市場的資金流動會對在岸市場的存款、信貸等造成影響，給中央銀行測算和控制貨幣供給量、保持幣值穩定、制定貨幣政策帶來一系列挑戰。馬駿（2011）認為人民幣離岸市場發展對境內外匯儲備、央行對沖成本、境內貨幣供應量

等會帶來影響和衝擊。何帆和張斌等（2011）認為，人民幣離岸市場對短期國際資本大量流入有影響，其發展對在岸人民幣市場可能產生衝擊。因此，本節將基於離岸人民幣資金流動渠道對在岸市場貨幣供應量的影響進行討論。

（一）理論分析

由上一章中的圖 5－1 我們可以看出，在不存在存款漏損的情況下，在岸市場通過中國人民銀行深圳市中心支行流向香港清算行的 B 元人民幣，會在離岸市場上創造出 B/r 元人民幣（在不考慮現金漏損與利率漏損的情況下，離岸市場在在岸市場的本幣存款率即固定係數模型中的準備金率），但是由於香港離岸市場參與行會向香港清算行存入（$r\times$ 各行的人民幣存款數量）元人民幣，因此香港清算行回收的人民幣數量為 $B \cdot r + B \cdot (1-r) \cdot r + B \cdot (1-r) \cdot (1-r) \cdot r \cdots = B$ 元。香港清算行再將 B 元人民幣存回中國人民銀行深圳市中心支行。因此在不存在漏損的情況下，境內基礎貨幣不變。

本書第五章已討論過，香港人民幣離岸市場是存在三種形式的存款漏損的。因此香港清算行回收的人民幣可能小於 B 元。可是由於存款漏損比例較低，漏損對境內基礎貨幣的影響較小。但考慮到境內貨幣乘數不小，因此漏損對廣義貨幣的影響不能忽略。也就是說，人民幣在境內與離岸市場的流動，可能對境內廣義貨幣供應量產生較明顯的影響。

由於香港人民幣離岸市場自 2010 年起步，我們簡單假設 2009 年底香港的人民幣存款數量為香港人民幣離岸市場的人民幣基礎。前文提及了人民幣跨境流動的四種主要渠道：跨境貿易、直接投資、本幣互換和個人攜帶。事實上，除了本幣互換之外，其他三種渠道的資金流動都會對境內廣義貨幣造成影響。為了清楚地說明資金流動對貨幣供應量的影響，我們簡單地假設在岸市場與離岸市場僅有美元與人民幣兩種貨幣且央行通過公開市場操作維持人民幣對美元匯率不變，在岸市場的貨幣乘數為 k。我們對人民幣流出與回流分開討論：

人民幣流出有兩種情況：①個人攜帶、直接轉移等造成人民幣直接流出境內 A 元。這種情況會導致境內廣義貨幣減少 $A * k$ 元。②企業用人民幣結算替代美元結算進行貿易與直接投資活動，造成人民幣流出境內 B 元。這種情況下會導致境內美元需求減少，美元有貶值趨勢。央行為維持在岸市場人民幣對美元匯率穩定，需要在在岸市場上拋售 B 元人民幣來購買美元。因此此時境內廣義貨幣沒有變化。

人民幣回流也有兩種情況：①國外企業用自有的人民幣對在岸市場進行貿易與直接投資、個人攜帶等活動造成人民幣直接流回境內 C 元。這種情況下會導致境內廣義貨幣增加 $C \cdot k$ 元。②國外企業通過在離岸人民幣市場上出售美元換取人民幣或貸款等形式，用人民幣替代美元進行貿易與直接投資活動，造成人民幣流回境內 D 元。這種情況下，一方面 D 元人民幣回流會導致境內廣義貨幣增加 $D \cdot k$ 元。但是另一方面國外企業減少了美元在在岸市場的結匯導致在岸市場人民幣需求減少，央行為了維持在岸市場人民幣對美元匯率，會在在岸市場上拋售美元購買 $D \cdot k$ 元人民幣。因此，此時境內廣義貨幣不變。

綜上，在我們假設的模型中，資金流動只有人民幣流出的第①種情況和人民幣回流的第①種情況這兩種情況會對境內廣義貨幣造成影響，在人民幣淨流出 $(A + B - C - D)$ 元時，境內廣義貨幣減少 $(A - C) \cdot k$ 元[1]。

（二）實證檢驗

上文已證明在岸市場的貨幣政策會對香港人民幣離岸市場的利率 $r_{D_{HR}}$ 產生影響，而香港人民幣離岸市場的利率高低會影響離岸市場的人民幣存款規

1　近年來香港人民幣離岸市場存款的增加源於大量的資金淨轉移，人民幣的持續淨流出會導致國內貨幣供應量 M_2 的減少。但是，中國並非實行完全的固定匯率制，人民幣對美元匯率近年來比較多變，因此實際上人民幣流出的第②種情況和人民幣回流的第②種情況這兩種情況也會對境內貨幣供應量 M_2 造成影響。

模，因此在岸市場的貨幣政策會影響離岸市場人民幣存款規模。由於離岸市場存款增量大部分來源於境內資金流入離岸市場，離岸市場的存款也會影響在岸市場的貨幣政策。基於此，我們建立關於香港人民幣存款的變化量 *dHK* 與境內貨幣供應量變化的 VAR 模型，並基於該模型對貨幣乘數進行估算。由於香港人民幣離岸市場的貨幣創造較小，我們忽略香港離岸市場的存款創造效應，簡單地用香港人民幣存款的變化量 *dHK*（單位：百萬元）代表人民幣的轉移，用中國貨幣和準貨幣供應量的變化量 dM_2（單位：百萬元）代表境內廣義貨幣供應量的變化量。

樣本選取範圍是 2010 年 1 月至 2015 年 12 月的月度數據。根據 AIC 準則，建立 VAR 模型時最優滯後階數為 5 階，剔除模型中 *t* 值不顯著的解釋變量，最後回歸結果如下表 6 – 5 和表 6 – 6 所示。

表 6 – 5　dM_2 回歸結果

變量	係數	標準差	*t*- 統計量	*P* 值
dM_2（–3）	0.2439	0.1200	2.0317	0.0465
dM_2（–4）	–0.3454	0.1215	–2.8426	0.0060
dM_2（–5）	–0.2988	0.1146	–2.6067	0.0114
dHK	–3.7874	5.1195	–0.7398	0.4622

表 6 – 6　*dHK* 回歸結果

變量	係數	標準差	*t*- 統計量	*P* 值
dHK（–1）	0.5863	0.0991	5.9159	0.0000
dM_2	–0.0041	0.0024	–1.7238	0.0897
dM_2（–2）	–0.0042	0.0021	–1.9534	0.0553
dM_2（–3）	–0.0046	0.0024	–1.9171	0.0598
dM_2（–4）	–0.0043	0.0023	–1.8500	0.0691

基於 dM_2 的回歸結果說明，離岸人民幣市場存款變化量確實與在岸市場的人民幣貨幣供應量變化量呈負相關。根據 2010 年 1 月至 2015 年 12 月的月度數據計算出：

$$\frac{A-C}{A+B-C-D}\cdot k=3.79 \qquad (6-30)$$

基於 dHK 的回歸結果再次說明，在岸市場的貨幣供應量增加將導致離岸市場的存款減少。這與前文實證結果相吻合：在岸市場的貨幣供應量變化量的增加會引起香港離岸市場人民幣利率下降，香港離岸市場人民幣存款數量因此而下降。上文已說明近年來人民幣一直處於淨流出狀態，具體表現是貿易項下人民幣淨流出而直接投資項下人民幣淨流入，但是貿易項下的人民幣淨流出遠大於直接投資項下人民幣的淨流入。因此，就中國現狀而言，$A>C$，$B>D$，因此 $\frac{A-C}{A+B-C-D}<1$。

因此，香港人民幣離岸市場的存款淨流出對在岸市場貨幣供應量減少的乘數效應達 3.79，也就是說人民幣向離岸市場流出會導致在岸市場的人民幣貨幣供應量減少，每 1 元人民幣的淨流出會減少 3.79 元境內人民幣供應量（M_2）。反之，該乘數對於離岸人民幣回流對境內貨幣供應量的增加也成立。

（三）政策啟示

儘管離岸市場的發展有利於人民幣國際化，但是離岸市場的規模日益壯大也給境內市場帶來一定的衝擊。因此，中國在積極發展人民幣離岸市場的同時，也要加強對離岸市場的監管與控制，運用多種方式削弱人民幣離岸市場對境內貨幣政策的影響。

1. 完善人民幣回流機制

目前中國的人民幣淨流出導致以貨幣供應量為中間目標的貨幣政策有效性受到人民幣離岸市場的影響。以本書估算的人民幣資金轉移為例，2010 年至 2014 年 4 年來香港離岸市場人民幣存款規模增加 9408.4 億元，其中中國境內流向香港的資金約為 9167.7 萬億元。由式（5 -1）可知，人民幣離岸市場 9408.4 億元的存款增量會導致境內貨幣供應量減少 35657.8 億元。離岸市場的發展對境內貨幣供應量的影響也是自 2013 年來央行不斷「放水」，但中國境內貨幣流動性仍然趨緊的原因之一。人民幣離岸市場對境內貨幣供應量的影響係數為 $\frac{A-C}{A+B-C-D}\cdot k$，要削弱人民幣離岸市場對境內貨幣政策的影響，需盡可能縮小 $A-C$ 的值。也就是說，要盡可能使人民幣直接流出量與直接流入量趨同。目前中國資本項目尚未完全開放，因此境外對境內的直接投資渠道較少，人民幣的流出量遠大於流入量。

完善人民幣回流機制，既要保證回流渠道的多樣性與暢通性，也要保證回流渠道的可控性。目前離岸人民幣主要通過貿易結算直接投資和購買債券三種渠道回流內地市場。從發達國家貨幣資金回流經驗來看，外商直接投資與境內債券市場吸收境外回流資金的比例佔所有回流資金的 50% 以上，因此進一步拓寬外商直接投資渠道與發展境內債券市場是完善人民幣回流機制的重要手段。中國經常賬戶已經完全開放，因此人民幣在經常賬戶下的流出與流入都沒有限制。目前外商直接投資的形式主要是「滬港通」和 RQFII，可見人民幣回流渠道比較暢通。但是「滬港通」和 RQFII 的額度往往用不完，例如 2016 年 2 月的「港股通」累計使用額度不到總額度的 65%。這主要是因為外資在境內的投資受到限制：境外進來的人民幣，不能做二級市場的投資，只能進行生產性投資或者進行貿易結匯，這也在一定程度上説明境內項目吸引力較小。適當放寬外資在境內投資的限制，例如允許境外投資者購買境內人民幣債券、允許離岸市場人民幣清算行參與境內銀行間同業拆借等業務，有助於人民幣直接流回境內市場。但是，拓寬回流渠道的同時要注重風險防範，離岸與在岸賬戶應進行嚴格的分離管理，並加強人民幣離岸市場監管部門與境內監管部門之間的信息交流和政策協商機制。

2. 提高人民幣離岸市場的貨幣創造能力

表 6 -4 展示了在固定係數乘數模型下計算出來的香港人民幣離岸市場的

貨幣乘數效應不超過 2，實際上由於香港存在利率漏損，真實貨幣乘數遠小於 2。人民幣離岸市場貨幣創造能力較低而人民幣需求較大，導致人民幣供給 80% 以上依靠境內人民幣轉移。在這種情況下人民幣離岸市場的最大問題是缺乏流動性的補充機制和管理機制。

2015 年 8 月 11 日人民幣匯改以來，離岸人民幣匯率與在岸人民幣匯率出現三次較大的背離，離岸匯率低於在岸匯率導致套利套匯者在離岸市場買進人民幣後在在岸市場賣出人民幣賺取匯差。「8 · 11 匯改」後香港離岸市場的人民幣同業拆借隔夜利率曾幾度飈升，特別是 2016 年 1 月 12 日央行為縮小 CNY 與 CNH 之間的匯差而收緊離岸市場的人民幣供給後，香港離岸市場的隔夜拆借利率飈升至 66.8%。如此高的利率下香港金融監管局提高人民幣流動性的機制卻有很大的成本：香港金融監管局只能通過貨幣互換向中國人民銀行借入人民幣來提高離岸市場的流動性，但這會使港元面臨很大的升值壓力。因此，從長遠來看，離岸市場人民幣需要有自我循環機制，才能保證離岸市場的穩定健康發展。

貨幣乘數 $m = \dfrac{1+c}{rr+c}$，其中 c 為以現金形式流回在岸市場的存款漏損率，rr 為香港離岸市場在境內的存款率。在存款漏損率一定的情況下，提高貨幣乘數 m 的唯一途徑是減小離岸市場在境內的存款率 rr。因此，豐富離岸市場人民幣產品與投資渠道是提高人民幣離岸市場貨幣創造能力的主要手段。香港離岸市場的貨幣乘數小於 2 意味着香港離岸市場的人民幣在境內的存款率超過了 50%，香港離岸市場的人民幣並未被充分利用。離岸人民幣主要有三種使用方式：人民幣貸款、人民幣債券、外匯交易。2015 年 12 月香港離岸人民幣存量為 8511 億元，其中投向人民幣貸款約 3000 億元，投向人民幣債券約 3500 億元，投資外匯約 2000 億元，其中大部分的外匯投資與離岸市場及在岸市場的套利套匯活動有關。人民幣的投資渠道較單一，極少涉及金融衍生品的交易，使得離岸市場人民幣的流動性較差。提高離岸市場的流動性需要豐富人民幣計價產品，擴寬人民幣在離岸市場使用範圍，比如推出離岸市場人民幣 ETF、開展人民幣計價大宗商品交易等。減少離岸市場在境內的存款率、提高離岸市場資金活躍度可以在一定程度上緩解人民幣在境內外套利套匯活動下的流動，有利於離岸與在岸市場的金融穩定。

3. 加快浮動匯率制度改革

克魯格曼的「不可能三角」理論指出：在金融政策方面，資本自由流動、匯率穩定和貨幣政策獨立性三者不可能兼得。人民幣國際化與深化金融改革要求資本能夠自由流動，在保持央行貨幣政策獨立性的前提下，中國唯有讓人民幣匯率逐步浮動。目前在岸人民幣採用的是有管理的浮動匯率制度，價格區間限制為 ±2；離岸市場人民幣匯率是自由浮動的。離岸與在岸市場人民幣匯率制度的差別導致了離岸市場人民幣匯率更能反映國際投資者對人民幣的預期。離岸市場與在岸市場匯率制度的差別導致 CNY 與 CNH 總是存在一定程度的背離，給國際投資者套利套匯提供了機會。在國際市場普遍對人民幣存在貶值預期時，離岸市場的完全市場化的匯率決定制度，給中國人民銀行試圖穩定在岸市場人民幣匯率帶來了巨大的成本。

圖 6－1 展示了 2015 年 7 月至 2016 年 1 月期間中國外匯儲備變化情況。自從「8．11 匯改」後人民幣進入貶值通道，中國外匯儲備直線下降。2015 年 7 月底中國擁有外匯儲備 36513 億美元，2016 年 1 月底中國外匯儲備僅剩 32308.93 億美元，6 個月消耗 4204.07 億美元，平均每個月消耗約 700 億美元的外匯儲備。外匯儲備的大量流失，既與投資者利用在岸市場與離岸市場的匯差套匯有關，也與央行在離岸市場大量拋售美元購買人民幣以穩定離岸市場匯率有關。但是，如果人民幣一直處於貶值通道的話，儘管中國外匯儲備龐大，四年後中國的外匯儲備也將被使用殆盡。

盡快完成匯率改革，實現境內匯率浮動制度才是縮小 CNY 與 CNH 的根本途徑。在岸人民幣匯率自由浮動之後，套利套匯活動會使得 CNY 與 CNH 趨同，進而減少套利套匯活動，在一定程度上減少離岸市場對境內貨幣政策的影響。同時，在「不可能三角」理論下，由於中國放棄了固定匯率制度，資本自由流動程度能夠擴大，貨幣政策受干預程度更小。

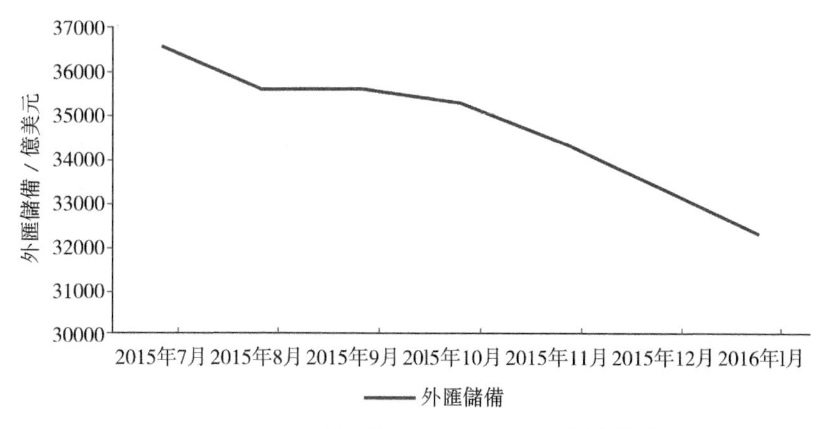

圖 6－1　2015 年 7 月至 2016 年 1 月中國外匯儲備

三、跨境套匯行為影響境內匯率水平

香港人民幣離岸市場目前已形成 CNH 和 CNY 兩種人民幣匯率。與在岸的銀行間市場即期匯率（CNY）相比，離岸市場人民幣匯率（CNH）交易機制具有三個主要差異：市場參與者更廣泛不設中間價，不設漲跌幅度限制央行較少進行干預。央行對匯率的干預多在境內銀行間市場完成，CNH 市場不會受央行直接干預，間接干預也較為罕見。

以上三點交易機制的不同，令 CNH 對信息的反應更為充分和市場化，波動性更高，可能在一段時間內產生持續單向匯差。境內銀行間市場主要由金融機構參與，金融機構主動調整頭寸活動可能部分掩蓋企業交易需求所反映的匯率預期變化；同時，銀行間市場對波動範圍實施限制，使 CNY 難以充分反映經濟金融信息對人民幣匯率的衝擊。央行較少對離岸市場進行干預也使 CNH 報價更多體現市場供需關係。多種因素共同作用，使 CNH 與 CNY 之間可能產生一段時間的持續單向匯差。

隨着人民幣跨境流動的渠道逐漸增多，人民幣離岸市場與在岸市場之間已經出現自發的套匯機制，使離岸價格與在岸價格之間具有內在收斂性，很難長期大幅偏離，CNH 與 CNY 的聯動關係呈現逐步加強的趨勢。2011 年 9 月前，CNH 略高於 CNY，兩者走勢趨同性十分明顯；2011 年 9 月後，由於美元指數轉強，人民幣離岸市場率先迅速對此信息做出反應，CNH 迅速貶值，CNY 反應稍顯滯後，導致最大匯差達到 1255 個基點，但隨後 CNY 也逐漸貶值，保持與 CNH 相一致的趨勢運動，長期仍然處在升值通道中。

此外，在人民幣加入 SDR 貨幣籃子、國際化不斷增強的背景下，人民幣在岸市場和離岸市場之間開展的跨境貿易結算、直接投資、證券投資和貸款等業務日益頻繁。然而，自香港人民幣離岸市場正式建立以來，關於人民幣定價權旁落離岸市場的爭論從來未停止過。2015 年下半年，隨着人民幣兑美元持續貶值，離岸與在岸的價差也出現較大波動，12 月價差達數百點已是常態，在 12 月 30 日即期價差甚至達 1000 點。

為考察 CNH 和 CNY 之間的聯動關係，本節實證考察了人民幣離岸、在岸匯率之間的報酬溢出效應、波動溢出效應、非對稱效應和動態時變關係，旨在解決下列問題：①人民幣離岸、在岸匯率之間是否存在收益、波動信息傳遞關係？離岸與在岸匯率市場哪一個是信息傳遞中心？②人民幣離岸、在岸匯率是否存在非對稱效應？③外生宏觀衝擊是否會影響上述關係？

（一）變量選取與數據處理

CNH 市場在 2010 年 7 月 19 日開始放開，本節為消除市場交易初期的虛假起始交易效應（Ding 等，2014），剔除了 2010 年 8 月 23 日之前的離岸和在岸市場人民幣對美元即期和遠期匯率數據，選擇 2010 年 8 月 23 日到 2015 年 12 月 1 日的數據進行研究。本文以在岸與離岸人民幣對美元即期和遠期交易每日收盤價為研究對象，分別以 CNY、CNH、FORWARD 和 NDF 表示人民幣對美元在岸即期交易收盤價、離岸即期交易收盤價、在岸遠期交易收盤價和離岸 NDF 交易收盤價。其中人民幣對美元在岸遠期和離岸 NDF 價格均包含期限為 1 個月、3 個月、6 個月、9 個月和 12 個月的五個交易合約，分別記為 FORWARD1M、FORWARD3M、FORWARD6M、FORWARD9M、FORWARD12M 和 NDF1M、NDF3M、NDF6M、NDF9M、NDF12M。所有匯率數據均採用直接標價法。考慮節假日的差異和控制變量的數據日期，剔除不匹配的數據，共得到 1273 個日交易收盤價數據。文中所有匯率交易品種和期限收盤價數據均來源於 Wind 數據庫。

（二）模型設定

1. 人民幣在岸、離岸匯率信息溢出效應及非對稱效應

在不加入宏觀經濟變量的情況下，模型的條件均值方程為：

$$R_{h,t} = u_h + \sum_{n=1}^{m} \alpha_{h1,i} R_{h,t-i} + \sum_{j=1}^{n} \alpha_{h2,i} R_{y,t-i} + \sum_{s=1}^{s} \alpha_{h3,i} R_{ndf,t-i} + \varepsilon_{h,t} \quad (6-31)$$

$$R_{y,t} = u_y + \sum_{n=1}^{m} \alpha_{y1,i} R_{y,t-i} + \sum_{j=1}^{n} \alpha_{y2,i} R_{h,t-i} + \sum_{s=1}^{s} \alpha_{y3,i} R_{f,t-i} + \varepsilon_{y,t} \quad (6-32)$$

模型條件方差方程為：

$$\ln\sigma_{h,t}^2 = v_h + \sum_{k=1}^{p} \beta_{h1,k} \left(\left| \frac{\varepsilon_{h,t-k}}{\sigma_{h,t-k}} - E\left(\frac{\varepsilon_{h,t-k}}{\sigma_{h,t-k}}\right) \right| + \tau_{h,k} \frac{\varepsilon_{h,t-k}}{\sigma_{h,t-k}} \right) + \sum_{r=1}^{q} \beta_{h2,r} \left(\left| \frac{\varepsilon_{y,t-k}}{\sigma_{y,t-k}} - E\left(\frac{\varepsilon_{y,t-k}}{\sigma_{y,t-k}}\right) \right| \right) \quad (6-33)$$

$$\ln\sigma_{y,t}^2 = v_y + \sum_{r=1}^{p} \beta_{y1,r} \left(\left| \frac{\varepsilon_{y,t-k}}{\sigma_{y,t-k}} - E\left(\frac{\varepsilon_{y,t-k}}{\sigma_{y,t-k}}\right) \right| + \tau_{y,k} \frac{\varepsilon_{y,t-k}}{\sigma_{y,t-k}} \right) + \sum_{r=1}^{q} \beta_{y2,r} \left(\left| \frac{\varepsilon_{h,t-k}}{\sigma_{h,t-k}} - E\left(\frac{\varepsilon_{h,t-k}}{\sigma_{h,t-k}}\right) \right| \right) \quad (6-34)$$

其中 $R_{h,t}$ 代表人民幣離岸匯率對數收益率，$R_{y,t}$ 代表人民幣在岸匯率對數收益率，$\sigma_{h,t}^2$ 代表人民幣離岸匯率對數收益率方差，$\sigma_{y,t}^2$ 代表人民幣在岸匯率對數收益率方差。考慮到在岸和離岸遠期匯率反映了市場的預期效應，在方程中分別加入，用 $R_{ndf,t}$ 代表 NDF 市場匯率收益率，用 $R_{f,t}$ 代表在岸市場遠期

匯率收益率，遠期合約期限分別為 1 個月、3 個月、6 個月、9 個月和 12 個月。$\alpha_{h2,i}$ 表示人民幣在岸匯率對離岸匯率的報酬溢出效應，$\alpha_{y2,i}$ 表示人民幣離岸匯率對在岸匯率的報酬溢出效應；$\alpha_{h3,i}$ 表示 NDF 遠期匯率對人民幣離岸匯率的報酬溢出效應，$\alpha_{y3,i}$ 表示人民幣在岸遠期匯率對在岸即期匯率的報酬溢出效應；$\beta_{h1,k}$ 表示人民幣離岸匯率對自身的波動溢出效應，$\beta_{h2,r}$ 表示人民幣在岸匯率對離岸匯率的波動溢出效應，$\beta_{y1,r}$ 表示人民幣在岸匯率對自身的波動溢出效應，$\beta_{y2,r}$ 表示人民幣離岸匯率對在岸匯率的波動溢出效應；$\tau_{h,k}$ 表示人民幣離岸匯率的非對稱效應，$\tau_{y,k}$ 表示人民幣在岸匯率的非對稱效應。

2. 考慮外生衝擊效應

分別引入美元指數 USDX、ADS 商業指數（Aruoba-Diebold-Scotti Business Conditions Index）、VIX 指數（CBOE Volatility Index）、密歇根消費者信心指數 MCCI（Michigan Consumer Confidence Index）、美國經濟政策不確定性指數 UEPUI（US Economic Policy Uncertainty Index）和中國經濟政策不確定性指數 CEPUI（China Economic Policy Uncertainty Index）作為宏觀控制變量，分別用來刻畫美元強勢程度、宏觀商業景氣程度、投資者恐慌程度、消費者信息程度以及政策不確定程度的變化對 CNH、CNY 和 NDF 匯率聯動關係的衝擊。

在加入宏觀經濟變量的情況下，考慮到除 ADS 商業指數外，其餘宏觀經濟變量的值恆為正數，因此加入除 ADS 商業指數外的宏觀變量時，模型的條件均值方程為：

$$R_{h,t} = u_h + \sum_{n=1}^{m} \alpha_{h1,i} R_{h,t-i} + \sum_{j=1}^{n} \alpha_{h2,i} R_{y,t-i} + \sum_{s=1}^{s} \alpha_{h3,i} R_{ndf,t-i} + \eta_{hXt-1} + \varepsilon_{h,t} \tag{6-35}$$

$$R_{y,t} = u_y + \sum_{n=1}^{m} \alpha_{y1,i} R_{y,t-i} + \sum_{j=1}^{n} \alpha_{y2,i} R_{h,t-i} + \sum_{s=1}^{s} \alpha_{y3,i} R_{f,t-i} + \eta_{yXt-1} + \varepsilon_{y,t} \tag{6-36}$$

模型的條件方差方程為：

$$\ln\sigma_{h,t}^2 = v_t + \sum_{k=1}^{p}\beta_{h1,k}\left(\left|\frac{\varepsilon_{h,t-k}}{\sigma_{h,t-k}} - E\left(\frac{\varepsilon_{h,t-k}}{\sigma_{h,t-k}}\right)\right| + \tau_{h,k}\frac{\varepsilon_{h,t-k}}{\sigma_{h,t-k}}\right) + \sum_{r=1}^{q}\beta_{h2,r}\left(\left|\frac{\varepsilon_{y,t-k}}{\sigma_{y,t-k}} - E\left(\frac{\varepsilon_{y,t-k}}{\sigma_{y,t-k}}\right)\right| + \lambda_h \ln X_{t-1}\right) \quad (6-37)$$

$$\ln\sigma_{y,t}^2 = v_y + \sum_{r=1}^{p}\beta_{y1,r}\left(\left|\frac{\varepsilon_{y,t-k}}{\sigma_{y,t-k}} - E\left(\frac{\varepsilon_{y,t-k}}{\sigma_{y,t-k}}\right)\right| + \tau_{y,k}\frac{\varepsilon_{y,t-k}}{\sigma_{y,t-k}}\right) + \sum_{r=1}^{q}\beta_{y2,r}\left(\left|\frac{\varepsilon_{h,t-k}}{\sigma_{h,t-k}} - E\left(\frac{\varepsilon_{h,t-k}}{\sigma_{h,t-k}}\right)\right|\right) + \lambda_y \ln X_{t-1} \quad (6-38)$$

其中 η_h 表示宏觀經濟變量（除 ADS 商業指數）對人民幣離岸匯率的報酬溢出衝擊，η_y 表示宏觀經濟變量（除 ADS 商業指數）對人民幣在岸匯率的報酬溢出衝擊；λ_h 表示宏觀經濟變量（除 ADS 商業指數）對人民幣離岸匯率的波動溢出衝擊；λ_y 表示宏觀經濟變量（除 ADS 商業指數）對人民幣在岸匯率的波動溢出衝擊。其餘變量的含義與不加入宏觀經濟變量的模型相同。

當加入的宏觀經濟變量為 ADS 商業指數時，其模型的條件均值方程為：

$$R_{h,t} = u_h + \sum_{n=1}^{m}\alpha_{h1,i}R_{h,t-i} + \sum_{j=1}^{n}\alpha_{h2,i}R_{y,t-i} + \sum_{s=1}^{s}\alpha_{h3,i}R_{ndf,t-i} + \eta_h ADS_{t-1} + \varepsilon_{h,t} \quad (6-39)$$

$$R_{y,t} = u_y + \sum_{n=1}^{m}\alpha_{y1,i}R_{y,t-i} + \sum_{j=1}^{n}\alpha_{y2,i}R_{h,t-i} + \sum_{s=1}^{s}\alpha_{y3,i}R_{f,t-i} + \eta_y ADS_{t-1} + \varepsilon_{y,t} \quad (6-40)$$

模型的條件方差方程為：

$$\ln\sigma_{h,t}^2 = v_h + \sum_{k=1}^{p}\beta_{h1,k}\left(\left|\frac{\varepsilon_{h,t-k}}{\sigma_{h,t-k}} - E\left(\frac{\varepsilon_{h,t-k}}{\sigma_{h,t-k}}\right)\right| + \tau_{h,k}\frac{\varepsilon_{h,t-k}}{\sigma_{h,t-k}}\right) + \sum_{r=1}^{q}\beta_{h2,r}\left(\left|\frac{\varepsilon_{y,t-k}}{\sigma_{y,t-k}} - E\left(\frac{\varepsilon_{y,t-k}}{\sigma_{y,t-k}}\right)\right|\right) + \lambda_h ADS_{t-1} \quad (6-41)$$

$$\ln\sigma_{y,t}^{2} = v_y + \sum_{r=1}^{p}\beta_{y1,r}\left(\left|\frac{\varepsilon_{y,t-k}}{\sigma_{y,t-k}} - E\left(\frac{\varepsilon_{y,t-k}}{\sigma_{y,t-k}}\right)\right| + \tau_{y,k}\frac{\varepsilon_{y,t-k}}{\sigma_{y,t-k}}\right) + \sum_{r=1}^{q}\beta_{y2,r}\left(\left|\frac{\varepsilon_{h,t-k}}{\sigma_{h,t-k}} - E\left(\frac{\varepsilon_{h,t-k}}{\sigma_{h,t-k}}\right)\right|\right) + \lambda_y ADS_{t-1} \qquad (6-42)$$

其中 η_h 表示 ADS 商業指數對人民幣離岸匯率的報酬溢出衝擊，η_y 表示 ADS 商業指數對人民幣在岸匯率的報酬溢出衝擊；λ_h 表示 ADS 商業指數對人民幣離岸匯率的波動溢出衝擊；λ_y 表示 ADS 商業指數對人民幣在岸匯率的波動溢出衝擊。其餘變量的含義與不加入宏觀經濟變量的模型相同。

（三）實證結果

本節列出了有關均值溢出、波動溢出、非對稱效應的實證結果，匯總如下：

（1）香港人民幣離岸市場在報酬溢出和波動溢出兩個信息傳遞效應中均處於主導地位（如表 6－7 至表 6－13 所示）。具體表現為：在報酬溢出方面，人民幣離岸匯率幾乎不受自身影響，而在岸匯率對自身有正向的報酬溢出效應。7 個模型均顯示除 1M 外，在岸匯率對離岸匯率有約 +0.1 單位的報酬溢出效應，而各期離岸匯率對在岸匯率有約 −0.2 單位的報酬溢出效應。所有模型均顯示離岸遠期匯率對離岸即期匯率沒有報酬溢出效應；部分模型顯示部分期限的在岸遠期匯率對在岸即期匯率有負的報酬溢出效應。在波動溢出方面，6 個模型顯示在岸匯率對離岸匯率有波動溢出效應，1M 時波動溢出效應為正，其餘期限波動溢出效應為負。7 個模型顯示 1M 離岸匯率對在岸匯率有顯著的波動溢出效應，但方向不穩定。除 1M 外，6 個模型顯示離岸匯率對在岸匯率有約 +0.1 單位的波動溢出效應。

同時加入所有外生控制變量，在岸遠期匯率與 NDF 匯率選取對外部衝擊最為敏感的 1M，對四個匯率指標進行方差分解。脈沖響應和方差分解結果顯示，人民幣離岸即期匯率不僅基本上只受自身影響，還對人民幣在岸即期匯率和 NDF 遠期匯率具有較強的解釋能力。在第 10 期（見表 6－14），CNH 對 CNY 的解釋能力比 CNY 自身還強（72.92%），對 NDF1M 的解釋能力也僅遜於其本身（44.56%）。人民幣在岸遠期匯率受其他匯率的影響較小，對其他利率的影響程度也較小。

（2）在非對稱性方面，人民幣離岸和在岸匯率均表現出一定的非對稱性，但這種非對稱性非常不穩定，不同的模型結果略有差異（見表 6－7 至表 6－13）。整體來看，大多數模型顯示離岸、在岸匯率在 1M 呈現非對稱效應，另外，7 個模型顯示在岸匯率在 9M 有顯著的非對稱效應。

表 6－7　離（在）岸匯率均值溢出、波動溢出、非對稱效應結果（不加入宏觀經濟變量）

	1M	3M	6M	9M	12M
$\alpha_{h1,1}$	−0.0141 (0.6594)	−0.0105 (0.7606)	0.0037 (0.9149)	0.0067 (0.8419)	0.0020 (0.9521)
$\alpha_{h2,1}$	0.0626 (0.1212)	0.0843** (0.0453)	0.0994** (0.0182)	0.1017** (0.0125)	0.0965** (0.0174)
$\alpha_{h3,1}$	0.0365 (0.3236)	−0.0182 (0.5978)	−0.0181 (0.5988)	−0.0229 (0.4565)	−0.0144 (0.6448)
$\alpha_{y1,1}$	0.4798*** (0.0000)	0.4788*** (0.0000)	0.4782*** (0.0000)	0.4787*** (0.0000)	0.4788*** (0.0000)
$\alpha_{y2,1}$	−0.2378*** (0.0000)	−0.2368*** (0.0000)	−0.2372*** (0.0000)	−0.2374*** (0.0000)	−0.2372*** (0.0000)
$\alpha_{y3,1}$	0.6751* (0.0714)	0.1558 (0.2194)	0.1181* (0.0898)	0.0877* (0.0698)	0.0642* (0.0851)
$\beta_{h1,1}$	0.1131*** (0.0005)	0.2004*** (0.0000)	0.2707*** (0.0000)	0.2089*** (0.0000)	0.2094*** (0.0000)
$\beta_{h2,1}$	0.1972 (0.0000)	−0.0570 (0.0743)	−0.0994 (0.0001)	−0.0626 (0.0298)	−0.0646 (0.0119)
$\beta_{y1,1}$	0.3471*** (0.0000)	0.1483*** (0.0000)	0.1821*** (0.0000)	0.1513*** (0.0000)	0.1524*** (0.0000)
$\beta_{y2,1}$	0.0584** (0.0429)	0.1129*** (0.0001)	0.0768*** (0.0025)	0.1076*** (0.0082)	0.1059*** (0.0001)

（續表）

	1M	3M	6M	9M	12M
$\tau_{h,k}$	0.2482^{***} (0.0000)	−0.0955 (0.1802)	−0.0560 (0.2747)	−0.1102 (0.1335)	-0.0985^{*} (0.0989)
$\tau_{y,k}$	-0.8327^{***} (0.0000)	0.0905 (0.5118)	0.2021^{*} (0.0685)	0.1147 (0.2557)	0.1268 (0.2922)

注：括號裏是參數的 p 值，*、**、*** 分別代表參數在 10%、5%、和 1% 的顯著性水平下顯著，下同。

表 6－8　離（在）岸匯率均值溢出、波動溢出、非對稱效應結果（加入 VIX 控制變量）

	1M	3M	6M	9M	12M
$\alpha_{h1,1}$	−0.0141 (0.6591)	−0.0121 (0.7246)	0.0019 (0.9564)	0.0048 (0.8864)	0.0011 (0.9733)
$\alpha_{h2,1}$	0.0627 (0.1207)	0.0826^{**} (0.0495)	0.0976^{**} (0.0204)	0.0998^{**} (0.0142)	0.0951^{**} (0.0190)
$\alpha_{h3,1}$	0.0360 (0.3310)	0.0070 (0.8443)	−0.0182 (0.5970)	−0.0228 (0.4592)	−0.0132 (0.6731)
η_h	−0.0010 (0.2693)	-0.0016^{*} (0.0747)	-0.0016^{*} (0.0743)	-0.0016^{*} (0.0747)	−0.0014 (0.1206)
$\alpha_{y1,1}$	0.4797^{***} (0.0000)	0.4782^{***} (0.0000)	0.4782^{***} (0.0000)	0.4781^{***} (0.0000)	0.4788^{***} (0.0000)
$\alpha_{y2,1}$	-0.2377^{***} (0.0000)	-0.2374^{***} (0.0000)	-0.2376^{***} (0.0000)	-0.2378^{***} (0.0000)	-0.2372^{***} (0.0000)
$\alpha_{y3,1}$	0.5761 (0.1513)	0.1215 (0.3769)	0.1055 (0.1671)	0.0802 (0.1326)	0.0547 (0.1866)
η_y	−0.0006 (0.3337)	−0.0007 (0.2623)	−0.0005 (0.3727)	−0.0005 (0.4141)	−0.0006 (0.3483)
$\beta_{h1,1}$	0.1637^{*} (0.0714)	0.2120^{***} (0.0000)	0.2164^{***} (0.0000)	0.2178^{***} (0.0000)	0.2177^{***} (0.0000)
$\beta_{h2,1}$	0.1584^{**} (0.0763)	-0.0735^{***} (0.0086)	-0.0751^{***} (0.0022)	-0.0757^{***} (0.0039)	-0.0770^{***} (0.0100)

（續表）

	1M	3M	6M	9M	12M
$\beta_{y1,1}$	0.5052*** (0.0004)	0.1608*** (0.0000)	0.1614*** (0.0000)	0.1620*** (0.0000)	0.1649*** (0.0000)
$\beta_{y2,1}$	0.1865 (0.3636)	0.1053*** (0.0001)	0.1034*** (0.0007)	0.1023*** (0.0002)	0.0999*** (0.0022)
$\tau_{h,k}$	0.0883 (0.1880)	0.0016* (0.0562)	0.0016 (0.1777)	0.0017 (0.1654)	0.0250 (0.2690)
$\tau_{y,k}$	0.2546 (0.2257)	0.0033*** (0.0004)	0.0033*** (0.0080)	0.0033* (0.0216)	0.0697*** (0.0000)
λ_h	0.4256* (0.0831)	−0.0874 (0.1279)	−0.0954 (0.1115)	−0.1016* (0.0721)	−0.0953 (0.1632)
λ_y	−0.9376* (0.0909)	0.1005 (0.3296)	0.1124 (0.3812)	0.1173 (0.3020)	0.1277 (0.2896)

表 6－9　離（在）岸匯率均值溢出波動溢出非對稱效應結果（加入 ADS 控制變量）

	1M	3M	6M	9M	12M
$\alpha_{h1,1}$	−0.0144 (0.6528)	−0.0107 (0.7564)	0.0035 (0.9189)	0.0066 (0.8456)	0.0019 (0.9559)
$\alpha_{h2,1}$	0.0618 (0.1262)	0.0837** (0.0469)	0.0837** (0.0469)	0.1012** (0.0130)	0.0960** (0.0181)
$\alpha_{h3,1}$	0.0369 (0.3190)	0.0075 (0.8334)	0.0075 (0.8334)	−0.0228 (0.4583)	−0.0143 (0.6469)
η_h	0.0107 (0.5317)	0.0091 (0.6134)	0.0091 (0.6134)	0.0087 (0.6275)	0.0088 (0.6237)
$\alpha_{y1,1}$	0.4796*** (0.0000)	0.4788*** (0.0000)	0.4788*** (0.0000)	0.4785*** (0.0000)	0.4786*** (0.0000)
$\alpha_{y2,1}$	−0.2385*** (0.0000)	−0.2376*** (0.0000)	−0.2376*** (0.0000)	−0.2382*** (0.0000)	−0.2380*** (0.0000)
$\alpha_{y3,1}$	0.6601* (0.0780)	0.1533 (0.2267)	0.1533 (0.2267)	0.0884* (0.0672)	0.0653* (0.0799)

（續表）

	1M	3M	6M	9M	12M
η_y	0.0132 (0.2416)	0.0136 (0.2277)	0.0136 (0.2277)	0.0141 (0.2105)	0.0143 (0.2043)
$\beta_{h1,1}$	0.2432*** (0.0000)	0.2036*** (0.0000)	0.2100*** (0.0000)	0.2110*** (0.0000)	0.2121*** (0.0000)
$\beta_{h2,1}$	0.2224*** (0.0000)	−0.0586* (0.0845)	−0.0628** (0.0445)	−0.0634** (0.0308)	−0.0656* (0.0619)
$\beta_{y1,1}$	0.4867*** (0.0000)	0.1500*** (0.0000)	0.1524*** (0.0000)	0.1523*** (0.0000)	0.1540*** (0.0000)
$\beta_{y2,1}$	0.0568 (0.1279)	0.1112*** (0.0000)	0.1072*** (0.0007)	0.1062*** (0.0001)	0.1038*** (0.0000)
$\tau_{h,k}$	−0.1192*** (0.0000)	0.0111 (0.5452)	0.0124 (0.4476)	0.0134 (0.4879)	0.0124 (0.5189)
$\tau_{y,k}$	−0.0493 (0.1083)	0.0062 (0.7392)	0.0061 (0.7183)	0.0064 (0.7165)	0.0061 (0.7489)
λ_h	0.2287 (0.2712)	−0.0950 (0.1191)	−0.1002 (0.1563)	−0.1082 (0.1165)	−0.0960 (0.1756)
λ_y	−0.3795*** (0.0000)	0.1018 (0.3421)	0.1249 (0.3467)	0.1297 (0.2889)	0.1467 (0.3182)

表 6－10　離（在）岸匯率均值溢出、波動溢出、非對稱效應結果（加入 UEPUI 控制變量）

	1M	3M	6M	9M	12M
$\alpha_{h1,1}$	−0.0163 (0.6118)	−0.0124 (0.7189)	0.0021 (0.9501)	0.0053 (0.8738)	0.0006 (0.9846)
$\alpha_{h2,1}$	0.0592 (0.1413)	0.0812* (0.0537)	0.0968** (0.0215)	0.0993** (0.0148)	0.0940** (0.0205)
$\alpha_{h3,1}$	0.0374 (0.3119)	0.0081 (0.8203)	−0.0181 (0.5988)	−0.0232 (0.4517)	−0.0146 (0.6403)
η_h	−0.0001* (0.0861)	−0.0001 (0.1597)	−0.0001 (0.1607)	−0.0001 (0.1592)	−0.0001 (0.1599)

（續表）

	1M	3M	6M	9M	12M
$\alpha_{y1,1}$	0.4791*** (0.0000)	0.4783*** (0.0000)	0.4782*** (0.0000)	0.4781*** (0.0000)	0.4783*** (0.0000)
$\alpha_{y2,1}$	−0.2389*** (0.0000)	−0.2379*** (0.0000)	−0.2381*** (0.0000)	−0.2383*** (0.0000)	−0.2380*** (0.0000)
$\alpha_{y3,1}$	0.6557* (0.0814)	0.1436 (0.2643)	0.1122 (0.1136)	0.0837* (0.0908)	0.0609 (0.1120)
η_y	−0.0000 (0.3114)	−0.0000 (0.3374)	−0.0000 (0.3941)	−0.0000 (0.4301)	−0.0000 (0.4381)
$\beta_{h1,1}$	0.0515 (0.1043)	0.2619*** (0.0000)	0.2707*** (0.0000)	0.2718*** (0.0000)	0.2455*** (0.0000)
$\beta_{h2,1}$	0.0818*** (0.0000)	−0.0965* (0.0845)	−0.0994*** (0.0001)	−0.0998*** (0.0003)	−0.0918*** (0.0026)
$\beta_{y1,1}$	0.2986*** (0.0000)	0.1795*** (0.0000)	0.1821*** (0.0000)	0.1824*** (0.0000)	0.1675*** (0.0000)
$\beta_{y2,1}$	−0.0085** (0.0429)	0.0790*** (0.0084)	0.0768*** (0.0025)	0.0757*** (0.0082)	0.0861*** (0.0027)
$\tau_{h,k}$	0.0873*** (0.0000)	−0.0134* (0.0759)	−0.0138 (0.3507)	−0.0136 (0.3174)	0.0000 (0.4993)
$\tau_{y,k}$	0.0962 (0.1083)	0.0213*** (0.0000)	0.0209* (0.0750)	0.0210** (0.0431)	0.0002** (0.0170)
λ_h	0.0061 (0.9651)	−0.0543 (0.3742)	−0.0560 (0.2747)	−0.0624 (0.3500)	−0.0771 (0.1917)
λ_y	−1.7820*** (0.0000)	0.1835 (0.1694)	0.2021* (0.0685)	0.2046 (0.1361)	0.1668 (0.1938)

表 6－11 離（在）岸匯率均值溢出、波動溢出、非對稱效應結果（加入 CEPUI 控制變量）

	1M	3M	6M	9M	12M
$\alpha_{h1,1}$	−0.0152 (0.6365)	−0.0114 (0.7409)	0.0028 (0.9340)	0.0059 (0.8611)	0.0006 (0.9846)
$\alpha_{h2,1}$	0.0620 (0.1251)	0.0838** (0.0465)	0.0991** (0.0187)	0.1014** (0.0128)	0.0940** (0.0205)
$\alpha_{h3,1}$	0.0373 (0.3137)	0.0078 (0.8273)	−0.0179 (0.6039)	−0.0226 (0.4620)	−0.0146 (0.6403)
η_h	−0.0000 (0.3587)	−0.0000 (0.3884)	−0.0000 (0.3938)	−0.0000 (0.3949)	−0.0001 (0.1599)
$\alpha_{y1,1}$	0.4799*** (0.0000)	0.4791*** (0.0000)	0.4789*** (0.0000)	0.4788*** (0.0000)	0.4783*** (0.0000)
$\alpha_{y2,1}$	−0.2383*** (0.0000)	−0.2374*** (0.0000)	−0.2377*** (0.0000)	−0.2380*** (0.0000)	−0.2380*** (0.0000)
$\alpha_{y3,1}$	0.6493* (0.0849)	0.1453 (0.2565)	0.1126 (0.1102)	0.0839* (0.0861)	0.0609 (0.1120)
η_y	−0.0000 (0.7846)	−0.0000 (0.7565)	−0.0000 (0.8243)	0.0000 (0.8363)	−0.0000 (0.4381)
$\beta_{h1,1}$	0.0885** (0.0294)	0.3578*** (0.0000)	0.3659*** (0.0000)	0.2718*** (0.0000)	0.3663*** (0.0000)
$\beta_{h2,1}$	0.2703*** (0.0000)	0.0408 (0.3740)	0.0408 (0.4036)	−0.0998*** (0.0003)	0.0411*** (0.0026)
$\beta_{y1,1}$	0.4586*** (0.0000)	0.2470*** (0.0000)	0.2488*** (0.0000)	0.1824*** (0.0000)	0.2488*** (0.0000)
$\beta_{y2,1}$	0.1109*** (0.0000)	0.1278*** (0.0046)	0.1280*** (0.0060)	0.0757*** (0.0082)	0.1283** (0.0104)
$\tau_{h,k}$	−0.0004*** (0.0000)	0.0050 (0.7969)	0.0052 (0.7708)	−0.0136 (0.3174)	0.0051 (0.7641)
$\tau_{y,k}$	−0.0003 (0.1083)	0.0239 (0.1285)	0.0239 (0.1256)	0.0210** (0.0431)	0.0240 (0.1408)

（續表）

	1M	3M	6M	9M	12M
λ_h	0.3804*** (0.0000)	−0.0305 (0.6868)	−0.0342 (0.6306)	−0.0624 (0.3500)	−0.0349 (0.6223)
λ_y	−0.4105*** (0.0000)	0.2913 (0.1905)	0.2967 (0.1355)	0.2046 (0.1361)	0.2922 (0.2246)

表 6 – 12　離（在）岸匯率均值溢出、波動溢出、非對稱效應結果（加入 USDX 控制變量）

	1M	3M	6M	9M	12M
$\alpha_{h1,1}$	−0.0152 (0.6349)	−0.0118 (0.7310)	0.0023 (0.9465)	0.0054 (0.8611)	0.0006 (0.9854)
$\alpha_{h2,1}$	0.0595 (0.1413)	0.0806* (0.0556)	0.0957** (0.0231)	0.0980** (0.0162)	0.0928** (0.0223)
$\alpha_{h3,1}$	0.0358 (0.3329)	0.0072 (0.8389)	−0.0182 (0.5969)	−0.0230 (0.4548)	−0.0144 (0.6459)
η_h	0.0012 (0.1076)	0.0012 (0.1176)	0.0012 (0.1171)	0.0012 (0.1169)	0.0012 (0.1173)
$\alpha_{y1,1}$	0.4791*** (0.0000)	0.4781*** (0.0000)	0.4782*** (0.0000)	0.4782*** (0.0000)	0.4782*** (0.0000)
$\alpha_{y2,1}$	−0.2392*** (0.0000)	−0.2386*** (0.0000)	−0.2386*** (0.0000)	−0.2386*** (0.0000)	−0.2385*** (0.0000)
$\alpha_{y3,1}$	0.4880 (0.2944)	0.0413 (0.8008)	0.0761 (0.4276)	0.0637 (0.3461)	0.0424 (0.4240)
η_y	0.0006 (0.2925)	0.0009 (0.1472)	0.0006 (0.3277)	0.0005 (0.3982)	0.0006 (0.3623)
$\beta_{h1,1}$	−0.0706*** (0.0003)	0.2965*** (0.0000)	0.2991*** (0.0000)	0.3000*** (0.0000)	0.3014*** (0.0000)
$\beta_{h2,1}$	0.0065*** (0.0000)	−0.0874*** (0.0013)	−0.0864*** (0.0011)	−0.0866*** (0.0035)	−0.0883*** (0.0020)
$\beta_{y1,1}$	0.3292*** (0.0000)	0.2195*** (0.0000)	0.2195*** (0.0000)	0.2202*** (0.0000)	0.2213*** (0.0000)

（續表）

	1M	3M	6M	9M	12M
$\beta_{y2,1}$	−0.0025 (0.4122)	0.0691*** (0.0090)	0.0718*** (0.0055)	0.0715*** (0.0081)	0.0698** (0.0118)
$\tau_{h,k}$	0.0066*** (0.0000)	0.0024*** (0.0003)	0.2096** (0.0414)	0.2040*** (0.0080)	0.2133** (0.0250)
$\tau_{y,k}$	0.0336*** (0.0000)	−0.0004 (0.5476)	−0.0378 (0.5933)	−0.0406* (0.0699)	−0.0372 (0.5729)
λ_h	0.1270 (0.2397)	−0.0723 (0.2056)	−0.0816 (0.1528)	−0.0844 (0.1434)	−0.0804 (0.1278)
λ_y	−24.7776*** (0.0000)	0.2968* (0.0538)	0.2826* (0.0853)	0.2810* (0.0776)	0.2935* (0.0541)

表 6－13 離（在）岸匯率均值溢出、波動溢出、非對稱效應結果（加入 MCCI 控制變量）

	1M	3M	6M	9M	12M
$\alpha_{h1,1}$	−0.0177 (0.5805)	−0.0144 (0.6755)	−0.0001 (0.9974)	0.0031 (0.9272)	−0.0018 (0.9573)
$\alpha_{h2,1}$	0.0559 (0.1669)	0.0766* (0.0690)	0.0919** (0.0293)	0.0944** (0.0206)	0.0890** (0.0285)
$\alpha_{h3,1}$	0.0372 (0.3141)	0.0086 (0.8104)	−0.0172 (0.6177)	−0.0222 (0.4699)	−0.0134 (0.6689)
η_h	0.4769*** (0.0000)	0.0009** (0.0172)	0.0009** (0.0178)	0.0009** (0.0179)	0.0009** (0.0177)
$\alpha_{y1,1}$	0.4769*** (0.0000)	0.4753*** (0.0000)	0.4756*** (0.0000)	0.4758*** (0.0000)	0.4754*** (0.0000)
$\alpha_{y2,1}$	−0.2422*** (0.0000)	−0.2424*** (0.0000)	−0.2425*** (0.0000)	−0.2423*** (0.0000)	−0.2428*** (0.0000)
$\alpha_{y3,1}$	−0.1879 (0.7480)	−0.3054 (0.1460)	−0.1280 (0.3256)	−0.0787 (0.3995)	−0.0800 (0.2787)
η_y	0.0008** (0.0190)	0.0012*** (0.0016)	0.0011*** (0.0093)	0.0011** (0.0148)	0.0012*** (0.0091)

（續表）

	1M	3M	6M	9M	12M
$\beta_{h1,1}$	0.1731*** (0.0000)	0.2536*** (0.0000)	0.2552*** (0.0000)	0.2551*** (0.0000)	0.2537*** (0.0000)
$\beta_{h2,1}$	0.1905*** (0.0000)	−0.0952*** (0.0010)	−0.0927*** (0.0004)	−0.0922*** (0.0016)	−0.0921*** (0.0028)
$\beta_{y1,1}$	0.3895*** (0.0000)	0.1850*** (0.0000)	0.1851*** (0.0000)	0.1855*** (0.0000)	0.1850*** (0.0000)
$\beta_{y2,1}$	0.0316* (0.0507)	0.0710*** (0.0057)	0.0738*** (0.0037)	0.0746*** (0.0068)	0.0762*** (0.0076)
$\tau_{h,k}$	−0.0014*** (0.0000)	0.0108 (0.7318)	0.0101 (0.7357)	0.0080 (0.8146)	0.0088 (0.8040)
$\tau_{y,k}$	−0.0013*** (0.0000)	−0.0487* (0.0645)	−0.0498* (0.0528)	−0.0508* (0.0688)	−0.0504 (0.1131)
λ_h	0.1742 (0.2397)	−0.0710 (0.2123)	−0.0786 (0.1597)	−0.0848 (0.1500)	−0.0830 (0.1653)
λ_y	−0.6799*** (0.0000)	0.3335** (0.0458)	0.3170* (0.0613)	0.3087** (0.0469)	0.2976* (0.0712)

（3）不同的宏觀經濟變量對於人民幣離岸和在岸匯率有不同層次（報酬衝擊和波動衝擊）、不同大小和方向的衝擊，其中美元指數和消費者信心指數的作用尤其值得關注（見表 6－7 至表 6－13）。具體表現為：引入宏觀經濟變量後，5 個模型中有 3 個顯示 VIX 指數對離岸匯率有 −0.0016 單位的報酬衝擊；顯示 ADS 商業指數、UEPUI 指數以及 CEPUI 指數具有顯著報酬衝擊和波動衝擊的方程較少且方向不穩定，因此其影響有限。5 個模型均顯示美元指數 USDX 對在岸匯率具有顯著的波動衝擊，一個模型為 −24.7776 單位，其餘皆為 +0.4 單位左右。5 個模型均顯示 MCCI 指數對於離岸、在岸匯率具有正向、穩定的報酬衝擊，4 個模型顯示 MCCI 指數對在岸匯率有約 +0.3 單位的波動溢出衝擊（見表 6－14）。

表 6－14　離（在）岸匯率聯動方差分解結果（以 1M 為例）

（單位：%）

RCNH 的方差分解				
時期	RCNH	RCNY	RNDF1M	RFORWARD1M
1	100.0000	0.0000	0.0000	0.0000
10	92.2746	6.4545	0.7722	0.4986
RCNY 的方差分解				
時期	RCNH	RCNY	RNDF1M	RFORWARD1M
1	17.9050	81.0949	0.0000	0.0000
10	72.9200	24.4304	2.3010	0.3484
RNDF1M 的方差分解				
時期	RCNH	RCNY	RNDF1M	RFORWARD1M
1	37.9891	4.7087	57.1402	0.1618
10	44.5580	3.1167	52.2321	0.0931
RFORWARD1M 的方差分解				
時期	RCNH	RCNY	RNDF1M	RFORWARD1M
1	0.9048	0.1451	0.0000	98.9494
10	1.8152	0.8717	0.0142	97.2988

（4）在區分人民幣升值和貶值週期下，離岸匯率在報酬溢出和波動溢出兩個信息傳遞效應中仍居主導地位，並且不同宏觀經濟變量對離岸和在岸匯率的衝擊主要集中在波動衝擊層面上（見表 6－15 至表 6－28）。具體表現如下：

①人民幣升值週期。a. 報酬溢出方面：大多數模型顯示在岸匯率對離岸匯率有約 +0.2 單位的報酬溢出效應，所有模型均顯示各期離岸匯率對在岸匯率有約 −0.3 單位的報酬溢出效應所有模型均顯示期限為 6M、9M、12M 離岸遠期匯率對離岸即期匯率有約 −0.1 單位的報酬溢出效應大多數模型顯示在岸

遠期匯率對在岸即期匯率幾乎無報酬溢出效應。b. 波動溢出方面：加入 1M 和 3M 遠期的模型顯示在岸匯率對離岸匯率有較小的波動溢出效應，加入所有期限的模型均顯示離岸匯率對在岸匯率有較大的波動溢出效應。c. 非對稱效應方面：人民幣離岸、在岸匯率的非對稱效應較弱，甚至接近於無。d. 國際金融變量的衝擊方面：VIX 指數對於人民幣離岸、在岸匯率基本無均值溢出效應，對人民幣離岸匯率的波動溢出效應明顯大於在岸匯率，且 VIX 指數的增大會加大離岸、在岸匯率的波動性；ADS 指數對於人民幣離岸、在岸匯率基本無均值溢出效應，對人民幣離岸匯率無波動溢出效應，對人民幣在岸匯率有約 +0.1 單位的波動溢出效應；UEPUI 指數對於人民幣離岸、在岸匯率基本無均值溢出效應，對人民幣離岸匯率有顯著為正的波動溢出效應，對人民幣在岸匯率基本無波動溢出效應；CEPUI 指數對人民幣離岸、在岸匯率無均值溢出效應，對短期人民幣離岸匯率有正的波動溢出效應，對中長期人民幣離岸匯率有負的波動溢出效應，對人民幣在岸匯率有顯著為正的波動溢出效應；美元指數對人民幣離岸、在岸匯率均無均值溢出效應，在離岸、在岸匯率波動溢出效應方面表現也較弱；消費者信心指數對於人民幣離岸匯率的均值溢出效應較弱，對於在岸中長期匯率有顯著為正的均值溢出效應，對於離岸匯率具有顯著為負的波動溢出效應，即消費者信心指數的增加有利於減少匯率的波動。

②人民幣貶值週期。a. 報酬溢出方面：所有模型均顯示離岸匯率對在岸匯率有約 −0.25 單位的報酬溢出效應，在岸匯率對離岸匯率幾乎沒有報酬溢出效應。與人民幣升值週期相比，中長期離岸遠期匯率對離岸即期匯率的引導作用大大削弱，而在岸遠期匯率對在岸即期匯率幾乎無報酬溢出效應，這與升值週期基本相同。b. 波動溢出方面：在岸匯率對離岸匯率的波動溢出效應顯著為負，且隨着期限的延長，其效應逐漸減小；離岸匯率對在岸匯率有顯著為正的波動溢出效應，且穩定在 +0.45 單位左右，離岸匯率在信息傳遞中處於中心地位。c. 國際金融變量的衝擊方面：VIX 指數對於人民幣離岸、在岸匯率基本無均值溢出效應，對人民幣離岸匯率的波動溢出效應明顯大於

在岸匯率，且 VIX 指數的增大會加大離岸、在岸匯率的波動性，這與升值週期基本類似；ADS 指數與 UEPUI 指數對匯率的作用進一步減弱，在波動溢出方面的作用也近乎零；CEPUI 指數對人民幣離岸、在岸匯率無均值溢出效應，對短期人民幣離岸匯率有正的波動溢出效應，對各期人民幣在岸匯率有 +0.02 單位左右的波動溢出效應，這反映中國政策不確定性加劇對在岸匯率波動的影響遠甚於離岸匯率；美元指數對人民幣離岸、在岸匯率均無均值溢出效應，對 1M 和 3M 具有較顯著的波動溢出效應；消費者信心指數對於人民幣離岸、在岸匯率的影響較人民幣升值期已顯著減弱。

表 6－15　人民幣升值週期下匯率信息傳遞效應及非對稱效應結果

	1M	3M	6M	9M	12M
$\alpha_{h1,1}$	−0.0293 (0.4702)	−0.0756 (0.0567)	−0.0631 (0.1114)	−0.0657 (0.0954)	−0.0657 (0.0957)
$\alpha_{h2,1}$	0.2025*** (0.0011)	0.2150*** (0.0005)	0.2340*** (0.0001)	0.2282*** (0.0001)	0.2283** (0.0001)
$\alpha_{h3,1}$	−0.0981 (0.1394)	−0.0706 (0.1721)	−0.0927** (0.0395)	−0.0790** (0.0498)	−0.0791** (0.0493)
$\alpha_{y1,1}$	0.2461*** (0.0000)	0.2602*** (0.0000)	0.25992*** (0.0000)	0.2599*** (0.0000)	0.2599*** (0.0000)
$\alpha_{y2,1}$	−0.2735*** (0.0000)	−0.2783*** (0.0000)	−0.2788*** (0.0000)	−0.2789*** (0.0000)	−0.2793*** (0.0000)
$\alpha_{y3,1}$	0.5757 (0.1716)	0.3028** (0.0270)	0.1009 (0.1837)	0.0749 (0.1506)	0.0586 (0.1424)
$\beta_{h1,1}$	0.2149*** (0.0002)	0.3266*** (0.0000)	0.3343*** (0.0000)	0.3338*** (0.0000)	0.3338*** (0.0000)
$\beta_{h2,1}$	0.1877*** (0.0002)	0.0573 (0.2107)	0.0574 (0.2107)	0.0584 (0.0298)	0.0572 (0.2409)
$\beta_{y1,1}$	0.4812*** (0.0000)	0.1621*** (0.0000)	0.1654*** (0.0000)	0.1648*** (0.0000)	0.1651*** (0.0000)

（續表）

	1M	3M	6M	9M	12M
$\beta_{y2,1}$	0.2412** (0.0074)	0.1018*** (0.0039)	0.1026*** (0.0044)	0.1028*** (0.0051)	0.1013*** (0.0001)
$\tau_{h,k}$	0.5083*** (0.0002)	−0.0635 (0.4225)	−0.0657 (0.4295)	−0.0627 (0.4606)	−0.0637 (0.4362)
$\tau_{y,k}$	−0.6966** (0.0245)	0.0646 (0.7351)	0.0932* (0.6394)	0.0847 (0.7033)	0.0978 (0.6656)

表 6 – 16　人民幣升值週期下匯率信息傳遞效應及非對稱效應結果（加入 VIX 控制變量）

	1M	3M	6M	9M	12M
$\alpha_{h1,1}$	0.0309 (0.6026)	0.0257 (0.6830)	−0.0633 (0.1102)	−0.0660* (0.0940)	−0.0659* (0.0943)
$\alpha_{h2,1}$	−0.0161 (0.7914)	−0.0162*** (0.0005)	0.2341*** (0.0001)	0.2282*** (0.0001)	0.2283*** (0.0001)
$\alpha_{h3,1}$	0.0757 (0.1645)	0.0735 (0.1894)	−0.0928** (0.0393)	−0.0789** (0.0499)	−0.0791** (0.0495)
η_h	−0.0023 (0.4255)	−0.0004 (0.6527)	−0.0004 (0.6601)	−0.0004 (0.6734)	−0.0004 (0.6734)
$\alpha_{y1,1}$	0.7007*** (0.0000)	0.2603*** (0.0000)	0.2598*** (0.0000)	0.2598*** (0.0000)	0.2598*** (0.0000)
$\alpha_{y2,1}$	−0.2485*** (0.0000)	−0.2783*** (0.0000)	−0.2787*** (0.0000)	−0.2789*** (0.0000)	−0.2793*** (0.0000)
$\alpha_{y3,1}$	0.1333 (0.8804)	0.3167** (0.0359)	0.0944 (0.2619)	0.0719 (0.2157)	0.0571 (0.2046)
η_y	0.0004 (0.8020)	0.0000 (0.9270)	−0.0001 (0.7750)	−0.0001 (0.8231)	−0.0001 (0.8580)
$\beta_{h1,1}$	0.2671 (0.0004)	0.3299*** (0.0000)	0.1472*** (0.0001)	0.3380*** (0.0000)	0.3380*** (0.0000)
$\beta_{h2,1}$	−0.0797 (0.2991)	0.0403 (0.4241)	0.1035*** (0.0076)	0.0400 (0.6259)	0.0382 (0.5120)

（續表）

	1M	3M	6M	9M	12M
$\beta_{y1,1}$	0.5932*** (0.0000)	0.1436*** (0.0001)	0.1472*** (0.0001)	0.1467*** (0.0001)	0.1471*** (0.0001)
$\beta_{y2,1}$	0.2027 (0.0066)	0.1026*** (0.0053)	0.1035*** (0.0076)	0.1042*** (0.0480)	0.1022*** (0.0405)
$\tau_{h,k}$	−0.1936** (0.03708)	−0.0800 (0.2935)	−0.0800 (0.3529)	−0.0792 (0.3730)	−0.0807 (0.2943)
$\tau_{y,k}$	−0.5323 (0.1034)	0.0119 (0.9583)	0.0119 (0.9594)	0.0429 (0.8861)	0.0602 (0.8063)
λ_h	0.0719*** (0.0002)	0.0046* (0.0778)	0.0048** (0.0392)	0.0049 (0.2238)	0.0049*** (0.0075)
λ_y	0.0317** (0.0238)	0.0025* (0.0622)	0.0026** (0.0255)	0.0026 (0.2897)	0.0025*** (0.0049)

表 6－17　人民幣升值週期下匯率信息傳遞效應及非對稱效應結果（加入 ADS 控制變量）

	1M	3M	6M	9M	12M
$\alpha_{h1,1}$	0.0303 (0.6097)	0.0255 (0.6860)	0.0381 (0.5526)	0.0636 (0.2961)	0.0467 (0.4707)
$\alpha_{h2,1}$	−0.0191 (0.7541)	−0.0188 (0.7605)	−0.0089 (0.8854)	0.0112 (0.8494)	0.0020 (0.9721)
$\alpha_{h3,1}$	0.0778 (0.1536)	0.0750 (0.1812)	0.0569 (0.3223)	0.0224 (0.6565)	0.0460 (0.4405)
η_h	0.0260 (0.4462)	0.0254 (0.4580)	0.0245 (0.4745)	0.0238 (0.4876)	0.0238 (0.4869)
$\alpha_{y1,1}$	0.7000*** (0.0000)	0.6998*** (0.0000)	0.6998*** (0.0000)	0.6997*** (0.0000)	0.6995*** (0.0000)
$\alpha_{y2,1}$	−0.2489*** (0.0000)	−0.2489*** (0.0000)	−0.2490*** (0.0000)	−0.2490*** (0.0000)	−0.2492*** (0.0000)
$\alpha_{y3,1}$	0.3009 (0.7296)	0.0673 (0.8548)	0.0560 (0.7993)	0.0540 (0.7391)	−0.0223 (0.8633)

（續表）

	1M	3M	6M	9M	12M
η_y	0.0134 (0.5107)	0.0134 (0.5226)	0.0143 (0.5074)	0.0151 (0.4882)	0.0107 (0.6301)
$\beta_{h1,1}$	0.2357*** (0.0084)	0.1999*** (0.0195)	0.1925*** (0.0058)	0.2187*** (0.0000)	0.1347*** (0.0000)
$\beta_{h2,1}$	−0.2077** (0.0259)	−0.1350 (0.1266)	−0.1177* (0.0895)	−0.1193** (0.0234)	−0.0008 (0.9017)
$\beta_{y1,1}$	0.3828*** (0.0000)	0.3619*** (0.0000)	0.3696*** (0.0000)	0.3697*** (0.0000)	0.5131*** (0.0000)
$\beta_{y2,1}$	0.0103 (0.8858)	0.0724 (0.3596)	0.0819 (0.2170)	0.0829 (0.1043)	0.0585*** (0.0000)
$\tau_{h,k}$	−0.0662 (0.5174)	−0.1217 (0.2005)	−0.1338 (0.1399)	−0.1436* (0.0905)	0.0770 (0.4079)
$\tau_{y,k}$	−0.2243 (0.3796)	−0.4199 (0.2386)	−0.5168* (0.0661)	−0.5446** (0.0437)	−4.6291*** (0.0000)
λ_h	−0.0177 (0.7082)	−0.0088 (0.8176)	−0.0063 (0.8664)	−0.0064 (0.8682)	−0.0196 (0.6038)
λ_y	0.0830* (0.0867)	0.0945* (0.0462)	0.0982** (0.0383)	0.1004* (0.0823)	0.0931 (0.2193)

表 6 − 18　人民幣升值週期下匯率信息傳遞效應及非對稱效應結果（加入 UEPUI 控制變量）

	1M	3M	6M	9M	12M
$\alpha_{h1,1}$	−0.0286 (0.4805)	−0.0753 (0.0578)	−0.0628 (0.1131)	−0.0655 (0.0964)	−0.0655 (0.0967)
$\alpha_{h2,1}$	0.2038*** (0.0010)	0.2160*** (0.0005)	0.2350*** (0.0001)	0.2290*** (0.0001)	0.2291*** (0.0001)
$\alpha_{h3,1}$	−0.0998 (0.1324)	−0.0716 (0.1665)	−0.0935** (0.0378)	−0.0795** (0.0482)	−0.0796** (0.0479)
η_h	0.0000 (0.6311)	0.0000 (0.6434)	0.0000 (0.6348)	0.0000 (0.6426)	0.0000 (0.6425)

（續表）

	1M	3M	6M	9M	12M
$\alpha_{y1,1}$	0.2456*** (0.0000)	0.2602*** (0.0000)	0.2598*** (0.0000)	0.2599*** (0.0000)	0.2598*** (0.0000)
$\alpha_{y2,1}$	−0.2740*** (0.0000)	−0.2788*** (0.0000)	−0.2794*** (0.0000)	−0.2795*** (0.0000)	−0.2798*** (0.0000)
$\alpha_{y3,1}$	0.5118 (0.2260)	0.2783** (0.0441)	0.0878 (0.2504)	0.0652 (0.2146)	0.0508 (0.2076)
η_y	−0.0000 (0.2198)	−0.0000 (0.2985)	−0.0000 (0.2372)	−0.0000 (0.2487)	−0.0000 (0.2541)
$\beta_{h1,1}$	0.0720 (0.1697)	0.3174*** (0.0000)	0.3260*** (0.0000)	0.3258*** (0.0000)	0.3259*** (0.0000)
$\beta_{h2,1}$	0.1168*** (0.0003)	0.0421 (0.3479)	0.0429 (0.3506)	0.0430 (0.3813)	0.0413 (0.4042)
$\beta_{y1,1}$	0.3234*** (0.0000)	0.1628*** (0.0000)	0.1671*** (0.0000)	0.1670*** (0.0000)	0.1674*** (0.0000)
$\beta_{y2,1}$	−0.0053** (0.7286)	0.1051*** (0.0035)	0.1058*** (0.0014)	0.1059*** (0.0081)	0.1041*** (0.0064)
$\tau_{h,k}$	0.0873*** (0.0000)	−0.0626 (0.4529)	−0.0655 (0.4325)	−0.0620 (0.4761)	−0.0629 (0.4756)
$\tau_{y,k}$	0.0962 (0.1083)	0.0952*** (0.6054)	0.1284* (0.0014)	0.1234 (0.5795)	0.1397 (0.5565)
λ_h	0.0008*** (0.0000)	0.0005** (0.0109)	0.0005** (0.0418)	0.0005** (0.0146)	0.0005** (0.0225)
λ_y	0.0006*** (0.0000)	0.0002 (0.1171)	0.0002* (0.0597)	0.0002* (0.0957)	0.0002 (0.1083)

表 6－19　人民幣升值週期下匯率信息傳遞效應及非對稱效應結果（加入 CEPUI 控制變量）

	1M	3M	6M	9M	12M
$\alpha_{h1,1}$	−0.0298 (−0.0298)	−0.0760 (0.0554)	−0.0633 (0.1098)	−0.0660 (0.0939)	−0.0660 (0.0942)

（續表）

	1M	3M	6M	9M	12M
$\alpha_{h2,1}$	0.2030*** (0.0011)	0.2158*** (0.0005)	0.2350*** (0.0001)	0.2292*** (0.0001)	0.2293*** (0.0001)
$\alpha_{h3,1}$	−0.0975 (0.1414)	−0.0706 (0.1722)	−0.0930** (0.0388)	−0.0792** (0.0490)	−0.0793** (0.0487)
η_h	−0.0000 (0.5490)	−0.0000 (0.5074)	−0.0000 (0.4981)	−0.0000 (0.4985)	−0.0000 (0.4985)
$\alpha_{y1,1}$	0.2463*** (0.0000)	0.2604*** (0.0000)	0.2601*** (0.0000)	0.2601*** (0.0000)	0.2601*** (0.0000)
$\alpha_{y2,1}$	−0.2740*** (0.0000)	−0.27884*** (0.0000)	−0.2793*** (0.0000)	−0.2794*** (0.0000)	−0.2797*** (0.0000)
$\alpha_{y3,1}$	0.4865 (0.2558)	0.2770** (0.0474)	0.0822 (0.2908)	0.0623 (0.2442)	0.0495 (0.2256)
η_y	0.0000 (0.3923)	0.0000 (0.4874)	0.0000 (0.4001)	0.0000 (0.4152)	0.0000 (0.4381)
$\beta_{h1,1}$	0.1919** (0.0008)	0.2734*** (0.0000)	0.2245*** (0.0000)	0.2524*** (0.0000)	0.2886*** (0.0000)
$\beta_{h2,1}$	0.1365*** (0.0000)	0.1024 (0.3740)	0.1126*** (0.0000)	0.1109*** (0.0003)	0.1213*** (0.0026)
$\beta_{y1,1}$	0.3980*** (0.0000)	0.2142*** (0.0000)	0.2028*** (0.0000)	0.1873*** (0.0000)	0.2200*** (0.0000)
$\beta_{y2,1}$	0.0092*** (0.0000)	−9.9e−003*** (0.0046)	0.0206*** (0.0060)	0.0172*** (0.0082)	0.0140** (0.0104)
$\tau_{h,k}$	0.1660 (0.1608)	0.0499 (0.4419)	0.0863 (0.2953)	0.1663 (0.0011)	0.0930 (0.7641)
$\tau_{y,k}$	−0.8410*** (0.0000)	−0.4541*** (0.0000)	−0.7057*** (0.0000)	−0.5345*** (0.0000)	−0.5317*** (0.0000)
λ_h	0.0003*** (0.0000)	1.1312e−005 (0.2584)	5.52e−005*** (0.0000)	−4.54e−005*** (0.0000)	−5.74e−005*** (0.0000)
λ_y	0.0003*** (0.0000)	6.96e−005*** (0.0000)	8.31e−005*** (0.0000)	6.77e−006*** (0.0000)	3.61e−005*** (0.0000)

表 6 －20　人民幣升值週期下匯率信息傳遞效應及非對稱效應結果（加入 USDX 控制變量）

	1M	3M	6M	9M	12M
$\alpha_{h1,1}$	−0.0295 (0.4669)	−0.0755 (0.0571)	−0.0630 (0.1114)	−0.0657 (0.0955)	−0.0656 (0.0960)
$\alpha_{h2,1}$	0.2031*** (0.0011)	0.2169*** (0.0005)	0.2358*** (0.0001)	0.2300*** (0.0001)	0.2302*** (0.0001)
$\alpha_{h3,1}$	−0.0971 (0.1435)	−0.0711 (0.1695)	−0.0929** (0.0392)	−0.0792** (0.0493)	−0.0794** (0.0485)
η_h	−0.0009 (0.6661)	−0.0013 (0.5324)	−0.0014 (0.5197)	−0.0014 (0.5250)	−0.0014 (0.5249)
$\alpha_{y1,1}$	0.2468*** (0.0000)	0.2608*** (0.0000)	0.2603*** (0.0000)	0.2604*** (0.0000)	0.2603*** (0.0000)
$\alpha_{y2,1}$	−0.2720*** (0.0000)	−0.2748*** (0.0000)	−0.2769*** (0.0000)	−0.2769*** (0.0000)	−0.2776*** (0.0000)
$\alpha_{y3,1}$	1.0094* (0.0689)	0.5069* (0.0630)	0.1795* (0.0833)	0.1356* (0.0583)	0.1066* (0.0526)
η_y	−0.0021 (0.2039)	0.0009 (0.1472)	−0.0021 (0.2203)	−0.0023 (0.1795)	−0.0024 (0.1692)
$\beta_{h1,1}$	0.0667*** (0.0003)	0.3355*** (0.0000)	0.3403*** (0.0000)	0.3410*** (0.0000)	0.3414*** (0.0000)
$\beta_{h2,1}$	0.1327*** (0.0000)	0.0517 (0.3045)	0.0520 (0.2740)	0.0503 (0.2616)	0.0486 (0.2965)
$\beta_{y1,1}$	0.4753*** (0.0000)	0.1848*** (0.0000)	0.1860*** (0.0000)	0.1860*** (0.0000)	0.1860*** (0.0000)
$\beta_{y2,1}$	−0.0644*** (0.0000)	0.0998*** (0.0011)	0.1016*** (0.0023)	0.1010*** (0.0012)	0.0976*** (0.0017)
$\tau_{h,k}$	0.0174 (0.6150)	−0.067 (0.3823)	−0.0691 (0.3782)	−0.0685 (0.4002)	−0.0704 (0.2989)
$\tau_{y,k}$	−1.0522*** (0.0000)	0.1487 (0.5029)	0.1634 (0.4406)	0.1628 (0.4579)	0.1859 (0.4082)

（續表）

	1M	3M	6M	9M	12M
λ_h	0.0091*** (0.0000)	−0.0005 (0.8885)	−0.0001 (0.9651)	−0.0003 (0.0281)	−0.0003 (0.9318)
λ_y	0.0276*** (0.0000)	0.0014 (0.5334)	0.0014 (0.5199)	0.0014*** (0.0000)	0.0014 (0.4482)

表 6－21　人民幣升值週期下匯率信息傳遞效應及非對稱效應結果（加入 MCCI 控制變量）

	1M	3M	6M	9M	12M
$\alpha_{h1,1}$	−0.0294 (0.4682)	−0.0761 (0.0551)	−0.0633 (0.1100)	−0.0661 (0.0937)	−0.0661 (0.0935)
$\alpha_{h2,1}$	0.1988*** (0.0014)	0.2123*** (0.0006)	0.2317*** (0.0001)	0.2258*** (0.0002)	0.2258*** (0.0002)
$\alpha_{h3,1}$	−0.1005 (0.1297)	−0.0705 (0.1731)	−0.0931** (0.0389)	−0.0791** (0.0496)	−0.0790** (0.0499)
η_h	0.0006 (0.1349)	0.0003** (0.0172)	0.0003 (0.4636)	0.0003 (0.4704)	0.0003 (0.4704)
$\alpha_{y1,1}$	0.2449*** (0.0000)	0.2595*** (0.0000)	0.2578*** (0.0000)	0.2580*** (0.0000)	0.2580*** (0.0000)
$\alpha_{y2,1}$	−0.2763*** (0.0000)	−0.2807*** (0.0000)	−0.2835*** (0.0000)	−0.2833*** (0.0000)	−0.2831*** (0.0000)
$\alpha_{y3,1}$	0.1087 (0.8671)	0.1868 (0.3712)	−0.0855 (0.5000)	−0.0468 (0.5965)	−0.0359 (0.6036)
η_y	0.0005 (0.2065)	0.0003 (0.3856)	0.0008* (0.0534)	0.0008* (0.0718)	0.0008* (0.0766)
$\beta_{h1,1}$	0.2210 (0.0084)	0.3307*** (0.0000)	0.3361*** (0.0000)	0.3357*** (0.0000)	0.3362*** (0.0000)
$\beta_{h2,1}$	0.1929** (0.0447)	0.0551*** (0.0010)	0.0546 (0.3026)	0.0554 (0.2867)	0.0536 (0.3429)
$\beta_{y1,1}$	0.4958*** (0.0001)	0.1633*** (0.0000)	0.1657*** (0.0000)	0.1655*** (0.0000)	0.1660*** (0.0000)

（續表）

	1M	3M	6M	9M	12M
$\beta_{y2,1}$	0.2370 (0.1713)	0.1095 *** (0.0032)	0.1083 *** (0.0043)	0.1084 *** (0.0025)	0.1074 *** (0.0063)
$\tau_{h,k}$	0.5036 ** (0.0268)	0.0648 (0.7535)	−0.0597 (0.5176)	−0.0577 (0.5358)	−0.0590 (0.5194)
$\tau_{y,k}$	−0.7193 * (0.0923)	−0.0487 * (0.0645)	0.1036 (0.6663)	0.0981 (0.6729)	0.1120 (0.6387)
λ_h	−0.0040 (0.4653)	−0.0022 * (0.0682)	−0.0022 * (0.0627)	−0.0022 ** (0.0486)	−0.0022 * (0.0700)
λ_y	−0.0105 (0.3710)	−0.0006 (0.2379)	−0.0006 (0.2107)	−0.0006 (0.1977)	−0.0006 (0.2434)

表 6 －22　人民幣貶值週期下匯率信息傳遞效應及非對稱效應結果

	1M	3M	6M	9M	12M
$\alpha_{h1,1}$	0.0327 (0.5810)	0.0277 (0.6597)	0.0400 (0.5324)	0.0651 (0.2848)	0.0481 (0.4574)
$\alpha_{h2,1}$	−0.0168 (0.7826)	−0.0168 (0.7858)	−0.0071 (0.9082)	0.0127 (0.8307)	0.0034 (0.9542)
$\alpha_{h3,1}$	0.0758 (0.0000)	0.0734 (0.0000)	0.0557 (0.3325)	0.0218 (0.6654)	0.0455 (0.4456)
$\alpha_{y1,1}$	0.7005 *** (0.0000)	0.7002 *** (0.0000)	0.7002 *** (0.0000)	0.7002 *** (0.0000)	0.6998 *** (0.0000)
$\alpha_{y2,1}$	−0.2483 *** (0.0000)	−0.2484 *** (0.0000)	−0.2485 *** (0.0000)	−0.2484 *** (0.0000)	−0.2489 *** (0.0000)
$\alpha_{y3,1}$	0.2391 (0.7809)	0.0221 (0.9500)	0.0176 (0.9315)	0.0208 (0.8887)	−0.0399 (0.7315)
$\beta_{h1,1}$	0.1826 *** (0.0002)	0.1632 *** (0.0021)	0.1659 *** (0.0001)	0.1923 *** (0.0001)	0.1806 *** (0.0014)
$\beta_{h2,1}$	−0.1511 *** (0.0089)	−0.0938 * (0.0864)	−0.0860 * (0.0763)	−0.0861 (0.1204)	−0.0810 (0.1592)

（續表）

	1M	3M	6M	9M	12M
$\beta_{y1,1}$	0.4035*** (0.0000)	0.4053*** (0.0000)	0.4123*** (0.0000)	0.4083*** (0.0000)	0.4113*** (0.0004)
$\beta_{y2,1}$	0.0713 (0.2678)	0.1280* (0.0657)	0.1293** (0.0183)	0.1307* (0.0797)	0.1332* (0.0556)
$\tau_{h,k}$	−0.1113 (0.1982)	−0.1478 (0.1402)	−0.1533* (0.0522)	−0.1567* (0.0791)	−0.1520* (0.0950)
$\tau_{y,k}$	−0.3330 (0.1253)	−0.4971** (0.0400)	−0.5756** (0.0102)	−0.6062* (0.0648)	−0.6265** (0.0440)

表 6 – 23　人民幣貶值週期下匯率信息傳遞效應及非對稱效應結果（加入 VIX 控制變量）

	1M	3M	6M	9M	12M
$\alpha_{h1,1}$	0.0309 (0.6026)	0.0257 (0.6830)	0.0378 (0.5551)	0.0629 (0.3016)	0.0454 (0.4834)
$\alpha_{h2,1}$	−0.0161 (0.7914)	−0.0162 (0.7929)	−0.0067 (0.9141)	0.0131 (0.8244)	0.0036 (0.9517)
$\alpha_{h3,1}$	0.0757 (0.1645)	0.0735 (0.1894)	0.0560 (0.3293)	0.0221 (0.6602)	0.0465 (0.4350)
η_h	−0.0023 (0.4255)	−0.0023 (0.4222)	−0.0023 (0.4208)	−0.0023 (0.4247)	−0.0023 (0.4174)
$\alpha_{y1,1}$	0.7007*** (0.0000)	0.7005*** (0.0000)	0.7005*** (0.0000)	0.7006*** (0.0000)	0.7003*** (0.0000)
$\alpha_{y2,1}$	−0.2485*** (0.0000)	−0.2487*** (0.0000)	−0.2487*** (0.0000)	−0.2487*** (0.0000)	−0.2493*** (0.0000)
$\alpha_{y3,1}$	0.1333 (0.8804)	−0.0312 (0.9321)	−0.0151 (0.9436)	−0.0010 (0.9945)	−0.0608 (0.6132)
η_y	0.0004 (0.8020)	0.0005 (0.7596)	0.0005 (0.7625)	0.0005 (0.7748)	0.0007 (0.6808)
$\beta_{h1,1}$	0.2667 (0.0001)	0.2780*** (0.0003)	0.2722*** (0.0001)	0.2193* (0.0567)	0.2567*** (0.0082)

（續表）

	1M	3M	6M	9M	12M
$\beta_{h2,1}$	−0.0801 (0.2638)	−0.0513 (0.4185)	−0.0433 (0.4274)	−0.0549 (0.5633)	−0.0455 (0.4556)
$\beta_{y1,1}$	0.5930*** (0.0000)	0.5912*** (0.0000)	0.5901*** (0.0001)	0.5237*** (0.0000)	0.5643*** (0.0000)
$\beta_{y2,1}$	0.2027*** (0.0037)	0.2084*** (0.0056)	0.2002*** (0.0047)	0.1834** (0.0184)	0.1922*** (0.0077)
$\tau_{h,k}$	−0.1938** (0.0390)	−0.1686* (0.0944)	−0.1592 (0.3529)	−0.1519 (0.1479)	−0.1569 (0.1072)
$\tau_{y,k}$	−0.5305* (0.0533)	−0.6609** (0.0352)	−0.7474** (0.0371)	−0.7780 (0.1171)	−0.7667 (0.1022)
λ_h	0.0718*** (0.0000)	0.0577*** (0.0000)	0.0541*** (0.0000)	0.0234 (0.2238)	0.0399*** (0.0000)
λ_y	0.0317** (0.0170)	0.0237*** (0.0000)	0.0313*** (0.0093)	0.0026 (0.2897)	0.0276** (0.0258)

表 6－24　人民幣貶值週期下匯率信息傳遞效應及非對稱效應結果（加入 ADS 控制變量）

	1M	3M	6M	9M	12M
$\alpha_{h1,1}$	0.0303 (0.6097)	−0.0758 (0.0560)	−0.0631 (0.1111)	−0.0657 (0.0953)	−0.0657 (0.0956)
$\alpha_{h2,1}$	−0.0191 (0.7541)	0.2155*** (0.0005)	0.2348*** (0.0001)	0.2290*** (0.0001)	0.2291*** (0.0001)
$\alpha_{h3,1}$	0.0778 (0.1536)	−0.0716 (0.1665)	−0.0939** (0.0369)	−0.0802** (0.0463)	−0.0804** (0.0459)
η_h	0.0260 (0.4462)	−0.0157 (0.4424)	−0.0164 (0.4220)	−0.0164 (0.4201)	−0.0164 (0.4201)
$\alpha_{y1,1}$	0.7000*** (0.0000)	0.2603*** (0.0000)	0.2600*** (0.0000)	0.2600*** (0.0000)	0.2600*** (0.0000)
$\alpha_{y2,1}$	−0.2489*** (0.0000)	−0.2783*** (0.0000)	−0.2788*** (0.0000)	−0.2789*** (0.0000)	−0.2793*** (0.0000)

（續表）

	1M	3M	6M	9M	12M
$\alpha_{y3,1}$	0.3009 (0.7296)	0.3018** (0.0275)	0.1009 (0.1835)	0.0752 (0.1492)	0.0588 (0.1412)
η_y	0.0134 (0.5107)	0.0019 (0.8720)	0.0024 (0.8429)	0.0025 (0.8336)	0.0025 (0.8341)
$\beta_{h1,1}$	0.2336*** (0.0030)	0.3326*** (0.0000)	0.3403*** (0.0000)	0.3401*** (0.0000)	0.3405*** (0.0000)
$\beta_{h2,1}$	−0.2054*** (0.0091)	0.0522 (0.2524)	0.0514** (0.2551)	0.0522** (0.2536)	0.0501 (0.2894)
$\beta_{y1,1}$	0.3819*** (0.0000)	0.1654*** (0.0000)	0.1689*** (0.0000)	0.1684*** (0.0000)	0.1689*** (0.0000)
$\beta_{y2,1}$	0.01225 (0.8579)	0.0996*** (0.0025)	0.0992*** (0.0013)	0.0996*** (0.0047)	0.0977*** (0.0059)
$\tau_{h,k}$	−0.0680 (0.4481)	−0.0765 (0.3369)	−0.0778 (0.3806)	−0.0755 (0.3835)	−0.0767 (0.3590)
$\tau_{y,k}$	0.3058*** (0.0000)	0.0993 (0.6076)	0.1327 (0.5513)	0.1233 (0.5918)	0.1415 (0.5429)
λ_h	−0.0171 (0.7051)	−0.0246 (0.5259)	−0.0243 (0.5103)	−0.0242 (0.4677)	−0.0242 (0.5140)
λ_y	0.0832* (0.0658)	−0.0263 (0.2326)	−0.0254 (0.2427)	−0.0255 (0.2113)	−0.0254 (0.2669)

表 6－25　人民幣貶值週期下匯率信息傳遞效應及非對稱效應結果（加入 UEPUI 控制變量）

	1M	3M	6M	9M	12M
$\alpha_{h1,1}$	0.0317 (0.5927)	0.0260 (0.6799)	0.0387 (0.5459)	0.0108 (0.8557)	0.0463 (0.4743)
$\alpha_{h2,1}$	−0.0190 (0.7546)	−0.0195 (0.7517)	−0.0095 (0.8778)	0.0108 (0.8557)	0.0008 (0.9882)
$\alpha_{h3,1}$	0.0769 (0.1577)	0.0754 (0.1784)	0.0571 (0.3203)	0.0224 (0.6568)	0.0475 (0.4251)

（續表）

	1M	3M	6M	9M	12M
η_h	−0.0001 (0.2620)	−0.0001 (0.2550)	−0.0001 (0.2639)	−0.0001 (0.2706)	−0.0001 (0.2622)
$\alpha_{y1,1}$	0.7006*** (0.0000)	0.7002*** (0.0000)	0.7002*** (0.0000)	0.7001*** (0.0000)	0.6997*** (0.0000)
$\alpha_{y2,1}$	−0.2488*** (0.0000)	−0.2489*** (0.0000)	−0.2489*** (0.0000)	−0.2489*** (0.0000)	−0.2493*** (0.0000)
$\alpha_{y3,1}$	0.3562 (0.6998)	0.0458 (0.9007)	0.0257 (0.9016)	0.0241 (0.8719)	−0.0394 (0.7342)
η_y	−0.0000 (0.5238)	−0.0000 (0.5822)	−0.0000 (0.5831)	−0.0000 (0.5833)	−0.0000 (0.5960)
$\beta_{h1,1}$	0.2975*** (0.0000)	0.2704*** (0.0016)	0.2849*** (0.0001)	0.3174*** (0.0012)	0.2971*** (0.0002)
$\beta_{h2,1}$	−0.2383*** (0.0000)	−0.1958*** (0.0037)	−0.1883*** (0.0047)	−0.1844** (0.0304)	−0.1757*** (0.0081)
$\beta_{y1,1}$	0.4021*** (0.0000)	0.3777*** (0.0000)	0.3737*** (0.0000)	0.3750*** (0.0000)	0.3764*** (0.0000)
$\beta_{y2,1}$	−0.0182 (0.7486)	0.0124 (0.8568)	0.0129 (0.8524)	0.0329 (0.6640)	0.0366 (0.6108)
$\tau_{h,k}$	−0.0171 (0.8429)	−0.0606 (0.5338)	−0.0709 (0.5580)	−0.0997 (0.3708)	−0.0955 (0.2571)
$\tau_{y,k}$	−0.0397 (0.8244)	−0.0737 (0.7644)	−0.1112 (0.7102)	−0.1854 (0.5260)	−0.2011 (0.4469)
λ_h	−0.0003 (0.2536)	−2.64e−004 (0.1073)	−2.50e−004 (0.2804)	−0.0002 (0.3060)	−2.32e−004 (0.3294)
λ_y	0.0001 (0.4684)	2.58e−004 (0.2954)	2.51e−004 (0.3527)	0.0002 (0.3712)	2.71e−004 (0.2744)

表 6－26　人民幣貶值週期下匯率信息傳遞效應及非對稱效應結果（加入 CEPUI 控制變量）

	1M	3M	6M	9M	12M
$\alpha_{h1,1}$	0.0308 (0.6038)	0.0258 (0.6829)	0.0380 (0.5541)	0.0634 (0.2986)	0.0459 (0.4792)
$\alpha_{h2,1}$	−0.018 (0.7670)	−0.0180 (0.7707)	−0.0084 (0.8921)	0.0117 (0.8437)	0.0022 (0.9706)
$\alpha_{h3,1}$	0.0773 (0.1565)	0.0748 (0.1825)	0.0572 (0.3202)	0.0229 (0.6495)	0.0473 (0.4286)
η_h	−0.0000 (0.5251)	−0.0000 (0.5296)	−0.0000 (0.5363)	−0.0000 (0.5521)	−0.0000 (0.5398)
$\alpha_{y1,1}$	0.7006*** (0.0000)	0.7004*** (0.0000)	0.7004*** (0.0000)	0.7004*** (0.0000)	0.7000*** (0.0000)
$\alpha_{y2,1}$	−0.2490*** (0.0000)	−0.2492*** (0.0000)	−0.2492*** (0.0000)	−0.2492*** (0.0000)	−0.2496*** (0.0000)
$\alpha_{y3,1}$	0.1973 (0.8210)	−0.0038 (0.9915)	−0.0005 (0.9978)	0.0092 (0.9526)	−0.0527 (0.6616)
η_y	0.0000 (0.8589)	0.0000 (0.8314)	0.0000 (0.8345)	0.0000 (0.8464)	0.0000 (0.7518)
$\beta_{h1,1}$	0.2717** (0.4124)	0.3380 (0.5535)	0.3646 (0.2177)	0.2524*** (0.0000)	0.0319 (0.9033)
$\beta_{h2,1}$	−0.4981* (0.0776)	−0.5518* (0.0538)	−0.8240** (0.0056)	0.1109*** (0.0003)	−1.4576*** (0.0000)
$\beta_{y1,1}$	1.1467*** (0.0000)	1.0740** (0.0379)	1.2649*** (0.0000)	0.1873*** (0.0000)	1.3086*** (0.0000)
$\beta_{y2,1}$	−0.1402 (0.4194)	−0.1384 (0.4993)	−0.2075 (0.2510)	0.0172*** (0.0082)	−0.2206 (0.2739)
$\tau_{h,k}$	−0.1428 (0.3581)	−0.1057 (0.5359)	−0.1421 (0.3493)	−0.1270 (0.4596)	0.1937** (0.0491)
$\tau_{y,k}$	−0.6799* (0.0778)	−0.5740* (0.0567)	−0.6868*** (0.0028)	−0.5840*** (0.0023)	−0.3171** (0.0119)

（續表）

	1M	3M	6M	9M	12M
λ_h	0.0017*** (0.7187)	0.0024 (0.5600)	0.0019 (0.6125)	0.0001 (0.9641)	0.0032 (0.4383)
λ_y	0.0240** (0.0141)	0.0209*** (0.0077)	0.0270*** (0.0006)	0.0304*** (0.0000)	0.0272*** (0.0000)

表 6－27　人民幣貶值週期下匯率信息傳遞效應及非對稱效應結果（加入 USDX 控制變量）

	1M	3M	6M	9M	12M
$\alpha_{h1,1}$	0.0309 (0.6024)	0.0259 (0.6814)	0.0382 (0.5509)	0.0634 (0.2971)	0.0463 (0.4748)
$\alpha_{h2,1}$	−0.0185 (0.7611)	−0.0185 (0.7646)	−0.0088 (0.8875)	0.0112 (0.8502)	0.0018 (0.9753)
$\alpha_{h3,1}$	0.0766 (0.1597)	0.0742 (0.1859)	0.0563 (0.3272)	0.0222 (0.6596)	0.0461 (0.4395)
η_h	0.0015 (0.3927)	0.0015 (0.3943)	0.0015 (0.3974)	0.0015 (0.4010)	0.0015 (0.3976)
$\alpha_{y1,1}$	0.6998*** (0.0000)	0.6992*** (0.0000)	0.6991*** (0.0000)	0.6992*** (0.0000)	0.6969*** (0.0000)
$\alpha_{y2,1}$	−0.2489*** (0.0000)	−0.2494*** (0.0000)	−0.2494*** (0.0000)	−0.2494*** (0.0000)	−0.2518*** (0.0000)
$\alpha_{y3,1}$	0.1290 (0.8919)	−0.0741 (0.8623)	−0.0631 (0.8227)	−0.0423 (0.8490)	−0.1893 (−0.1893)
η_y	0.0005 (0.6301)	0.0007 (0.5560)	0.0008 (0.5561)	0.0008 (0.5868)	0.0019 (0.2469)
$\beta_{h1,1}$	0.3352*** (0.0000)	0.2850*** (0.0041)	0.2535*** (0.0028)	0.2005*** (0.0000)	0.1735*** (0.0015)
$\beta_{h2,1}$	−0.2499*** (0.0000)	−0.1917** (0.0216)	−0.1512** (0.0382)	−0.0730 (0.1849)	−0.0517 (0.2826)
$\beta_{y1,1}$	0.4369*** (0.0000)	0.3996*** (0.0000)	0.3979*** (0.0000)	0.4244*** (0.0000)	0.4420*** (0.0000)

（續表）

	1M	3M	6M	9M	12M
$\beta_{y2,1}$	−0.0373 (0.4454)	0.0075*** (0.9128)	0.0446 (0.5633)	0.1398** (0.0208)	0.1492*** (0.0049)
$\tau_{h,k}$	−0.0355 (0.6839)	−0.0829 (0.4756)	−0.1300 (0.1688)	−0.1539* (0.0585)	−0.1384 (0.1525)
$\tau_{y,k}$	0.0867 (0.6446)	0.0250 (0.9297)	−0.1871 (0.5367)	−0.6381** (0.0347)	−0.8350 (0.4000)
λ_h	0.0056*** (0.0000)	0.0044 (0.1426)	0.0036 (0.1603)	0.0028*** (0.0021)	0.0026 (0.2112)
λ_y	0.0014* (0.0909)	0.0010 (0.6612)	0.0006 (0.8269)	−0.0005* (0.0888)	−0.0009 (0.7960)

表 6－28　人民幣貶值週期下匯率信息傳遞效應及非對稱效應結果（加入 MCCI 控制變量）

	1M	3M	6M	9M	12M
$\alpha_{h1,1}$	0.0309 (0.6024)	0.0259 (0.6814)	0.0382 (0.5509)	0.0634 (0.2971)	0.0463 (0.4748)
$\alpha_{h2,1}$	−0.0185 (0.7611)	−0.0185 (0.7646)	−0.0088 (0.8875)	0.0112 (0.8502)	0.0018 (0.9753)
$\alpha_{h3,1}$	0.0766 (0.1597)	0.0742 (0.1859)	0.0563 (0.3272)	0.0222 (0.6596)	0.0461 (0.4395)
η_h	0.0015 (0.3927)	0.0015 (0.3943)	0.0015 (0.3974)	0.0015 (0.4010)	0.0015 (0.3976)
$\alpha_{y1,1}$	0.6998*** (0.0000)	0.6992*** (0.0000)	0.6991*** (0.0000)	0.6992*** (0.0000)	0.6969*** (0.0000)
$\alpha_{y2,1}$	−0.2489*** (0.0000)	−0.2494*** (0.0000)	−0.2494*** (0.0000)	−0.2494*** (0.0000)	−0.2518*** (0.0000)
$\alpha_{y3,1}$	0.1290 (0.8919)	−0.0741 (0.8623)	−0.0631 (0.8227)	−0.0423 (0.8490)	−0.1893 (0.3104)
η_y	0.0005 (0.6301)	0.0007 (0.5560)	0.0008 (0.5561)	0.0008 (0.5868)	0.0019 (0.2469)

（續表）

	1M	3M	6M	9M	12M
$\beta_{h1,1}$	0.3303*** (0.0011)	0.3303*** (0.0011)	0.2552** (0.0113)	0.2003*** (0.0078)	0.1735*** (0.0015)
$\beta_{h2,1}$	−0.2487*** (0.0018)	−0.2487*** (0.0018)	−0.1525* (0.0707)	−0.0727 (0.2464)	−0.0517 (0.2870)
$\beta_{y1,1}$	0.4361*** (0.0000)	0.4361*** (0.0000)	0.3969*** (0.0000)	0.4250*** (0.0000)	0.4422*** (0.0000)
$\beta_{y2,1}$	−0.0357 (0.5365)	−0.0357 (0.5365)	0.0428 (0.7097)	0.1404** (0.0204)	0.1492*** (0.0003)
$\tau_{h,k}$	−0.0321 (0.6956)	−0.0321 (0.6956)	−0.1284 (0.2097)	−0.1533* (0.0765)	−0.1385 (0.1569)
$\tau_{y,k}$	0.0788 (0.7135)	0.0788 (0.7135)	−0.1808 (0.6886)	−0.6429 (0.1028)	−0.8350** (0.0369)
λ_h	0.0057* (0.0886)	0.0057* (0.0886)	0.0036 (0.1545)	0.0029 (0.1988)	0.0026 (0.2086)
λ_y	0.0015 (0.5435)	0.0015 (0.5435)	0.0006 (0.8526)	−0.0005 (0.8238)	−0.0009 (0.7956)

（四）結果分析

上述實證結果表明，在香港離岸人民幣市場產生後，在岸市場與離岸市場的聯動關係出現了新的變化。具體表現在：

(1) 境內外人民幣即期市場的信息傳達上，香港離岸人民幣市場在報酬溢出和波動溢出兩個信息傳遞效應中均處於主導地位，離岸人民幣市場匯率的變動趨勢引導在岸遠期市場匯率的變化趨勢居多。

這一結果說明，目前過度倚重離岸市場會給未來人民幣定價權帶來不確定性。由於法律環境監管條件和稅收制度的不同，一國貨幣在離岸和在岸兩個市場上往往會形成不一樣的價格。如果資本管制有效，則離岸市場與在岸市場相割裂，二者形成各自的利率與匯率，離岸市場不會對在岸市場的定價權形成挑戰。此外，規模大的市場可以通過套利資金消化規模相對小的市場對其價格變動的影響。一般情況下，在岸市場的規模往往大於離岸市場的規模，從而保證了在岸市場能夠主導價格發現功能。但是，從離岸人民幣市場的發展來看，在這兩個維度上，離岸市場對在岸市場定價權的挑戰都在日益增加。從資本管制的角度看，人民幣資本項目的全面開放儘管在時間上步驟上存有爭議，但終究是大勢所趨。從市場規模的角度看，雖然目前離岸人民幣市場上的人民幣存量還相當有限，但是香港等成熟金融市場上具有很多槓桿率較高的金融工具，一旦這些存量資金被允許投向高槓桿金融工具，那麼就有可能出現以較少資金撬動大額交易的「以小搏大」行為，加之離岸市場管制少，交易成本低廉，容易形成巨大的交易規模，從而加劇市場風險。隨着離岸市場的快速發展和離岸市場的價格發現功能得到越來越充分的發揮，如果在岸市場的價格發現功能仍然受到政策的抑制，與純粹市場化的離岸市場相比，在岸市場的價格在市場參與者的眼中更多的是一種「政策市場」形成的均衡，長此以往，在市場的自由選擇下，人民幣的定價權就有可能旁落。美元的歷史已經給出了證明。美元是全球最主要的國際儲備貨幣，但是國際美元銀團貸款的利率定價權不在紐約而在倫敦。與此類似，日元股指期貨的交易中心在新加坡而非在東京。如果境內在岸市場不注意與離岸市場的協調發展，人民幣利率匯率等的定價權也同樣有可能落在境外某金融中心。如果人民幣定價權不在內地，那麼最大的可能是在香港。當然也有可能落在倫敦或新加坡等另外的人民幣離岸市場，為其國際離岸金融中心加碼。因此，離岸市場發展對未來人民幣定價權的衝擊值得關注。

（2）外生宏觀經濟對於人民幣離岸匯率的衝擊影響較大。這一結果的不利後果在於離岸市場的發展將為國際資本衝擊一國貨幣創造更為便利的條件。在外匯管制下，國際資本不能自由跨境流動，從而衝擊人民幣匯率。而隨着離岸市場的發展，離岸人民幣不斷增加，國際資本有可能通過離岸市場方便快捷地獲得所需的離岸人民幣資金，從而間接衝擊在岸人民幣市場。如果在岸市場的開放不能跟離岸市場的發展有效對接和協同發展，並且在政策上對資金進出兩個市場不能做到有效的控制，那麼一旦在岸市場本身出現問題，如銀行危機、債務危機、經常賬戶惡化等，快速發展的離岸市場可能使得該國貨幣更易受到國際資本的衝擊。1997 年亞洲金融危機時，泰銖受到來自離岸市場的巨大衝擊就是一個典型的實證。

更重要的是，人民幣定價權若外移至其他國家，可能為國際資本衝擊在岸市場打開方便之門。貨幣離岸中心是金融巨頭操控市場進行投機的場所，如果人民幣定價權掌握在境外國際金融中心，則未來人民幣受到國際資本衝擊的可能性和遭遇衝擊的程度將會大為增加。例如，在當前的歐洲債務危機中，希臘等國的債券交易中心大都不在本國而在法蘭克福和倫敦，其二級市場定價權也同樣在國外金融市場上。而歐洲離岸金融中心的對沖機制非常發達，成為希臘等國國債價格過度波動的原因之一。雖然歐洲已經認識到這個問題，禁止信用違約掉期「裸交易」與限制「裸賣空」行為，但希臘等國國債定價權旁落、易受衝擊的問題並未完全得到解決。

(3) 境內外人民幣遠期市場的信息傳達上，香港離岸遠期市場和境內人民幣遠期市場雖呈現出一定的雙向引導關係，但境內人民幣遠期市場仍處於信息中心。這説明由於不同市場的價格差，令資金有限地通過各類渠道在境內外兩個市場進行滲透和流通，而境內人民幣遠期市場經過不斷的完善和發展後，在信息傳遞上論證了境內優先説的理論，信息傳遞方向表現為境內市場引導境外市場。因此，在香港離岸市場誕生之後，香港離岸市場並未對境內市場遠期匯率進行引導，境內人民幣遠期匯率的主要影響因素依然是利率平價，並且境內遠期市場的定價機制已經逐步完善，基本實現了從預期的低效的定價機制向合理的高效的利率平價轉變。香港離岸人民幣遠期市場目前從交易規模和業務佔比來看更受到投資者的青睞，可以預計未來將取代傳統人民幣無本金交割遠期市場。

此外，相比升值週期，人民幣離岸、在岸匯率在貶值週期相互之間沒有了均值溢出效應，相互之間波動溢出效應也發生了深刻的變化。在升值週期，離岸、在岸匯率之間的波動溢出效應都是正向的，意味着雙方之間的風險是可以傳染的。在貶值週期，在岸匯率對離岸匯率的波動溢出變為負向，這意味着通過對在岸匯率的有效管理可降低離岸市場的風險。與此同時，影響離岸、在岸匯率的宏觀經濟變量也發生了較大的變化。ADS 指數、UEPUI 指數與 CEPUI 指數的作用日趨減弱，反映了美國宏觀經濟、政策不確定性以及消費者信心狀況對人民幣市場遞減的邊際效應。中國政策不確定性指數對人民幣匯率市場的波動溢出效應的增強，則意味着當前的情況下，貨幣政策當局需要採取穩定的政策來引導和管理市場。

四、跨境套利影響境內人民幣利率水平

人民幣離岸市場與在岸市場利率與匯率的聯動主要通過利率平價渠道，即資金在境內或者境外流動的因素取決於資金的收益高低、即期和遠期匯率預期以及升貼水率。因此，本節將基於離岸、在岸市場聯動視角就離岸市場對境內人民幣利率水平的影響進行討論。

擬基於宏觀經濟不確定性視角，實證考察人民幣離岸、在岸市場利率之間的報酬溢出效應、波動溢出效應、非對稱效應、動態時變關係以及受宏觀經濟變量的影響，旨在解決下列問題：①人民幣離岸、在岸市場利率與宏觀不確定指數之間是否存在收益、波動信息傳遞關係？離岸與在岸利率市場哪一個是信息傳遞中心？②人民幣離岸、在岸利率是否存在非對稱效應？③人民幣離岸、在岸利率有怎樣的動態時變關係？研究結果可以為我國逐步開放資本賬戶、維護國內金融穩定與安全，以及推進人民幣國際化提供理論依據和決策參考。

（一）變量選取與數據處理

CNH Hibor 利用 Hibor 完善的定價體系能夠全面地反映短期離岸人民幣

市場的資金供需情況。Shibor 自 2007 年報價以來在短期市場中很好地體現了基準利率與市場資金供求之間的高度聯動效應，兩者已經成為公認的離岸、在岸人民幣產品定價基準。本節選取 2013 年 5 月 27 日到 2015 年 12 月 1 日 CNH Hibor 與 Shibor 的日度數據，期限品種包括隔夜、7 天、14 天、1 月。Shibor 數據來源於上海銀行間同業拆借網站，CNH Hibor 數據來源於 Wind 數據庫。

考慮對數收益率即變化率作為實證研究對象的統計特性更為良好，故對數據進行對數差分處理：$R_{i,t} = 100 \times (\ln P_{i,t} - \ln P_{i,t-1})$，其中，$R_{i,t}$ 為人民幣離岸、在岸市場利率收益率，$R_{i,t}$ 為相應的人民幣離岸、在岸市場利率報價，i=1、2、3、4 分別代表隔夜、7 天、14 天和 1 月，t 為時間。文中 RHI1N、RHI1W、RHI2W、RHI1M 分別代表隔夜、7 天、14 天、1 月期離岸市場人民幣利率收益率，RSH1N、RSH1W、RSH2W、RSH1M 分別代表隔夜、7 天、14 天、1 月期在岸市場人民幣利率收益率。

（二）實證結果

本節列出了有關均值溢出、波動溢出、非對稱效應的實證結果（如表 6－29 至表 6－35 所示），匯總如下：

(1) 信息溢出結果表明，人民幣離岸與在岸利率之間的報酬溢出效應較弱，7 個模型均顯示只有 14 天的在岸利率對離岸利率有約 +0.08 單位的報酬溢出效應。人民幣離岸與在岸利率之間的波動溢出效應表現也基本穩定，隔夜利率方面，有 4 個模型顯示離岸利率對在岸利率有約 +0.08 單位的波動溢出效應；7 天利率方面，有 6 個模型顯示在岸利率對離岸利率有約 −0.05 單位的波動溢出效應；14 天利率方面，只有 2 個模型顯示在岸利率對離岸利率有約 +0.10 單位的波動溢出效應；1 月利率方面，7 個模型均顯示在岸利率對離岸利率有小於 +0.1 單位的波動溢出效應，4 個模型顯示離岸利率對在岸利率有約 −0.10 單位的波動溢出效應。總體來看，波動溢出效應在信息傳遞中佔據主導，在岸利率處於信息傳遞中心。

（2）在非對稱效應方面，7 個模型均顯示各期限離岸利率和在岸利率有顯著的「放大利空，縮小利好的非對稱效應。在宏觀經濟不確定的衝擊中，報酬衝擊較少，主要有 VIX 指數對 7 天、14 天、1 月離岸利率具有顯著為負的報酬衝擊，美國政策不確定指數對 1 月離岸利率具有負的報酬衝擊。VIX 指數對隔夜離岸利率有約 +0.05 單位的波動衝擊，對各期在岸利率均有絕對值小於 −0.3 單位的波動衝擊。UEPUI 對 14 天離岸利率有約 −0.006 單位的波動溢衝擊，對在岸利率無影響。CEPUI 對 7 天離岸利率有 +0.04 單位的波動衝擊，對各期在岸利率均有大小不等的負的波動衝擊。USDX 對各期離岸利率均有正的波動衝擊，對 1 月期衝擊最大，達到 +0.65 單位；USDX 對各期在岸利率均有絕對值大於 1.5 的負的波動衝擊。MCCI 與 USDX 的作用結果相似，只是對各期離岸利率有更大的正向波動衝擊，對各期在岸利率的負向波動衝擊的絕對值更小。ADS 商業指數對 14 天、1 月離岸利率和在岸利率有大小和方向不同的波動衝擊。

表 6－29 離（在）岸利率均值溢出、波動溢出、非對稱效應結果（不加入宏觀經濟變量）

	1N	1W	2W	1M
$\alpha_{h1,1}$	0.0117 (0.7786)	0.1145*** (0.0054)	0.0843** (0.0395)	0.0531 (0.1989)
$\alpha_{h2,1}$	−0.0675 (0.6550)	0.0229 (0.7049)	0.0846* (0.0844)	0.0178 (0.7336)
$\alpha_{s1,1}$	−0.0089 (0.4266)	0.0062 (0.8208)	−0.0114 (0.7335)	0.0365 (0.2354)
$\alpha_{s2,1}$	0.2130*** (0.0000)	0.1513*** (0.0002)	0.2110*** (0.0000)	0.3037*** (0.0000)
$\beta_{h1,1}$	0.2600*** (0.0000)	0.2584*** (0.0280)	0.0456 (0.1316)	0.3409*** (0.0000)
$\beta_{h2,1}$	0.0017 (0.9740)	−0.0547** (0.0484)	0.1034*** (0.0000)	0.0755*** (0.0043)

（續表）

	1N	1W	2W	1M
$\beta_{s1,1}$	0.0851 ** (0.0323)	−0.0413 (0.4071)	0.0125 (0.1915)	−0.0667 (0.1127)
$\beta_{s2,1}$	0.3826 *** (0.0000)	0.4025 *** (0.0000)	0.2529 *** (0.0000)	0.3018 *** (0.0000)
$\tau_{h,k}$	0.4872 *** (0.0005)	0.4193 ** (0.0203)	3.6414 (0.1750)	0.3432 *** (0.0008)
$\tau_{s,k}$	0.2669 ** (0.0379)	0.5013 *** (0.0000)	0.1479 *** (0.0282)	0.4041 *** (0.0000)

表 6 – 30　離（在）岸利率均值溢出、波動溢出、非對稱效應結果（加入 VIX 控制變量）

	1N	1W	2W	1M
$\alpha_{h1,1}$	0.0114 (0.7838)	0.1145 *** (0.0054)	0.0807 ** (0.0483)	0.0496 (0.2289)
$\alpha_{h2,1}$	−0.0677 (0.6542)	0.0229 (0.7049)	0.0841 * (0.0852)	0.0215 (0.6807)
$\alpha_{s1,1}$	−0.0091 (0.4192)	0.0062 (0.8208)	−0.0118 (0.7260)	0.0370 (0.2290)
$\alpha_{s2,1}$	0.2129 *** (0.0000)	0.1513 *** (0.0002)	0.2110 *** (0.0000)	0.3032 *** (0.0000)
$\beta_{h1,1}$	0.2559 *** (0.0000)	0.2584 *** (0.0280)	0.1908 *** (0.0006)	0.3276 *** (0.0000)
$\beta_{h2,1}$	0.0012 (0.9631)	−0.0547 ** (0.0484)	−0.0045 (0.8964)	0.0700 ** (0.0261)
$\beta_{s1,1}$	0.0837 ** (0.0138)	−0.0413 (0.4071)	−0.0167 (0.5119)	−0.0719 ** (0.0449)
$\beta_{s2,1}$	0.3890 *** (0.0000)	0.4025 *** (0.0000)	0.2555 *** (0.0000)	0.3248 *** (0.0000)
$\tau_{h,k}$	0.5198 *** (0.0023)	0.4193 ** (0.0203)	0.7426 *** (0.0054)	0.3574 *** (0.0002)

（續表）

	1N	1W	2W	1M
$\tau_{s,k}$	0.2790*** (0.0000)	0.5013*** (0.0000)	0.4384*** (0.0000)	0.4224*** (0.0000)
η_k	−0.0596 (0.8390)	−0.1959* (0.0994)	−0.1833* (0.0604)	−0.1357** (0.0452)
η_s	−0.0320 (0.6862)	0.0185 (0.8177)	−0.0177 (0.8248)	0.0206 (0.6839)
λ_h	0.0489** (0.0127)	0.0759 (0.2859)	0.0239 (0.7155)	−0.0305 (0.7040)
λ_s	−0.1331*** (0.0014)	−0.2095*** (0.0090)	−0.2472*** (0.0000)	−0.2976*** (0.0002)

表 6－31　離（在）岸利率均值溢出、波動溢出、非對稱效應結果（加入 UEPUI 控制變量）

	1N	1W	2W	1M
$\alpha_{h1,1}$	0.0118 (0.7767)	0.1140*** (0.0056)	0.0835** (0.0414)	0.0527 (0.2026)
$\alpha_{h2,1}$	−0.0676 (0.6546)	0.0226 (0.7089)	0.0836* (0.0881)	0.0170 (0.7445)
$\alpha_{s1,1}$	−0.0090 (0.4249)	0.0062 (0.8226)	−0.0117 (0.7261)	0.0364 (0.2369)
$\alpha_{s2,1}$	0.2478*** (0.0000)	0.1513*** (0.0002)	0.2106*** (0.0000)	0.3035*** (0.0000)
$\beta_{h1,1}$	0.2559*** (0.0000)	0.2597*** (0.0000)	0.0383 (0.2959)	0.3384*** (0.0000)
$\beta_{h2,1}$	0.0001 (0.9947)	−0.0544** (0.0421)	0.1021*** (0.0000)	0.0757*** (0.0088)
$\beta_{s1,1}$	0.0832** (0.0182)	−0.0402 (0.3672)	0.0103 (0.3367)	−0.0751** (0.0239)
$\beta_{s2,1}$	0.3873*** (0.0000)	0.4027*** (0.0000)	0.2553*** (0.0000)	0.3379*** (0.0000)

（續表）

	1N	1W	2W	1M
$\tau_{h,k}$	0.5513*** (0.0020)	0.4138*** (0.0066)	4.4585 (0.3520)	0.3434*** (0.0003)
$\tau_{s,k}$	0.2736*** (0.0000)	0.5006*** (0.0000)	0.1505** (0.0385)	0.3896*** (0.0000)
η_k	0.0030 (0.8456)	−0.0028 (0.6541)	−0.0038 (0.4579)	−0.1357** (0.0452)
η_s	−0.0009 (0.8142)	−0.0004 (0.9227)	−0.0016 (0.7078)	0.0206 (0.6839)
λ_h	0.0136 (0.1055)	0.0034 (0.8620)	−0.0066** (0.0214)	−0.0047 (0.6187)
λ_s	−0.0288 (0.3335)	0.0045 (0.8822)	−0.0022 (0.8366)	−0.0074 (0.7091)

表 6－32　離（在）岸利率均值溢出、波動溢出、非對稱效應結果（加入 CEPUI 控制變量）

	1N	1W	2W	1M
$\alpha_{h1,1}$	0.0117 (0.7783)	0.1145*** (0.0054)	0.0843** (0.0395)	0.0531 (0.1989)
$\alpha_{h2,1}$	−0.0686 (0.6501)	0.0229 (0.7049)	0.0836* (0.0846)	0.0175 (0.7383)
$\alpha_{s1,1}$	−0.0089 (0.4271)	0.0063 (0.8206)	−0.0114 (0.7333)	0.0365 (0.2354)
$\alpha_{s2,1}$	0.2122*** (0.0000)	0.1513*** (0.0002)	0.2108*** (0.0000)	0.3034*** (0.0000)
$\beta_{h1,1}$	0.3152*** (0.0000)	0.2560*** (0.0000)	0.1859 (0.0043)	0.2954*** (0.0000)
$\beta_{h2,1}$	−0.0392 (0.1011)	−0.0542** (0.0049)	−0.0088 (0.7198)	0.1072*** (0.0030)
$\beta_{s1,1}$	−0.0940 (0.2458)	−0.0716** (0.0341)	−0.0244 (0.3441)	−0.0411 (0.2449)

（續表）

	1N	1W	2W	1M
$\beta_{s2,1}$	0.4917*** (0.0000)	0.3068*** (0.0001)	0.1455*** (0.0003)	0.3057*** (0.0000)
$\tau_{h,k}$	0.3186** (0.0170)	0.4401** (0.0289)	0.6805** (0.0237)	0.3754*** (0.0000)
$\tau_{s,k}$	0.2749*** (0.0093)	0.8479*** (0.0000)	0.7893** (0.0033)	0.3111*** (0.0000)
η_k	0.0030 (0.8142)	−0.0028 (0.6541)	−0.0001 (0.9774)	−0.0006 (0.8182)
η_s	0.0022 (0.5301)	−0.0004 (0.9227)	0.0007 (0.8447)	−0.0007 (0.7524)
λ_h	0.0225 (0.4190)	0.0371** (0.0477)	0.0177 (0.3552)	0.0073 (0.7879)
λ_s	−0.5003*** (0.0000)	−0.3081*** (0.0000)	−0.1382*** (0.0000)	−0.1191*** (0.0000)

表 6－33　離（在）岸利率均值溢出、波動溢出、非對稱效應結果（加入 MCCI 控制變量）

	1N	1W	2W	1M
$\alpha_{h1,1}$	0.0117 (0.7788)	0.1143*** (0.0054)	0.0840** (0.0402)	0.0526 (0.2030)
$\alpha_{h2,1}$	−0.0674 (0.6555)	0.0231 (0.7022)	0.0849* (0.0835)	0.0184 (0.7249)
$\alpha_{s1,1}$	−0.0089 (0.4276)	0.0063 (0.8189)	−0.0113 (0.7369)	0.0368 (0.2317)
$\alpha_{s2,1}$	0.2128*** (0.0000)	0.1502*** (0.0002)	0.2109*** (0.0000)	0.3034*** (0.0000)
$\beta_{h1,1}$	0.2743*** (0.0000)	0.2531*** (0.0000)	0.2088*** (0.0000)	0.3093*** (0.0000)
$\beta_{h2,1}$	−0.0095 (0.7043)	−0.0188 (0.4798)	0.0239 (0.4069)	0.0920*** (0.0007)

（續表）

	1N	1W	2W	1M
$\beta_{s1,1}$	0.0383 (0.2725)	−0.0021 (0.9527)	−0.0204 (0.4576)	−0.0206 (0.2557)
$\beta_{s2,1}$	0.4953*** (0.0000)	0.5299*** (0.0000)	0.3312*** (0.0000)	0.3090*** (0.0000)
$\tau_{h,k}$	0.5064** (0.0070)	0.3978** (0.0124)	0.5844*** (0.0004)	0.3663*** (0.0000)
$\tau_{s,k}$	0.1483*** (0.0203)	0.4564*** (0.0000)	0.3504*** (0.0000)	0.3487*** (0.0000)
η_k	0.0099 (0.9408)	0.0161 (0.7896)	0.0202 (0.6831)	0.0044 (0.8858)
η_s	−0.0118 (0.7424)	−0.0065 (0.8733)	−0.0111 (0.7841)	−0.0150 (0.5132)
λ_h	0.4435*** (0.0000)	0.6752*** (0.0000)	0.6880*** (0.0000)	0.8591*** (0.0001)
λ_s	−0.9468*** (0.0000)	−1.0613*** (0.0000)	−0.9137*** (0.0000)	−0.7889*** (0.0000)

表 6-34 離（在）岸利率均值溢出、波動溢出、非對稱效應結果（加入 USDX 控制變量）

	1N	1W	2W	1M
$\alpha_{h1,1}$	0.0117 (0.7790)	0.1145*** (0.0054)	0.0843** (0.0395)	0.0531 (0.1987)
$\alpha_{h2,1}$	−0.0673 (0.6561)	0.0230 (0.7037)	0.0847* (0.0841)	0.0181 (0.7297)
$\alpha_{s1,1}$	0.0134 (0.7266)	0.0063 (0.8206)	−0.0115 (0.7323)	0.0364 (0.2359)
$\alpha_{s2,1}$	0.2127*** (0.0000)	0.1507*** (0.0002)	0.2105*** (0.0000)	0.3028*** (0.0000)

（續表）

	1N	1W	2W	1M
$\beta_{h1,1}$	0.2738*** (0.0000)	0.0769*** (0.0095)	0.0047*** (0.0000)	0.2706*** (0.0000)
$\beta_{h2,1}$	−0.0232 (0.3500)	−0.0519** (0.0182)	0.01678 (0.3396)	0.0936*** (0.0002)
$\beta_{s1,1}$	0.0134 (0.7266)	0.0371** (0.0158)	−0.0009 (0.4653)	−0.0465* (0.0726)
$\beta_{s2,1}$	0.5442*** (0.0000)	0.6373*** (0.0000)	0.3974*** (0.0000)	0.3849*** (0.0000)
$\tau_{h,k}$	0.5064** (0.0070)	2.0181*** (0.0608)	36.3697*** (0.0000)	0.4972*** (0.0029)
$\tau_{s,k}$	0.1483*** (0.0203)	0.3656*** (0.0000)	0.3392*** (0.0003)	0.2768*** (0.0000)
η_k	0.0099 (0.9408)	−0.0028 (0.6541)	−0.0001 (0.9774)	0.0044 (0.8858)
η_s	−0.0118 (0.7424)	−0.0004 (0.9227)	0.0007 (0.8447)	−0.0150 (0.5132)
λ_h	0.2498*** (0.0000)	0.2718*** (0.0000)	0.1759*** (0.0000)	0.6501*** (0.0001)
λ_s	−1.5642*** (0.0000)	−2.8921*** (0.0000)	−3.4082*** (0.0001)	−1.6982*** (0.0000)

表 6－35　離（在）岸利率均值溢出、波動溢出、非對稱效應結果（加入 ADS 控制變量）

	1N	1W	2W	1M
$\alpha_{h1,1}$	0.0117 (0.7783)	0.1145*** (0.0054)	0.0843** (0.0396)	0.0527 (0.2022)
$\alpha_{h2,1}$	−0.0678 (0.6538)	0.0229 (0.7054)	0.0844* (0.0852)	0.0166 (0.7504)

（續表）

	1N	1W	2W	1M
$\alpha_{s1,1}$	−0.0089 (0.4300)	0.0063 (0.8186)	−0.0115 (0.7309)	0.0361 (0.2408)
$\alpha_{s2,1}$	0.2116 *** (0.0000)	0.1503 *** (0.0002)	0.2102 *** (0.0000)	0.3034 *** (0.0000)
$\beta_{h1,1}$	0.2647 *** (0.0000)	0.3171 *** (0.0000)	0.1894 *** (0.0000)	0.3938 *** (0.0000)
$\beta_{h2,1}$	0.0008 (0.9772)	−0.0560 *** (0.0748)	0.0031 (0.9370)	0.0696 *** (0.0221)
$\beta_{s1,1}$	0.0786 ** (0.0469)	−0.0840 (0.0645)	−0.0167 (0.5935)	−0.0880 ** (0.0202)
$\beta_{s2,1}$	0.3753 *** (0.0000)	0.3854 *** (0.0000)	0.3280 *** (0.0000)	0.3295 *** (0.0000)
$\tau_{h,k}$	0.4928 *** (0.0032)	0.3095 ** (0.0054)	0.7214 *** (0.0002)	0.3663 *** (0.0000)
$\tau_{s,k}$	0.2689 *** (0.0000)	0.4949 *** (0.0000)	0.2755 *** (0.0004)	0.3487 *** (0.0000)
η_k	0.0099 (0.9408)	0.0188 (0.9887)	0.1199 (0.9130)	0.0044 (0.8858)
η_s	−0.0118 (0.7424)	0.6646 (0.4614)	0.5801 (0.5201)	−0.0150 (0.5132)
λ_h	−0.0198 (0.5452)	−0.1033 * (0.0888)	0.6880 *** (0.0000)	−0.1410 ** (0.0344)
λ_s	0.0179 (0.6777)	0.05448 (0.2383)	−0.9137 *** (0.0000)	0.0887 ** (0.0164)

（三）結果分析

上述實證結果表明，在香港離岸人民幣市場產生後，在岸市場與離岸市場的聯動關係出現了新的變化。具體表現在：

(1) 人民幣離岸、在岸利率市場之間的報酬溢出效應比較弱，只有 14 天的在岸利率對離岸利率有約 +0.08 單位的報酬溢出效應人民幣離岸、在岸利率市場之間表現出一定的雙向波動溢出效應，不同期限的利率具有不同的特徵，在岸市場的溢出作用整體較強。這一結果説明，由於法律環境、監管條件和税收制度的不同，人民幣離岸、在岸利率在報酬溢出方面保持着相對獨立性，在波動溢出方面聯動效應較強，且在岸市場處於信息溢出較強勢的一方。一般而言，若資本管制有效，離岸、在岸市場保持相對獨立，就會形成不同的利率和匯率。但規模較大的市場會通過套利、套匯資金消化規模較小的市場對自身的價格影響。一般而言，在岸市場規模往往大於離岸市場，從而保證其主導價格功能。相比匯率市場而言，利率市場方面在岸市場仍舊保持相對強勢地位。但是隨着離岸市場規模的逐步擴大以及資本管制的日趨放開，對於人民幣利率、匯率等的定價權是否會旁落離岸市場要保持高度重視。如何有效利用離岸市場，同時規避離岸市場產生的風險已成為目前需重點研究的課題。

(2) 人民幣離岸、在岸利率均表現出顯著的「放大利空，縮小利好」的非對稱性，總體來看，離岸市場的非對稱效應較大一些。隨着近年來中國經濟增長速度的放緩，以及負債高企、產能過剩和資本流出等問題仍然突出，人民幣的升值週期已經結束，國際上也不乏做空人民幣的勢力。對於人民幣利空的消息在離岸、在岸金融市場都會被放大，而人民幣利好的消息只能抵消部分做空人民幣資金的預期。由於人民幣離岸市場的法律環境及監管條件更為寬鬆，是做空資金投機的主要場所，因此表現出更強的「放大利空，縮小利好」的非對稱效應。

（3）不同的宏觀經濟變量對於人民幣離岸和在岸利率有不同層次（報酬衝擊和波動衝擊）、不同程度和方向的衝擊，其中美元指數和消費者信心指數的作用尤其值得關注。當前全球金融結構的最大變化是各經濟體之間的關聯性不斷加強，溢出和溢回效應呈倍數增加（朱民，2016）。宏觀經濟變量的波動對於包括人民幣離岸、在岸利率在內的金融變量已產生不同層次、程度和方向的影響。美元指數和消費者信心指數是對人民幣離岸、在岸利率和匯率影響較為顯著的兩個變量。在美元加息且持續走強的大背景下，新興市場經濟體的公司債務情況正持續惡化，這將對全球經濟產生重大影響。美元指數和消費者信心指數的重要影響反映美國作為最大經濟體和最成熟金融體系對中國金融市場的溢出效應。

五、本章小結

在資本金融賬戶逐步放開、人民幣利率逐步市場化以及宏觀經濟環境不確定性加劇的背景下，人民幣利率和匯率在離岸、在岸市場的信息傳遞關係與受宏觀經濟變化的影響值得關注與探討。本章實證考察了離岸人民幣市場存款創造能力及其對貨幣供給量的影響，人民幣離岸、在岸利率和匯率市場信息傳遞關係、相關關係的時變特徵以及對宏觀經濟變化的反應。

上述研究結論對進一步推進資本金融賬戶開放，人民幣利率市場化改革，繼續保持人民幣利率和匯率在合理、均衡水平上的基本穩定，以及監管、防範與管理利率和外匯市場風險具有重要意義。雖然人民幣利率和匯率在在岸市場仍處於信息傳遞中心，監管部門仍應重視來自離岸市場和外部宏觀環境的風險傳遞，不僅要充分關注其時變性和持續性特徵，而且更應注意其非對稱性及非對稱類型，建立與完善風險評估與防範體系。具體有以下政策啟示：

1. 匯率層面

①審慎對待人民幣在岸與離岸市場的聯動效應，對於來自離岸市場的報酬溢出和波動溢出效應大小設立閾值，避免其嚴重干擾在岸市場的匯率穩定。@對人民幣匯率報酬衝擊和波動衝擊較大的宏觀指標應納入監管框架，建立安全預警機制，引導在岸與離岸金融機構穩健經營，防止匯率受到強烈的外生衝擊而出現驟升驟降，保持匯率在一定區間內的穩定性。③穩妥推進人民幣匯率市場化改革，進一步增強匯率彈性，充分發揮人民幣指數的作用。④建立完善市場穩定機制，對離岸市場短期匯率的「放大利空，縮小利好」的槓桿效應密切關注，避免離岸市場匯率大幅度波動；同時配合以適當的貨幣政策，防止人民幣在岸匯率的波動類型向「放大利空，縮小利好」轉化。

2. 利率層面

①加強 Shibor 作為基準利率建設，保持在岸利率在信息傳遞中的主導地位。②關注離岸人民幣利率曲線，將離岸市場因素納入貨幣政策制定框架內，建立完善的市場穩定機制，穩步推進利率市場化進程。③將對人民幣離岸、在岸利率報酬衝擊和波動衝擊較大的宏觀指標納入監管框架，並根據其不同特點設置不同的指標，防止利率受到強烈的外生衝擊而出現驟升驟降，保持利率在一定的區間內合理浮動。④對離岸、在岸市場利率的「放大利空，縮小利好」的槓桿效應密切關注，避免連續利空給市場帶來大幅度波動。

第七章 國際經驗比較

本章主要通過對美國、日本兩個主要經濟體離岸市場的發展狀況、成長過程進行梳理，分析其離岸與在岸市場之間的聯動特徵，以及離岸市場對國內貨幣政策的影響。同時客觀分析其他國家離岸市場發展中的寶貴經驗和教訓，以及對我國的啟示。其中，美元離岸市場中主要分析最為典型的歐洲美元市場，可以說，美元離岸市場的發展對於美元成為國際貨幣，在國際中成為主導具有重要的支持作用。歐洲美元市場的發展對於美國的國內貨幣政策也產生了一定的倒逼作用。而日本離岸市場則導致了本土金融的空心化，日元在國際化過程中的經驗教訓也為我國推進離岸市場發展起到了重要的借鑒作用。

一、美元離岸市場：成就美元國際霸權

這裏主要以歐洲美元市場為例進行綜述，原因在於：歐洲美元市場是規模最大、最為典型的離岸市場[1]；與歐洲美元市場相比，其他貨幣在全球離岸市場所佔比例很小。根據 Altman（1963）的統計，20 世紀 60 年代初，歐洲離岸市場上 85% 的外幣存款為歐洲美元存款。Swoboda（1968）指出，美元在歐洲貨幣市場的主導地位可以歸因於美元作為國際金融交易中最重要的媒介貨幣的角色所導致的貨幣偏好。

（一）美元離岸市場的發展狀況

美元離岸市場可分為境外離岸市場（如歐洲美元市場）和境內離岸市場（IBF）。20 世紀 50 年代誕生的歐洲美元市場是離岸金融市場發展的革命性創

---

1 歐洲美元佔全球美元的規模穩步上升，從 20 世紀 70 年代的不到十分之一，上升至高峰期（2007 年）的三分之一，2008 年國際金融危機後下降到四分之一，歐洲的資產負債保持大體平衡。

新，它改變了國際金融市場的運作方式，也在很大程度上促使美元代替英鎊成為世界上最重要的國際貨幣。

美元離岸市場遍佈世界各地，時區無縫銜接，保證了以美元為中心的外匯交易 24 小時不間斷：以東京、新加坡、中國香港為中心的亞洲美元市場覆蓋了亞洲市場；以倫敦為中心的歐洲美元市場覆蓋了歐洲大陸；以巴林為中心的中東市場覆蓋了中東地區，連接了東方與西方；以英屬維爾京群島、開曼群島、百慕大群島、巴哈馬群島為中心的加勒比海地區也是開展離岸金融業務的熱土。

20 世紀 60 年代末至 80 年代初是歐洲美元市場迅速發展的時期。圖 7 – 1 反映了離岸美元存款規模的變化：1977 年規模只有 3076 億美元，85% 的離岸美元集中在銀行部門；2005 年之後開始加速增長，每年規模增加 3000 億—4000 億美元，年均增速達 20%；2008 年達到最高峰的 96400 億美元，之後略有回落；2013 年離岸美元市場規模為 78987 億美元。此後，離岸美元市場規模在波動中持續上升，截至 2018 年第一季度，規模已經超過 110000 億美元。

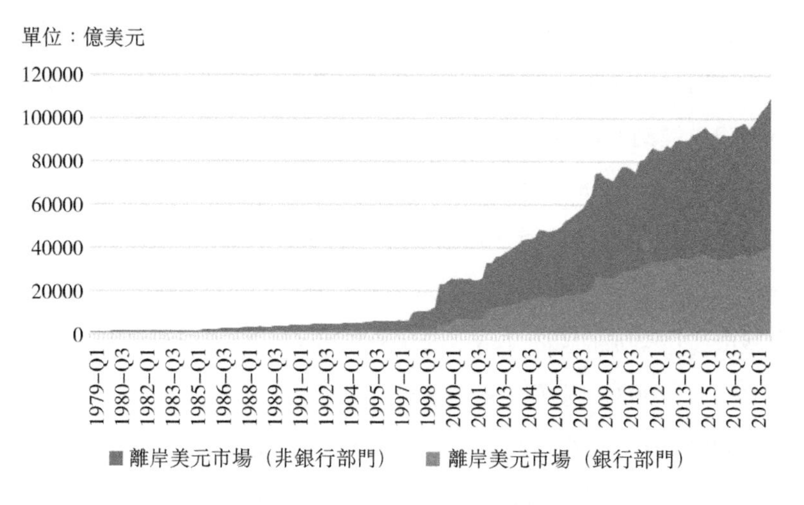

圖 7 – 1　離岸美元存款規模

資料來源：BIS。

從圖 7－2 看出，1977—2013 年離岸美元存款規模以年均 10% 的速度增長，1984 年的增速達到 50%，只有 1991—1993 年，2008—2012 年有所下跌。2013 年資金回流美元市場，離岸美元存款規模又有所回升，這種上升的趨勢持續到了 2018 年。

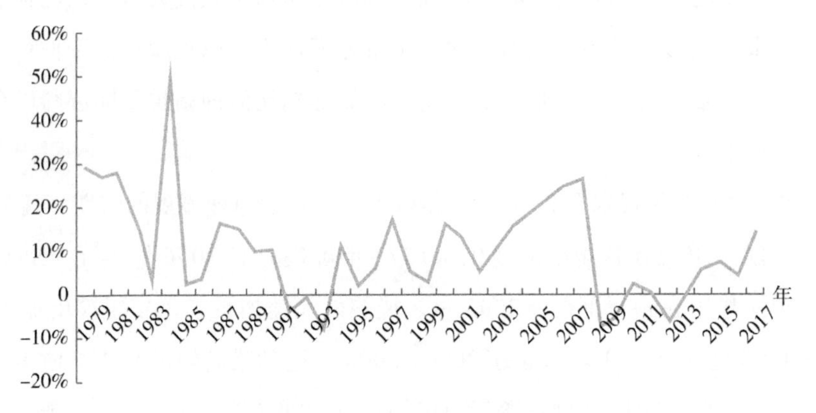

圖 7－2　離岸美元存款增速

資料來源：BIS。

圖 7－3 分析美國境內銀行和境外銀行對外負債規模的變化情況。1990 年之前，在所有銀行部門對外負債結構裏，美國境外銀行的對外負債是美國境內銀行的四倍。之後，兩者都出現了快速增長。2008 年，美國境外銀行的對外負債規模達到 96400 億美元，相比之下，美國境內銀行的對外負債只有 37119 億美元。受 2008 年金融危機衝擊的影響，兩者規模均有所下滑。截至 2013 年 7 月，境外銀行的對外負債規模達 78988 億美元，佔美元總體對外負債的 69%，境內銀行對外負債規模達 35770 億美元，佔總體的 31%。可見，離岸金融市場在美元的國際交易中起主要作用。

據 Botta（2003）對離岸美元存款分佈情況分析，2002 年美元在海外的存量達 4140 億美元，流通中的美元達 6200 億美元。圖 7－4 顯示了 2002 年由美聯儲估計的美元在海外的存量分佈情況。美元在海外存量主要集中在俄羅斯和其他獨聯體國家、亞洲地區、南美洲地區。

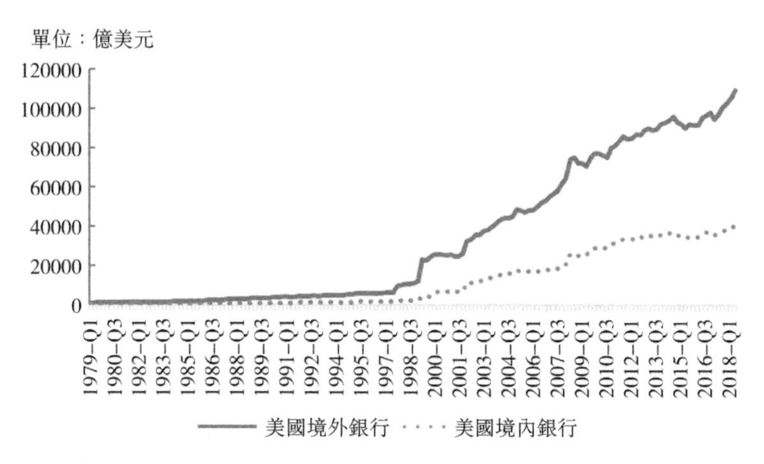

圖 7－3　美國境內銀行和境外銀行對外負債規模

資料來源：BIS。

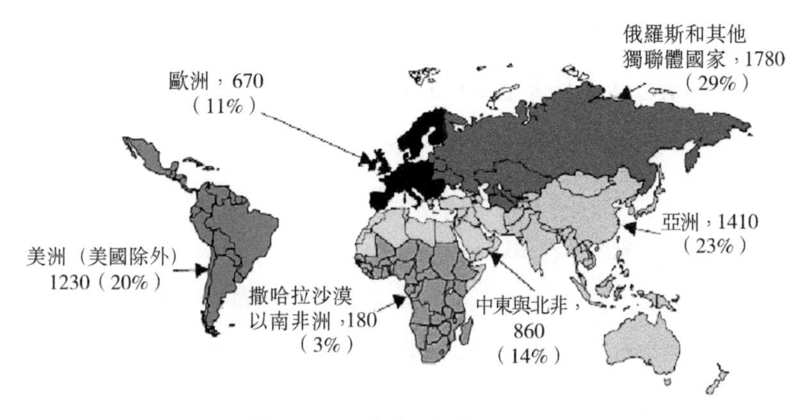

圖 7－4　離岸美元存款分佈情況

注：單位為億美元，美聯儲 2002 年 5 月的估算。

資料來源：Botta（2003）。

（二）美元離岸市場的發展歷程

20 世紀 20 年代初，歐洲美元市場開始萌芽，在宏觀環境和微觀利益共同驅動下，歐洲美元市場快速發展。其發展可以分為四個階段：

1. 萌芽階段（1914—1954 年）

19 世紀末期，美元還遠未成為國際通用貨幣，其佔世界貿易和官方外匯儲備的比例都不及 30%。1914 年，美國從淨債務國變成淨債權國，而英國在這一年從淨債權國變為淨債務國（Chinn and Frankel, 2007）。第一次世界大戰爆發後，基於各國出口貿易的急劇膨脹，美元成為重要的國際貨幣，外國央行開始持有美元儲備，美元在貿易和金融領域的使用量也開始增多。到了 1920 年，美國銀行機構已在國外開設 181 家分支機構，地區分佈主要在歐洲。二戰前，美元存款規模雖然呈現一定的增長趨勢，但是由於各國外匯管制的實施和 20 世紀 30 年代國際貨幣體系的崩潰，增長趨勢一度受到遏制。1944 年，憑藉二戰後對盟國的影響力，美國在布雷頓森林體系會議上通過向各國施壓建立起了新式金本位制。布雷頓森林體系不同於傳統的金本位制，美元可以留在海外並成為外國央行的準備金。美聯儲可以向外任意輸出美元，又不受黃金兑付的約束（羅斯巴德，2011）。因此，二戰後重建階段，資本一直都是從充裕的美國流向匱乏的歐洲，歐洲美元市場開始形成。

2. 初始階段（1955—1962 年）

20 世紀 50 年代後期歐洲各國實現經常項目貨幣可兑換，促使各國貿易商更多地使用美元作為結算貨幣。在這一階段，美元成為國際貿易中的主流貨幣，甚至蘇聯等東歐社會主義陣營國家也普遍使用美元作為主要貿易結算貨幣，因此美元的持有量大大增加。因為在朝鮮戰爭中美國政府曾凍結中國政府在海外的美元資產，蘇聯等國普遍擔心美國會突然凍結其美元資產，於是以蘇聯為代表的東歐國家將其美元資產從美國陸續搬往倫敦和其他歐洲國家的金融中心。由於蘇聯銀行在歐洲的電報地址是「Eurobank」，於是便有了歐洲美元的説法（凱西斯，2011）。1955 年，由於英國國內較高的通貨膨脹率，英國政府開始實施較為緊縮的貨幣政策，利率大幅度上升。以米德蘭銀行（Midland Bank）為首的商業銀行發現了在英鎊與美元之間的套利機會[1]，該行為一直持續到1964年。1957年，英國發生嚴重的國際收支赤字，英政府禁止使用英鎊為第三國貿易進行融資，導致英鎊危機爆發，英格蘭銀行大幅度提高利率至7%。英格蘭銀行開始實施外匯管制，禁止商業銀行對非英鎊區國家提供英鎊信貸，於是商業銀行轉而從事歐洲美元的存貸業務。上述綜合因素刺激了歐洲美元市場的初始發展，但其規模還不是很大。

3. 發展階段（1963—1973年）

在這一階段，歐洲美元市場的存款規模由1963年初的70億美元上升到1973年末的1321億美元，年復合增長率達134%。儘管美國出台了一系列限制美元外流的措施，但美國國際收支的長期逆差和歐洲美元市場的發展使得這些措施並未起效。由於歐洲銀行的美元利率高於美國本土銀行利率，利息平衡稅（美國居民購買外國在美發行的證券，所得的利息要繳稅）和國外直接投資規則（旨在控制本國金融機構對非居民的貸款）導致美元資本轉而進入歐洲美元市場籌措資金，開展業務活動，促使了歐洲美元市場的發展。歐洲美元市場參與者的多元化以及產品的多樣化也是推動歐洲美元市場發展的原因之一。例如，歐洲美元存貸款在利率結構和存款期限上更為靈活；1962年，歐洲美元可轉讓定期存單（CDs）開始發行。除了歐洲美元市場，其他歐洲貨幣業務也得到了長足發展，歐洲馬克、歐洲英鎊、歐洲法郎等離岸貨幣開始流行，形成了具有一定規模的歐洲貨幣市場。

4. 新階段（1974年至今）

1971年布雷頓森林體系瓦解導致外匯買賣增加，美國出現持續的國際收支逆差、1973年大量石油輸出國組織成員國石油美元的流入、歐洲美元市場

1 由於美國Q條例限制，美國的美元90天以內定期存款利率為1%，英國銀行吸收歐洲美元存款後，通過遠期交易換成英鎊投資國內銀行間市場獲得高收益（3%—6%），到期後兑換成美元，獲得無風險收益。

中長期貸款的增多等因素都進一步推動了歐洲美元市場繼續快速發展。20 世紀 70 年代後，歐洲美元市場受美國本土貨幣政策的影響較大[1]。

除了歐洲離岸市場，1981 年 12 月 3 日，美聯儲批准美國境內銀行、儲蓄機構和國際條例公司建立國際銀行業設施（即在其國內美元業務之外設立的服務設施）（International Banking Facility，簡稱 IBF），擬幫助美國銀行減少國內存款準備金的負擔和利率管制，成為「銀行自貿區」（Free-trade Banking Zone），吸引歐洲美元回流美國本土（Key, 1982）。IBF 的交易只限於吸收非居民的存款，或非居民及其他離岸金融機構貸款，不得接受美國居民存款或向美國居民貸款，不得向居民發行可轉讓定期存單，不得做銀行承兑業務或其他可轉讓票據業務，從而避免與國內市場的滲透。由於 IBF 賬戶與國內賬戶完全分離，因此它所形成的是一種內外分離型的離岸業務模式。

IBF 的運行也體現出歐洲貨幣市場的特點與優勢。一方面，歐洲貨幣業務發生於居民與非居民或非居民與非居民之間，業務經營自由，較少受有關國家當局金融法律的約束和限制，因而業務成本較低，交易者的税收負擔也較輕。另一方面，離岸業務與傳統國際金融業務可以相輔相成，相得益彰，由傳統中心延伸出的離岸業務，能進一步提高金融市場的國際化程度和國際金融中心的地位。

（三）美元在離岸與在岸市場之間的流動

根據 He 和 McCauley（2013）的研究，從居民角度看美元在歐洲和本土之間的流動，歐洲美元離岸市場分為四種類型的流動：①純離岸交易型，非

1 由於美元在離岸市場的大量使用，美元價值也在下跌，直接的表現就是美元匯率的持續貶值。20 世紀 70 年代以後美元貶值的主要階段是 1977—1979 年、1985—1988 年、1993—1995 年、2002—2004 年。美元貶值使得美國與歐洲地區的貿易紛爭增多，歐元在這種背景下產生，1979 年歐洲貨幣單位（ECU）誕生，1999 年歐元誕生（Chinn and Frankel, 2007）。

居民在離岸市場借入和貸出歐洲美元，與居民沒有關係；②純往返交易型，居民將美元存在離岸銀行，居民從離岸銀行借款，完成一個交易循環；③國際借貸流出型，居民將美元存在離岸銀行，非居民在離岸市場借入美元；④國際借貸流入型，非居民將美元存入離岸銀行，居民從離岸市場借入歐洲美元。其中，純離岸交易型最為普遍，這種交易類型在境外派生貨幣，不影響在岸的貨幣流動性。從 20 世紀 90 年代後期開始，純往返交易類型開始增多，特別是歐洲銀行向美國居民大量借貸，以及購買美國的私人資產支持證券 ABS。國際借貸流入、國際借貸流出類型的資本流動模式發展有限。

結合歐洲美元離岸市場對美國非銀行部門的外匯頭寸佔歐洲美元的比重，也可將 20 世紀 70 年代以後的美國在岸與離岸之間的流動類型劃為四個階段。

1. 1975—1982 年

在這一階段，以純離岸交易型和國際借貸流出型為主，歐洲美元銀行離岸市場對美國非銀行部門的負債佔其總負債的比重從 15% 增長到 45% 左右，同時資產比例在 10% 以下保持平穩。這說明美元在岸市場的美元不斷流入離岸市場，美國的金融機構、企業越來越多地將資金通過貸款、投資形式輸入到歐洲離岸市場，帶動歐洲美元市場的規模不斷擴大，但是離岸市場的美元並沒有回流到在岸市場。

2. 1983—1992 年

在這一階段，歐洲美元離岸市場主要表現為純離岸交易型和國際借貸流入型，歐洲美元離岸市場的外匯頭寸負債下降，資產上升。這說明越來越多的歐洲美元回流至美國在岸市場。

3. 1993—2008 年

在這一階段，歐洲美元離岸市場主要表現為純離岸交易型、純往返交易型和國際借貸流入型，流入歐洲美元市場的美元資產和流出歐洲美元市場的美元資產都在上升，其中流出的資產規模更大。這是因為 20 世紀 90 年代開始，美國資產證券化、金融衍生工具蓬勃發展，歐洲離岸銀行在離岸市場上籌集美元回流至在岸市場投資金融衍生產品以獲得更高收益。歐洲美元市場對美國在岸市場的貸款餘額一度高達歐洲美元市場總規模的 60%。

4. 2009 年至今

在這一時期，歐洲美元離岸市場主要為純離岸交易型和國際借貸流出型，歐洲美元離岸市場的外匯頭寸負債上升，資產下降，而 2012 年之後資產和負債都出現下降。這說明美國次貸危機後，出於避險需求，美元資本從在岸市場流入歐洲美元離岸市場，歐洲美元市場美元存款快速上升，貸款出現下降，到了 2012 年，受歐洲主權債務危機以及美國經濟復甦影響，歐洲離岸市場的美元流動性又回歸美國在岸市場。

（四）歐洲美元市場對美國貨幣政策的影響

從歷史來看，歐洲美元市場的發展對美國的國內貨幣政策產生了一定的倒逼作用。例如美國政府於 1963 年開始放鬆 Q 條例，後來又陸續解除了利息平衡税、自願限制信用計劃等資本管制政策；1986 年 4 月，存摺儲蓄賬戶的利率上限被取消，Q 條例被完全終結，美國利率自由化完全實現；由於 M2 與經濟狀況的相關性減弱，美聯儲於 20 世紀 90 年代初將貨幣政策調控目標由 M2 改為聯邦資金同業隔夜拆借利率。總體來説，由於美元匯率和貨幣政策的靈活性，以及美國順應來自歐洲美元市場的力量不斷推動金融自由化改革，使得境內外市場之間的扭曲不斷減少。歐洲美元市場沒有對美國的貨幣政策和宏觀穩定產生重大衝擊。

但是學術界關於歐洲美元市場發展對貨幣政策影響的爭論非常激烈，觀點莫衷一是，主要圍繞歐洲美元市場的發展是否會使得各國貨幣當局的宏觀調控複雜化，以及歐洲美元市場所提供的穩定的融資來源是否會引起世界範圍內的通貨膨脹等問題展開。具體而言，關於歐洲美元市場發展對美國貨幣政策影響的研究可以粗略地分為三個方面：一是資金從美國境內轉移至歐洲美元市場對美國貨幣政策的影響；二是歐洲美元市場存款創造對美國貨幣政策的影響；三是資金從歐洲美元市場回流美國境內對美國貨幣政策的影響。

1. 關於資金從美國境內轉移至歐洲美元市場對美國貨幣政策的影響

最具代表性的是 Balbach 和 Resler（1980）的研究。該研究假設如下：①美聯儲不參與歐洲美元交易或不因為這些交易而轉變其貨幣政策，即美聯儲以既定的常數速率提供基礎貨幣；②美國境內的活期存款與其他銀行負債（包括從歐洲美元銀行的借款）的法定存款準備金率不同，前者較高；③歐洲美元銀行將美元資金以在美國銀行存放活期存款或借給美國銀行的方式持有準備金。基於以上假設，該研究使用美國銀行、歐洲美元銀行和公眾三部門的 T 賬戶考察了歐洲美元交易的四種不同情形對三種不同口徑的狹義貨幣供應量的影響，特別是美元資金從美國境內轉移至歐洲美元市場對使用不同口徑的狹義貨幣供應量標準衡量的美國貨幣供給的影響程度，使用貨幣乘數模型分析商業銀行和公眾的資產組合選擇如何影響國內貨幣供給，並進一步指出歐洲美元交易引起的境內外相對利率變動會導致歐洲美元存款相對於國內銀行存款的偏好變化。但是，實證結果顯示，即便考慮上述利率效應，歐洲美元交易對於美國貨幣供給的影響也很小。該研究基本結論包括：歐洲美元交易對貨幣供給的影響與貨幣供應量統計口徑有關；歐洲美元流動會通過改變美國銀行資產負債組合構成間接影響美國貨幣乘數和貨幣存量，產生上述影響的部分原因在於美國銀行不同負債類型的存款準備金要求不同；歐洲美元市場並不會對美聯儲調控貨幣供給的能力構成嚴重威脅，美聯儲可以使用適當的公開市場操作抵消歐洲美元流動對貨幣供給的影響。

2. 關於歐洲美元市場存款創造對美國貨幣政策的影響

學術界關於歐洲美元市場規模增長對美國貨幣政策影響的擔憂主要在於其可能削弱某些貨幣調控指標的有效性。Trestrail（1972）認為，歐洲美元市場的迅速發展使得現行的貨幣定義過時，不能夠再作為預測工具和經濟政策指標。他認為，貨幣供應量的變化成為有用的預測工具和經濟政策指標的必要條件是，貨幣定義近似等於非銀行公眾持有的貨幣。而美國銀行對境外銀行和官方機構的活期存款負債（包括歐洲美元銀行在美國銀行的活期存款）並不影響美國非銀行公眾的支出行為，應從貨幣定義中剔除，剔除後的貨幣供給稱為有效貨幣供給（Effective Money Supply）。他進一步指出，歐洲美元市場發展導致的貨幣定義失效進而影響了貨幣流通速度（Income Velocity of Money）指標的穩定性，從而無法運用貨幣供給準確預測經濟增長。

Frydl（1982）也認為，歐洲美元市場的交易會使美聯儲貨幣政策複雜化。儘管大部分在境外持有的美元不計入美國的貨幣總量目標，但對美國國內銀行的存款產生替代效應。歐洲美元存款的變化會導致美國貨幣總量的周轉率發生不可預測的變化，從而可能降低現行定義的貨幣總量作為貨幣政策中間目標的可靠性和有效性。他指出，儘管目前由於歐洲美元市場規模相對較小，上述影響並不明顯，但歐洲美元存款增長速度遠超美國國內貨幣存量，因此未來可能成為貨幣調控的重要障礙。He 和 McCauley（2013）也認為，原則上，本國居民持有的離岸存款應納入貨幣供應量，因為這類存款與在岸存款具有高度替代性，並建議將其計入 M2 或 M3。由此可見，諸多研究都認為歐洲美元市場規模的迅速增長確實影響了現行貨幣供應量定義的有效性，但對於如何修正貨幣定義，並沒有形成一致意見。

3. 關於資金從歐洲美元市場回流美國境內對美國貨幣政策的影響

20 世紀 60 年代末，在美聯儲實施緊縮貨幣政策和規定存款利率上限的 Q 條例的雙重壓制下，美國銀行存款證出現大量流失。為補充存款，許多美國銀行轉而讓其境外分支機構以較高的利率在歐洲美元市場上吸收存款，再從分支機構以借款的方式將歐洲美元轉移至境內，由此導致 1966—1969 年間歐洲美元借款規模迅速增長。歐洲美元資金以上述方式回流境內市場引發了學術界對美國貨幣政策有效性的擔憂。

Klopstock（1968）從實務操作層面深入闡釋了這一時期美國銀行從其境外分支機構借入歐洲美元的動因及具體途徑；Black（1971）則從銀行流動性管理的角度推導了歐洲美元借款的供給和需求函數，解釋了歐洲美元供求規模與國內存款證規模、歐洲美元利率、聯邦基金利率、美國國債利率、其他貨幣利率等因素的關係，並使用 1966—1968 年間的周度時間序列數據對上述因素的影響進行了實證檢驗。

這些研究普遍認為歐洲美元回流會增加美國貨幣調控的複雜性。如 Brimmer（1969）指出，擁有境外分支機構的美國銀行的確可能通過求助於歐洲美元而推遲或規避緊縮貨幣政策的影響，但這並不意味着美聯儲沒有能力控制銀行儲備規模，反而其有能力隨時抵消歐洲美元流入所導致的貸款和投資總量的任何擴張。但 Brimmer 也表示，歐洲美元的流入使得美聯儲可能需要施加更大的壓力以實現既定的貨幣政策目標，且無法從歐洲美元市場獲得資金的美國銀行將承受不合理的政策壓力，因為其他銀行可以享有歐洲美元流入的緩衝效應。Gibson（1971）也針對「資金短缺的美國銀行購買歐洲美元並轉回境內發放貸款的行為降低了美聯儲貨幣調控的有效性」這一邏輯提出了類似的觀點，認為歐洲美元市場發展及資金回流對美國國內貨幣總量的影響有限，且美聯儲能夠迅速察覺並通過公開市場操作等方式抵消這方面的影響。但 Gibson 也強調，歐洲美元市場對美國貨幣調控最嚴重的威脅在於其可能引起美國貨幣存量與收入等其他變量的關係發生變化，歐洲美元存款的變動可能導致貨幣流通速度發生意料之外的波動，從而增加貨幣調控的難度。

（五）應對歐洲美元市場發展的政策措施

無論學術界的爭論結果如何，歐洲美元市場的迅速發展還是引起了美國政策制定者對本國貨幣政策有效性的擔憂。但學術界關於是否應採取應對措施以防止離岸市場發展對本國貨幣政策產生負面影響的爭論一直沒有平息。Frydl（1979）系統總結了關於如何應對歐洲美元市場迅速發展的四種代表性觀點，如表 7－1 所示。

表 7－1　如何應對歐洲美元市場迅速發展的代表性觀點總結

觀點	依據	措施
直接限制	歐洲美元市場不受國內管制，在全球範圍內產生過量的信貸創造和過度競爭的貸款行為，對國際貨幣體系穩定性構成威脅	制定國際協調政策，並對歐洲美元銀行資產負債表的結構和可發放的貸款類型施加限制
混合銀行體系	歐洲美元市場不受國內管制，導致銀行運作從國內市場向歐洲美元市場轉移，形成混合銀行體系，降低本國貨幣當局維持國內銀行體系的獨立性	對歐洲美元市場施加管制，同時消除國內銀行市場管制，使得兩類市場實踐和動機趨同，具體路徑的選擇取決於國內銀行監管法律和管理的可行性和兼容性
監管協調	歐洲美元市場運行基本良好，不需要系統性的管制，但該市場的治外法權性質需要有組織的監管協調框架	各國貨幣當局要持續密切合作以實現監管協調和信息共享
維持現狀	歐洲美元市場證明了其高效運作能力及其作為國際貿易融資機制的不可或缺性。任何損害歐洲美元市場的嘗試都將促使相關轉移至更缺少系統性監管的非銀行渠道	應維持現狀。目前沒有證據顯示歐洲美元市場對本國貨幣調控造成困難，即使有進一步的證據證明這些問題，靠傳統貨幣政策也足以解決

資料來源：Frydl（1979）對相關的論點和論據進行的系統性總結。

Frydl（1982）進一步深入闡述了美聯儲應對歐洲美元市場迅速發展的具體措施以及各種措施的利弊。一是在制定貨幣政策時將歐洲美元存款納入考慮範圍，包括正式途徑和非正式途徑：前者是指修改貨幣總量目標以包含某些類型的境外存款；後者是指研究歐洲美元市場行為並適時做出調整，如轉變貨幣目標路徑調整的速度或改變貨幣目標範圍。上述途徑的共同缺陷在於大部分數據無法及時獲得。二是消除境內銀行體系和歐洲美元市場的風險調整利差，改變境內外銀行部門的相對風險。具體應對途徑包括兩個方面：一是本國當局的單邊行動，包括：消除或進一步降低國內存款準備金要求；對國內銀行的法定存款準備金支付利息；對本國銀行境外分支機構的歐洲美元存款或本國銀行從境外的歐洲美元借款徵收法定存款準備金；對本國銀行境外存款施加資本資產比率要求等。二是各國貨幣當局的聯合或多邊行動，包括：對所有歐洲美元存款統一徵收存款準備金；央行的聯合公開市場操作或協調央行放款；混合監管體系，即某些國家徵收法定存款準備金，某些國家施加資本資產比率要求；提高歐洲美元市場的相對風險，從而使得對於任何給定的收益率利差，歐洲美元變得更沒有吸引力；對歐洲美元貸款進行聯合信息披露等。

二、日元離岸市場：導致本土金融空心化

日本與中國在發展離岸市場方面有很多相似之處，研究日元離岸市場於中國有着特殊的借鑒意義。日元的國際化啟動早於其經常賬戶和資本賬戶可兑換。在經歷了慘痛的 1990 年泡沫危機和隨後延續至今的經濟疲軟之後，日元成為十大國際貨幣中的一員。但是就國際貨幣體系的層級結構看，日元國際化的實施效果沒有達到日本當年設想的宏偉目標。專家學者給出的結論基本一致，即日元國際化是失敗的國際化：日元至多是一種「載體貨幣」，用於國際金融市場中的套利交易。當前人民幣國際化與日元國際化的歷史背景類似，梳理日元離岸市場的發展歷程和經驗教訓，可為人民幣離岸市場的發展提供經驗和借鑒。表 7－2 簡單總結了歐洲日元市場發展歷程中的主要措施。

表 7－2 歐洲日元市場發展歷程中的主要措施

1960 年 7 月	允許非居民開設「自由日元賬戶」持有日元；增加日元為對外結算制定貨幣
1960 年 9 月	規定攜帶日元現鈔出境限額 2 萬日元；後經數次調整，於 1980 年 12 月增至 500 萬日元
1964 年 4 月	實現經常項目自由兑換
1964 年 11 月	全面解除對外國投資者購買政府短期證券的限制
1967 年 7 月	放鬆對外國投資者購買股票的限制
1968 年 2 月	對結匯（外匯兑換為日元）開始進行限制，後於 1984 年 6 月撤銷限制規定

（續表）

1970 年 12 月	首次公開發行日元外債
1971 年 8 月	對非居民「自由日元賬戶」實施存款餘額限制後於 1972 年 1 月取消
1972 年 2 月	對非居民「自由日元賬戶」存款增加額徵收存款準備金於 1974 年 9 月取消；1977 年 11 月再度實施該項規定於 1979 年 2 月取消
1973 年 2 月	實行浮動匯率制
1977 年 5 月	對非居民首次發行歐洲日元債券
1979 年 12 月	修訂《外匯法》實現資本項目自由兑換
1983 年 10 月	明確提出推動日元計價的國際貿易和建立以日元為基礎的金融市場環境
1984 年 4 月	取消對居民發行歐洲日元債券的限制
1984 年 5 月	發佈《日元與美元委員會報告書》提出國內金融市場自由化完善外國金融機構的市場准入歐洲日元市場的自由化
1984 年 6 月	向居民提供短期歐洲日元貸款自由化
1984 年 12 月	解除對非居民發行歐洲日元債券的限制
1985 年 4 月	廢除向居民歐洲日元債徵收所得税
1985 年 11 月	居民首次發行歐洲日元債券
1986 年 4 月	放寬對非居民歐洲日元債券發行標準
1986 年 11 月	解除對非居民發行歐洲日元商業票據的限制
1986 年 12 月	創立東京離岸金融市場
1987 年 7 月	放寬居民歐洲日元債券發行標準
1987 年 11 月	開放非居民歐洲日元 CP（短期融資券）
1988 年 4 月	開放境外金融市場，取消外資流出限制，提高外資流入最高限額
1988 年 5 月	對非居民發行歐洲日元債券，實行自由化政策
1989 年 4 月	設立東京金融期貨交易所
1989 年 6 月	以居民為對象的中長期歐洲日元貸款自由化
1989 年 7 月	進一步放寬對非居民發行歐洲日元債券的標準；開放非居民歐洲日元債券（未滿 4 年的債券）

（續表）

1993 年 7 月	廢止非居民歐洲日元發行標準
1994 年 7 月	放寬日元外債的合格債券標準
1995 年 4 月	簡化非居民歐洲日元債券、非居民國內債券的手續
1995 年 8 月	撤銷非居民歐洲日元債券流通限制
1996 年 1 月	廢止非居民國內債券的合格債券標準
1996 年 4 月	簡化居民歐洲日元債券的回流限制；廢止歐洲日元 CP（短期融資券）的發行規則
1998 年 4 月	開始實行新的外匯法；廢除居民歐洲日元債券的回流限制
1998 年 12 月	實行金融體制改革法
1999 年 4 月	開始發行市場公開招標的政府短期債券（FB）；免徵滿足一切條件政府短期債券、政府短期國債（TB）的所得税，外國法人原則上免税；對非居民滿足一定條件後，免徵利息所得税；廢除有價證券交易税和交易所得税

資料來源：日本大藏省外匯審議會．面向 21 世紀的日元國際化，1999 年。中條誠一，鄭甘澍．亞洲的日元國際化．經濟資料譯叢，2002(2)：16-26。賈寧．日元和馬克的國際化比較及其啟示．中國貨幣市場，2010（1）：20-25。

（一）日元離岸市場的發展歷程

日元離岸市場分為境外離岸市場（以下稱為「歐洲日元市場」）和境內離岸市場（JOM 市場）。其中，歐洲日元市場形成於 20 世紀 70 年代，遍佈倫敦、紐約、新加坡、香港等國際金融中心。歐洲日元存款規模從 1978 年的 80.82 億美元，增加至 2007 年的 10075 億美元，29 年規模增長約 124 倍。即使 1986 年日本設立 JOM 市場也沒有影響到歐洲日元市場的發展，1987 年歐洲日元市場存款環比增長 67%。

歐洲日元市場之所以能夠快速發展可歸因於以下幾個方面：①日元國際化戰略的影響。20 世紀 70 年代，日本大藏省（財政部）和日本銀行（央行）開始聯合推進日元國際化進程，通過放開資本管制、減少匯率於預、推動歐洲日元市場自由化等措施推動日元國際化。之後，日本對外貿易中使用日元結算的比例逐步提高。1970 年日本出進口貿易中日元使用佔比只有 0.9% 和 0.3%，1980 年達到 29.4% 和 2.4%，1990 年升至 37.5% 和 14.5%，1998 年達到 36% 和 21.8%（Kamps, 2006）。表 7－3 反映了日本對外貿易中主要結算貨幣的比重變化情況。②日本金融機構為了規避日本國內嚴格的金融監管，在海外開設分支機構經營歐洲日元業務，管制比較寬鬆，沒有利息預扣稅和法定存款準備金要求。③日本境內資本賬戶開放採取漸進對外開放的策略，前後耗時 34 年（見表 7－4），促進了歐洲日元市場的發展，特別是刺激了非居民日元的回流。具體表現為：當經常賬戶順差較大、外匯儲備激增時，鼓勵資本流出、加大對資本流入的控制；反之，採取相反措施鼓勵資本流入。例如，1972 年日本廢除外匯集中制度，允許居民和非居民持有外幣存款；1978 年又對非居民日元賬戶計提 100% 的準備金；1973 年石油危機中，日本取消對非居民購買日本證券的限制，對外國機構投資者開放債券回購市場；1973—1974 年日元走弱時，日本政府鼓勵資本流入，如放寬非居民購買日本股票、禁止外國債券在日本發行等，以阻止資本流出；1976—1978 年日元走強時，又鼓勵資本流出，如允許銀行向海外放貸（凱西斯，2011）。

表 7－3　日本對外貿易中主要結算貨幣的比重變化情況

（單位：%）

年份	貿易出口			貿易進口		
	美元	日元	歐元	美元	日元	歐元
1992	46.6	40.1		74.5	17	
1993	48.4	39.9		72.4	20.9	
1994	48.3	39.7		73.9	19.2	
1995	52	36.8		69.6	23.5	
1996	53.2	35.6		72.3	20.6	
1997	52.5	35.8		72.4	20.8	
1998	51.2	36		71.5	21.8	

（續表）

年份	貿易出口			貿易進口		
	美元	日元	歐元	美元	日元	歐元
2000	52.4	36.1	7.6	70.7	23.5	2.3
2001	52.8	34.9	8	70	23.4	3
2002	51.7	35.8	8.6	68.3	24.9	4.4
2003	48	38.4	9.6	68.7	24.6	4.5

資料來源：KAMPS A. The Euro as Invoicing Currency in International Trade（August 2006）. ECB Working Paper No. 665. Available at SSRN: https: //ssrn.com/abstract=926402.

表 7－4　日本在岸金融市場對外開放歷程

階段	年份	月份	事項
資本項目嚴格管制階段（1949—1963 年）	1949 年	12 月	頒佈《外匯及對外貿易管理法》
	1950 年	6 月	實施外匯集中制
	1952 年	7 月	建立東京外匯市場
	1960 年	7 月	允許開設非居民日元自有賬戶
放鬆資本項目管制階段（1964—1979 年）	1964 年	4 月	接受國際貨幣基金組織協定第八條規定的義務，實現經常項目可兑換
		4 月	放開對內直接投資，實施分類行業審批制
		7 月	對短期外債實施餘額管理
	1970 年	9 月	放開 100 萬日元以下對外直接投資（審批制）
	1971 年	7 月	取消信託公司和保險公司購買外國證券上限
		7 月	放開居民購買日資證券公司代售的外國證券（備案制）
		7 月	放開居民購買境外房地產（審批制）
		8 月	「尼克松衝擊」
		8 月	限制單筆超過 1 萬美元的出口預收款（審批制）
		12 月	固定日元：美元匯率為 308：1，對美元匯率浮動範圍為 ±2.5%

（續表）

放鬆資本項目管制階段（1964—1979 年）		12 月	取消短期外債的餘額管理制
	1972 年	2 月	放開信託公司購買外國證券
		3 月	放開商業銀行購買外國證券
		5 月	取消外匯集中制
		5 月	放開居民對非居民發放非營利性日元貸款
		6 月	放開對外直接投資，由審批制改為備案制
		6 月	限制單筆超過 5000 美元的出口預收款（審批制）
		6 月	對非居民日元賬戶要求提取準備金
	1973 年	2 月	建立匯率自由浮動機制
		5 月	放開除農林水產業、礦業、石油、皮革、零售行業以外的對內直接投資
	1974 年	8 月	放開非居民購買短期債券
		9 月	取消非居民日元賬戶準備金要求
	1976 年	7 月	廢除對外直接投資限額
		11 月	放鬆商業銀行中長期對外日元貸款
	1977 年	6 月	取消商業銀行短期貸款的限制
		6 月	對銀行外幣負債、居民外匯存款、非居民日元賬戶提出準備金要求
	1978 年	3 月	提高非居民日元賬戶準備金要求
		4 月	放開居民購買境外房地產（備案制）
	1979 年	1 月	放開非居民購買長期債券
		2 月	取消非居民日元賬戶準備金要求
		5 月	取消出口預收限制審批
		5 月	放開非居民債券回購

（續表）

資本項目基本可兑換階段（1980—1998年）	1980年	12月	頒佈新的《外匯及對外貿易管理法》，確立原則放鬆準則，實現資本項目基本可兑換
		12月	放開居民通過指定證券公司購買外國證券（無須備案）
		12月	放開居民購買境外房地產（無須備案）
		12月	放開300萬日元以下對外直接投資（無須備案）
		12月	放寬對外借款（審查制改為備案制）
	1983年	4月	放開境外機構對非居民的短期日元貸款
	1984年	4月	放開居民海外日元貸款
		4月	放開居民發行歐洲日元債券
		4月	放開非居民購買境內日元證券
		4月	放開1000萬日元以下居民購買外國證券（無須備案）
		7月	放開非居民購買境內房地產
	1985年	10月	放開大額定期存款利率
	1986年	12月	建立日本離岸市場（JOM）
	1988年	3月	放開境外即期期權交易（OTC）
	1989年	6月	建立東京國際期貨市場
		7月	放開中長期歐洲日元貸款
		7月	放開3000萬日元以下對外直接投資（無須備案）
	1993年	6月	放開定期存款利率
	1994年	10月	放開活期存款利率
	1995年	8月	放開非居民發行日元債券
	1996年	11月	宣佈「大爆炸」（Big Bang）金融市場改革
	1998年	4月	頒佈新的《外匯及對外貿易管理法》，實現資本項目可兑換

（續表）

資本項目可兑換階段（1999 年至今）	1999 年	2 月	實施零利率政策
	2000 年	7 月	大藏省檢查、監督、審批備案的職能移交金融廳
		8 月	取消零利率政策
	2001 年	3 月	實施量化寬鬆政策，再次實施零利率政策
	2006 年	3 月	取消量化寬鬆政策，取消零利率政策
	2008 年	4 月	實施提高日本國際金融中心地位的規劃
	2012 年	12 月	實施「安倍經濟學」量化寬鬆政策

資料來源：日本銀行。

二戰後日本政府一向有向美國學習的傳統。雖曾有過激烈的爭論[1]，1986 年 12 月，東京離岸金融市場（Japan Offshore Market, JOM）正式成立。在 JOM 的政策框架下（見表 7 – 5），離岸賬戶免徵 20% 的利息預扣稅，也無須繳納存款準備金，利率可以自由浮動。隨後 JOM 市場規模快速擴張，1988 年，其市場規模僅次於倫敦歐洲日元市場，成為第二大離岸市場（其發展歷程詳見表 7 – 6）。

1　大藏省國際金融局官員認為設立東京離岸市場能將境外國際業務轉移到境內，提高本國銀行在國際金融領域的地位，同時該離岸賬户能與在岸賬户有效分離，隔絕風險。大藏省銀行局和日本銀行官員則擔心東京離岸市場的設立會減少稅收收入，加劇套利套匯活動，加大外匯市場和資本市場的波動，影響金融穩定。

表 7－5　東京離岸市場建立初期的框架

市場要素		主要內容
1	交易幣種	日元或主要可兌換貨幣
	交易參與者	外匯指定銀行，包括本國銀行 124 家，外國銀行 89 家
	交易對象	(1) 非居民，包括政府、國際機構、商業銀行海外分行；(2) 不包括日本企業海外分支機構、個人；(3) 包括具有非居民身份的日本本地企業
	交易中介	8 家指定外匯經紀人（公司）
	交易單位	10 億日元起，隔夜交易以 50 億日元起
	交易時間	上午 9 點至下午 7 點，東京時間下午 3 點後倫敦市場開市
2	資金來源	(1) 離岸拆借；(2) 離岸存款，且滿足以下條件：一是約定存款，除金融機構外的法人最短存款期限在 2 天以上；二是非約定存款，只限於金融機構、外國政府、國際機構，且不接受活期存款；三是最低存款金額要求，非金融機構的外國法人最低存款為 1 億日元或等值可兌換貨幣
	資金用途	(1) 離岸貸款；(2) 離岸存款
	資金劃轉	離岸與在岸賬戶分離，原則上禁止兩個賬戶之間的資金借貸；但在一定範圍內允許資金劃轉，且限制當月從離岸賬戶轉往在岸賬戶的淨頭寸
3	金融政策	不受利率、存款準備金政策限制；但從離岸賬戶調往在岸賬戶的資金仍需繳納準備金
	稅收政策	免除 20% 的利息預扣稅，但不免除地方稅

資料來源：根據連平（2002）等文獻整理。

表 7－6　日本 JOM 離岸市場的發展歷程

年份	事件
1978	日本大藏省提出「讓日元和馬克一起發揮國際通貨補充職能，正視日元國際化」
1980	日本頒佈了新的《外匯及對外貿易管理法》，實現了資本項目的基本可兌換
1982	官方組織「東京離岸市場調查團」考察離岸金融中心，隨後就是否設立東京離岸市場展開激烈討論
1984	成立了「日元與美元委員會」，以金融自由化、日元國際化作為政策目標，提出設立東京離岸市場的構想

（續表）

年份	事件
1985	日本央行匯率專門委員會的會議上成立了「東京國際化分會」，提出建設東京離岸日元市場
1986	正式開設東京離岸市場（簡稱 JOM，即 Japan Offshore Market）
1988	JOM 市場規模達到 4142 億美元，成為僅次於倫敦的第二大離岸市場
1989	簡化手續、放鬆對 JOM 的管制
1994	解除了對遠期利率協議交易的管制，使得日元離岸市場更加活躍
1996	東京「金融大爆炸」改革

資料來源：日本財務省。

JOM 市場的發展狀況可分為三個時期。

（1）快速發展期（1986—1995 年）：在此期間，JOM 的總資產規模從 887 億美元發展到 6677 億美元，平均年增速達 25%，超過中國香港、新加坡等離岸金融業發達地區。起初日元資產佔比並不高，但隨着非居民日元的湧入，日元佔比上升很快。截至 1995 年，日元資產佔比從 21% 增加至 68%，而外幣資產佔比從 79% 降至 32%。

（2）衰退下滑期（1996—2006 年）：在此期間，JOM 總資產規模從 1995 年的高位 6677 億美元一路下滑至 3865 億美元，資產規模減少 42%。同時，日元資產佔比也迅速下降至 36%。

（3）恢復發展期（2007 年至今）：2007 年以後，受國際金融危機影響，大量資本回流日本本土避險，JOM 資產規模開始恢復上升，2012 年達到 7380 億美元，日元資產佔比恢復至 JOM 設立初期的水平。

但是，日元並沒有成為預期的全球儲備貨幣，1995 年之後日元在國際儲備貨幣中的地位持續走低。2012 年，日元在全球官方儲備中的佔比只有 4%，甚至比 1995 年低 3 個百分點，與美元和歐元相去甚遠。日元國際化伴隨着 20 世紀 70 年代日元退出固定匯率制度，以及帶來的不斷升值（見圖 7－5）而逐漸衰退。日元從 1965 年 350 日元 /1 美元斷斷續續用了 30 年時間升值到 1995 年的 83 日元 /1 美元。整體看來，日元實行浮動匯率制度是成功的，這與當時日本處於經濟發展快速期以及出口導向型的經濟體制有關，並且這種浮動範圍是逐步有控制的放鬆，避免了大幅度日元升值損害出口企業盈利和投資（Eichengreen, 2004）。但是，日元的持續升值以及相對應的貨幣政策使得名義利率接近於零，使得經濟陷入流動性陷阱，工資增長也開始放緩。「日元持續升值症」使得貿易品價格下降以及資產泡沫產生，泡沫的破滅與持續升值交織在一起衝擊了日本經濟（麥金龍和大野健一，1999，麥金農，2005）。而在亞洲金融危機期間日本政府任日元貶值，嚴重損害了日元在亞洲地區的信譽，一定程度上導致日元國際化「半途而廢」。

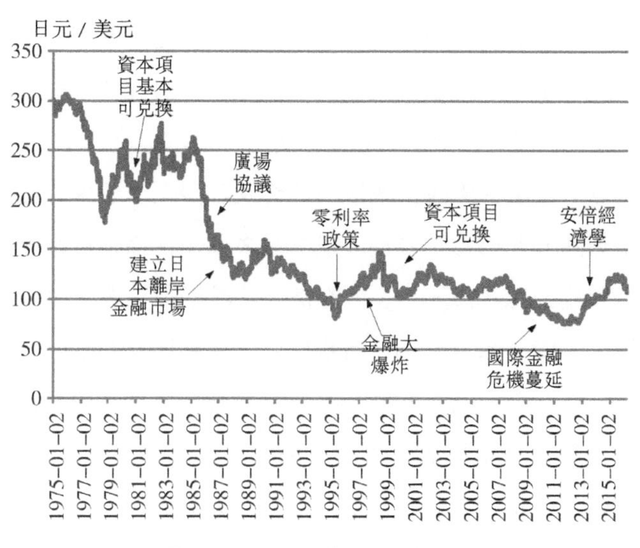

圖 7－5　日元兑美元名義匯率走勢

資料來源：IFS。

（二）日元離岸市場對日本在岸市場的影響

1. 日元離岸市場演變為日元資金迂迴貸款的中轉站

從20世紀90年代初「黑字還流計劃」[1]結束至亞洲金融危機爆發前期，日本套利模式盛行。倫敦和香港等離岸市場成為日元資金迂迴貸款的中轉站，大量富餘資本從在岸市場流入離岸市場後又回流至在岸市場，成為「自己人玩自己錢」的再貸款遊戲。

上述跨境資本流動趨勢可以通過日本銀行業對外資產負債情況得以體現。1980年，日本銀行對外資產為653億美元，對外負債為799.17億美元，資產負債基本平衡。到了1986年，日本銀行對外資產快速增長到3452億美元，對外負債為3459億美元，資產負債仍然平衡。但是，1990年之後，淨資產出現上升趨勢，1991年的對外資產為9419億美元，對外負債達8371億美元，淨資產高達1048億美元。之後，對外資產增速遠超對外負債增速。同時，1990年之前，對外資產與對外負債高度協同，日元資金從日本的銀行體系流出，流入離岸市場，再回流至在岸市場。

為了控制離岸市場對境內金融機構經營及宏觀經濟產生的風險，東京離岸市場借鑒了美國IBF的監管條例，設立諸多限制性條件控制風險。具體包括：①設立「特別國際金融賬戶」，嚴格分離離岸賬戶與在岸賬戶，在該賬戶內徵收準備金。JOM成立初期「特別國際金融賬戶」的準備金率為25%，1991年調整為15%。對於離岸賬戶與國內普通賬戶之間的資金流出入實施日末和月末頭寸限制，即每天離岸賬戶向國內普通賬戶轉賬不得超過上個月餘額的10%，超出部分徵繳利息預扣稅。②禁止非居民個人交易，參與者必須是政府、國際組織、外匯銀行等金融機構。1986年共有181家內外資銀行批

---

1 20世紀80—90年代，為了緩解日元升值壓力，日本政府實施「黑字還流計劃」(1986—1992年)，將國內經常項目盈餘累計的外匯儲備和私人資本通過政府發展援助和商業貸款向離岸市場輸出。該計劃主要是對歐美地區的資本密集型和亞太地區的勞動密集型企業進行對外投資，以及依靠日本海外基金和進出口銀行配合對外輸出日元貸款。

准從事離岸金融業務，到 1994 年擴展到 213 家，包括本國銀行 124 家，外國銀行 89 家。③收支範圍限於非居民貸款以及金融機構存款，不能開展債券、外匯與期貨業務。④設立存款的最低停留期，非金融機構外國法人定期存款期限要求是至少兩天，外國政府及國際機構至少隔夜，活期存款只限於從金融機構、外國政府及國際機構吸收，交易方式為 T+1。⑤沒有法定存款準備金和利息稅。此外，在 JOM 設立初期不能開展債券與期貨業務。1989 年 4 月，日本放鬆了對 JOM 的管制，主要手段是：①放寬 JOM 與在岸市場資金轉移比例限制，轉移上限為上月資產平均餘額的 10%。②簡化確認非居民的手續文件。③簡化資金交易的手續文件，如借款人為外國政府，投資計劃書也可以作為確認文件。但是，JOM 融資仍屬於「窗口指導」之外的交易，依然是日本銀行部門為規避監管開展「迂迴交易」的重要場所。

2. 日元離岸市場與在岸市場無風險套利盛行

上述資金迂迴也反映在兩個市場利率的聯動效應上。圖 7－6 反映了東京銀行拆放利率（TIBOR）與倫敦銀行間拆放利率（LIBOR）聯動關係。由於時差的原因，東京時間比倫敦時間早 9 個小時，在 TIBOR 與 LIBOR 利率公佈時間之間的市場信息（如信用評級、股市波動等）會影響最新的利率。1986—1994 年，歐洲日元 LIBOR 利率與在岸 TIBOR 利率聯動性並不高，但在 1994 年日本在岸市場推動利率自由化之後，兩個市場間利率聯動性加強（馮永琦等，2014）。

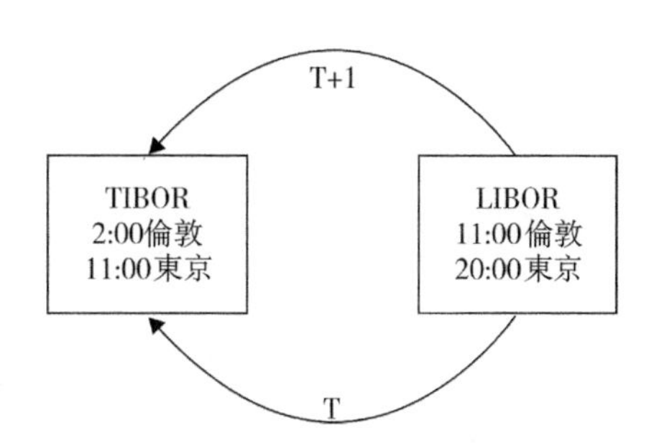

圖 7－6　東京銀行拆放利率與倫敦銀行間拆放利率聯動關係

1999 年 3 月，日本央行將無擔保隔夜拆借利率調至 0.03%，開始實施零利率和超寬鬆貨幣政策，日元和美元名義利差高達 2%—2.5%，基本能實現無風險套利。因此，金融機構和日本本國居民普遍開始通過日元籌集資金，投資於名義利率相對較高的美元和歐元等離岸貨幣，甚至連家庭主婦都開始從事套利交易和有槓桿作用的外匯交易，這種情形被稱為「渡邊太太」現象（小林正宏和中林伸一，2013）。2007 年日元套利規模已達到 1 萬億美元。2008 年金融危機的爆發使得美元暴跌，正向日元套利巨虧，因此出現反向美元套利。2011 年歐債危機期間，日元 LIBOR 一度出現反常上漲，英國等國的金融監管部門認為這是由大型商業銀行交易員在 LIBOR 和 TIBOR 利率之間瘋狂套利造成的。

此外，雖然在此期間，日本的量化寬鬆政策和低利率政策刺激了經濟復甦，但是大部分資金仍在金融體系中內部循環，對實體經濟增長推動有限，並且有流動性外溢的跡象。相比 2012 年，2013 年日元對美元名義匯率貶值幅度達到 7.65%。

3. 日元離岸市場的發展帶來銀行債務結構不匹配問題

20 世紀 80 年代，日本從全球其他國家借入短期債務並發放長期債務，日本的資本流出主要投資在以外幣計價的資產上，這表明長期利率差異是有利於非日元資產（美元資產）的，而且日本缺少長期金融債務產品。20 世紀 90 年代日本限制外幣組合投資國內資產組合，造成流出與流入幣種和結構的不匹配（Maziad and Kang, 2012）。由於這種結構不匹配，日本的銀行忙於境外資金的期限轉換，而不是真正從事日元的貿易和投資業務。

（三）日元離岸市場發展的經驗教訓

日元國際化是日本全面金融開放的一部分。從主權貨幣變成國際貨幣本身不能判斷其是否成功，畢竟貨幣國際化只是手段，不是目的。成功的貨幣國際化應促進實體經濟發展（潘英麗，2012）。日元國際化只是形式的實施，沒有惠及實體經濟，沒有為企業提供融資便利。從這個角度來說，日元國際化是不成功的。

國內外很多學者對貨幣國際化機制進行了經典的分析，主要從兩個角度展開，即貨幣交易成本（Krugman, 1980; Rey, 2001）與貨幣交易網絡（Feige and Dean, 2002；龐曉波和黃衞挺，2008；巴曙松，2011），其中一些也涉及二者關係。可將這兩個角度歸結為價值效應（價值尺度功能）與網絡效應（網絡外部性）。價值效應包括：①貨幣幣值穩定，與黃金、國際大宗商品價格保持相對較窄的波動幅度；②具備投資價值，即能提供套利套匯的利益；③基於該國貨幣的交易制度創新能獲得特殊便利。網絡效應指，該貨幣在國際貿易投資中佔大比重而形成的規模效應，能夠大幅降低交易成本並依靠巨大的轉換成本形成鎖定效應。

在固定匯率的金本位時代，貨幣國際化的邏輯路徑是借助黃金形成對價值效應的支撐，初步形成網絡效應，進而形成國際化。在黃金非貨幣化的浮動匯率時代，美元通過對石油等大宗商品的「標而不定」，實現了從借助黃金的價值效應擴張向借助定價權的網絡效應擴張的轉換。但在布雷頓森林體系下，貨幣國際化的症結在於，黃金對美元價值效應的支持限制從內在邏輯上限制了美元網絡效應的擴張。而日元國際化缺乏價值效應的形成機制是其不成功的主要原因。浮動匯率下的日元國際化是一個為獲得價值效應而不斷消耗自身的進程。

其一，由於日本推動日元貿易結算的努力早於其正式宣佈日元國際化，日本國際貿易中出口採用日元的比率普遍高於進口，導致其境外貿易對手產生風險對沖管理以及套期保值需要，從而帶動了日元國際借貸業務的發展以及日元外匯市場交易（包括衍生品交易）的發展。其直接後果是，大量的日元外匯交易及外匯衍生品交易並未發生在日本本土（見表 7－7），導致了日本金融市場的高度空心化。

表 7－7　日元金融市場佔比情況

日平均交易（單位：百萬美元）					
指標（年份）	全球交易量	日本交易量	境外交易量	本土佔比	國際佔比
日元外匯交易量					
1995 年	371375	130810	240565	35.22%	64.78%
1998 年	407194	124045	283149	30.46%	69.54%
2001 年	369567	109708	259859	29.69%	70.31%
2004 年	483695	139632	344063	28.87%	71.13%
2007 年	679775	169574	510201	24.95%	75.05%
2010 年	934464	248863	685601	26.63%	73.37%
日元外匯衍生品交易量					
1995 年	247972	93730	154242	37.80%	62.20%
1998 年	270372	77040	193332	28.49%	71.51%
2001 年	265701	85529	180172	32.19%	67.81%
2004 年	365265	110397	254868	30.22%	69.78%
2007 年	475966	104096	371870	21.87%	78.13%
2010 年	—	—	—	—	—
單一貨幣利率衍生品交易量					
1995 年	53937	22809	31128	42.29%	57.71%
1998 年	36695	25659	11036	69.93%	30.07%
2001 年	38318	12600	25718	32.88%	67.12%
2004 年	60630	26630	34000	43.92%	56.08%
2007 年	179052	68368	110684	38.18%	61.82%
2010 年	199156	86352	112804	43.36%	56.64%

資料來源：日本財務省。

其二，由於國際貨幣清算規律的作用，歐洲日元市場在沒有任何管制的環境下得到了極大的發展機會（日本方面設置的對歐洲日元的管制只能作用於日本居民或其居民的海外機構，但無法作用於境外的主體，從而導致境內外主體的需求一致流向歐洲日元市場）。儘管實施了嚴格的監管制度，仍然無法阻隔境外的歐洲日元市場與國內市場間的資金交易，歐洲日元市場長期成為日元資金迂迴貸款的中轉站。JOM 市場的設立雖然將部分的歐洲日元市場交易拉回到日本本土，但也存在諸多問題。①由於實行嚴格的隔離制度，其資產供給顯著不足，切斷了對流向海外的日元的資產支持，導致境外日元沒有很好的投資渠道而不能成為好的資產貨幣。②資產種類以貸款為主，大量的交易仍然集中在套利交易上（這與日元的長期低利率有關）。③同期日本境內金融市場的過度管制加大了日元本土的籌資成本，進一步加劇了對歐洲日元市場的融資需求，形成了惡性循環。

其三，在日元大幅升值的背景下，日本在國內金融改革尚未展開就急忙開放資本項目，並且沒有對銀行採取審慎管理措施來區分離岸市場和在岸市場，導致了大量外幣資金進入日本套利，加劇了 20 世紀 80 年代末形成的資產泡沫（地產和股票市場泡沫）。雖然離岸市場本身並不是泡沫的主要成因，但外匯管制的放開卻給國際投機者開闢了一條通向國內資本市場投機的道路，而 JOM 資金通過海外分行繞道回國更是大幅降低了該道路的成本。

三、本章小結

本章主要通過梳理美國、日本兩個主要經濟體離岸市場的發展經驗，總結和歸納了適用於我國發展離岸人民幣市場的啟示。具體總結如下：①國家經濟發展是前提，一國經濟強大決定貨幣的國際化，而貨幣的國際化並不能保證經濟的強大。②離岸貨幣市場的健康發展必須滿足一系列條件，其中政策支持只能起輔助作用，而在岸金融市場的深化程度才是決定離岸市場發展的基礎。③儘管我國發展人民幣離岸市場有利於推動人民幣國際化，但是對正常的市場套利行為也要有容忍度，以使得資本的流動有利於離岸市場發展。④要合理選擇離岸金融市場運行模式，對離岸賬戶與在岸賬戶之間的滲透要有所監測和管控。⑤當前我國的金融體系對外開放程度較低，需要在利率、匯率市場化和金融機構建設上實現突破，防止低效的金融市場嚴重扭曲在岸市場和離岸市場的要素價格。

第八章 結論及政策建議

一、主要結論

作為中國對外經濟與金融開放的一個重要組成部分，人民幣國際化已經歷了整整十年的發展，其中，既有快速擴張的時期，也有相對平穩的發展階段。從長遠看，人民幣可以成為主要的國際貨幣並且值得期待，但這個過程將面臨波折和挑戰。

影響一種主權貨幣國際化的因素大致包括三類，即規模（Size）、流動性（Liquidity）和可信度（Reliability）。具體來講，第一，經濟規模應該足夠大，包括經濟總量、對外貿易規模和金融市場規模等均處於全球前列；第二，金融市場足夠成熟並且具有高度流動性，這意味着金融市場有着完備的基礎設施、豐富的金融市場工具以及基本開放的資本賬戶；第三，經濟、金融和貨幣具有可信度，這意味着能夠保持良好的經濟增長趨勢、穩定的貨幣價值（尤其是對外貨幣匯率）、獨立的中央銀行體系、穩健的金融監管體系以及良好的法制和税收環境等。過去十年人民幣國際化所經歷的成長和波動，完全可以用上述分析框架來進行解釋。

人民幣國際化是一個市場驅動的過程。政府的作用是創造各種基礎性條件，而不是刻意去推動。具體而言，政府應做到第一，積極推進市場化的經濟改革，為經濟增長提供新動力，從而為人民幣國際化提供根本保障；第二，加快技術進步和製造業升級，構建新的貿易優勢，為人民幣長期穩定創造條件；第三，加快金融改革，建立市場化的現代金融體系（特別是加快國債市場建設和人民幣匯率制度改革）；第四，積極推動國際經濟和金融合作。

我國現階段還不具備完全開放資本賬戶的條件，因此，在未來一個時期人民幣國際化可能仍將主要通過離岸金融市場來逐漸獲得推進。只有當國內金融體制的市場化改革基本實現，人民幣匯率制度真正實現了有管理的浮動匯率制度，有效的金融監管體系基本建立和完善，我國的資本賬戶才能全面開放。也只有到那個時候，人民幣國際化才能主要通過在岸金融市場來實現。

離岸人民幣對境內貨幣供給量具有一定的影響。如果離岸人民幣通過境外市場非法回流使銀行對央行資金供給倚重下降，那將導致國內貨幣政策傳導效率下降。當資產泡沫出現後，會使貨幣增速控制措施失靈，清算行結算模式下會引起基礎貨幣與貨幣供給的變動。這部分人民幣跨境流通應受到中央銀行的特別關注和監控。離岸人民幣對境內基礎貨幣增長的影響是間接的，人民幣跨境流通對國內貨幣調控的影響程度取決於中央銀行對境內商業銀行流動性的調控與中央銀行的貨幣市場參與行為。

離岸人民幣匯率對在岸人民幣匯率存在比較明顯的影響。香港離岸人民幣即期外匯市場雖起步較晚，但其價格引導能力卻高於境內外匯市場。香港離岸人民幣市場在報酬溢出和波動溢出兩個信息傳遞效應中均處於主導地位：香港離岸人民幣即期匯率與在岸人民幣即期匯率間存在顯著的雙向波動溢出效應，信息流從境外市場向香港離岸人民幣即期外匯市場傳遞，再從香港離岸人民幣即期外匯市場向境內人民幣遠期外匯市場傳遞。境內外四個市場人民幣匯率之間存在明顯的聯通機制。人民幣離岸和在岸匯率均表現出一定的非對稱性，但這種非對稱性非常不穩定。不同的宏觀經濟變量對人民幣離岸和在岸匯率有不同層次（報酬衝擊和波動衝擊）、不同程度和方向的衝擊，其中美元指數和消費者信心指數的作用尤其值得關注。人民幣離岸和在岸匯率的動態相關係數表現出一定的規律性，係數突變點值得關注，動態相關係數的大小與離岸和在岸匯差具有因果關係。

離岸人民幣與在岸人民幣之間存在利率聯動關係。在均值溢出效應方面，離岸、在岸貨幣市場利率之間存在顯著的雙向波動溢出效應，其中離岸利率對在岸利率的波動溢出全面且顯著，離岸利率較在岸利率有較為明顯的優勢。不同期限的利率具有不同的特徵，短期內離岸人民幣貨幣市場利率波動會弱化在岸人民幣貨幣市場利率波動，但長期來看離岸人民幣貨幣市場利率變化加劇了在岸人民幣貨幣市場利率時波動，二者之間的動態相關性存在較大的不穩定性。人民幣離岸和在岸利率均表現出顯著的「放大利空、縮小利好」的非對稱性，總體來看，離岸市場的非對稱效應較大一些。不同的宏觀經濟變量對人民幣離岸和在岸利率有不同層次（均值衝擊和波動衝擊）、不同程度和方向的衝擊，其中美元指數和消費者信心指數的作用尤其值得關注。人民幣離岸和在岸利率的動態相關性小於離岸和在岸匯率聯動效果，且動態相關係數整體上呈現下降的趨勢。

上述結論表明，離岸人民幣市場的發展，通過對境內貨幣供給量、利率和匯率等的影響，造成了我國貨幣政策的決策和執行難度加大。由於目前的市場摩擦和投資限制等因素在一定程度上制約了人民幣市場的完全性和價格發現功能，而交易成本和投資限制則會降低香港離岸人民幣市場和境內市場之間的聯繫程度，但隨着離岸人民幣市場的進一步發展，這種聯繫會越來越密切。

二、政策建議

在未來 20 年，中國經濟將進一步融入世界經濟。在此過程中，匯率在中國貨幣政策中的作用將是未來中國貨幣政策框架演變的核心問題。隨着離岸人民幣匯率靈活性的增強，匯率作為貨幣政策名義錨所發揮的作用將會逐漸下降，而作為隔絕外部衝擊緩衝器和貨幣政策工具的作用將會相應增強。此外，隨着轉型期國際國內因素的變化，離岸市場對貨幣政策的影響因素也會發生變化。因此，如何在這種複雜多變的形勢下較好地發揮離岸人民幣市場的作用，優化其與貨幣政策協調配合的效應，是未來一段時間宏觀經濟政策面臨的重要挑戰。

從主要國際貨幣發展史來看，無論是美元還是日元，幾乎每一種國際貨幣的形成和發展都離不開離岸金融市場的支持。美元確立為國際貨幣的地位與歐洲美元市場的形成和發展密切相關，而歐洲日元市場的放開和東京離岸市場的建立是日元國際化的關鍵步驟。當前，人民幣國際化正在穩步推進，人民幣已經在我國對外經貿往來中充當計價單位和交易媒介等國際貨幣的職能。加快人民幣離岸市場發展，以及推進人民幣離岸市場和在岸市場更好地聯動，將有力地推進人民幣國際化進程。

同時要看到，發展人民幣離岸市場也是一把「雙刃劍」，一方面會有利於擴大人民幣的供給渠道，滿足境外人民幣投融資需求，推動國內利率匯率市場化和人民幣資本項目可兑換等重大改革；另一方面也會產生加大跨境資金流動的波動性、增加貨幣政策執行難度、放大外部經濟衝擊等不利影響。國際經驗也表明，任何一種貨幣的國際化都不是一個簡單順利的過程，期間都會伴隨複雜的經濟、金融乃至政治問題。因此，要更好地享受人民幣離岸市場帶來的收益，合理控制風險，就必須站在全局的高度和全球的視角，積極推進相關體制和機制改革，夯實人民幣離岸市場長期健康發展的經濟和金融基礎，實現市場力量和政府推動的有機結合，更好地推進人民幣國際化。

（一）綜合運用貨幣政策工具組合，健全宏觀審慎政策框架

離岸人民幣市場發展對我國貨幣政策提出了更高要求，必須加大貨幣政策貫徹執行力度，充分發揮貨幣政策調控金融與經濟的作用。

具體應包括：①應當逐步建立離岸、在岸人民幣和境內外匯總量為中國貨幣供應量統計口徑的體系。同時，要積極關注離岸人民幣及其相關市場發展對我國境內貨幣供給量的影響。②我國中央銀行應運用貨幣數量與貨幣價格等貨幣政策工具，調整人民幣現鈔發行及回籠計劃、外匯儲備的流動性安排，把好流動性總閘門，引導貨幣信貸及社會融資規模平穩適度增長。③進一步提高中央銀行市場利率引導和調控水平，強化價格型調控機制，調整目前以貨幣供給量為中間目標的政策調控框架。政策手段由貨幣供給量、存款準備金率等數量型工具向利率、匯率等價格型工具轉變。④繼續根據國際收支和流動性供需形勢，逐步促進我國貨幣政策的及時反饋和市場化，提升貨幣政策工具使用效率。⑤視情況所需，合理運用公開市場操作、存款準備金率、再貸款、再貼現及其他創新流動性管理工具組合，保

持銀行體系流動性合理適度，引導市場利率平穩運行。⑥我國中央銀行應引導金融機構增強風險定價能力，加強金融機構定價機制建設，推動金融市場發展及產品創新。

（二）加快推進人民幣利率和匯率市場化改革，縮小在離岸市場間人民幣資產價格差異

我國境內相對嚴格的金融監管與香港離岸人民幣金融市場上自由寬鬆的環境之間的差異導致了兩個市場上資產價格和收益之間的差異。境內市場和離岸市場人民幣價格和收益的差距是通過香港離岸人民幣金融市場投機套利活動和短期跨境資本流動，進而衝擊內地貨幣政策的主要誘因。在境內市場上，由於相對嚴格的金融管制政策，人民幣匯率不能完全反應市場供求狀況；而在離岸金融市場上，在相對自由寬鬆的政策環境條件下，市場化程度高、人民幣匯率的市場反應能力相對較強，但同時也易受境內即期匯率的影響，從而釋放並不準確的信號，出現套利機會、引發短期資本流動，加大了金融市場的不穩定性和波動性。雖然此種差異在短期之內是不可能完全消除的，但仍然可以通過一系列方式來減小價差。如繼續深入進行我國境內市場金融體制改革，逐步放鬆金融管制，推動利率市場化和形成更富有彈性的匯率機制，使利率和匯率能夠客觀、準確、及時地反映人民幣的市場供求狀況，有利於投資者做出正確的市場判斷，引導資金的合理流動，減少投機套利活動、市場的波動性對境內金融政策的衝擊。

1. 利率市場化改革方面，需進一步完善利率的形成與調控機制

無法實現利率完全市場化使得我國金融資產價格無法被準確估計。與國際其他成熟金融市場相比，雖然從規模來看，我國已經處於領先的位置，但是金融政策的不完善使得收益率曲線缺乏合理性。因此，加快推進利率市場化改革步伐，加快建立和完善貨幣市場基準利率體系，優化市場化利率傳導渠道，實現貨幣政策調控方式由數量型間接調控向價格型間接調控轉變，防

止出現由利差引起的離岸與在岸市場的套利投機活動，應是我國中央銀行未來工作目標之一。

在岸市場處於金融改革的中間步驟，應當本着審慎的原則。在岸市場與離岸市場間可能由於貿然開放的資本項目而產生大範圍的跨境資本流動。美元、日元離岸市場的發展經驗都説明，在岸金融市場的穩定和利率水平對貨幣國際化、離岸市場利率波動有着決定性影響，貨幣當局對本幣的利率也要保持一定控制力。自 1993 年黨的十四屆三中全會提出利率市場化改革的基本設想以來，我國利率市場化改革取得了重大進展。目前，我國所有的利率都基本實現了市場化，以上海銀行間同業拆放利率（Shibor）為代表的短期基準利率和以國債收益率為代表的中長期基準利率體系日趨完善，中央銀行運用貨幣政策工具引導市場利率的能力不斷提高。

從我國經濟發展和金融改革的大局出發，在堅持漸進式改革模式的框架下，我國利率市場化改革在下一階段的工作重點應包括以下幾方面的工作：①加強利率市場化的總體設計，鼓勵金融制度創新，重點解決金融發展中的體制性障礙和深層次矛盾，全面推進利率市場化與經濟社會的協調發展。②央行需同有關部門進一步培育和完善存款利率市場化所需要的各項基礎條件，應確保金融機構定價的合理性、設定市場化的利率定價參照、儘快建立存款保險制度和風險型金融機構的市場退出機制等配套制度體系，為推進利率市場化創造條件。③建立健全市場基準利率體系，尋找到存款利率市場定價的參照和貸款利率的定價參照，引導金融機構提高風險定價能力。目前 Shibor 已成為企業債券、衍生品等金融產品和服務定價的重要基準，可以預計未來將進一步擴張到信貸市場等其他金融市場。因此，應以加快培育和完善 Shibor 為突破口，建立以 Shibor 為核心的貨幣市場基準利率體系，使之成為貨幣市場、票據市場、債券市場以及金融衍生產品市場的定價基準；逐步推進中國金融機構定價機制建設，建立健全市場化產品定價機制、貸款定價管理機制、內部轉移定價管理機制，依託支持利率定價機制建設的管理信息系統，不斷提高金融機構風險定價水平。同時，完善 Shibor 形成機制，放寬市場准入標準，增加市場報價主體，增強 Shibor 報價的代表性。建立和完善 Shibor 報價行的進入與退出機制。④加強對金融機構的指導力度，提高金融機構風險定價能力和水平。經過多年的努力，目前我國銀行業金融機構已經基本建立起根據借款人信用、項目風險和貸款成本等因素差別定價的利率管理制度，有條件的商業銀行還加強了利率定價系統和內部轉移定價體系的建設。下一階段，一方面要進一步完善金融機構公司治理結構，強化內部控制和風險管理體系，切實把提高利率定價能力作為商業銀行經營業務發展的戰略重點和核心競爭力；另一方面，中央銀行和金融監管當局繼續引導金融機構改變過去以基準利率為基礎的加成利率定價方法，優化和完善內部定價體系和定價模型，督促商業銀行建立集中統一的利率數據採集、分析系統，推動金融機構建設覆蓋全機構的利率風險計量與控制系統。⑤通過央行的利率政策指導體系引導和調控市場利率。對於短期利率，中國人民銀行可通過加強運用短期回購利率和常備借貸便利（SLF）利率，以培育和引導短期市場利率的形成。對於中長期利率，中國人民銀行可通過發揮再貸款、中期借貸便利（MLF）、抵押補充貸款（PSL）等工具對中長期流動性的調節作用以及中期政策利率的功能，引導和穩定中長期市場利率。⑥鼓勵商業銀行金融創新，大力發展中間業務，減少利差依賴，逐步實施以非息收入為導向的綜合化、差異化經營戰略，通過資產結構和收入結構的轉型，來應對利率市場化帶來的影響。⑦堅持大力發展債務工具及債務工具利率市場化促進存貸款利率市場化，快速發展境內債券市場。債券市場的發展會降低企業對銀行的依賴，其與銀行形成間接融資市場競爭，使中國金融風險得以有效分散，逐漸實現完全的利率市場化。

2. 匯率改革方面，需推動在岸外匯市場發展

各國離岸市場發展經驗表明，離岸市場發展不可能與在岸市場的發展分割，兩個市場應該保持一致發展，才能增強在岸的金融穩定以及離岸的市場發展。從目前來看，在岸人民幣市場，無論是產品和市場深度都遠低於離岸市場。在岸市場與離岸市場間的匯率制度不同使得套利資金發生流動。在岸

市場方面，我國實行有管制的浮動匯率制度，而離岸市場中的匯率已經完全市場化。大規模的資金套利行為會嚴重衝擊我國的貨幣政策。在推進人民幣國際化的進程中，匯率波幅的逐步擴大乃至最終實現退出釘住美元的匯率制度是非常有必要的。此外，人民幣境外需求的規模擴大在很大程度上受到人民幣匯率制度的制約。缺乏彈性的匯率制度不僅影響着中國資本賬戶的開放進度，而且也是阻礙人民幣國際化進程的一大隱患。

因此央行有必要進一步加快匯率市場化改革步伐，着力於價格形成機制，強調市場力量的穩步培育與均衡發展，逐步抑制或減少非市場因素對匯率形成的影響。具體可採取以下措施：①進一步增強匯率彈性，擴大人民幣匯率浮動區間，增強人民幣匯率雙向波動的彈性，更好地發揮市場供求關係在匯率決定中的作用，反映市場異質性預期。人民幣匯率彈性的提高，將有利於減少投資者單邊升值預期、增加私人主體持有外幣的動力，培育多元化的交易主體，也有利於保持國內貨幣政策的獨立性，減緩國際利率走高對境內流動性的緊縮效應。②可建立人民幣有效匯率指數並嘗試定期公佈，逐漸把有效匯率水平作為人民幣匯率水平的參照系和調控的參考，維持人民幣名義有效匯率的穩定，在考慮人民幣貨幣籃子的幣種選擇和權重方面，不僅應把主要貿易夥伴國的貨幣納入貨幣籃子，還應把主要資本交易貨幣也納入貨幣籃子。貨幣籃子的幣種及權重應該根據經濟發展和對外貿易、投資結構的變化而及時做出動態調整，有意識地增加幣值相對堅挺、政治經濟形勢較穩定的國家的貨幣權重。同時，央行也應該進一步增加貨幣籃子的透明度，用以指導市場對人民幣匯率走勢的預期，完善人民幣匯率形成機制。③適度降低市場准入門檻，允許符合條件的非銀行金融機構、非金融企業以及個人進入銀行間外匯市場。完善銀行間外匯市場做市商制度，提高市場流動性。積極培育外匯經紀人，降低交易成本。④進一步豐富外匯市場交易品種和交易方式，適時推出外匯期貨和外匯期權產品，完善交易制度，為經濟主體提供更多避險工具。

（三）擴大離岸市場與在岸市場的內外循壞

1. 擴大離岸市場人民幣供給，進一步發展離岸人民幣債券市場，有序放開境內銀行間債券和股票市場

擴大離岸市場的人民幣供給是人民幣離岸市場發展的基礎。《金融業發展和改革「十二五」規劃》明確提出了「支持香港發展成為離岸人民幣業務中心和國際資產管理中心；鞏固和提升香港國際金融中心地位」。提升香港離岸人民幣市場的廣度和深度，只有在人民幣產品和規模達到一定程度後，金融機構才會有動力開發和拓展人民幣產品。擴大離岸市場人民幣資金池，加強以人民幣為計價貨幣的對外貿易、直接投資和貸款，進一步加大金融機構「走出去」的支持力度，鼓勵其加快海外佈局，提升對全球客戶的人民幣綜合金融服務能力。鼓勵在岸企業在離岸市場發行以人民幣計價的股票和基金產品。

境外人民幣債券市場是企業和機構獲得人民幣資金的重要融資方式，同時還為境外沉積的人民幣資金提供了具有穩定回報的投資渠道。其在豐富境外人民幣投資渠道的同時，對我國境內金融市場的衝擊並不會太大。一方面，應擴大離岸人民幣債券市場上發行體的准入範圍。事實上，目前在人民幣債券市場上成功發債的主體，主要還是政府、國際性機構，以及資金雄厚的境內外大型企業和發達金融機構。另一方面，應擴大離岸人民幣市場的債券發行規模，為目前流動性、活躍度尚低的人民幣債券市場注入新的活力，也為日後境內外人民幣債券市場間的良性互動提前打下基礎，降低波動性和風險。

隨着跨境貿易結算中人民幣的佔比和規模逐漸增大，對我國加快放開資本項下管制提出了新的要求。作為跨境貿易人民幣結算的配套措施，可以有選擇地開放境內銀行間債券市場，從而建立離岸人民幣回流的重要途徑。還可適當放開境外金融機構、國際機構等在我國內地發行「熊貓債券」，使得境外機構可以直接從內地投資者手中融得人民幣資金。一方面，境內銀行間債券市場的規模和活躍度都已具備一定基礎，投資回報率較好，對於境外人民幣資金具有較強的吸引力，因而可作為向香港離岸人民幣資金放開的理想選擇。另一方面，債券市場相比於股票市場波動性、投機性相對較小，因此可選擇銀行間債券市場先行先試。

此外，向香港離岸人民幣市場放開境內股票市場，也是建立人民幣回流機制的重要手段。然而，有別於風險、波動性較低的債券市場，股票市場的開放必須首先考慮到國內市場的風險承受能力，因而股票市場的開放必須漸進有序。

2. 加大離岸人民幣業務創新力度，加快市場產品創新，鼓勵服務實體經濟的金融創新

我國的商業銀行由於成立時間較短、境內市場環境不完善等，普遍存在國際業務品種單一、國際化程度較低的問題，其在國際業務中的服務能力遠遠達不到國際先進水平，明顯落後於國際發達同業。此外，對於我國銀行業而言，離岸人民幣業務畢竟是一項新型業務。黨的十八屆三中全會通過的《中共中央關於全面深化改革若干重大問題的決定》，提出鼓勵金融創新，豐富金融市場層次和產品。金融創新要為實體經濟服務，沒有創新，金融就失去了活力。因此，在人民幣離岸市場的發展中，境內銀行就可以利用這一難得的歷史機遇和緩衝時期，在與境外同業的合作中學習和提高自身在融資、理財等相關國際業務上的服務水平，盡快推出新業務、新產品，即通過業務創新來吸引境內外客戶的加入，並為其提供更加成熟和高質量的國際業務服務。比如為境外企業客戶提供新的跨境貿易、投資項下的融資業務和人民幣理財產品，向境外同業提供人民幣拆借、融資、購售業務和開發新的金融衍生產品等。

另外，金融創新一旦脫離實體經濟就會成為以規避風險為主的「偽創新」，有可能帶來更大的道德風險，誘發危機。因此，應該鼓勵正向的金融創新[1]，發展面向中小企業的金融市場體系，豐富中小微企業融資渠道和產品，提升金融服務實體經濟的能力，助力經濟轉型和結構調整。

3. 拓寬離岸人民幣回流渠道

繼續大力建設人民幣回流渠道、人民幣債券發行渠道，開放境內銀行間債券市場，以促進人民幣內外良性循環。建立起人民幣輸出、境外流通和回流的良性循環機制。除了貿易渠道外，還要加強直接投資、資本市場的渠道暢通，拓寬個人跨境投資渠道。對於離岸人民幣債券融資回流，應與目前外幣外債額度管理模式相區別，建立宏觀審慎框架下的與銀行、企業資產負債相匹配的人民幣外債管理模式。在鼓勵服務實體經濟的前提下擴大離岸人民幣貸款的試點範圍。除了人民幣輸出和回流，人民幣的外循環也非常重要。香港要與其他離岸市場形成良性互動，吸引大的國際資產管理公司參與到人民幣資產配置的過程中，支持離岸市場之間的人民幣投資、貸款活動。加強在岸與離岸市場的貨幣互換，通過貨幣互換提供流動性支持，加快離岸人民幣全球體系構建。

（四）穩步推進資本項目開放

目前境內人民幣市場與離岸人民幣市場間存在顯著的息差與匯差，境內與離岸市場的拋補利率平價存在顯著偏差，意味着跨境套利者面臨着較大的交易成本，説明我國的資本賬戶管制依然是有效的。

相對不健全的在岸金融體系中暫時不允許完全立即開放資本項目和自由兌換人民幣。而對於人民幣國際化進程來説，資本項目的開放和金融市場的穩定發展是必不可少的必要條件。根據 IMF 劃分的七大類四十項資本項目交易，中國實現資本項目基本可兑換的交易已有 80% 以上，實現資本項目可兑

1 史蒂格里茲（2010）指出，美國次貸危機的誘因之一是衍生性金融產品等「危險創新工具」泛濫，正向的有益創新卻因為損害了華爾街的利益反而受到了壓制。

換已有一定基礎。美元、日元的歷史經驗説明資本賬戶開放極大地促進了離岸市場發展及本幣國際化。Eichengreen 等（2011）[1] 認為，一國只有在金融市場成熟、會計準則與國際接軌、債權人有良好保障、法律法規比較健全的前提下，資本賬戶開放才會帶來正面影響，而且資本賬戶開放要與其他經濟政策與制度變革齊頭並進。IMF (2012)[2] 指出，當金融經濟發展到一定水平，實現資本賬戶開放是必然選擇，但也不排除保留臨時性的管制措施。資本項目可兑換後可以採取托賓稅、外匯頭寸限制等宏觀審慎管理手段調控資本流動。

但是，過快的資本賬戶開放未必能夠穩定人民幣匯率，反而可能導致人民幣匯率出現超調，進而引發系統性危機。因此，我們不主張在基礎條件不成熟、結構性改革不到位的情況下，以加快資本賬戶開放來促進國內結構性改革的做法。人民幣資本賬戶開放要與匯率形成機制改革、利率市場化改革相互配合、相互促進。通過利率和匯率的市場化改革，使利率和匯率能夠真正體現本外幣的相對價格，並通過利率變動對匯率變動的及時有效傳導，穩定跨境資本的流動，從而提高中央銀行貨幣政策的有效性。

未來 3—5 年是我國推進資本項目可自由兑換的關鍵時期。未來一段時間，建議把推進資本項目可兑換的重點放在規範和引導資本流入管理，拓寬資本流出渠道，建立有序可控的資金雙向流動機制；逐步放開條件成熟的資本項目交易，對該放未放、實際已發生且管制效果有限的資本交易，通過立法「變暗為明」，確立其合法地位，逐步實現人民幣資本項目可兑換。具體措施包括：①以資本市場開放為突破口。重點提高證券項下可兑換程度；引進境外機構在境內發行證券市場工具；逐步放寬境外投資者買賣境內證券市場工具的限制；進一步放鬆境內機構在境外發行證券市場工具的限制；逐步

1 Eichengreen B, Rachita G, Ugo P, "Capital account liberalization, financial development and industry growth: a synthetic view," *Journal of international money and finance* 30, No.6（2011）: 1090-1106.

2 IMF, "The liberalization and management of capital flows: An institutional view," *IMF staff papers* 137, No.12（2012）.

拓寬境內投資者對外證券投資的渠道。②以規範管理、統一待遇為切入點。推進對外債權債務管理方式改革；改進短期外債指標核定方式和規模；推進實現不同所有制企業借用外債公平待遇；簡化貿易信貸管理方式；規範對外債權管理和監測；推動境內金融機構對外發放人民幣貸款並基本建立對外債權登記制度；簡化債權和債務管理方式。③以直接投資便利化為落腳點。鞏固直接投資可兑換成果，明確個人對外直接投資相關外匯管理規定，簡化外商直接投資的業務辦理流程，放寬匯兑環節管制等。

（五）加強境內外監管當局協調監管，有效防範系統性金融風險

與國際上成熟的離岸金融市場，尤其是經濟發達國家的離岸金融市場相比，目前人民幣離岸金融市場尚處於初級發展階段，相對不完善的市場運作模式和風險監管制度等諸多方面都必然容易導致市場風險。成熟的金融市場之所以更有效，是因為在市場高度發達的條件下，價格能夠充分反映當前市場信息，提供及時有效的市場參數和相應的風險管理工具，對風險防範和分散起到了良好的作用。比如《巴塞爾協議》要求銀行業使用包括多種方法在內的風險管理模型，也是建立在成熟金融市場的基礎上的。因此，推進人民幣離岸金融市場成熟性建設包括完善金融體系、運作規範、金融產品以及監督管理等多方面。

1. 推動人民幣離岸市場基礎設施建設，加速構建境內外聯動的全球結算系統

人民幣離岸市場的基礎設施包括市場、產品、網絡、支付結算體系等。目前，香港等離岸人民幣市場的基礎設施已有一定基礎，還需進一步完善。離岸人民幣債券指數、CNH 即期定盤價、可交割遠期價格、同業拆息價格都是香港人民幣市場的基準指標價格，需進一步完善交易機制，增加交易機構數量，使其更好地反映市場需求。加強人民幣跨境收付信息管理系統（RCPMIS）和支付結算系統在離岸市場的連接，使其高效、穩定運行處理跨

境人民幣業務。

當前由於只有新加坡及中國香港、澳門、台灣等開設了人民幣業務清算行，其他大部分地區的人民幣結算仍然只能依賴「代理行」模式。從目前來看，境內銀行及其境外分行的境外參加行客戶數量直接決定了其離岸人民幣業務的市場佔比。因此，我國銀行業應以全球性的結算網絡為基礎，擴大人民幣結算業務，實施「走出去」的國際化經營戰略：①選擇境外重點區域增設分行，以便更加直接地接觸境外當地企業，為其提供相應的人民幣業務和服務。②應加強境內外分行間的聯動，共享客戶資源，推動整個系統的人民幣離岸業務規模。③在全球範圍內建立和完善與境外參加行間的代理清算網絡。

2. 防範離岸市場發展中的貨幣錯配風險

貨幣錯配可以區分為債務型錯配和債權型錯配。當外幣資產小於需要償付的外幣負債，就是債務型錯配，如日本、泰國借入短期外債發放中長期貸款的債務型錯配。當外幣資產大於需要償付的外幣外債，屬於債權型錯配，中國擁有巨額外匯儲備，如果外幣貶值就會引發資產大規模縮水。人民幣離岸市場的發展中應防止出現大的外債和貨幣錯配風險。為降低對外資產負債表中的貨幣錯配風險，應擴大內需，減少外需，放緩對外資產積累；同時鼓勵藏匯於民，促進對外直接投資，推動人民幣國際化（李揚，2013）[1]。客觀全面看待在岸和離岸市場之間的套利現象，如果一味地防止利差、匯差套利，只會使交易需求轉向離岸市場，在岸市場的影響力將下降，應通過增強人民幣匯率彈性、縮小利差等疏導措施來緩解資本流出流入壓力。

3. 加強在岸市場監管，加強在岸與離岸市場協調監管

目前，國內金融業的混業經營、跨境經營趨勢越來越強，貨幣市場、外匯市場、證券市場緊密相連，現行「分業經營、分業監管」的體制決定了金

---

1 李揚:《中國國家資產負債表2013——理論、方法與風險評估》，中國社會科學出版社，2013。

融監管缺位和重疊現象時有發生。在岸市場監管上，有必要加強一行三會的監管協調，充分發揮金融監管部際協調會議機制的作用。實現本外幣一體化監管，建立涵蓋跨境外匯與人民幣貸款、直接投資、貿易融資、離岸賬戶管理的監測平台，實現全流程統計監測，防範異常資金通過人民幣渠道流出流入。同時，也要切實保護銀行、企業、投資人的合法利益，守住不發生系統性、區域性金融風險的底線。

在岸市場與離岸市場協調監管方面，一方面，要加強與內地金融監管當局的合作。一是建立健全香港金融管理局等境外監管當局與內地金融監管機構之間信息交流和政策協商機制，就香港人民幣離岸業務的重大政策和事項進行充分和有效的溝通和協作。同時，經營離岸人民幣業務的機構必須定期向中國人民銀行、銀監會等監管當局報送業務報表，以便於內地監管當局及時了解離岸人民幣業務運作情況，及早採取相應對策，化解風險。二是香港金融管理局等境外監管當局和中國人民銀行共同制定人民幣離岸業務危機預案。當香港等市場上出現囤積人民幣並且對其進行惡性攻擊行為時，中國人民銀行可以通過香港金融管理局等境外監管當局進行干預。三是建立重大事項報告制度。規定經營離岸人民幣業務的金融機構發生重大事項時，必須主動向中國人民銀行、銀監會等報告。

另一方面，加強國際交流與合作。鑒於離岸金融市場對全球金融體系和金融穩定帶來的潛在風險，許多國際組織加強了對這些市場的研究和關注。例如，巴塞爾委員會（BCBS）、國際證監會組織（IOSCO）、國際保險監督官協會（IAIS）和金融行動特別工作組（FATF）分別就銀行業、證券業、保險業和反洗錢的監管提出了一系列的標準和措施。國際貨幣基金組織（IMF）對離岸金融市場的監管主要集中在兩個方面：一是開展離岸金融中心評估工作（Offshore Financial Center Assessment Program），定期對離岸金融市場的監管狀況進行全面、系統的評估，並在必要的時候提供多方面的技術援助。二是進行協同證券投資慨查（Coordinated Portfolio Investment Survey, CPIS），督促離岸金融中心披露離岸金融交易的數據，以便更好地掌握離岸金融市場的發展情況。在這種情況下，要借鑒和吸取國際組織制定的有關離岸金融市場監管的原則和措施，不斷豐富和完善人民幣離岸金融市場監管的工具和手段，提高監管的有效性。同時，與國際組織開展多層次的合作與交流，積極參與國際反洗錢、避免有害稅收競爭以及改善離岸市場透明度等工作。

4. 針對系統性風險實施防範

具體措施包括：①中國人民銀行通過實施離岸人民幣準備金制度進而控制基礎貨幣的信用擴張，同時監督中國銀行海外清算行更好地發揮人民幣的清算、託管功能，從而憫控離岸金融市場上人民幣的供應量。②嚴格分離離岸和在岸市場以避免互相滲透風險是當務之急。此外，通過徵收資本流動稅進而減少短期資本的流動。包括銀行間隔夜拆借市場在內的銀行間市場的運作和發展都對監管單位的貨幣政策的實施產生影響。從國際上來看，美國、日本和英國等國的離岸金融市場都被嚴格地與在岸市場分離開來。只有實施嚴格分離的制度，才能有效降低兩個市場間的系統性風險。③加強宏觀審慎管理，引導在岸與離岸金融機構穩健經營。督促金融機構加強內控和風險管理，繼續加強對金融創新和業務發展中潛在風險的監測。健全系統性金融風險的防範預警和評估體系，加強對地方政府債務、銀行信貸風險的監測和管理，強化跨行業、跨市場、跨境金融風險的監測評估，防範實體經濟部分地區、行業、企業風險及非正規金融風險向金融體系傳導。構建危機管理和風險處置框架。採取綜合措施維護金融穩定，守住不發生系統性、區域性金融風險的底線。④繼續發揮宏觀審慎政策的逆週期調節作用，根據經濟景氣變化、金融機構穩健狀況和信貸政策執行情況等對有關參數進行適度調整，引導金融機構更有針對性地支持實體經濟發展。

5. 建立資本與金融賬戶下的人民幣跨境流動監測體系

人民幣各流通渠道對目前我國貨幣政策的影響是不同的。從現階段人民幣的流出渠道來看，我國貨幣當局只要維持其既有的基礎貨幣供應增長率，就不會加大我國貨幣政策調控的難度。而資本與金融項目下的相關流通渠道導致的貨幣供應量的增加則會直接加大我國貨幣政策調控的難度。這些渠道包括企業赴港發行人民幣債券並使資金回流、境外機構投資我國境內銀行間債券市場，以及企業從境外獲得人民幣貸款等。因此，未來隨着相關資本與金融賬戶的不斷開放，人民幣通過資本與金融賬戶回流境內的資金將不斷增加，對於這部分資金的跨境流動，我國應建立起相關監測體系，防止其大規模流動對我國境內金融市場產生衝擊。具體包括：①金融監管機構應與海關、商務、外事等部門共同建立人民幣跨境流動監測協調機制，建立人民幣出入境統計系統，深港兩地對有關人民幣離岸市場的金融數據、監管信息應建立雙邊信息交換及信息共享機制。②為防止人民幣離岸市場對境內利率、匯率及金融穩定造成過大衝擊，防止國際資本利用人民幣離岸市場攻擊人民幣，香港金管局應與中國人民銀行共同制定危機處置預案及相關安全預警機制，約定當出現異常的巨額人民幣跨境流動，或香港市場上出現囤積人民幣並對其進行攻擊的行為時即啟動預案，且必要時可暫停人民幣資金在離岸與在岸間的跨境流動，並通過某種方式進入香港市場進行干預，如借鑒美國經驗對離岸人民幣存款徵收存款準備金等。

（六）加快經濟發展方式轉變和結構調整，促進國民經濟持續健康發展

從本質上講，一國貨幣的國際化是該國總體經濟實力強大在貨幣形態上的反映。理論和實證研究都表明，一個國家的經濟規模越大，綜合競爭能力越強，其貨幣越容易實現國際化。儘管英鎊、美元和歐元國際化的道理各不相同，但是支撐它們國際化進程的基礎是一樣的，那就是英國、美國和以法德為代表的歐洲國家在國際貿易和國際金融領域強大的比較優勢。而日元國際化的失敗，與日本經濟在20世紀90年代「泡沫經濟」破滅後陷入長達十年的經濟蕭條期密不可分。同樣地，繼續保持中國經濟的平穩較快發展，進

一步提高綜合國力，既是實現人民幣國際化的重要前提條件，也是促進人民幣離岸市場發展、有效應對各類風險最堅強的後盾。

綜上所述，合理引導香港離岸人民幣金融市場的發展是現階段的主要任務。完善的金融制度和基礎設施建設使香港離岸人民幣市場由初級階段穩定並逐步邁向成熟階段；通過縮小人民幣在境內外市場間的價格和收益差異，減少短期資本流動，降低風險;最後，通過加強貨幣當局的監管與相互合作，進行及時有效的風險管理，最終在很大程度上降低香港離岸人民幣金融市場對境內貨幣政策的衝擊和影響。此外，在積極發展香港離岸人民幣市場的同時，應該採取措施加快境內債券市場的發展，並積極推進境內利率市場化和匯率形成機制的改革，穩妥推進資本賬戶自由化改革，特別要充分考慮資本項目可兑換實現後的潛在風險，做好相關制度設計，完善境內貨幣政策的穩健性，以有效控制人民幣境內外利率或匯率差異以及離岸人民幣信貸擴張可能帶來的風險。

參考文獻

[1] EICHENGREEN B. The irresistible rise of the renminbi [EB/OL]. Project Syndicate (online journal), [2009-11-23]. http://www. project-syndicate. org/commentary/the irresistible rise of the renminbi.

[2] ZHANG L Q, TAO K Y. The benefits and costs of renminbi internationalization [M]// EICHENGREEN B, KAWAI M. Renminbi internationalization: achievements, prospects, and challenges. Washington: Brookings Institution Press, 2015.

[3] PETER K B. The role of the dollar as an International currency: occasional paper 13 [C]. New York: Group of Thirty, 1983.

[4] CHINN M, FRANKEL J. Will the euro eventually surpass the dollar asleading International reserve currency? [J]. NBER working papers 11510, 2005.

[5] ALIBER R Z. The integration of the offshore and domestic banking system [J]. Journal of monetary economics, 1980, 6 (4): 509-526.

[6] ANDERSEN T G, BOLLERSLEV T, DIEBOLD F X, et al. Micro effects of macro announcements: real-time price discovery in foreign exchange [J]. American economic review, 2003, 93 (1): 38-62.

[7] APERGIS N. Domestic and eurocurrency yields: any exchange rate link? Evidence from a VAR model [J]. Journal of Policy Modeling, 1997, 19 (1): 41-49.

[8] BALKE N S, MA J, WOHAR M E. The contribution of economic fundamentals to movements In exchange rates [J]. Journal of international economics, 2013, 90 (1): 1-16.

[9] CHAN D Y K, LEE R S K. The dynamics of interest rates between eurodollar and domestic US dollar [J]. Applied financial economics, 1996, 6 (4): 347-349.

[10] Microstructure and links to the onshore market [J]. Cesifo working paper, 2014, 49: 170-189.

[11] CHEUNG Y W, Rime D. The offshore renminbi exchange rate: microstructure and links to the onshore market [J]. Cesifo working paper, 2014, 49: 170-189.

[12] CULBERTSON J M. The term structure of interest rates [J]. Quarterly Journal of economics, 1957, 71 (4): 485-517.

[13] DING D K, TSE Y, WILLIAMS M R. The price discovery puzzle in offshore yuan trading: different contributions for different contracts [J]. Journal of futures markets, 2014, 34 (2) : 103-123.

[14] EGAGNON J, TROUTMAN K. Renminbi internationalization and trade settlement [J]. Financial market research, 2014.

[15] EVANS M DD, LYONS R K. Informational integration and FX trading [J]. Journal of international money & finance, 2002, 21 (6) : 807-831.

[16] EVANS M DD, Rime D. Micro approaches to foreign exchange determination [J]. Working paper, 2011, 19 (5) : 73-110.

[17] FAUST J, Rogers J H, WANG S Y B, et al. The high frequency response of exchange rates and interest rates to macroeconomic announcements [J]. Journal of monetary economics, 2007, 54 (4) : 1051-1068.

[18] Friedman M. The case for flexible exchange rates: essays in positive economics [C]. Chicago: University of Chicago press, 1953: 157-203.

[19] FUNKE M, SHU C, CHENG X, et al. Assessing the CNH-CNY pricing differential: role of fundamentals, contagion and policy. Journal of international money & finance, 2015, 59 (6) : 245-262.

[20] FUNG H G, ISBERG S C. The international transmission of eurodollar and US interest rates: A cointegration analysis [J]. Journal of banking & finance, 1992, 16 (4) : 757-769.

[21] GIDDY I H, DUFEY G, MIN S. Interest rates in the U. S. and eurodollar markets [J]. Weltwirtschaftliches archiv, 1979, 115 (1) : 51-67.

[22] HARTMAN D G. Tax policy and foreign direct investment In the United States [J]. National tax journal, 1984: 475-487.

[23] HAN L, XU Y, YIN L. Forecasting the CNH-CNY pricing differential: The role of investor attention [J]. Pacific-basin finance journal, 2018, 49.

[24] KAEN F R, HACHEY G A. Eurocurrency and national money market interest rates: an empirical investigation of causality [J]. Journal of money credit & banking, 1983, 15(3) : 327-338.

[25] KREICHER L L. Eurodollar Arbitrage [J]. Federal reserve bank of New York quarterly review, 1982, 7 (2) : 10-21.

[26] KING M R, OSLER C L, RIME D. The market microstructure approach to foreign exchange: looking back and looking forward [J]. International money finance, 2013 (38) , 95-119.

[27] LEUNG D W Y, FU J. Interactions between CNY and CNH Money and Forward Exchange Markets [J]. Social science electronic publishing, 2014.

[28] MAZIAD S, KANG J S. RMB Internationalization: onshore/offshore links [J]. Social science electronic publishing, 2012（12）: 133.

[29] MGARBER P. What Currently Drives CNH Market equilibrium? [J]. International economic review, 2012.

[30] MORSE J N, LO W C, FUNG H G. A note on euroyen and domestic yen interest rates [J]. Journal of banking & finance, 1995.

[31] PARK J. Information flows between Non-deliverable forward（NDF）and spot markets: evidence from korean [J]. Pacific-basin finance journal, 2013（6）: 67-77.

[32] SHU C, HE D, CHENG X. One currency, two markets: the renminbi's growing influence in Asia Pacific [J]. China economic review, 2015, 33: 163-178.

[33] SMITH R C, Walter I. Global financial services: strategies for building competitive strengths In International commercial and investment banking [M]. New York: Harper business, 1990.

[34] SWANSON P E. The relationship between onshore and offshore US dollar yields: an application of cointegration [J]. Contemporary business issues, 1992: 309.

[35] WANG K L, FAWSON C, CHEN M L, et al. Characterizing information flows among spot, deliverable forward and non-deliverable forward exchange rate markets: a cross-country comparison [J]. Pacific-basin finance journal, 2014, 27（1）: 115-137.

[36] ZHANG Z, CHAU F, ZHANG W. Exchange rate determination and dynamics in China: a market microstructure analysis [J]. International review of financial analysis, 2013, 29（5）: 303-316.

[37] DA Z, ENGELBERG J, GAO P J. The sum of all fears investor sentiment and asset prices [J]. Review of financial studies, 2015, 28（10）: 1-32.

[38] ANTONAKAKIS N. Exchange return co-movements and volatility spillovers before and after the introduction of euro [J]. Journal of international financial markets, institutions and money, 2012, 22（5）: 1091-1109.

[39] BALASUBRAMANIAM V, PATNAIK I, SHAH A. Who cares about the Chinese Yuan? [M]. National institute of Public Finance and Policy, 2011.

[40] BOERO G, SILVAPULLE P, TURSUNALIEVA A. Modelling the bivariate dependence structure of exchange rates before and after the introduction of the euro: a semi-parametric approach [J]. International journal of finance & economics, 2011, 16（4）: 357-374.

[41] DIEBOLD F X, YILMAZ K. Better to give than to receive: predictive directional measurement of volatility spillovers [J]. International journal of forecasting, 2012, 28（1）: 57-66.

[42] DIEBOLD F X, YULMAZ K. On the network topology of variance decompositions: measuring the connectedness of financial firms [J]. Journal of econometrics, 2014, 182 (1) : 119-134.

[43] FRANKEL J A, WEI S J. Yen bloc or dollar bloc?exchange rate policies of the east asianeconomies [M]//YOONBAI K. Macroeconomic linkage: savings, exchange rates, and Capital Flows, NBER-EASE Volume 3. Chicago: University of Chicago Press, 1994: 295-333.

[44] FRANKEL J, WEI S J. Estimation of de facto exchange rate regimes: synthesis of the techniques for Inferring flexibility and basket weights [J]. IMF staff papers, 2008, 55 (3) : 384-416.

[45] GRISSE C, NITSCHKA T. On financial risk and the safe haven characteristics of Swiss franc exchange rates [J]. Journal of empirical finance, 2015, 32: 153-164.

[46] HE D, LIAO W. Asian business cycle synchronization [J]. Pacific economic review, 2012, 17 (1) : 106-135.

[47] HENNING C R. Choice and coercion in East Asian exchange-rate regimes [M]//. BENJAMMINJ, COHEN, ERIC M. P. Power in a changing world economy. London: Routledge, Press, 2013: 103-124.

[48] ITO T. China as number one: how about the renminbi? [J]. Asian economic policy review, 2010, 5 (2) : 249-276.

[49] ITO T. A new financial order in Asia: will a RMB bloc emerge? [J]. Journal of international money and finance, 2017, 74: 232-257.

[50] KITAMURA Y. Testing for intraday interdependence and volatility spillover among the euro, the pound and the Swiss francmarkets [J]. Research in international business and finance, 2010, 24 (2) : 158-171.

[51] LUSTIG H, ROUSSANOV N, VERDELHAN A. Common risk factors in currency markets [J]. The review of financial studies, 2011, 24 (11) : 3731-3777.

[52] PONTINES V, SIREGAR R Y. Fear of appreciation in East and Southeast Asia: the role of the Chinese renminbi [J]. Journal of asian economics, 2012, 23 (4) : 324-334.

[53] SHU C. Impact of the renminbi exchange rate on Asian currencies [M]// PENCT W, SHV C. Currency internationalization: global experiences and implications for the renminbi. London: Palgrave Macmillan, 2010: 221-235.

[54] SUBRAMANIAN A, KESSLER M. The renminbi bloc is here: Asia down, rest of the world to go? [J]. Journal of globalization and development, 2013, 4 (1) : 49-94.

[55] VERDELHAN A. The share of systematic variation in bilateral exchange rates [J]. The journal of finance, 2018, 73 (1) : 375-418.

[56] WANG J, YANG M. Asymmetric volatility in the foreign exchange markets [J]. Journal of international financial markets, institutions and money, 2009, 19 (4) : 597-615.

[57] BERNANKE B S, BLINDER A S. Is it money or credit, or both, or neither [J]. American economic review, 1988, 78 (2) : 435-439.

[58] CHETTY V K. On measuring the nearness of Near-moneys [J]. The American economic review, 1969, 59 (3) : 270-281.

[59] FRIEDMAN M. The Euro-dollar market: some first principles [M]. Chicago: University of Chicago Press, 1969.

[60] KLOPSTOCK F H. Money creation in the Euro-dollar market: a note on professor friedman's wiews [J]. Federal reserve bank of New York: Monthly review, 1970, 52 (1) : 12-15.

[61] KLOPSTOCK F H. The wiring of the eurodollar market [J]. Euro-money, 1970, 2: 16-20.

[62] NIEHANS J, HEWSON J. The eurodollar market and monetary theory [J]. Journal of money, credit and banking, 1976, 8 (1) : 1-27.

[63] 0zbilgin H M. Currency substitution, inflation and welfare [J]. Journal of development economics, 2012, 99 (2) : 358-369.

[64] PROCK J, SOYDEMIR G A, ABUGRI B A. Currency substitution: evidence from Latin America [J]. Journal of policy modeling, 2003, 25 (4) : 415-430.

[65] ROSE A K, SPIEGEL M M. Offshore financial centres: parasites or symbionts? [J]. The economic journal, 2007, 117 (523) : 1310-1335.

[66] SHARMA S C, KANDIL M, CHAISRISAWATSUK S. Currency substitution in Asian countries [J]. Journal of asian economics, 2005, 16 (3) : 489-532.

[67] HE D, MCCAULEY R N. 10 Offshore markets for the domestic currency: monetary and financial stability issues [J]. The evolving role of China in the global economy, 2012: 301.

[68] HEWSON J, SAKAKIBARA E. The Euro-dollar deposit multiplier: a portfolio approach [J]. Staff papers, 1974, 21 (2) : 307-328.

[69] ALTMAN O L. Recent developments in foreign markets for dollars and other Currencies [J]. Staff papers, 1963, 10 (1) : 48-96.

[70] SWOBODA A K. The Euro-dollar market: an interpretation [C]. New Jersey: Princeton University, 1968.

[71] BOTTA J. The federal reserve bank of New York's experience of managing cross-border migration of US dollar banknotes [J]. China's capital account liberalization: International perspective, 2003: 152-162.

[72] CHINN M, FRANKEL J A. Will the Euro eventually surpass the dollar as leading international reserve currency? [M]//CLARIDAR. G7 current account imbalances: sustainability and adjustment. Chicago: University of Chicago Press, 2007: 283-338.

[73] HE D, MCCAULEY R. Eurodollar banking and currency internationalization [M]//WONG M, CHAN W. Investing in Asian offshore currency markets. London: Palgrave Macmillan, 2013: 199-214.

[74] KAMPS A. The euro as invoicing currency in international trade [J/OL]. [2006-08-24]. https://ssrn. com/abstract=926402.

[75] EICHENGREEN B. Global imbalances and the lessons of bretton woods [J]. Economie Internationale, 2004（4）: 39-50.

[76] REY H. International Trade and Currency Exchange [J]. The Review of economic studies, 2001, 68（2）: 443-464.

[77] FEIGE E L, DEAN J W. Dollarization and euroization in transition countries: currency substitution, asset substitution, network externalities and irreversibility [C]. Fordham University conference on euro and dollarization: Forms of monetary union in integrating regions. 2002.

[78] SAMAR M, SHIK K J. RMB internationalization: onshore/offshore links [J]. IMF working paper, 2012.

[79] MAZIAD S, KANG J S. RMB internationalization: onshore/offshore links [J]. Social science electronic publishing, 2012, 12（133）.

[80] FRYDL E. The eurodollar conundrum [J]. Federal reserve bank of New York: Quarterly review, 1982, 7（1）: 12-21.

[81] FRYDL E. The debate over regulating the eurocurrency markets [J]. Federal reserve bank of New York: Quarterly review, 1979, 4（4）: 1979-80.

[82] GIBSON W E. Eurodollars and US monetary Policy [J]. Journal of money, credit and banking, 1971, 3（3）: 649-665.

[83] TRESTRAIL R W. The eurodollar obsoletes the definition of money [J]. Financial analysts journal, 1972: 55-63.

[84] BALBACH A B, RESLER D H. Eurodollars and the US money supply [J]. Federal reserve bank of st. Louis, Review, June-July, 1980: 2-12.

[85] KEY S J. Activities of international banking facilities: the early experience [J]. Economic perspectives, 1982: 37-45.

[86] 人民幣國際化報告 2015 年 [R/OL]. 北京：中國人民銀行貨幣政策二司，2015. http://www. pbc. gov. cn/huobizhengceersi/214481/214511/214695/index. html.

[87] 張禮卿．審慎對待資本賬戶進一步開放 [J]. 中國社會科學報，2015，814（9）.

[88] 張禮卿．擴大對外金融開放的重點：放鬆市場准入還是減少資本流動限制？—評《逆全球化時代的中國金融開放政策》（徑山報告，黃益平主編）. 中國金融四十人論壇，2017.

[89] 離岸人民幣快報 [R]. 香港：中銀香港研發部，2016（1）.

[90] 中國人民大學國際貨幣研究所．人民幣國際化報告（2015）:「一帶一路」建設中的貨幣戰略 [C]. 北京：中國人民大學出版社，2015.

[91] 中國工商銀行城市金融研究所課題組．「一帶一路」戰略下的投資機會及商業銀行的機遇 [R]. 北京：中國工商銀行城市金融研究所，2016.

[92] 巴曙松，郭雲釗．離岸金融市場發展研究：國際趨勢與中國路徑 [M]. 北京：北京大學出版社，2008.

[93] 胡炳志，張騰，等．利率平價對人民幣遠期定價影響的實證分析 [J]. 統計與決策，2017（2）: 156-159.

[94] 冀志斌，周先平，曲天遙．境外人民幣利率變動預期對境內利率的影響研究 [J]. 宏觀經濟研究，2015（6）: 30-38.

[95] 賈彥樂，張懷洋，喬桂明．人民幣在離岸匯差波動特徵及影響因素研究 [J]. 新金融，2016（8）: 21-27.

[96] 闕澄宇，馬斌．人民幣在岸與離岸市場匯率的非對稱溢出效應：基於 VAR-GJR-MGARCH-BEKK 模型的經驗證據 [J]. 國際金融研究，2015（7）: 21-32.

[97] 李翀．論人民幣離岸金融中心形成的可能與影響 [J]. 學術研究，2004（4）: 62-66.

[98] 李曉，馮永琦．香港離岸人民幣利率的形成與市場化 [J]. 社會科學戰線，2012（2）: 91-103.

[99] 劉利剛．金融套利導致貿易失真 [J]. 財經，2014（6）: 36-37.

[100] 尹力博，李勍．投資者關注對人民幣匯率價差波動的影響研究：基於 GARCH-MIDAS 模型 [J]. 管理科學，2017，30（5）: 147-159.

[101] 張斌，徐奇淵．匯率與資本項目管制下的人民幣國際化 [J]. 國際經濟評論，2012（4）: 63-73.

[102] 張明．人民幣國際化：政策、進展、問題與前景 [J]. 金融評論，2013（2）: 15-27.

[103] 丁劍平，趙亞英，楊振建．亞洲股市與匯市聯動：MGARCH 模型對多元波動的測試 [J]. 世界經濟，2009（5）: 83-95.

[104] 方霞，陳志昂．基於 G-PPP 模型的人民幣區域「貨幣錨」效應 [J]. 數量經濟技術經濟研究，2009（4）: 57-69.

[105] 簡志宏，鄭曉旭．匯率改革進程中人民幣的東亞影響力研究：基於空間、時間雙重維度動態關係的考量 [J]. 世界經濟研究，2016（3）: 61-69.

[106] 劉剛．東亞地區人民幣集團形成進展判斷：基於人民幣對東亞貨幣匯率影響力的比較研究 [J]. 經濟科學，2013（2）：70-80.

[107] 劉華，李廣眾，陳廣漢．香港離岸人民幣匯率已經發揮影響力了嗎？[J]. 國際金融研究，2015（10）：3-11.

[108] 宋雅楠．人民幣區域化影響力研究：基於動態分佈滯後模型的分析 [J]. 國際貿易問題，2012（9）：169-176.

[109] 徐奇淵，楊盼盼．東亞貨幣轉向釘住新的貨幣籃子？[J]. 金融研究，2016（3）：31-41.

[110] 趙華．人民幣匯率與利率之間的價格和波動溢出效應研究 [J]. 金融研究，2007（3）：41-49.

[111] 范從來，卞志村．論中國的反向貨幣替代 [J]. 學術月刊，2008（9）：64-70.

[112] 何國華，袁仕陳．貨幣替代和反替代對我國貨幣政策獨立性的影響 [J]. 國際金融研究，2011（7）：4-10.

[113] 劉再起，范強強．跨境貿易結算引發的貨幣反替代現象研究 [J]. 國際經貿探索，2015，31（7）：75-84.

[114] 石建勳，葉亞飛．人民幣替代港澳台貨幣的影響因素分析及對策研究 [J]. 經濟學家，2016，11（11）：63-70.

[115] 葉亞飛，石建勳．人民幣國際化進程中的貨幣替代效應研究：以香港地區離岸人民幣為例 [J]. 經濟問題，2018（3）：28-35.

[116] 馬駿．人民幣離岸市場發展對境內貨幣和金融的影響 [J]. 國際融資，2011（5）：53-57.

[117] 何帆，張斌，張明，等．香港離岸人民幣金融市場的現狀、前景、問題與風險 [J]. 國際經濟評論，2011（3）：84-108.

[118] 羅斯巴德．默．銀行的祕密：揭開美聯儲的神祕面紗 [M]. 李文浩，鍾帥，譯．北京：清華大學出版社，2011：246-248.

[119] 凱西斯．尤．資本之都：國際金融中心變遷史 [M]. 陳晗，譯．北京：中國人民大學出版社，2011：189-190.

[120] 麥金龍．羅，大野健一．美元與日元：化解美日兩國的經濟衝突 [M]. 王信，曹莉，譯．上海：上海遠東出版社，1999.

[121] 麥金農．羅．美元本位下的匯率：東亞高儲蓄兩難 [M]. 王信，何為，譯．北京：中國金融出版社，2005.

[122] 殷劍峰．人民幣國際化：「貿易結算＋離岸市場」，還是「資本輸出＋跨國企業」？：以日元國際化的教訓為例 [J]. 國際經濟評論，2011（4）：53-68.

[123] 馮永琦，梁蘊兮，裴祥宇．日本離岸與在岸利率聯動效應研究 [J]. 現代日本經濟，2014（1）：28-35.

[124] 小林正宏，中林伸一．從貨幣讀懂世界格局：美元、歐元、人民幣、日元 [M]. 王磊，譯．北京：東方出版社，2013.

[125] 龐曉波，黃衛挺．搜尋匹配、網絡效應與貨幣起源演化 [J]. 南開經濟研究，2008 (5)：18-29.

[126] 埃森格林・巴．囂張的特權：美元的興衰和貨幣的未來 [M]. 陳召強，譯．北京：中信出版社，2011：30-38.

[127] 榊原英資．日本的反省：走向沒落的經濟大國 [M]. 周維宏，管秀蘭，譯．北京：東方出版社，2013：150-151.

[128] 費爾普斯・埃．大繁榮：大眾創新如何帶來國家繁榮 [M]. 余江，譯．北京：中信出版社，2013：256-258.

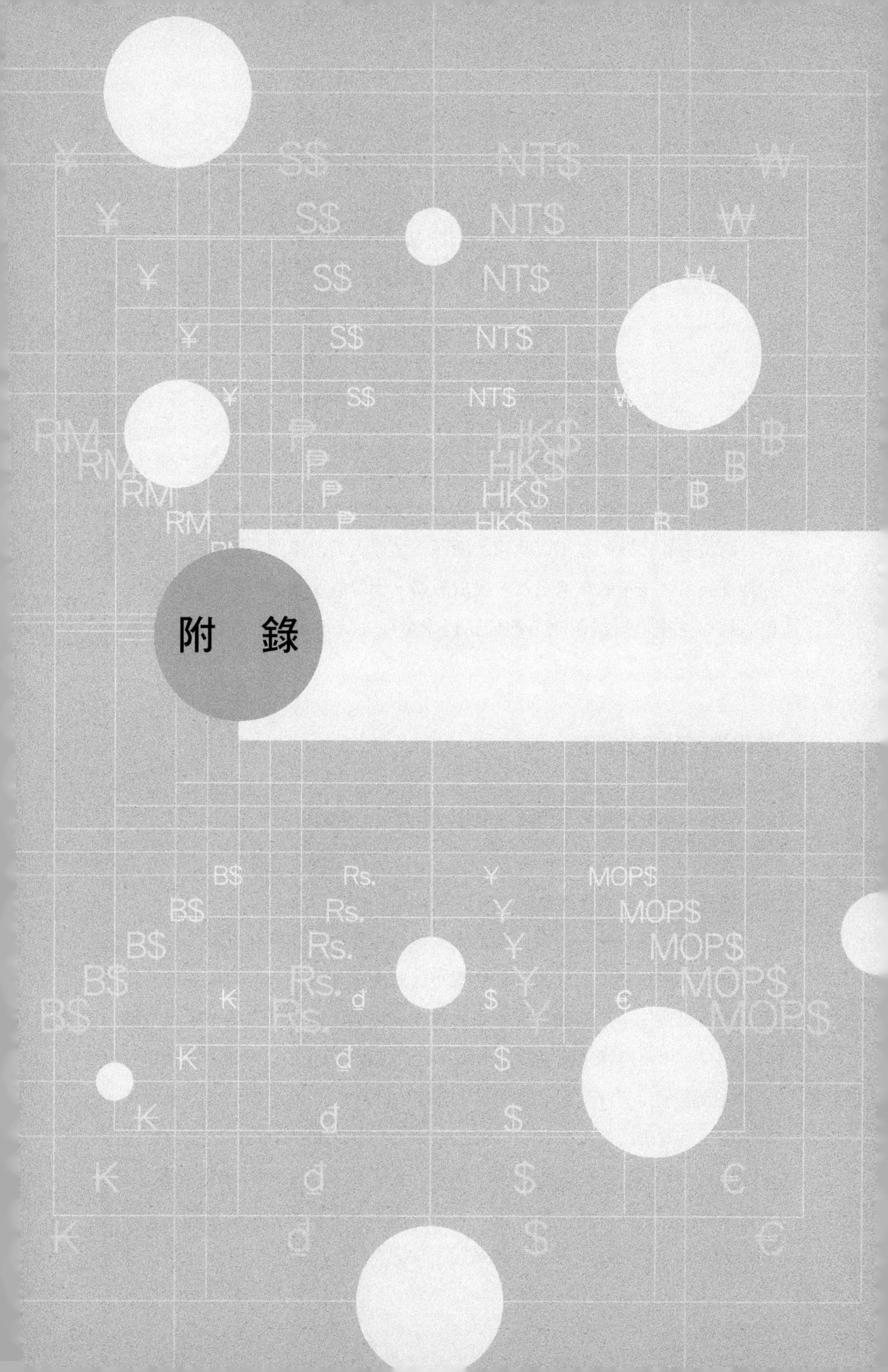

附錄

人民幣匯率形成機制改革
——主要經驗與前景展望

張禮卿

自上世紀80年代初期以來，人民幣匯率形成機制經歷了多次重要改革。總體上看，這些改革與我國不斷深化和擴大的改革開放進程相適應，較好地支持了這些年的經濟增長、發展戰略、國際收支平衡與宏觀金融穩定。但人民幣匯率形成機制改革的任務尚未全面完成，未來仍需繼續擴大匯率彈性。

值得總結的匯改經驗

回顧人民幣匯率形成機制改革歷程，有不少經驗值得總結。

經驗之一：採取漸進模式，顯著降低改革風險

在從固定匯率安排走向浮動匯率安排的過程中，拉美和東歐一些國家選擇了激進或較為激進的模式，即在很短的時間內放棄了政府對匯率的管制，完全由市場決定。這些國家在改革之後大多遭遇了匯率動盪甚至貨幣危機。與之相反，中國選擇了漸進式的道路。從上個世紀80年代開始，人民幣匯率安排先後經歷了「單一盯住美元」（1981—1993）、「以市場供求為基礎的、單一的、有管理的浮動安排」（1994—1997）、「事實上的盯住美元」（1997—2005）、「以市場供求為基礎的、參考一籃子貨幣的、有管理的浮動安排」（2005至今）。2005年7月以後，人民幣匯率形成機制改革的重點主要集中在兩個方面。一是逐漸擴大浮動區間。從2005年7月至2014年3月，經過

多次調整，人民幣兌美元匯率的日波動區間從上下 0.3% 擴大至上下 2%，並一直延續至今。二是改革中間匯率形成機制。2015 年 8 月 11 日，中國人民銀行宣佈完善人民幣對美元中間匯率報價方式。根據新規定，做市商將在每日銀行間外匯市場開盤前，參考上一日銀行間外匯市場收盤匯率，綜合考慮外匯供求情況以及國際主要貨幣匯率變化，向中國外匯交易中心提供中間價報價。這一改革意義深遠，結束了多年來人民幣中間匯率形成機制的不透明狀態。此後，中國人民銀行又通過引入「逆週期調節因數」，對這一改革方案進行了修正和完善。總體上看，經過 40 年左右的漸進式改革，人民幣匯率的彈性已有較大程度的提升。儘管某些改革也曾在短時間內造成一定的市場衝擊，但整體而言，改革進程始終在有效的掌控之下，成功避免了持續的市場動盪，以及對實體經濟的不利衝擊。

經驗之二：根據經濟發展戰略和相關政策目標選擇匯率制度安排，並適時進行調整

自 20 世紀 90 年代初期起，我國開始實行出口導向型發展戰略。為適應這一發展戰略，1994 年 1 月，我國提出人民幣匯率制度將採取「有管理的浮動匯率安排」；但由於在 1997 年亞洲金融危機爆發後，我國承諾人民幣不貶值，故在 1997—2005 年間保持了高度穩定，一直維持在 1 美元兌換 8.3 元人民幣的水平。穩定的匯率，為出口企業提供了確定的收入預期，鼓勵了出口；同時，由於經常賬戶順差和資本與金融賬戶順差（即「雙順差」）的不斷擴大，人民幣升值壓力逐步增大。面對這樣的外匯供求局面，維持人民幣兌美元匯率的穩定，進一步提升了中國企業的出口競爭力。進入新世紀之後，我國「雙順差」加速增大，外部經濟失衡明顯。與此同時，出口導向型經濟發展戰略的局限性也不斷顯露，如對外依存度過高、環境污染、通脹壓力增大和貿易摩擦加劇等。面對這些問題，決策層決定逐漸調整發展戰略，讓經濟增長更多地依靠內需。正是為了適應這一發展戰略的調整，從 2005 年 7 月開始，我國決定重啟人民幣匯率制度改革，不斷提升其彈性，允許人民幣對美元「雙向波動」，並不斷減少對人民幣單向升值或貶值的干預。事實表明，人民幣匯率彈性的擴大，對於我國經濟發展戰略和產業結構的調整產生了重要的促進作用。

經驗之三：在出台改革方案時，注重不同改革措施之間的協調和預期管理

在大多數改革方案的制定和實施中，有關部門都進行了充分的準備，特別是在相關政策的協調和預期管理方面。譬如，1994 年 1 月，我國決定實施新一輪外匯管理體制改革方案，其中涉及多項重大改革內容，包括取消外匯調劑價、實行匯率並軌，實行銀行結售匯制度，實現經常項目下的貨幣可兑換，以及實行「以市場供求為基礎的、有管理的浮動匯率安排」等。由於當時外匯需求明顯高於外匯供給，人民幣存在貶值壓力。為防止實行新的匯率制度之後人民幣貶值過度，我國同時宣佈繼續保留並嚴格實行外債管理。另外，為了防止出現恐慌性資本外逃，在方案開始實施的前後，有關方面積極還進行預期管理。可以認為，這次改革能夠取得成功，其中一個重要原因就是在放開匯率管制和經常項下購匯需求的同時，加強了對跨境資本流動的管理，並及時進行了預期管理。

經驗之四：在改革措施出台遇到意外衝擊時，及時進行必要的調整和修正

2015 年 8 月 11 日，在央行宣佈對人民幣中間匯率形成機制進行改革後，外匯市場出現劇烈波動。在短短兩個交易日內，人民幣對美元貶值累計超過 3.5%，並引發較大規模的資本外逃和人民幣貶值的惡性循環。監管當局及時加強了對跨境資本流動管理，同時對匯改方案進行了微調，引入了「逆週期調節因子」。這些調整，對於緩解實施中間價形成機制改革所帶來的衝擊，特別是減少中間價形成過程中的非理性因素的影響，產生了非常重要的積極意義。

匯改仍在路上

經過多年改革，人民幣匯率彈性已明顯提升。2020 年 8 月出版的《匯率安排與匯兑限制年報（2019）》顯示，國際貨幣基金組織將截至報告發表之時的中國匯率制度歸為「其他管理浮動安排」（2018 年 6 月前，被歸為「類似爬行的安排」）。這種匯率安排具有中高強度彈性，比它強的安排還有「浮動安排」和「自由浮動安排」。從實際情況看，目前人民幣對美元的日波動幅度依然存在上下 2% 的限制，而中間匯率的形成機制也沒有完全市場化。因此，人民幣匯率形成機制改革的任務尚未全面完成，仍在路上。

人民幣匯率制度改革的未來方向是繼續擴大其彈性，直至實現最終自由浮動

應創造條件繼續推進人民幣中間匯率形成機制的改革，進一步提升其市場化程度。同時，擇機擴大圍繞中間匯率上下波動的幅度。一個更加富有彈性的匯率安排至少有三個方面的積極意義。其一，有利於加快「雙循環」新發展格局的形成。以「國內大循環」為主，更加充分地利用超大規模的國內市場，意味着在一定程度上我國的經濟發展戰略將進一步轉向以內需為主導。更有彈性的匯率制度將有助於相對隔離或緩衝外部經濟的衝擊，保障國內宏觀經濟的穩定運行。其二，有利於擴大金融開放。「十四五」規劃已經明確提出，我國將繼續擴大金融和貿易領域的制度性對外開放。伴隨着資本賬戶可兑換程度的提高和金融服務業的擴大開放，更為靈活的匯率安排對於提升我國貨幣政策的獨立性將會具有一定的積極意義。其三，有利於人民幣國際化。人民幣匯率形成機制的進一步改革，是人民幣國際化的重要條件。這不僅是因為資本賬戶開放是人民幣國際化的基本前提之一，而且富有彈性的匯率制度安排還有助於更多的國家將人民幣作為「貨幣錨」，從而提升人民幣的國際儲備地位。

人民幣匯率制度的進一步改革也可能加大金融風險，必須加強相關改革的配套

第一，穩步推進資本賬戶可兑換，擴大對外金融的雙向開放，為外匯市場的均衡發展創造條件。多年來，人民幣曾多次出現單邊升值或貶值的情形，這在一定程度上源於我國不對稱的資本賬戶開放格局。擴大雙向開放，在利率平價的作用之下，將有助於實現外匯市場供求的動態平衡，進而有助於保持市場化匯率安排下的匯率穩定。當然，為了減少資本賬戶開放帶來的金融風險，必須繼續加強宏觀審慎監管。

第二，加快發展避險類的外匯衍生產品市場。長期以來，人民幣匯率制度改革的主要障礙之一，就是國內企業和金融機構缺乏足夠的避險產品（企業也一定程度上缺乏匯率避險意識）去應對匯率波動所產生的風險。反過來，因為人民幣匯率波動幅度太小，機構對於避險產品的開發又缺少動力。這個不良的循環必須打破，否則不僅人民幣匯率改革永遠受到制約，國內企業和金融機構也無法在「走出去」的過程中充分適應國際金融市場的風雲變幻。將避險產品市場的促進和發展納入匯率制度改革的總體方案，有助於上述循環的突破。

第三，加強與公眾的溝通，積極引導和管理預期。外匯市場高度敏感，中央銀行和監管部門傳遞的任何資訊都會對匯率產生影響。2015 年 8 月 11 日匯率改革後之所以出現人民幣較大幅度貶值，與市場沒有充分認識央行的匯率改革意圖有一定的關係。未來的改革措施出台之際，應該更加重視與市場的溝通，力求得到市場的理解和認同。

第四，加強國際經濟政策的溝通和協調。一方面，歐美主要經濟體貨幣政策的變化常常產生強烈的溢出效應，影響國際金融穩定；另一方面，作為世界第二大經濟體，我國的宏觀經濟政策和結構性改革也會產生一定的溢出效應。通過 G20 等政策對話機制，加強與主要經濟體央行之間的資訊交流、溝通和政策協調，對於匯率安排更加市場化以後的人民幣匯率的穩定，應該具有積極意義。

2021 年宏觀經濟政策展望
——在不確定中尋找確定

張禮卿

一、經濟增長面臨的挑戰

2020 年是非同尋常的一年。因為抗疫的巨大成功，中國經濟增長率先出現 V 型反彈，全年實現了 2.3% 的增長速度，成為全球主要經濟體中唯一正增長的國家。展望 2021 年，中國經濟有望繼續呈現較強的恢復態勢。不久前，IMF 在其最新發佈的《世界經濟展望報告》（2021 年 1 月）中，對今年的中國經濟增長給出了 8.1% 的預測值。

由於去年的增長基數低，今年實現 8.1% 甚至更高的增長速度是可以期待的。實際上，如果將去年和今年的增速平均計算的話，那麼是大約 5.2% 的年均增速，基本上與我國現階段潛在的經濟增長速度保持了一致。所以，這並不是一個可以感到高度興奮的預測值。而在另一方面，應該看到，當前中國經濟也還面臨不少挑戰。這些挑戰來自於國際和國內兩個方面。

從國際方面看，全球範圍內疫情發展的趨勢並不明朗，全球經濟能否很快走出衰退並不確定。自去年冬季以來，歐洲進入了新冠疫情第二波爆發，而且英國出現了傳染性更強的變異病毒。儘管一些疫苗已經投入使用，但短期內難以控制確診病例的快速上升。作為應對，歐洲一些國家重新啟動封城措施，而這些措施對於經濟恢復的負面影響難以小覷。IMF 的首席經濟學家吉塔 · 戈皮納特（Gita Gopinath）上月在發佈今年全球增長資料時坦陳，儘管目前對 2021 年全球經濟恢復保持着比較樂觀的態度，但如果最新的疫情發展不能得到有效控制的話，該組織將在 4 月份下調全年的增長預期。

從國內方面看，如果沒有必要的政策支撐，消費、投資和出口等方面的增長很可能會低於預期。受疫情反覆的影響，當前我國的就業和收入恢復相對緩慢，因而消費依然比較乏力。日前公佈的 2021 年 1 月份財新製造業 PMI、服務業 PMI 雙雙下降影響，綜合 PMI 降至 52.2，環比下降 3.6 個百分點。由於經濟開始恢復和地方財政壓力的影響，基建投資的增速已經出現回落，房地產新政的出台也在一定程度上抑制了房地產投資。相比而言，出口方面似乎可以相對樂觀。因為無論全球疫情如何發展，出口都會保持增長。如果疫情繼續發展，各國對中國的醫療防護物資的需求會大幅增加；如果疫情趨於緩解，全球經濟恢復加快也會拉動中國的出口。但總體上看，去年最後兩個月出現的大幅增長恐怕不會再現。另外，近期持續增多的信用債違約和大型企業債務重組事件，以及拜登政府上台後中美關係的不確定性，也使今年中國經濟的平穩運行增添了一些新的變數。

二、宏觀經濟政策選擇

正因為面臨着各種挑戰和不確定性，結合中國經濟存在着一些中長期的結構性問題，我們認為，今年中國應繼續實施積極的財政政策，同時保持貨幣政策穩健以及人民幣匯率相對穩定。大多數宏觀經濟刺激政策不宜退出，但在刺激的力度、方式和重點上應該做出一定的調整，更多地將經濟刺激計劃與深層次結構性改革相結合。

第一，實施積極的財政政策。去年，我國計劃的財政赤字率為 3.6%。加上特別國債和地方專項債等，廣義財政赤字率大約為 8.3%。相對於往年，無論按狹義的還是按廣義的比率計算，去年財政赤字水平都有比較明顯的上升。在百年一遇的疫情衝擊下，面對保就業、保主體和保民生等紓困需求，大幅度增加政府支出，減少中小企業的稅費負擔，擴大政府負債是能夠快速見效的措施。

2021 年，在國內疫情並未完全結束，國外疫情依然相當嚴重，經濟仍有下行壓力的時候，繼續實施積極的財政政策具有合理性。由於抗疫支出明顯減少，預計今年不再需要發行特別國債。為了保持必要經濟增速和就業水平，加快推動各項結構性改革，今年預算內財政赤字率和地方專項債的新增發行規模原則上不宜低於去年。考慮到去年地方專項債的使用效率不夠理想，今年可以考慮相對降低新增地方專項債的發行規模，同時適當提高預算內財政赤字率，從而確保廣義的財政赤字水平不低於去年。截至 2020 年末，我國政府債務餘額與 GDP 之比（負債率）為 45.8%，尚低於國際公認的 60% 警戒線，這說明我國也還存在較大的財政政策擴張空間。

今年積極財政政策的着力點應該更多地放在促進結構性改革。應聚焦解決經濟社會發展的堵點、痛點、難點，繼續促進供給側結構性改革。同時，努力改善需求側管理，通過完善社會保障體系，增加教育和醫療資源的有效供給等，降低居民的防禦性儲蓄傾向，從而有效地增強消費需求。另外，繼續大幅度降低中小微企業的稅費負擔，更好地激發市場主體的活力，應該作為積極財政政策的一項重要內容。再有，面向「十四五規劃」和「2035 年遠景目標」，利用有限的財政資源，鼓勵和引導更多的社會資本加大對高端核心技術項目、「兩新一重」項目，以及「碳達峰」、「碳中和」等經濟可持續發展項目的投資。

第二，實施穩健的貨幣政策。2020 年前三個季度，我國的宏觀槓桿率上升了 25 個百分點，在三季度末達到了 270.1%。其中，升幅最快的是居民部門和政府部門，非金融企業部門表現為先升後降的特徵。總體上看，這是自 2008 年全球金融危機以來我國宏觀槓桿率上升最快的一個時期。宏觀槓桿率的快速上升，自然會導致金融風險的相應擴大。近期上海、深圳等一線城市的房價出現快速上漲，以及部分股指的過快攀升在一定程度上就是貨幣政策相對寬鬆的結果。從中長期看，不斷增大的還本付息壓力也會制約未來的消費和投資能力。由於這些方面的情況，今年的貨幣政策在總體基調上應該保持穩健，繼續擴張的空間已經十分有限。

不過，穩健的貨幣政策並不意味着轉向從緊，更不意味着短期內急轉彎。首先，當前經濟恢復依舊比較脆弱，增長前景仍有較大的不確定性，貨幣政策過快收緊不利於經濟的穩步回升。其次，自去年四季度以來，非金融企業開始去槓桿，市場利率逐漸走高，並一度導致流動性緊張。如果過快轉為從緊的貨幣政策，很可能導致一些企業的資金鏈斷裂、信用風險擴大甚至資產泡沫破裂。再次，利率上行過快不利於積極財政政策的實施，不利於地方專項債的發行，並可能加大財政政策對私人部門投資的擠出效應。最後，如果出現利率過快上行，還可能導致國內外利差的進一步擴大，從而增大人民幣升值壓力。

第三，保持人民幣匯率相對穩定，避免過快升值。自去年 5 月以來，由於抗疫成功，中國經濟率先步入恢復，加上中國的利率（以 10 年期國債收益率衡量）一直高於美國同期利率 200 個基點以上，外資大量流入中國。下半年以來，由於歐美地區疫情不斷惡化，中國防疫物資和電子產品出口大幅度增加，結果造成經常項目盈餘大幅增加。資本淨流入增加和經常項目盈餘的擴大，導致人民幣對美元不斷升值。在差不多 9 個月裏，升值幅度接近 11%。

展望 2021 年，儘管人民幣匯率有可能呈現雙向波動，但總體上看將會面臨進一步升值的壓力。這是因為，其一，如前所述，雖然全球疫情發展仍有不確定性，但無論怎樣發展，中國今年的進出口和經常項目都有望保持順差。其二，美聯儲的極度寬鬆貨幣政策預計今年難以改變，中美之間的利差仍將保持在 200 個基點左右，這將繼續鼓勵資本淨流入中國。其三，拜登政府新近提出的 1.9 萬億美元的紓困救助計劃加大了人們對未來通脹的擔憂，有可能進一步促使美元處於疲軟狀態，這對人民幣繼續走強將產生一定的推動作用。雖然近日新任財政部長耶倫表示她更願意看到一個強勢的美元，但這會在多大程度上阻止人民幣的升值尚有待觀察。

如果人民幣繼續呈現較快升值，如升破 1 美元對 6 元人民幣，那麼有可能對中國的出口和經濟恢復構成一定的負面影響。對此，主要有三個應對選項。一是外匯市場干預；二是加強資本流入控制；三是適當放鬆資本流出管控。這些選擇雖然都可以阻止人民幣升值，但其綜合影響有所不同。外匯市場干預會導致央行被動增加人民幣投放。在當前 CPI 尚處低位的情況下，這不大可能成為問題，但持續操作有可能招來「貨幣操縱」指責，從而使我們在未來的對美經貿談判中處於不利地位。加強資本流入管制可能在短期內見效比較明顯，但與我國擴大對外金融開放的基本政策取向相悖，不利於提高我國資本市場（特別是國債市場）的開放度，也不利於人民幣國際化的推進。相比之下，通過進一步提高 QDII 額度等方式，適當放鬆居民對外金融投資的限制，不僅有助於緩解人民幣升值壓力，也順應中等收入群體增加境外資產配置的合理需求，並且符合資本賬戶全面可兑換的長期改革目標，因而可能是最為可取的政策選項。

關於人民幣國際化的觀察與思考

張禮卿

以下為中心主任、普華永道中國首席經濟學家張禮卿教授在《中國金融報告 2020：新發展格局下的金融變革》新書發佈暨高層研討會上的主旨發言，原文刊載於中國社科院金融研究所公眾號。

非常感謝張曉晶所長、張明副所長邀請我參加這個活動。

關於咱們的報告，我事先認真學習了，非常好！首先表示衷心祝賀！這個報告跟以往的報告相比有很多創新，更加聚焦專題性問題的討論，學到很多東西，非常好。

我想主要就我最近一段時間關注的一個話題談一下觀察與思考，不是很成熟，請大家批評。

我們知道，去年中央在十九屆五中全會的決議中提出我們要穩步推進人民幣國際化，這確實是非常重要的話題，我們報告中也提到了。我簡要談一下自己的認識。主要談兩點，第一點是近 12 年的發展歷程給我們的啟示。第二點是下面如何審慎推進人民幣國際化。

我們知道人民幣國際化從嚴格意義上講開始於 2009 年 7 月 21 號允許人民幣在跨境貿易中結算。在這 12 年裏，人民幣國際化大致可以分為三個階段：

第一，2009—2014 年。這段時間人民幣國際化發展十分迅速。從零起步，經過五年時間的發展，到 2014 年我國跨境貿易中間有 25% 左右實現了以人民幣結算。在香港離岸金融市場上，人民幣存款一度超過了一萬億元人民幣，在全球範圍達到兩萬億元人民幣的水平。

第二，2015—2017 年。這段時間是相對調整的一個階段。在這三年時間裏，無論是香港離岸市場的人民幣存款還是跨境貿易的人民幣結算額都有大幅度的下降。香港離岸市場的人民幣存款差不多下降了 50%，大約僅為五千億元人民幣，跨境貿易的人民幣結算額佔比下降了到 12% 左右，差不多也是減少了 50%。

第三，2018 年以後人民幣國際化程度開始回升，而且在我看來出現了不少積極的變化。其中包括：(1) 人民幣國際化在頭幾年主要通過貿易管道，而近年來越來越多地通過金融管道來實現；(2) 在岸市場在人民幣國際化進程中開始發揮越來越重要的作用，通過在岸市場實現的人民幣跨境貿易結算額、境外投資者通過深港通、滬港通、QFII 等持有的人民幣計值資產額等均出現較大幅度的提升（當然，離岸市場交易額也有所回升，但在岸市場的上升幅度顯然更加明顯）；(3) 基礎設施建設方面進展加快，包括 CIPS 系統（人民幣跨境支付系統）的建設（一期、二期），以及海外清算行的數量穩步增長等。截至 2021 年 2 月末，CIPS 系統共有參與機構 1159 家，其中直接參與 43 家，間接參與 1116 家。(4) 隨着人民幣原油期貨交易推出，人民幣的計價功能在大宗商品中也出現了。(5) 自 2018 年以來，中國人民銀行通過香港金管局開始經常性地在香港發行央票。不僅有助於穩匯率，也有助於離岸人民幣基準利率的形成。(6) 離岸市場人民幣計價的權益類投資產品逐漸豐富。人民幣期權期貨、人民幣交易型開放式指數基金（ETF）、人民幣房地產投資信託（REIT）均有一定發展。

不過總體來講，人民幣國際化現在還處在相對初級的階段。跟美元相比還有很大的差距。譬如，在全球儲備貨幣構成當中，美元佔 60% 以上，人民幣只有 2% 左右。作為支付貨幣、融資貨幣和外匯市場交易貨幣，人民幣的比重也都還很低。

在這 12 年的歷程中間，我們到底學到了什麼？有這樣幾點啟示：

第一，剛才的簡要回顧已經説明一點，即人民幣國際化不是一個直線向前的過程，是波折前進的。

第二，人民幣國際化進程受多種因素的影響。從這 12 年的歷程看，至少有四個方面的因素產生了重要影響。一是貿易結算制度的改革。2009 年 7 月之前，以人民幣進行跨境貿易結算，是不能享受退稅待遇的，而使用美元和其他發達國家貨幣則可以，因此，企業沒有使用人民幣進行貿易結算的動力。2009 年 7 月 21 日，有關部門宣佈了改革措施，鼓勵人民幣充當結算貨幣並享受退稅待遇，從而取得了與美元等其他發達國家貨幣同等的待遇。作為重大的政策調整和制度性變革，它產生了一次性的、重大的政策效應，是此後五年跨境貿易人民幣結算額的大幅度提升的直接原因。二是資本管制政策的變化。在 2009 年以後的頭幾年，我們通過引入 RQFII 和允許「三類」外資金融機構進入銀行間債券市場等舉措，有序地放鬆了資本管制，從而促進了人民幣國際化。但在 2015 年股災之後，特別是「811 匯改」之後，匯率了出現較大波動。作為應對，我們適當加強了資本管制。這一政策調整導致這三年人民幣國際化的進程放慢，整體上陷入低潮。2018 年以後，資本管制開始放鬆，金融開放明顯提速，從而推動了人民幣國際化的回升和繼續發展。三是匯率因素。人民幣國際化在第一個階段的快速發展，與這個時期人民幣升值有關係。2015 年以後，特別是 2015 年—2017 年之間，人民幣貶值則對人民幣國際化產生了一定的不利影響。四是美元。美元和人民幣是有競爭關係的，美元走勢對人民幣國際化也有一定的影響。從這些年的有關資料大致可以看到，當美元疲軟的時候，人民幣國際化的速度相對較快；否則，人民幣國際化就會相對較慢。

第三，經濟規模固然重要，但一個發達的、具有高流動性的、開放的金融市場可能更為重要。過去 10 多年，我國經濟增速總體上保持了較高的增長，與美國在 GDP 方面的差距明顯縮小，但人民幣國際化的發展速度並沒有跟上經濟規模的擴張速度。一個重要原因是金融市場發展相對緩慢。其實，美元國際化的發展歷史也表明了金融市場的重要性。早在 1870 年，美國的經濟總量已超過英國，成為世界第一大經濟體；在 1900 年，美國的對外貿易又超過英國，成為世界第一大貿易國。但直到 1914 年，美元幾乎完全沒有國際地位。1914 年，伴隨着美聯儲的誕生，美國的銀行承兑票據市場迅速發展起來，這對於美元的國際化起了很大作用。這告訴我們什麼？那就是金融市場的發展，對於一國貨幣的國際化具有非常重要的意義。實際上美國在戰後能夠保持絕對主導的國際貨幣地位，跟它擁有發達的、具有高度流動性的國債市場是分不開的。

第四，一國的貨幣國際化是由市場驅動的，但政府的推動作用也不能忽視。這種作用體現在兩個方面。一是間接推動，即通過推動相關領域的改革，創造好的基本面，包括保持經濟穩定增長，不斷深化市場體系改革，穩步擴大對外經濟開放，保持匯率相對穩定，不斷完善整個國家的法治環境、營商環境等。一個好的基本面對於鼓勵外國機構和個人更多地使用和持有人民幣的關鍵。二是直接推動，即通過積極參與全球經濟金融治理來加以直接推動。譬如，加強與他國的匯率合作，增強人民幣的貨幣錨作用，以及進一步發揮其在全球金融安全網中的作用等。不過，未來還是應該更多地把注意力放在創造好的環境上面，也就是把人民幣國際化的基本面做好。因為人民幣國際化從根本上是由市場驅動的，如果基本面不好，刻意去推動，實際推動效果也未見得好。當然，直接推動也不是説沒有必要，只是從兩者的關係來看，間接推動應該遠比直接推動來得重要。

未來怎麼推動？關鍵要搞清楚人民幣國際化面臨的機遇和挑戰。目前總體來講，既面臨機遇也面臨挑戰。機遇主要體現在我們的經濟總體還是比較好的，而且前景值得期待。因為抗疫成功，中國經濟表現在全球一枝獨秀，今年極有可能繼續保持一個良好的態勢。在全球經濟恢復呈現分化態勢的背景下，今年預計還是世界上增長最快的國家，有望實現 8.3% 甚至更高的增長速度。從長遠來看，未來 20 年，如果我們各方面都呈現良性發展態勢，特別是繼續積極推動改革開放，那麼未來 20 年的持續穩步增長還是完全可以期待的。經濟的高品質發展是人民幣國際化的基礎。

另一個積極因素是人民幣總體上還會呈現一個穩中趨升的態勢，不僅是短期這樣，中長期也是這樣。我們曾經做過一個研究，結論是美聯儲加息之前，美元不大可能走強，而美元走弱對人民幣來說是一個機會。

當然，也面臨很多挑戰，最主要的是中美關係趨於緊張，與歐美主要發達國家發生部分經濟脱鈎的風險加大。在人民幣國際化最初的幾年裏，特別是2009年到2012年，中美關係處於「蜜月期」，外部環境是比較有利的。現在情況很不一樣了，美國正在以各種方式遏制中國，包括在貿易、技術、金融領域採取遏制手段，不排除對中國金融企業採取某種形式的制裁。如果這種局面持續發展，那麼人民幣國際化的進程肯定會受到一定的影響。

另外，我們的金融市場雖然規模已經很大，目前位居世界第二，但市場化程度不夠高，開放程度還比較低。截至到去年6月末，境外機構持債規模佔我國債券總量的比重為2.4%，持有國債規模佔比達9%；持有境內股票規模佔A股流通總市值的比重僅為4.5%，遠低於美國、日本、歐盟等發達國家，甚至低於韓國、巴西等新興市場經濟體。

在外匯市場方面，由於人民幣與很多境外貨幣之間不能直接報價，需要通過美元套算，因而交易成本高，效率比較低。另外，外匯衍生產品相對缺乏，市場交易不活躍，不能滿足企業進行匯率風險對沖的需要。這些都在一定程度上影響了企業在跨境貿易和投融資業務中使用人民幣的意願。

再有，法制與營商環境還有待進一步完善。人民幣國際化從根本上講是一個市場驅動過程，其最終成功有賴於境外機構和個人對我國經濟運行和營商環境的充分信任。在這方面，我們也還有一些不盡人意之處，在一定程度上影響了人民幣國際化的進程。

總之，人民幣國際化的機遇與挑戰並存。展望未來，穩慎推進，就是要努力抓住機遇，積極應對挑戰。簡單提四點政策建議。一是積極落實「十四五規劃和2035年遠景目標綱要」，繼續全面深化改革和擴大對外開放，確保經濟持續穩定增長。二是繼續積極推動國內金融市場改革，特別是加快國債市場的建設並不斷提升其國際化程度，加快外匯衍生品市場的建設和發展。

三是在有效防控風險的前提下，繼續擴大高水平對外開放，包括進一步推進商品和服務貿易自由化，擴大金融賬戶的雙向開放。四是積極參與全球經濟金融治理，充分利用 G20 等國際經濟政策對話機制，努力提升我國在重大國際事務上的影響。當前，受疫情衝擊，不少新興市場經濟體正面臨嚴重的主權債務風險。我國應積極參與全球金融安全網的建設，通過擴大雙邊互換協定簽訂等方式，加強與這些國家之間的貨幣金融合作，從而提升人民幣的國際影響力。

謝謝！

人民幣國際化：離岸市場及其影響

張禮卿　尹力博　著

責任編輯　蕭　健　黃　帆
裝幀設計　鄭喆儀
排　　版　賴艷萍
印　　務　劉漢舉

出版　開明書店
香港北角英皇道 499 號北角工業大廈一樓 B
電話：(852) 2137 2338　傳真：(852) 2713 8202
電子郵件：info@chunghwabook.com.hk
網址：http://www.chunghwabook.com.hk

發行　香港聯合書刊物流有限公司
香港新界荃灣德士古道 220-248 號
荃灣工業中心 16 樓
電話：(852) 2150 2100　傳真：(852) 2407 3062
電子郵件：info@suplogistics.com.hk

印刷　迦南印刷有限公司
香港葵涌大連排道 172-180 號金龍工業中心第三期 14 樓 H 室

版次　2021 年 12 月初版

規格　16 開（240mm×170mm）

ISBN　978-962-459-240-5